Anton von Ruthner

Berg- und Gletscherreisen in den österreichischen Hochalpen

weitsuechtig

Anton von Ruthner

Berg- und Gletscherreisen in den österreichischen Hochalpen

ISBN/EAN: 9783956560316

Auflage: 1

Erscheinungsjahr: 2013

Erscheinungsort: Bremen, Deutschland

weitsuechtig

Vorwort.

Der Satz, daß die österreichischen Alpen viel weniger ge=
kannt und besucht sind, als sie es nach den reichen Naturschönheiten
verdienen, welche sie umschließen, ist so oft wiederholt worden, daß
man fast Anstand nehmen muß, ihn neuerlich auszusprechen. Den=
noch drängt er sich jedem, der es unternimmt, sie im Ganzen oder
in ihren einzelnen Theilen zu schildern, als eine unumstößliche
Wahrheit von selbst auf.

Was in dieser Beziehung von den österreichischen Alpen im
Allgemeinen gilt, hat noch ungleich mehr Geltung von den höchsten
Regionen derselben. Wie viele der herrlichsten Firnspitzen Oester=
reichs hat noch niemals eines Menschen Fuß betreten, wie viele
interessante Gletscherpässe sind noch nie überschritten worden!

Der Gründe dieser Erscheinung gibt es mehrere; doch ist der
Mangel entsprechender Schilderungen unseres Hochgebirges nicht
der letzte daraus, und leider kann der Vorwurf der Indolenz in
dieser Richtung von uns Oesterreichern nicht· ganz abgelehnt wer=
den, denn über so manche wirklich unternommene große Berg= und
Gletscherfahrt in den Hochalpen des Vaterlandes fehlt jede Mit=
theilung für weitere Kreise.

Als ich mir die Aufgabe setzte, das österreichische Hochgebirge
möglichst genau kennen zu lernen und zu dem Ende, weil ich nur
auf diesem Wege die Aufgabe für lösbar halte, in jeder Gebirgs=

*

gruppe mindestens eine, nach Umständen auch mehrere, ihrer be=
deutendsten, sie beherrschenden Spitzen zu ersteigen, faßte ich zugleich
den Vorsatz, die erfolgreicheren Bergfahrten zu veröffentlichen, und,
sobald ich mein Ziel als Bergsteiger als erreicht betrachten könnte,
diese Monographien gesammelt herauszugeben.

Dadurch hoffte ich einen Beitrag zur Kenntniß der heimath=
lichen Alpen zu liefern, der mir um so wünschenswerther schien,
als, ganz in Uebereinstimmung mit der vorangeschickten Bemerkung
über den Abgang von Beschreibungen unseres Hochgebirges, dies
und vornehmlich seine höchste Region und die Ersteigung ihrer Spitzen
in allen Geographien, Topographien und Reisehandbüchern über
Oesterreich, selbst in dem besten der letztern, dem trefflichen Werke
„Die deutschen Alpen" von Adolph Schaubach, nur mangelhaft be=
handelt wird, und so mein Werk eine Ergänzung dieser Schriften
bilden könnte.

So manche Veröffentlichung aus meiner Feder hat seit zwan=
zig Jahren in der Wiener Zeitung, in Friedrich Witthauer's Wiener
Zeitschrift für Kunst, Literatur, Theater und Mode, in Frankl's
Sonntagsblättern, in der Allgemeinen Augsburger Zeitung und in
den Mittheilungen der k. k. geographischen Gesellschaft stattgefunden.

Allein die Beendigung meiner Aufgabe in unserem Gebirge
sollte nicht so schnell erfolgen, als ich gehofft hatte, und damit
war zugleich die Herausgabe der Sammlung meiner Schriften
hinausgeschoben.

Wer das österreichische Gebirge auch nur in den Hauptum=
rissen kennt, wird zugestehen, daß meine Aufgabe eine große genannt
werden muß. Bei der ungemeinen Ausdehnung unserer Alpen war
eine ansehnliche Zahl von Hochspitzen zu erklimmen, diese Zahl
wuchs noch bedeutend dadurch, daß nur zu oft bei den Ersteigungen
Unwetter eintrat, oder mindestens der Nebel den Ausblick verhin=
derte, der Zweck daher nicht erreicht wurde, und die mißlungene
Expedition durch eine neue ersetzt werden mußte oder noch muß.
So habe ich mindestens hundert der höchsten Spitzen und Pässe der
Alpen vom Wiener Schneeberge bis zur Schweizer Grenze, von

den Grenzgebirgen gegen Baiern bis zu jenen gegen die Lombardie und das venetianische Tiefland betreten, und dennoch halte ich es, um sagen zu können, meine Kenntniß der Hochalpen Oesterreichs sei eine möglichst vollständige, für nothwendig, noch so manche Berg- und Gletscherfahrt mit günstigem Erfolge auszuführen.

Neuerlich und hauptsächlich haben die für große Gebirgs- unternehmungen höchst unglücklichen Jahre 1860 und 1862 die end- liche Lösung meiner Bergaufgabe in das unbestimmte hinausgerückt.

Mittlerweile wurde ich wiederholt aufgefordert, mit der Veröf- fentlichung meiner gesammelten Aufsätze über das österreichische Hoch- gebirge wenigstens zu beginnen, und so bringe ich nunmehr einen ersten Band zum Drucke.

Er hat einen Theil der Centralalpen, die Hohen Tauern, zum Gegenstande, theils, weil ich in dieser Gebirgskette nur mehr eine oder die andere Ergänzungsreise vorhabe, theils, weil der Fremden- zug nach ihr in der neuesten Zeit am meisten zugenommen hat und deshalb Mittheilungen über sie einer größeren Zahl von Ge- birgsfreunden willkommen sein dürften. Vorzüglich die Glockner- gruppe wird jetzt viel von Tauernreisenden besucht, und sie ist auch vorzugsweise in diesem Bande bedacht.

Gestatten es die Verhältnisse, so sollen noch einige meiner Wanderungen in den Hohen Tauern, dann meine Bergfahrten in den übrigen Theilen der Central-, so wie in den Nord- und Süd- alpen Oesterreichs, den Stoff eines später erscheinenden Werkes bilden.

Die in diesem Bande enthaltenen Skizzen sind zunächst für das Interesse des Touristen und Bergsteigers berechnet, wenngleich es mir nicht zweckmäßig geschienen hätte, dabei nicht auch das topo- graphische und geographische Element im Auge zu behalten.

Sie sind nicht gleichzeitig, sondern so ziemlich in derselben Ordnung entstanden, in welcher die Gebirgsreisen, die sie schildern, in den Jahren 1842 bis 1859 gemacht worden sind. Ich habe jedoch geglaubt, die seit der Verfassung der einzelnen Monographien hinsichtlich des Gebietes, das sie behandeln, von dritten Personen errungenen namhaften Erfolge und gemachten bedeutenderen Leistungen in wissenschaftlicher und künstlerischer Beziehung nicht unberücksichtigt lassen, sondern sie dort, wo ihre Erwähnung mir am besten am Platze schien, in Anmerkungen oder am Schlusse der Abhandlungen besprechen zu sollen.

Schon bei meinen früheren Veröffentlichungen wurde mir wiederholt bemerkt, daß die Beigabe einer Karte zum Verständnisse der Schilderungen wünschenswerth sei, und wenn auch beim Erscheinen der Artikel in den Zeitungen eine solche Beigabe nicht thunlich war, so habe ich doch die Berechtigung dieser Anforderung vollkommen erkannt, und ich verdanke die beigeschlossene Karte des Glocknergebietes der Güte des durch seine Reliefs und seine, in Petermanns geographischen Mittheilungen, Jahrgang 1860, aufgenommene, orographisch = physikalische Karte des Großglockners und seiner Umgebung um die Kette der Hohen Tauern sehr verdienten Herrn Franz Keil in Salzburg.

Ebenso glaube ich durch die Beigabe einiger, nach Originalaufnahmen der ausgezeichneten Landschaftsmaler Professor Thomas Ender und Anton Hansch, und des rühmlich bekannten Schülers des ersteren, Ignaz Dorn, angefertigten Ansichten aus den von mir geschilderten Gegenden das Interesse des Buches nur erhöht zu haben.

Somit übergebe ich diese Blätter allen Freunden der erhabenen Hochalpen Oesterreichs. Möge ihnen die Durchlesung derselben auch nur den geringsten Theil des Genusses gewähren, welchen mir die darin erzählten Bergfahrten gewährt haben, und ich werde mich für meine Arbeit überreich belohnt finden.

Wien im Oktober 1863.

A. v. Ruthner.

Inhalt.

———

Aus der Gruppe des Großvenedigers.

Aus der Glockner- und Venedigergruppe.

Ein Streifzug dies- und jenseits der Tauern.

Anhang.

Aus der Kette der Hohen Tauern.

Einleitung.

Die österreichischen Alpen werden von den Geographen verschieden eingetheilt.

So ziemlich allgemein angenommen ist heute ihre oberste Eintheilung in drei Hauptzüge, in die Central=, die Nord=, und Südalpen, wovon ihrem Namen entsprechend die Centralalpen in der Mitte, die Nordalpen nördlich, die Südalpen südlich von den Centralalpen lagern.

Wollen wir die Grenzen der Centralalpen gegenüber den andern beiden Hauptzügen näher kennen lernen, so finden wir sie in dem vollständigsten Werke über die österreichischen Alpen, in Schaubach's „Deutschen Alpen", was die Nordalpen betrifft, und zwar in der Richtung von Westen nach Osten, als der wesentlichen Richtung aller drei Hauptzüge, also angegeben: Schaubach läßt die Grenze zuerst durch das Klosterthal in Vorarlberg auf den Arlberg und von ihm durch das Stanzerthal an den Inn laufen; dann bildet der Inn bis zu seiner Biegung gegen Baiern bei Wörgl diese Grenze, hierauf die einstige Hauptstraße zwischen Innsbruck und Salzburg bis St. Johann im Großachenthale. Von hier steigt sie über das Gebirge an die Saale bei Saalfelden, überspringt den Fluß, zieht sich wieder über das Dientner Gebirge an die Salzach bei Bischofshofen, übersetzt hier sogleich auch diesen Fluß und sucht jetzt die Enns zu erreichen. Nun folgt sie diesem Flusse bis Admont, wo sie sich über die Berge in das Palten= und Liesingthale wendet, in diesem Thale und in dem Mur=thale bis Bruck geht, dann dem Laufe der Mürz entgegen, von Mürz=

zuschlag sich auf den Semmering erhebt, jenseits dessen sie in der Ebene von Wiener-Neustadt endigt.

Die Grenze der Südalpen und Centralalpen zieht dagegen Schaubach in der Art, daß die Etsch von der Schweizer Grenze an bis Meran die beiden Bergsysteme scheidet, dann die Grenzlinie über die Höhen in das Sarnthal und dann wieder über die Höhen nach Brixen läuft, von da an dem Laufe der Rienz entgegen auf das Toblacherfeld und an die Drau gelangt und nun fortan diesem Flusse durch Tirol, Kärnthen und Steiermark bis in die ungarischen Ebenen folgt.

Mit der Eintheilung unserer Alpen in die Central-, Nord- und Südalpen erscheint jene alte Eintheilung auch als veraltet, bei welcher ohne Rücksicht darauf, ob die Gebirgsstöcke den heutigen Central-, Nord- oder Südalpen angehören, fast ausschließlich das Gebiet, in welchem sie sich befinden, als maßgebend angenommen und die Alpen nach dem einstigen oder noch gangbaren Gebietsnamen benannt werden.

Nach dieser Anschauung hießen alle nördlicher gelegenen Gebirge von Tirol, von der Schweizergrenze bis zum Dreiherrnspitz, die rhätischen, die im einstigen Besitzthum von Trient aber die tridentinischen Alpen. Alle Alpen östlich von der Dreiherrnspitze waren unter den norischen Alpen begriffen, die Gebirge im südlichen Kärnthen und Krain bis zur venetianischen Grenze und zum Predil wurden die carnischen Alpen genannt, jene im Umkreise des venetianischen Landes die venetianischen, endlich alle Alpen östlich und südöstlich vom Predil die julischen Alpen.

Vergleichen wir diese Eintheilung mit der Eintheilung in die Central-, Nord- und Südalpen, so finden wir, daß unter die rhätischen Alpen Theile der Central-, Nord- und Südalpen fallen, unter die norischen Nord- und Centralalpen, unter die tridentinischen, carnischen, venetianischen und julischen ausschließend Südalpen.

Herrscht erträgliche Einheit bezüglich der obersten Gliederung in die Central-, Nord- und Südalpen, so besteht dafür schon über die Haupteintheilung der drei Systeme Meinungsverschiedenheit.

Betrachten wir in dieser Beziehung die Centralalpen, welche für den Inhalt dieser Blätter allein von Wichtigkeit sind, und blicken wir wieder zuerst in Schaubach's Werk „Die deutschen Alpen", so tritt uns in ihm eine vierfache Hauptgliederung derselben entgegen.

Schaubach unterscheidet 1. die Gruppe des Jamthalerferners, und versteht darunter jenen Theil der Centralalpen, welcher in Folge der schon in der Schweiz am Septimer erfolgten Aestung derselben aus diesem Lande gegen Norden nach Vorarlberg und in jenes Stück Tirols, das im Westen und Norden von der Rosana, im Osten vom Inn und im Süden vom schweizerischen Unter=Engadin begrenzt wird, vordringt, bis ihm am Arlberge und durch das von diesem von Osten nach Westen ziehende Klosterthal, dann durch das in entgegengesetzter Richtung zum Inn verlaufende Rosanathal seine Grenze gezogen wird; 2. die Oetzthalergruppe, welche von der Malserhaide bis zum Brenner im Zuge von Westen nach Osten reicht; 3. den ebenfalls west=östlichen Zug vom Brenner bis zur Arlscharte und 4. jene Abtheilung, welche alle östlich von der Arlscharte befindlichen Centralalpen bis zu ihrem Ausgange in das ungarische Flachland in sich faßt und welche er mit dem allgemeinen Namen der Murthaler Alpen bezeichnet.

Verschieden von der Schaubach'schen ist die Haupteintheilung der Centralalpen, welche der ausgezeichnete österreichische Orograph Herr Karl Sonklar von Innstädten, k. k. Oberstlieutenant und Professor der Geographie an der Militär=Akademie zu Wiener=Neustadt, aufstellt, wie dies theils aus seinem vortrefflichen Werke „Die Oetzthalergruppe mit besonderer Rücksicht auf Orographie und Gletscherkunde. Gotha, Verlag bei Justus Perthes 1861", theils aus seinem eben im Drucke befindlichen Buche über die Kette der Hohen Tauern hervorgeht und mir aus seinen mündlichen Mittheilungen noch näher bekannt ist.

Auch er setzt Schaubach's 1. und 2. Hauptabtheilung der Centralalpen dieselben Grenzen. Dagegen zerlegt er die 3. Abtheilung Schaubach's in zwei selbständige Theile, in einen westlichen, nämlich die Zillerthalerberge, vom Brenner bis zum Krimmlertauern oder eigent= lich bis zu der östlich an demselben befindlichen Birnlücke, und in einen östlichen, die Hohen Tauern, welche nach ihm vom Krimmlertauern bis zur Arlscharte reichen.

Schaubach's 4. und nach dem Vorangeschickten seiner 5. Hauptabtheilung endlich gibt er den Namen „die Steirischen Alpen".

Ich glaube Sonklar's Eintheilung darin folgen zu sollen, daß ich die Kette der Hohen Tauern als eine selbständige Hauptabtheilung der Centralalpen annehme.

Sie reicht dann vom Krimmlertauern im Westen bis zur Arlscharte im Osten und hat folgende Grenzen: im Westen den Krimmlertauern und südlich von ihm den Ahrenbach bis zu seiner Mündung in die Rienz, so wie nördlich von ihm die Krimmlerache bis zu ihrer Mündung in die Salzach; im Norden die Salzach, von der Einmündung der Krimmlerache bis zu jener des Baches von Großarl; im Osten den Großarlbach, die Arlscharte und die Malta bis zu ihrer Vereinigung mit der Lieser, dann diesen Fluß bis zu seinem Einflusse in die Drau und schließlich im Süden die Drau und jenseits des Toblacherfeldes die Rienz bis dorthin, wo sie den Ahrenbach aufnimmt.

Es scheint mir hier am Platze zu sein, noch zu erinnern, daß die Kette der Hohen Tauern häufig blos die Tauernkette genannt und daß der Tauernkette vielfach der Feldspitz oder Windbachspitz, welcher nahe dem Krimmlertauern und westlich von ihm liegt, als westliche, und der Hochgolling als östliche Grenzsäule gegeben wird.

Bei dieser Bestimmung der Ausdehnung der Tauern sind weniger die orographischen, als die politischen Verhältnisse und der Umstand berücksichtigt, daß vom Feldspitz an bis fast zum Hochgolling alles Land im Norden der Centralkette zum Herzogthum Salzburg gehört und jedenfalls der Hochgolling die bedeutendste Spitze zunächst der Ostgrenze des Salzburg'schen im Centralkamme ist.

Allein die orographischen Verhältnisse, daß an der Arlscharte eine mächtige Aestung der Centralalpen und bald auch eine große Depression derselben erfolgt und sie selbst die tiefste Einsattlung vom Krimmlertauern an östlich ist, rechtfertigt es, an ihr gerade eine Haupttheilung der Centralalpen anzunehmen und damit ist es zugleich gerechtfertigt, daß, wenn auch dem weitern Zuge des Nordastes der Centralalpen gegen Osten bis zum Hochgolling, ja gewissermaßen bis zum Rottenmanner Tauern der allgemeine Name Tauern nicht entzogen werden will, doch

dem Theile der Tauern zwischen dem Krimmlertauern und der Arl=
scharte zur Unterscheidung die Bezeichnung der Hohen Tauern zuge=
wiesen wird.

Sowie wir die Haupteintheilung der Nord= und Südalpen, als
für unsere Zwecke nicht wichtig, nicht weiter besprochen haben, so möge
dasselbe um so mehr hinsichtlich der Untereintheilung geschehen.

Dafür wollen wir die Untereintheilung jenes Theiles der Central=
alpen, welche Gegenstand dieses Buches sind, nämlich der Hohen Tauern,
in Betrachtung ziehen.

Sonklar unterscheidet in der Gesammtkette der Hohen Tauern
fünf Unterabtheilungen: erstens den eigentlichen Hauptzug der Hohen
Tauern vom Krimmlertauern bis zur Arlscharte, zweitens die Antholzer=,
drittens die Tefferecker=, oder nach abweichender Schreibart Deferegger=,
viertens die Schober=, und fünftens die Kreutzeckgruppe und zerlegt den
eigentlichen Hauptzug wieder a) in die westlichen und b) in die östlichen
Tauern, indem er die Grenze zwischen diesen beiden Theilen auf den
Velbertauern setzt, als den tiefsten Einschnitt im Hauptkamme und den
Punkt, wo die bedeutendste Krümmung desselben vor sich geht.

Schaubach hat eine ganz verschiedene Untereintheilung. Ihm
zerfallen die Centralalpen zwischen dem Krimmlertauern und der Arl=
scharte vielmehr in nachstehende Gruppen, in: 1. die Venedigergruppe,
2. die Riesenfernergruppe, 3. die Glocknergruppe, und diese wieder in
die Untergruppen a) des Glockners und Schobers, b) der Goldberge,
c) des Ankogels, d) des Kreutzecks und e) der Kitzbühlergebirge.

Für die Zwecke des vorliegenden Buches erscheint es als genügend,
der beiden verschiedenen Untereintheilungen erwähnt zu haben, und dürfte
es am zweckmäßigsten sein, die Unterabtheilungen nach den größten
Gletschergebieten und Erhebungsmassen mit Rücksicht auf die tiefsten
Einsattlungen als ihre Grenzen anzunehmen.

So erhalten wir in den Hohen Tauern innerhalb ihrer bereits
festgestellten Begrenzung 1. die Venedigergruppe, 2. die Antholzergruppe,
3. die Teffereckergruppe, 4. die Glocknergruppe, 5. die Schober=Petzeck=
gruppe, 6. die Kreutzeckgruppe, 7. die Gruppe des hohen Narren und
der Goldberge und 8. die Gruppe des Ankogels und Hochalpenspitzes.

Die Schilderungen, welche in diesem Werke enthalten sind, be= ziehen sich auf die Glocknergruppe, auf jene des Ankogels und Hoch= alpenspitzes und auf die Venedigergruppe; eine davon „Ein Streif= zug dies= und jenseits der Tauern" entnimmt ihren Stoff gemein= schaftlich aus der Glockner= und Venedigergruppe.

Daher sind diese drei Gruppen und also auch ihre Begrenzung für uns von besonderem Interesse und wir führen sie nun an:

Die Glocknergruppe ist im Westen begrenzt vom Velbertauern, dem von ihm südwärts fließenden Tauernbache bis zu seiner Einmün= dung in die Isel und dann von diesem Flusse bis dorthin, wo er den Kalserbach aufnimmt, ferners von der Velberache bis zu ihrer Ein= mündung in die Salzach; im Norden von der Salzach von ihrer Vereinigung mit dem Velberbache bis zum Einflusse der Rauriser Ache; im Osten durch die Rauriser Ache und das Thal Seidelwinkel bis zur Höhe des Heiligenbluter Tauern am Hochthor, sowie vom Tauern= bache; im Süden aber von der jungen Möll, der Leiter, dem Ueber= gangspunkte von Heiligenblut nach Kals am Peischlagthörl, von welchem südlich die Schober Gruppe selbständig auftritt, dann von dem Berger= bache und dem Kalserbache bis zu seiner Mündung in die Isel.

Die Ankogel= und Hochalpenspitzgruppe findet ihre Grenze gegen Westen am Mallnitzertauern, an dem von ihm nach Süden laufenden Mallnitzbache und der nordwärts abfließenden Gasteiner Ache; im Norden an der Salzach zwischen der Ausmündung der Achen von Gastein und Großarl; im Osten durch den Bach von Großarl, die Arlscharte und die Malta und Lieser; südlich durch die Drau und Möll bis dorthin, wo die letztere den Mallnitzbach aufnimmt.

Die Venedigergruppe dagegen begrenzt der Krimmlertauern, der ihm südlich entströmende Ahrenbach bis zu seiner Vereinigung mit dem Bache aus dem Rainthale und die Krimmlerache, die vom Krimmler= tauern nördlich fließt, bis zu ihrer Mündung in die Salzach im Westen; dann die Salzach von dieser Vereinigung mit der Krimmlerache bis zur Stelle, wo sie den Bach aus dem Velberthale aufnimmt, im Norden; ferners der Velberbach, der Velbertauern, dann der Tauern= bach bis zu seiner Verbindung mit der Isel und diese selbst bis zur

Mündung des Tesserecker Baches in sie, im Osten; endlich im Süden der Tesserecker Bach, das Klammljoch, dann das Knutten= und Rain= thal, letzteres bis an sein Ende und an die Mündung seines Baches in den Ahrenbach.

Für das Glocknergebiet ist eine möglichst ausführliche Karte diesen Blättern beigeschlossen. Wer auch über die übrigen besprochenen Gruppen eine nähere Aufklärung sucht, findet sie außer in den aus= gezeichneten Specialblättern des k. k. Generalquartiermeisterstabes, dann in Souvent's Karte der Umgebung von Gastein, in den Karten klei= neren Maßstabes am besten in den Generalkarten, gleichfalls des k. k. Generalquartiermeisterstabes, von Salzburg, Illyrien und Tirol, in Scheda's meisterhafter Generalkarte des österreichischen Kaiserstaates, in Wörl's Karte von Südwest=Deutschland und dem Alpenlande, in Artaria's Straßen= und Gebirgskarte für die österreichischen Alpen, dann in Mayr's specieller Reise= und Gebirgskarte vom Lande Tirol und den angrenzenden Ländern, endlich in der dem Werke „der Führer durch Kärnthen von Wagner und Dr. Hartmann" beigegebenen Karte von Kärnthen von Pauliny, als in jenen Reisekarten, welche auf Brauchbarkeit und Genauigkeit Anspruch zu machen am meisten berechtigt sind.

Aus der Gruppe des Großglockners.

Der Großglockner und das Wiesbachhorn, die Führer im Fuscherthale, das Tauernhaus Ferleiten.

Unter den Bergen, deren Ersteigung im Jahre 1852 in meinem Plane gelegen war, standen der Großglockner und das Wiesbachhorn, als die bedeutendsten, obenan. So wie aber fast immer dann, wenn bei einer Wahl zwischen zwei Dingen die Wagschalen zu Gunsten des einen und des anderen sich vollkommen das Gleichgewicht halten, die Vorliebe unbemerkt ihr Gewicht in die eine Schale wirft und sie sinken macht, so gab auch ich unter diesen Bergen selbst wieder dem Wiesbach=horn entschieden den Vorzug und seine Besteigung war mein Lieblings=gedanke geworden.

Dem Großglockner bleibt allerdings sein uns schon von der Schule her bekannter Ruhm, der König der Centralalpen zu sein, ganz abgesehen noch von der Erhöhung, welche ihm in neuester Zeit durch die Gebrüder Schlagintweit wiederfahren ist, und wornach er 12.158 P. F. hoch, die nach derselben Angabe nur bis zur Höhe von 12.059 P. F. reichende Ortelsspitze überragen und der höchste Berg Deutschlands sein würde. Auch wird ihm Niemand seine schöne Gestalt streitig machen und von Osten und Heiligenblut als eine, auch nicht durch einen einzigen dunklen Felsdurchbruch durch ihr Eiskleid befleckte Nadel gesehen, muß er sogar unvergleichlich schön genannt werden.

Dagegen hat das überhängende Horn des trigonometrisch mit einer Höhe von 11.318 W. F. bestimmten Wiesbachhornes etwas eigen=thümlich Herausforderndes; die Erzählungen der Führer bei der bisher einzigen bekannt gewordenen Ersteigung des Berges über die Gefahren, die sie dabei bestanden haben, klingen so ernst, daß es dem geübten Bergsteiger zu verzeihen ist, wenn er dem Wiesbachhorn vor dem mäch=

1*

tigeren Nachbarn seine Vorliebe zuwendet, zumal auch von jener Erstei=
gung nur wenig in die Oeffentlichkeit gedrungen ist und deßhalb ein
neuer glücklicher Erfolg durch die Bekanntgebung der hierbei über den
Berg und seine Umgebung gewonnenen Erfahrungen für die Landes=
kunde selbst eine Leistung werden könnte*).

Bei solcher Stimmung für und wider war es wahrlich ganz er=
klärbar, daß ich nur geringe Freude äußerte, als ich den Großglockner
zum ersten Male in diesem Jahre erblickte.

Es war dieß am frühen Morgen des 28. August, einem jener
Frühmorgen, dessen Reize uns den Körper nicht minder als den Geist
höher stimmend durchdringen, ohne daß der letztere bei der Unzuläng=
lichkeit seines Ausdruckes für Gefühltes und Erlebtes je in die Lage
kömmt, durch eine würdige Schilderung nachträglich den Zoll der Dank=
barkeit für die schöne Stimmung abzutragen, die er genossen hat.

Ich war am Abende vorher von dem Wege auf das Wiesbach=
horn zurückgekehrt, nachdem mir meine beiden Führer Röderer und
Fuscherhans mit derselben Bestimmtheit, mit der sie wenige Tage
vorher auf der Judenalpe jeden Versuch einer Wiesbachhornersteigung
am folgenden Morgen wegen des damals auf dem Berge liegenden
Neuschnees für einen in vorhinein verunglückten erklärten, dieselbe Er=
klärung, es sei nicht zur Spitze zu kommen, jetzt deßhalb gegeben
hatten, weil der einzige bisher für gangbar gehaltene Weg zur Höhe,
das Rinnsal eines Baches, so sehr mit Wasser von dem nunmehr
schmelzenden Neuschnee angefüllt war, daß von seiner Benützung keine
Rede sein konnte.

Um nicht zum zweiten Male den Badegästen im Fuscherbade
statt der erwarteten Nachricht von der erfolgten Ersteigung des Wies=
bachhornes gar keinen Erfolg in Bergsachen berichten zu können, hatte
ich beschlossen, wenigstens über den 8747 W. F. hohen Schwarzkopf,
den höchsten aus den nicht unmittelbar zum Glockner=Gletschergebiete
gehörigen Bergen der Gegend, in das Bad zurückzukehren, und so stieg

---

*) Diese Bemerkungen sind auf das Jahr 1852 zurückzubeziehen, in wel=
chem der Aufsatz geschrieben wurde.

ich denn, von Fuscherhans geleitet, die meinem Nachtlager, dem Tauern=
hause Ferleiten, gegenüber von dem rechten Ufer der Ache an als Ost=
wand des Fuscherthales steil aufwärts ziehenden Wiesen des Küh=
maißes hinan.

In den Azur des wolkenlosen Firmaments ragten alle jene
Gletscherspitzen empor, welche vom Brennkogel bis zum hohen Tenn
im Halbrunde den grünen Teppich des mit ihren Wasserfällen und
Eisabstürzen geschmückten Fuscherthales in so herrlichen Gestalten um=
stehen, daß sie, nicht als die fabriksmäßig gebrauchte Phrase des Reise=
beschreibers, sondern als der Ausdruck der innigsten Ueberzeugung sei
es gesagt, in ihrem Vereine ein Bild von solchem Reize geben,
daß nur wenig ähnliche im weiten Umkreise der Alpen gefunden werden
können. Das rosige Morgenlicht verbrämte ihre Eistalare und die
Sonne ließ denselben auch den Schmuck des Goldes nicht lange fehlen.

Ich schwelgte in der Bewunderung der zaubervollen Formen
dieser jetzt mit allen ihren Gletscherklüften und den Pyramiden ihrer
Eisabstürze sichtbaren, ringsum aus dem Eisgebiete des Gloßglockners
sich erhebenden Berge und des aus der Tiefe freundlich heraufblickenden
Tauernhauses Ferleiten. Da stieg plötzlich über dem Fuschereiskar
der Großglockner empor und selbst seine größere Entfernung und sein
Auftauchen in einem Bilde, das schon in sich selbst den Charakter des
Vollendeten, nichts mehr zu wünschen Uebriglassenden trägt, war nicht
günstig, ihm eine große Anerkennung zu verschaffen.

Als ich ihn jedoch nach einigen Stunden von der Spitze des
Schwarzkopfes wieder sah, hatte sich die Scene wesentlich geändert.
Jetzt erschien er nicht mehr als ein Eindringling in ein schon früher
abgeschlossenes Ganzes: er erhob sich als der Gewaltigste unter den
Gewaltigen und alle Berge in seiner Nähe, so hoch auch einige von
ihnen emporragten, schienen nur um ihn als die Hauptgestalt aus der
Gruppe geschaart.

Jede Verstimmung wegen des für's Erste mißlungenen Lieblings=
planes der Wiesbachhorn=Ersteigung, wäre sie je vorhanden gewesen,
würde schon längst vor der Weihe gewichen sein, wie sie ein so rei=
zender Morgen in Mitte der gewaltigsten Gletschernatur uns verleiht,

und ich freute mich jetzt zum ersten Male auf die Ersteigung des
Großglockners.

Diese war aber nun auch meine nächste Aufgabe geworden, denn
ich hatte schon zu Wien mit einem Bergfreunde ein Zusammentreffen
zu Heiligenblut und zur Glocknerbesteigung für den 30. oder 31. August verabredet.

Um ihm gerecht zu werden, traf ich wirklich am 29. August
Abends wieder im Tauernhause Ferleiten ein.

Auch an diesem Tage war mir eine interessante Unternehmung
vereitelt worden.

Ich wollte den Versuch wagen, von der Wasserfallalpe am Schlusse
des Kaprunerthales mitten durch und über die Gletscher des Glockner-
Eismeeres auf den prächtigsten aus ihnen, die Pasterze, zu gelangen,
und dieser Plan einer zehn- bis zwölfstündigen Wanderung in der
Firnwelt schien mir eben so dankenswerth, als die Ersteigung irgend
einer Hochspitze.

Röderer, der Schaffer im Tauernhause Ferleiten, hatte sich bereit erklärt, das Führeramt auf der Gletscherfahrt zu übernehmen,
und am 29. Früh sollten wir uns im Dorfe Fusch treffen, um noch
an diesem Tage die Wasserfallalpe in Kaprun, am nächsten aber die
Pasterze und Heiligenblut zu erreichen.

Zur verabredeten Zeit war ich pünktlich im Dorfe, da kam
Röderer mit der Nachricht zu mir, daß es ihm unmöglich sei, mit
mir den Weg zu machen. Ein krankes Pferd sei von der Alpe gebracht worden und sein Dienstherr habe ihm befohlen, so lange bei
demselben zu bleiben, bis es vom Thierarzte abgeholt worden wäre.

Ich muß bekennen, daß ich, als Röderer ausgesprochen hatte,
einen Augenblick lang meine Bergunternehmungen in diesem Jahre
als von einem Unstern verfolgt ansah und alle Lust zur Glockner-
oder einer andern Ersteigung verlor; — jedoch nur einen Augenblick
lang, und bald stand der Vorsatz, daß ich morgen in Heiligenblut
sein wolle, wieder so fest als jemals früher. Aber auch für heute
wurde alsbald auf den Trümmern des alten Planes ein neuer geschaffen und der sogleiche Besuch von Zell am See beschlossen, theils

um mit Hilfe eines daselbst wohnhaften Krämers und Barometer=
machers mein leider schon auf der Fahrt von Linz nach Lend dienst=
unbrauchbar gewordenes Kappeller'sches Höhenbarometer vielleicht doch
in Ordnung zu bringen, theils weil ich wußte, daß zwei junge Män=
ner, welche am 27. August die höchste Spitze des Großglockners er=
stiegen hatten, die Herren von Rainer und Koller, noch in Zell ver=
weilten, und ich sehr begierig war, von ihnen Einiges über ihre
Unternehmung zu erfahren.

So war ich denn nach Zell gefahren und saß nun nach meiner
Zurückkunft von dort, freilich ohne daß mein Barometer in Ordnung
gebracht worden war, doch reicher an den interessanten Mittheilungen
der zwei Glocknersteiger und an einem in Zell gefundenen, recht an=
genehmen Gesellschafter zur Reise nach Heiligenblut an der Seite des
Letzteren im Tauernhause zu Ferleiten.

Der erste Ersatz für das bisher gehabte Bergunglück bot sich
hier darin, daß Röderer zu uns trat und mir sagte, das kranke Pferd
sei unverhofft schon heute abgeholt worden, und so könne er, wenn
ich es wünsche, mit uns als Führer nach Heiligenblut gehen.

Meine Wanderungen im Hochgebirge haben mich mit einer er=
klecklichen Zahl von Führern in Berührung gebracht, selten aber hat
mir ein Mann solches Vertrauen auf seine Tüchtigkeit zu dem, wozu
er sich mir verdung, eingeflößt, wie Röderer.

Eine große, kräftige Gestalt von beiläufig 50 Jahren, ist er
mit seinem dunklen, runden Hute, seiner braunen Lederjoppe, dem
schwarzen Beinkleid von Gemsleder, das, vom grünen Hosenträger
gehalten, nur bis oberhalb der auch von den weißen Strümpfen frei=
gelassenen Kniee reicht, und seinen niedern und schweren Bergschuhen
schon in seiner äußern Erscheinung das Vorbild eines echten Pinz=
gauers.

Keiner jener Führer, welche sich dem Fremden durch Schwätzen
gefällig machen wollen, hat der ernste Mann vielmehr nur wenig
Worte. Dafür kann man versichert sein, daß die von ihm erlangte
Auskunft wahr, und jede Weisung, die er dem Reisenden gibt, beach=
tenswerth ist.

Vorzüglich wohl thut es jedoch, in Röderer einen Gebirgler kennen zu lernen, der sein Thal und dessen Umgebung selbst in einem weitern Kreise auch nach den Namen ihrer einzelnen Bergspitzen und Höhen zu benennen weiß. Wie wichtig aber dieß ist, leuchtet gewiß Jedem ein, dem es um eine Kenntniß der Alpen zu thun ist, und der sich im hintern Theile des Fuscherthales wie durch einen Zauberschlag in die Mitte der herrlichen Spitzen des Gletschergebietes des Glockners versetzt sieht, ohne daß er auf irgend einer Landkarte, selbst nicht auf den Specialblättern des k. k. Generalquartiermeisterstabes, den Namen auch nur einer einzigen derselben, mit Ausnahme des Wiesbachhorns mit der Glocknerin und des Brennkogels, verläßlich zu finden vermöchte.

Ich hatte daher in den acht Tagen, seit welchen ich hauptsäch= lich zum Zwecke der Ersteigung des Wiesbachhorns im Fuscherthale weilte, mit Röderer so häufig in der Ferleiten über die Berge Rück= sprache gepflogen, wie im Fuscherbade mit dem Fuscherhans. Denn Hans verdient als Kenner des Gebirges eben so volle Anerkennung wie Röderer, ja er hat vor diesem noch voraus, daß er nach den von ihm wißbegierig aufgenommenen und aufgezeichneten Angaben geübter Bergsteiger alle von den umliegenden Bergspitzen selbst in weiter Ferne sichtbaren Höhenzüge zu nennen weiß, und daß er als Theilnehmer der ersten Ersteigung des Großvenedigers im Jahre 1841 besonders in dem vom Großglockner nach Westen ziehenden Theile der Tauernkette gut bewandert ist.

Beiden Männern verdanke ich eine, wie ich glaube, ziemlich vervollständigte Karte des Glocknergebietes und die schätzbarsten Mit= theilungen über das Wiesbachhorn und seine erste bekannt gewordene Ersteigung. Sie beide waren ja die Hauptführer bei dem Unternehmen, und wer in Zukunft den Strauß wagen will, wird sich an sie wenden müssen, in ihnen aber, wenn bis dahin nicht schon die Kraft des einen oder des andern gebrochen ist — denn auch der schwächere Hans ist über 50 Jahre alt — gewiß ausgezeichnete Führer finden.

Heute handelte es sich wohl nur um Heiligenblut, und ich traf mit Röderer das Uebereinkommen, daß er uns dahin auf dem zwar als beschwerlicher, aber auch als lohnender als der gewöhnliche Tauern=

weg geschilderten Uebergange über die Pfandlscharte geleiten, nach der Glocknersteigung aber mit mir den Durchweg durch das nördliche Eismeer, zwar nicht Amerikas, doch des Glockners, und nicht nach Asien, wohl aber nach Kaprun, suchen solle.

Trotz unserer Pläne für den folgenden Morgen machten wir erst spät Nacht.

Das Fuscherthal wird nämlich in neuester Zeit und wurde insbesondere im Jahre 1852, wenn auch noch immer nicht nach Ver= dienst, doch schon ungleich mehr besucht als früher, und da findet sich in dem kleinen Stübchen, welches in einem Anbaue an die eigentliche Gaststube des Tauernhauses Ferleiten dessen Extrazimmer bildet, und wenn der Raum nicht hinreicht, in der Gaststube selbst fast täglich eine Gesellschaft von Fremden zusammen.

Gewöhnlich sind wohl ein oder mehrere Maler darunter, die in Ferleiten für einige Zeit ihr Hauptquartier aufgeschlagen haben, um hier die Natur in ihrer großartigsten Erhabenheit zu studiren.

Hier im Fuscherthale, in Mitte des Heiligthums der Natur, ist fast jedes Herz weiter geworden, und so gibt sich im Stübchen zu Ferleiten bald eine freundliche Annäherung und eine rege Theilnahme für das wechselseitig Erlebte kund, und mancher Reisende schließt im Tauernhause eine vorübergehende Bekanntschaft mit Menschen, welchen sich zu nähern in der Residenz, wo die altgewohnte Lebensanschauung über ihn ihr Recht ausübt, er unter seiner Würde halten würde. Doch nehmen wir die Menschen wie sie sind, so müssen wir bekennen, daß ein Theil der guten Stimmung im Tauernhause auf Rechnung der freundlichen Aufnahme und der für diese Höhe und Abgeschiedenheit musterhaften Bewirthung zu setzen kömmt.

Solche Erscheinungen erfreuen in Mitte des Gewühles der Städte; hier aber, wo gewiß die Mehrzahl der Gäste durchnäßt, sei es vom Regen oder Schweiß, ermüdet und fast ausnahmslos alle hungrig und durstig das Haus betreten, müssen sie eine wahre Wohl= that genannt werden.

Viele Wirthe in großen und kleinen Städten und Orten könnten von der gefälligen Häuserin — Haushälterin — in Ferleiten lernen, wie man Fremde empfangen und bewirthen soll, und ich zweifle nicht daran, daß dafür mancher Besucher der Ferleiten während eines spätern Aufenthaltes in Hotels einen Vergleich zwischen ihnen und dem einsamen Tauernhause anstellen, und daß dieser Vergleich in der Mehrzahl der Fälle zu Gunsten des letzteren ausfallen wird.

So saßen denn auch wir heute lange mit mehreren Fremden beisammen und gingen erst spät zur Ruhe, nachdem wir Röderer beauftragt hatten, uns in so früher Stunde zu wecken, daß wir bis spätestens 4 Uhr die Wanderung beginnen könnten.

––––––––

Der unter dem Namen Röderer allgemein bekannte Führer, Joseph Schweighofer, dessen auch in den folgenden Skizzen noch oft erwähnt werden wird, ist im Jahre 1861 gestorben. In Ferleiten dagegen besteht seit der allerneuesten Zeit ein zweites Gasthaus gegenüber dem eigentlichen Tauernhause, und es soll in mancher Beziehung fast städtischen Comfort bieten, so daß trotz der sprichwörtlichen Stabilität des Pinzgauers ausnahmsweise in diesem Falle der im Voranstehenden für die Unterkunft in Ferleiten angenommene Maßstab als ein veralteter angesehen werden muß.

––––––––

Von Ferleiten über die Pfandlscharte nach Heiligenblut.

Der Reisegefährte, mit welchem ich am Vortage im Tauernhause Ferleiten angelangt war, und ich hätten am 30. August 1852 des Weckers nicht bedurft. Denn nachdem wir uns zu Bette begeben, plauderten und lachten wir erst noch lange, ohne eben in Betreff der Veranlassung unseres Lachens gar zu wählig zu sein. Dann aber ging der herrlichste Vollmond über den Bergen auf und schien so hell durch das Fenster unseres Zimmers, daß der Schlaf in dieser Nacht nie rechte Gewalt über uns gewann.

Als daher der Führer Röderer gegen Morgen an unsere Thüre pochte, hatten wir viel gelacht, geschwätzt und zum Fenster hinausgeblickt, aber wenig geschlafen. Dennoch war unser Schlaf noch von viel längerer Dauer gewesen als der Röderer's, welcher die helle Mondnacht und den Umstand, daß eben zufällig ein Mann mit einem zum Dachsjagen brauchbaren Hunde im Tauernhause übernachtete, dazu benützt hatte, um auf den nahen Höhen einem Dachse an seinem Bau einen Besuch abzustatten. Er war erst vor Kurzem zurückgekehrt, jedoch ohne von dem Thiere auch nur das Geringste gehört oder gesehen zu haben.

Das Frühstück ließ nicht lange auf sich warten, und um 4 Uhr waren wir reisefertig und schieden voll guter Dinge aus dem Tauernhause.

Als wir ins Freie traten, fühlten wir auf eine stärkende Weise die Kühle des Morgens, und alle Gletscherberge des Fuschereiskars blickten im Dämmerlichte des jungen Tages zu uns hernieder.

Ehe wir uns im hintern Theile des Fuscherthales näher umsehen, dürfte es am Platze sein, einige Blicke auf das Thal in seiner Gänze und auf seine vordere Hälfte zu werfen.

Das Fuscherthal hat von seinem Beginne bei Bruck im Salzachthale bis dorthin, wo es südlich am Nordfuße der Tauernkette endigt, eine Länge von beiläufig fünf Stunden.

Es ist am breitesten in seiner ersten Hälfte und zwar von dem 1½ Stunden von Bruck entfernten Dorfe Fusch bis zu der Stelle, wo beim Bauernhofe Empacher eine Straße nach Osten in das hier ausmündende Querthal des Weichselbaches und nach dem Fuscherbade ablenkt. Von hier beginnt die Straße im Hauptthale ziemlich steil über der in der Tiefe brausenden Ache an dem westlichen Thalrande emporzusteigen und läuft erst von dort an wieder eben fort, wo man nach einer Wendung kurz vor dem Tauernhause Ferleiten die Thalsohle des obern Fuscherthales erreicht hat.

Von der Gletscherumwallung der südlichen Thaleshälfte ist von Zell am See und Bruck aus sowie im vordern Thale selbst nur der Brennkogel sichtbar, bei der Einengung der Straße tritt dann das Sinewelleck und der Fuscherkarkopf über dem Thalschlusse hervor.

Zunächst dem Tauernhause dagegen hat man bereits einen voll=

ständigen Ueberblick der Gletschergruppe gegen Süden und gewahrt auch schon rechts über sich die Eisfelder des hohen Tenn.

Auf dem Wege endlich vom Tauernhause gegen Süden wird das Gemälde mit jedem Schritte in dem Maße entzückender, als man der Eiswelt, welche hier mit einer allgemeinen Bezeichnung das Fuscher-eiskar genannt wird, näher rückt.

Die Ordnung, in welcher die einzelnen Berge im Fuschereiskar stehen, ist von Osten nach Westen die nachfolgende: Zunächst dem Fuschertauern im südöstlichsten Thalwinkel lagert der Brennkogel (9541 W. F.), an ihn reiht sich im Süden des Thales der Kloben, dann der Spielmann. Zwischen der etwas rückwärts stehenden Spitze des letzteren Berges einer-, dann dem westlichen Gamskarkopf, dem einzi-gen nicht begletscherten Haupte in dieser Bergreihe, andererseits, be-merken wir fast im strengen Süden des Thales eine tiefere Einsatt-lung mit einem gegen das Thal geneigten Eisfelde; — das ist die Pfandlscharte. Zunächst an den Gamskarkopf reihen sich die prächti-gen Gestalten des Sinewellecks mit seiner schiefgeneigten Eisspitze, dann des breiten Fuscherkarkopfes. Die rechte Seite desselben reicht tief hinab ohne Verbindung mit einem höheren Berge und die dadurch in der südwestlichen Ecke des Thales gebildete Einsattlung zwischen dem Fuscherkarkopf und der nördlicheren hohen Dock ist das eigentliche Fuschereiskar, über dem nur der Breitkopf sein breites Haupt zu nicht bedeutender Höhe erhebt. Der Ast des Fuscherthales dagegen, welcher vom südlichsten Punkte des Hauptthales theils noch mit grüner Thal-sohle, theils schon bedeckt mit Steingerölle, ziemlich steil bis an die Felswände, den letzten Abfall des Fuschereiskars, westlich hinansteigt, heißt das Käferthal, viel bekannt und viel besucht als eines der groß-artigsten Hochthäler, die sich die Phantasie schaffen kann, das Ideal des Landschafters.

Hier ziehen die Gletscher des Fuschereiskars, dann rechts vom Breitkopf und der obern Fläche des Glocknereismeeres entströmend das Bockkarkees *) in jähem Absturze mit ihren tausend in Azur, Grün

---

*) Kees ist der in den Tauern, dann im Zillerthale anstatt des Wortes Gletscher allgemein gebräuchliche Ausdruck.

und blendendem Weiß erglänzenden Krystallpyramiden dem Thale zu.
Da tritt die unmittelbar als Schluß des Käferthales aufsteigende Wand
ihrem weiteren Zuge entgegen, sie aber senden, erzürnt ob solchen
Hemmnisses, ihre Wasserfälle und Lawinen ins Thal, und je thätiger
in der Mittagshitze oder nach einem Schneefalle das Leben in den
Gletschern sich regt, desto mächtiger rauschen die Wasserfälle, desto
gewaltiger donnern die Lawinen von der Höhe hinab in die Tiefe des
Käferthales.

Doch auch die hohe Dock, der Abschluß der rechten Seite des
Käferthales, ist des großen Bildes würdig, und der phantastisch ge=
formte Berg mit seinen abgestuften Steinmassen und dem abgeplatte=
ten Haupte nicht der geringste Schmuck desselben.

Noch nordwestlicher im Fuscherthale endlich, zunächst der hohen
Dock und der dahinter stehenden, vom Thalboden nur wenig sichtba=
ren Eiskuppe des hohen Bärenkopfes und durch eine Einsattlung,
über welche der Gletscher Hochgruber zur Tiefe abfällt, von ihnen
beiden geschieden, thront das gewaltige Wiesbachhorn mit dem Brat=
schenkopf zur linken, dem kleinen Wiesbachhorn aber und dem hohen
Tenn, dem nördlichsten Gletscher des Thales, zur rechten Seite.

Der größte Theil dieser Bilder hatte sich uns schon auf dem
Wege von dem Tauernhause aufgerollt, jetzt waren wir an der Stelle
angelangt, wo die Vorberge an der westlichen Thallehne abbrechen
und man nun das Wiesbachhorn in unmittelbarer Nähe sich zur
Rechten dem Thale entsteigen sieht.

Die Luft war so rein, daß wir die Gletscherschluchten und
Wände des hier von seinem Fuße bis zu seiner obersten Spitze sicht=
baren Berges in allen ihren Rissen und Theilen erkennen konnten.

Wir standen in seiner Anschauung versunken und ich spähte
mit dem Fernrohre nach dem Wege auf seiner Höhe, den ich bald, doch
auch heute und schon in so früher Tageszeit vom Bache eingenommen
fand — da bot sich uns ein neuer ergreifender Anblick dar. Der
erste Strahl der aufgehenden Sonne fiel jetzt auf die Spitze des
Wiesbachhornes und bald darauf auch auf die hohe Dock und färbte

sie im lieblichsten Rosa; schon erglänzten auch die Eisfelder des Sine=
wellecks und des Fuscherkarkopfs, und einen Augenblick später alle
übrigen Firnen in demselben Farbenschmucke, und bildeten mit dem
Blau des Firmamentes und dem Grün der Matten in der Thaltiefe
ein treffliches Farbenbild.

Ueber diese grünen Wiesen in der Thaltiefe leitete uns unser
Weg, bis er an der östlichen Thallehne als recht guter Fahrweg zur
Trauneralpe anzusteigen beginnt.

Dort, wo er im Walde ziemlich steil aufwärts führt, befindet
man sich dem Wiesbachhorn und dem Käferthale gerade gegenüber,
und darum pflegen auch die Maler hier ihren Standpunkt zur Auf=
nahme des Gesammtbildes zu wählen.

Wir zählten heute nicht weniger als 14 Wasserfälle im Käfer=
thale, die eben so vielen von den Wänden herabhängenden Schleiern
glichen.

Nach 1¼ stündiger Wanderung vom Tauernhause waren wir
zu der dem biedern Traunerwirthe zu Hundsdorf im Salzachthale ge=
hörigen Trauneralpe gelangt.

Ich hatte diese Alpe erst vor wenig Tagen besucht. Mein Reise=
gefährte dagegen kannte sie noch nicht, und er war nicht wenig über=
rascht, hier eine so schöne Sennhütte zu sehen.

Das ist keine Alpe, wie sie im Hochgebirge gewöhnlich ange=
troffen werden, wo der einzige Raum zugleich Küche, Wohnzim=
mer und in dem auf einer Leiter zu erreichenden obern Theile der
nur durch einen Bretterverschlag zur Milchkammer oder zum Stalle
abgetheilten rückwärtigen Hälfte auch Heuboden und Schlafstelle ist,
wo die Löcher im Dache als nothwendiges Präservativ gegen den
stets drohenden Erstickungstod anzusehen, und aus denen noch heute
Fenster, Leuchter, Gläser und Teller als überflüssiges Geräthe ver=
bannt sind. Die Trauneralpe hat im Gegentheile mehrere abgetheilte
Räume, die man füglich Zimmer nennen kann, mit ordentlichen Wän=
den, Fenstern und Bretterboden, und man trifft darin allen Hausrath
der Bauernhöfe im Gebirge an.

Vor Allem stattlich ist jedoch die Käsekammer mit ihren rings um die Wände herumlaufenden Stellen, worauf in reicher Anzahl über und neben einander riesige Käselaibe liegen. Viehzucht und Käsewirth= schaft werden aber auch hier in großem Maßstabe betrieben. Nach den Angaben des Melkers der Alpe beläuft sich der Viehstand auf der Trauner=, sowie auch auf der gegenüber am Westrande des Thales gelegenen Judenalpe auf je 200 Stück Kühe und viele Pferde, und ist die Käseerzeugung auf unserer Trauneralpe so bedeutend, daß da= selbst täglich durchschnittlich ein Laib jenes Käses bereitet wird, von dem man den Centner mit beiläufig 14 fl. R. W. bezahlt.

Nach kurzem Verweilen brachen wir aus der Alpe auf. Wir verließen die bereits gewonnene Höhe nicht mehr, sondern stiegen, uns immer etwas nach Rechts haltend, am untersten Abhange des Kloben aufwärts.

Lustige Bäche, im Gletschereise dieses Berges geboren, mußten übersetzt, manches steile Wieseneck umgangen oder überstiegen werden.

Mehr und mehr sinkt das Fuscherthal in die Tiefe und die Ache erscheint nur mehr als ein Silberfaden zwischen den grünen Matten. Das Käferthal ist durch die nahen Hügel zur Rechten schon unserem Auge entzogen, doch von Zeit zu Zeit tönt noch der Donner der abstürzenden Lawinen aus ihm zu unserer Höhe empor.

Wir zogen wacker hinan immer auf der linken Seite der Schlucht, in deren Tiefe der Bach vom Gletscher auf der Scharte in das Fuscherthal zur Vereinigung mit der Ache herabbraust. Die Wiesen waren erst sehr steil geworden, dann hatten sie ganz aufgehört und wir kletterten nun über Steine in der Schlucht aufwärts, welche rechts von den, jetzt viel gewaltiger als vom Thale aus anzusehenden Wän= den des Gamskarkopfes gebildet wird, links aber von dem Gewände des Kloben.

Wurde einen Augenblick angehalten, so benützten wir ihn, um uns des Blickes nach Norden zu freuen, in welcher Richtung die mächtigen Kalkalpen aus der Gegend von Leogang, den Hohlwegen und von Berchtesgaden sichtbar geworden waren.

Endlich gelangten wir an die Stelle, wo wir den Gletscher betreten mußten.

Wir standen an der östlichen linken Seite der Schlucht unter den Wänden des Kloben und des Spielmanns. Von einem höheren Gletscherabsturze, der etwas geneigt gegen die Tiefe mit seinen Zacken und Pyramiden oben sichtbar war, kollerten fortwährend Eisstücke mit großem Getöse auf unser Eisfeld und gegen uns zu.

Es galt daher so schnell als möglich diesen Ort zu verlassen. Doch gerade hier war ein schnelles Fortkommen nicht wohl möglich. Der Gletscher war nämlich in diesem seinen unteren Theile ganz vom Schnee entblößt und wir konnten über die schiefe Fläche glatten Eises nur langsam und nachdem wir uns bei jedem Tritte verge= wissert hatten, daß der Fuß festen Halt gewonnen habe, vorschreiten, um nicht bei einem Falle über das gegen die Mitte der Schlucht zu noch viel tiefer hinabreichende und gerade dahin auch stark abdachende Eisfeld hinabzugleiten. Ich richtete deßhalb meine Tritte ziemlich mühsam so ein, daß ich entweder in den kleinen Unebenheiten des Gletschers einen Haltpunkt für den Fuß fand, oder wo solche nicht vorhanden waren, mir mit der Spitze des Bergstockes im Eise Fuß= stapfen ausstach. Doch auch mein Reisegefährte leistete hier Verdienst= liches. Bei seiner für größere Bergreisen ganz untauglichen Beschuhung war er in viel üblerer Lage als ich und Röderer. Ich wies daher den letzteren an, ihm meine Steigeisen zurecht zu machen, und zollte ihm meine volle Anerkennung, als ich ihn, den Neuling im Bergfache, bald darauf ganz allein über den Gletscher daher kommen sah.

Erst als wir auf den Theil des Gletschers gelangt waren, welchen die Sonne schon beschien, hatten wir gewonnenes Spiel; denn so kurze Zeit die Sonnenstrahlen erst darauf fielen, war hier das Eis doch bereits auf der Oberfläche feucht geworden und wir konnten mit ungleich mehr Sicherheit darüber hinschreiten.

Noch etwas höher hinauf hatten wir mit dem Eise nichts mehr zu thun, kaum daß es uns noch hie und da aus einer Spalte ent= gegenblickte. Wir zogen vielmehr jetzt auf den das Eis bedeckenden Schneeflächen dahin. Schon erhob sich der Spielmann und der Gams=

karkopf nur mehr wenig über unserer Bahn und wir näherten uns in dem enge gewordenen Raum zwischen beiden, immer noch im Schnee fleißig aufwärts steigend, dem Abhange des mit dem zuletzt genannten Berge verbundenen Bären- oder Pfandlschartenkopfes. Da traten plötzlich die Wände zur Linken weit zurück, vor uns sahen wir unsere Schneefläche sich nach abwärts senken, uns gegenüber aber eine neue Welt von Bergen. Wir hatten den höchsten Uebergangspunkt der Pfandlscharte erreicht.

Er steigt zu einer bedeutenden Höhe hinan, welche mit 8500 bis 8800 W. F. eher zu gering als zu hoch angenommen sein dürfte. Dieß Resultat ergibt sich nicht nur aus der Bereisung des Punktes, sondern auch aus der Vergleichung mit seiner Umgebung. So überragt der beiläufig 9500 Fuß hohe Spielmann die Scharte durchaus nicht um ein Bedeutendes. Dagegen steht man hoch über dem Pasterzengletscher, der in seinem obern Boden nach Schlagintweits Messungen eine Höhe von 7—8000 Fuß hat *). Von der Ferleiten aber, deren Höhe Weidmann mit 3562 W. F. fand, ist man, die obige Höhe der Pfandlscharte angenommen, bis zu deren höchstem Punkte beiläufig 5000 Fuß hoch gestiegen **).

Würde uns auch nach dreistündigem starken Aufwärtssteigen von der Trauneralpe eine kleine Ruhe und Erquickung nicht unwillkommen gewesen sein, so lud doch der Ort hier auf der Höhe nicht dazu ein.

Erstlich kein Platz zum Sitzen, es wäre denn in dem von der Sonne schon ziemlich erweichten Schnee; dann ein schneidender Wind, der über die Scharte hinfuhr; endlich ringsum nur Schnee und Steinwände, welche, weil sie weder ihrer Höhe noch ihrer Form nach das Erhabene erreichen, eben nur ein trauriges Bild der Erstarrung und des Todes darbieten, wie denn ein solches auch viele hundert rings

---

*) Eine im Jahre 1859 von mir vorgenommene Barometermessung hat die Höhe der Pfandlscharte, oder genauer gesagt unteren Pfandlscharte im Gegensatze zu der westlicheren oberen Pfandlscharte, mit 8400 W. F. herausgestellt.

**) Ich fand im Jahre 1859 für das Tauernhaus Ferleiten die Seehöhe von 3498 W. F.

auf dem Schnee liegende Weißlinge gewährten. Irgend ein Sturm mochte sie auf diese Höhen getragen, dann der Nebel ihre Flügel erweicht und sie auf den Gletscher sinken gemacht haben, wo sie bald dem Froste erlagen.

Wir beschlossen also tiefer unten auf freundlicherer Stelle uns eine kurze Erholung zu gönnen und vom mitgebrachten Mundvorrath zu genießen.

Im Hinabsteigen hatten wir Gelegenheit, uns die umliegende Gegend in Kärnthen, in das wir auf dem höchsten Punkte der Scharte getreten waren, zu besehen.

Wir hatten von der Scharte weg die Richtung gegen Heiligen= blut eingeschlagen und wanderten unter jenen Wänden hin, welche die Nacherin gegen die Pasterze entsendet. Unter uns etwas zur Rechten zog das tiefe Schartenthal gleichfalls der Pasterze zu, rechts gedämmt vom hohen Sattel und der Freiwand, links von denselben Abhängen, über welche wir schritten.

Uns gegenüber gegen Süden und Südwesten lagerte die mäch= tige Kette der Glocknerberge und des Zuges, der zwischen der Möll und Isel sich nach Süden und zur Drau ausdehnt.

Der Glockner selbst, gegen West=Südwesten gelegen, war unter den Bergen die vorzüglichste Erscheinung und überraschte in solcher Nähe durch seine Größe und seine von hier gesehene pyramidenförmige Gestalt. Neben und nordwestlich von ihm ragte die fächerartige Glockner= wand zur Höhe.

Wir waren nicht lange abwärts gestiegen, als wir auch den Pasterzengletscher gewahrten, und zwar lag fast unmittelbar unter uns, nur etwas mehr rechts, der Pasterzen=Absturz, von dessen höchstem Theile aber breitete sich der obere flache Boden des wundervollen Gletschers in der Richtung gegen Nordwesten aus.

Unterdessen schien die Sonne hell auf die Matten, auf denen wir in einem uns ganz angenehmen Tausche nun schon statt auf dem brüchigen Schneefelde rasch abwärts zogen.

Endlich kamen wir auf einem Punkte in geringer Höhe über dem Pasterzenwege an, wo wir, gelagert an einem krystallhellen Quell, der in muthwilligen Sätzen von den Abhängen der Albez herabhüpft, alles hatten, was das Herz eines bescheidenen Alpenwanderers wün= schen kann: warmen Sonnenschein, frisches Gebirgswasser, eine grüne Wiese als Lagerplatz und ganz nahe einen der schönsten Gletscher der Welt und die höchste Spitze der Centralalpen stolz thronend in Mitte ihrer gewaltigen Vasallen. Mußten wir nicht in dem Augenblicke glücklich sein, selbst ohne die Havannah=Cigarren, deren Rauch wir in den reinen blauen Aether bliesen, und ohne den Wein und Braten, die sich reichlich genug in Röderers Tasche vorfanden!

Wir betrachteten uns genau alle Punkte in dem Prachtgemälde, aber wir waren einverstanden, daß der Glanzpunkt darin der Absturz der Pasterze auf den untern Boden ist, — dieß Naturschauspiel, so phan= tastisch, daß ich mich nicht schämen würde, wenn mich für einen Augen= blick der Zweifel beschlichen hätte, ob es nicht doch möglich sei, daß einst vor vielen tausend Jahren ein mächtiger Zauberer hier einen zur Tiefe abstürzenden Strom durch seinen Zauberstab plötzlich in Eis ver= wandelt habe. Wie ein riesiger Wasserfall erscheint ja dieser Absturz mit seinen tausend und abermal tausend Eiswogen, die sich einander zu überstürzen und zu verdrängen scheinen, und — wahrlich nur in den Gletscherabstürzen findet sich dies eigenthümliche Bild ich möchte sagen ruhender Bewegung, in keinem von ihnen aber herrlicher als eben im Pasterzenabsturze.

Ich kannte die Pasterze schon von früher her, dennoch war ich neuerlich von ihr entzückt und sah mit dem Fernrohr bald nach dem oberen Boden, bald nach der Spitze des Glockners, bald nach den Pyramiden des Absturzes, bald endlich nach dem in der südöstlichen Ecke des Gletschers zunächst den Bergen erglänzenden Eissee, auf dessen mattgrünem Spiegel ein mächtiger Eisblock schwamm, als wollte er, die Gesetze der Natur verspottend, sich hier ewig auf den Wogen wiegen.

Großes Vergnügen verdankte ich auch meinem Reisegefährten, der in dieser Stunde das Bild eines vollkommen Befriedigten darbot, so sehr hatte ihn die Mutter Erde mit ihrem Reize bezaubert. Alle Augenblicke dankte er mir dafür, daß ich ihn veranlaßt hatte, den Aus=

flug zu unternehmen, und wieder flog sein Blick von einem Punkte
zum andern und seine Worte wußten nicht genug all das Schöne
zu loben.

Endlich war er nicht mehr zurückzuhalten; er wollte zum Gletscher hinab so weit man nur könne, und so brachen wir denn Alle
mitsammen auf, nachdem wir uns ohnehin schon eine Stunde lang
oben am Quell behaglich hatten geschehen lassen.

Bald waren wir im Laufe zum obern Pasterzenwege hinabge-
langt. Mein Reisegefährte wollte schnell auch noch den unteren Steig
erreichen, da ereignete sich ein kleines Intermezzo.

Ich war voran gelaufen und befand mich am tiefsten unten.
Als ich zufällig zurückblicke, sehe ich meinen Freund in der schnellsten
unfreiwilligen Rutschfahrt über die steilen Wiesen herabgleiten. Ich
erschrecke, denn ich gewahre, daß er gerade einer ziemlich großen Felsplatte zufährt, er ist schon bei ihr angelangt, wird noch über sie hinab-
geschleudert, bleibt aber dann sitzen. Ich eile zu ihm. Doch, nachdem
er wohlbehalten aufgestanden war und es sich gezeigt, daß die Rutschfahrt, einige Aufritzungen der Hände und Breschen in den Kleidern
ausgenommen, keine üble Folge hatte, wurde über den Zwischenfall
gelacht, ja derselbe von der providentiellsten Seite aufgefaßt und als
eine Warnung betrachtet, die den Neuling im Gebirge etwas vorsichtiger machen dürfte. Wirklich sah ich bald, daß die Lehre, welche eine
abschüssige Wiese und ein paar ungenagelte Stiefel dem Gefährten
gegeben hatten, nützte. Denn jetzt gingen wir zwar alle drei vom
untern Pasterzensteige noch etwas hinaus auf die Wiesenabhänge über
dem Pasterzenabsturze, weil wir rings auf denselben das schönste Edelweiß, filago leontopodium, diese Lieblingszierde der Aelpler, gesehen
hatten; doch Vorsicht behauptete als die Mutter der Weisheit auch bei
unserm Freunde ihr Recht und er mied die Gefahr, eingedenk der
Worte: Wer sich in die Gefahr gibt, wird in ihr untergehen.

Zuletzt, nachdem es uns endlich gelungen war, uns von dem Anblicke der Pasterze loszureißen, wandelten wir gleich anderen Pasterzen-
besuchern auf dem gewöhnlichen Wege Heiligenblut zu. Auf ihm, der
am untersten Südabfalle des 9570 Wien. Fuß hohen Kaserockkopfes

hinzieht, kamen wir in allmälichem Uebergange im Pasterzenthale erst von steilen Wiesen in die Krummholzregion, dann von dieser in den Schatten mächtiger Waldbäume.

Tief unter uns donnerte die Möll. Doch nicht sie allein, auch alle andern Gewässer sind durch die Beschaffenheit der Gegend zu wildem Treiben genöthigt. So sieht man an einer Stelle zugleich, wie in der Tiefe die Möll in beträchtlichem Absturze vorwärts drängt, gegenüber aber die Leiter den noch kühneren Sprung von der Höhe des Katzensteiges bis zur Tiefe des Pasterzenthales wagt, damit den prächtigen Leiterfall bildend, der des Gewoges seiner reichen, sich selbst überstürzenden Fluthen wegen einen weit größeren Ruf verdient als er hat.

Dort wieder gewahrt man gleichzeitig die Möll und die Gößnitz im Kampfe sich Bahn brechen, die letztere allerdings im letzten Kampfe, weil sie, die in derselben Richtung wie die Leiter von Süden nach Norden gekommen, bald nach ihrem Sturze in die Möll mündet.

Als Bilder der Ruhe stehen mit der wilden Unruhe, welche sonst überall in der Landschaft herrscht, die dem Schutzpatron von Heiligenblut, dem heiligen Briccius, geweihte, fast gegenüber dem Leiter-falle gelegene Kapelle mit dem klaren Quell, der ihr zunächst von der Bergeshöhe herabfließt, und eine einsame Sennhütte auf einem kleinen Hügel im Tannenwalde in seltsamem Gegensatze.

Doch wir sind schon an die Stelle gelangt, wo sich das Möll-thal vor uns aufschließt. Wir verfolgen seinen Zug weit hinab und erblicken darin die Felder und theils einzeln stehend, theils in kleinen Gruppen beisammen auch die Wohnungen der Menschen, unter den letzteren Heiligenblut kenntlich durch seine alterthümliche Kirche mit dem hohen Spitzthurme.

Das Thal schmücken nicht wenig die gewaltigen Berge, die sich in schönen Formen gegen Nord und Nordost über es erheben, vor-züglich die Gletscher des Goldberges und der Goldzeche.

Inzwischen führt uns ein steiler Weg von der oberen Thalstufe des Pasterzenthales rasch in das tiefere Möllthal, wir wandern darin kurze Zeit fort, übersetzen erst auf das rechte Ufer der Möll, dann wieder auf das linke, sind zuletzt einen Hügel hinaugestiegen und haben damit Heiligenblut selbst erreicht.

Als wir bei der Kirche und dem Wirthshause anlangten, schlug die Thurmuhr 2 Uhr. Wir hatten also von Ferleiten bis Heiligenblut beiläufig 10 Stunden benöthigt, wovon wir freilich mehr als eine Stunde auf den Abhängen der Albez und am Rande des Pasterzengletschers in süßem Nichtsthun zugebracht haben.

Ersteigung des Großglockners.

Als ich am 30. August 1852 mit einem Bergfreunde und Röderer, dem trefflichen Führer aus dem Fuscherthale, in Heiligenblut anlangte, hatte ich schon den 10stündigen Marsch von Ferleiten über die Pfandlscharte gemacht. Dennoch brachten mich, da ich nach Heiligenblut nur gekommen war, um den Großglockner zu ersteigen, die triftigsten Gründe zu dem Entschlusse, noch an diesem Tage auf die Leiteralpe zu gehen, von wo aus am nächsten Morgen der Glockner erklommen werden sollte.

Vor Allem kam Röderer zu beachten. Der Mann war mir als der einzige Führer in Pinzgau und, wie ich jetzt sogleich erfuhr, auch in Heiligenblut, der die Führung auf dem Wege, auf welchem ich nach Pinzgau zurück zu kehren beabsichtigte, nämlich von der Pasterze über die Gletscher des Glockner Eismeeres unmittelbar nach Kaprun, zu übernehmen wagte, unentbehrlich, wollte ich nicht diesen mir liebgewordenen Plan ganz aufgeben. Röderer konnte aber nach seinen Dienstverhältnissen nur drei Tage von der Ferleiten wegbleiben; davon war der erste schon mehr als zur Hälfte vorbei, der zweite mußte mich auf den Glockner, der dritte nach Kaprun führen. Ein Zuwarten, wornach ich erst am 1. September auf die Spitze gekommen wäre, war also ganz unthunlich.

Dann trieben mich die Witterungsverhältnisse an, keinen Augenblick zu versäumen. Schon seit den Mittagstunden hatten sich die Nebel

an diesen und jenen Berg gehängt, auch hatte der Wind einen ungün=
stigen Zug genommen, und es war fast gewiß, daß das schöne Wetter
nicht mehr lange anhalten werde.

So mußten denn bei der vorgeschrittenen Tageszeit die Vor=
bereitungen zur Glocknerreise unverweilt getroffen werden. Zuerst han=
delte es sich darum, gute Führer zu gewinnen. Mein Reisegefährte
über die Pfandlscharte beabsichtigte nicht die Glocknerersteigung mit=
zumachen, und ich konnte ihm darin nur vollkommen Recht geben. Nicht
bloß daß seine Bekleidung und Beschuhung nicht für ein solches Unter=
nehmen geeignet waren, so war auch trotz seiner wackern Haltung auf
dem Wege über die Pfandlscharte zu besorgen, daß ihm, dem Unge=
übten, nach der Ermüdung des Vormittags, ein Marsch noch an dem=
selben Tage auf die Alpe, dann nach kaum ein paar Stunden Rast
auf eine 12.000 Fuß hohe Spitze zu anstrengend sein werde. Ich
war also bei dem Unternehmen allein und hatte mit zwei Führern
genug. Die Herren von Rainer und Koller hatten mir erst vor ein
paar Tagen in Zell am See aus eigener Erfahrung Liendl als beson=
ders tüchtigen Glocknerführer anempfohlen, und ich ersuchte deßhalb
den Wirth, mir diese Heiligenbluter Größe sogleich zu rufen.

Bald sah ich einen mittelgroßen stämmigen Mann, mit einem
ganz aufgeweckten, fast pfiffigen Ausdrucke im Gesichte, in kurzer brauner
Jacke, den kleinen Strohhut auf dem Kopfe, sich dem Gasthause nähern;
er gab sich mir alsbald als Liendl zu erkennen und erklärte mir seine
volle Bereitwilligkeit, mir als Führer zu dienen.

Eine kurze Besprechung einigte uns über den Führerlohn für
ihn selbst und den zweiten Führer, dessen Wahl ich ihm überließ, und
über das Mitzunehmende an Lebensmitteln und anderem Geräthe,
das er besorgen sollte. Liendl versprach meinen Aufträgen genau nach=
zukommen und sich zwischen 4 und 5 Uhr mit dem zweiten Führer
zum Aufbruche auf den Berg im Gasthause einzufinden.

Meine eigenen Vorbereitungen zur Besteigung waren in wenig
Minuten getroffen, denn außer dem Allernothwendigsten an Wäsche
und Kleidung hatte ich nur das Fernrohr, Thermometer, den Kompaß,
dann einige Landkarten zur Mitnahme vorzurichten.

Die Zwischenzeit bis zum Eintreffen der Führer wollte ich be=
nützen, um mich aus dem Glocknerbuche über die bis jetzt stattgefun=
denen Ersteigungen der großen Spitze und die Rundschau von derselben
zu unterrichten.

Doch trotzdem, daß mein Mittagsmahl nach den Eigenschaften
des Heiligenbluter Wirthshauses nur kurze Zeit in Anspruch nahm,
kam ich bald zur Ueberzeugung, daß mehr Zeit, als mir heute gegönnt
war, erforderlich ist, um in dem Glocknerbuche das zu finden, was
man sucht. Ehrwürdig durch sein Alter, denn es besteht schon seit
30 bis 40 Jahren, ist es leider nicht minder gemißbraucht worden,
als fast alle ähnlichen Gedenkbücher, und man wird bald durch die
Menge des geistlosesten Gekritzels, dem man darin begegnet, so er=
müdet, daß man jede Geduld zur weitern Durchlesung verliert. Es
ist einmal für Viele, die sich nicht an öffentlicher Stelle gedruckt sehen
können, schon Hochgenuß, sich wenigstens geschrieben zu sehen!

Schwere Schritte verkündeten zur übereingekommenen Zeit die
Ankunft der Führer, und ich erfuhr jetzt, daß der Bürgermeister von
Heiligenblut Eder mein anderer Begleiter auf den Glockner sein werde.

Auch hatte ich einen unverhofften Gefährten an dem Wirthe
Pichler gefunden, der mir erklärte, wenn ich nichts dagegen hätte, als
Freiwilliger auf seine Faust an der Ersteigung theilnehmen zu wollen,
und von mir natürlich mit Vergnügen als Besteigungsgenosse begrüßt wurde.

Endlich mit dem Schlage 5 Uhr erfolgte der Aufbruch unter
den besten Wünschen der Hausgenossen des Wirthes, so wie des braven
Röderer.

Im Anfange führte uns derselbe Weg, auf welchem ich vor wenig
Stunden von der Pasterze gekommen war, auf das rechte Ufer der
Möll; doch bald verließen wir ihn und hielten uns mehr gegen die
linke Thalwand. Den Glockner, dessen Anblick man bei der Ersteigung
hier dann erst wieder von der Salmshöhe und dem Leitergletscher an
hat, umrauchten beständig Nebel und dadurch wurde mancher Zweifel
über das Gelingen des Zuges in uns rege.

Dort, wo der Weg ganz nahe dem Gößnitzfall vorbeiführt, ver=
ließ mich mein Reisegefährte von heute früh, der mich bis hieher

begleitet hatte. Kurz darauf fühlten wir Glockner-Wanderer, daß auch im Hochgebirge die Sonne des 30. August noch tüchtig brenne und der vom Gößnitzbache in Windungen zur Höhe steil ansteigende Weg kostete uns manchen Tropfen Schweißes.

Er belohnt aber dafür sowohl an einer Ecke durch einen hübschen Blick von Oben hinab auf den Gößnitzfall und seine stoßweise aufwirbelnden Säulen von Wasserstaub, welche ihm den Namen Wasservulkan verschafften, als auch durch den Rückblick nach dem Mölthale und auf dessen nördliche und nordöstliche Berge, den Kaserockkopf, Brennkogel, die Goldzeche und den Goldberg.

Die einsam gegen das Thal der Gößnitz zu liegende Alpe auf den Trogen vorbei, streckenweise durch lichten Wald, kamen wir nach kurzer Zeit an den Leiterbach.

Von seinem rechten Ufer führt ein ziemlich guter Weg nach Kals, am linken dagegen zieht der Katzensteig zur Leiteralpe, und ihn betraten wir nun.

Der Steig ist unstreitig schlecht; immer schmal, läuft er jetzt steil ansteigend, jetzt sich rasch senkend, an den letzten Abhängen des Leiterberges dahin, bisweilen über Steinplatten von ziemlich starker Neigung gegen die tief unten rauschende Leiter. Gewiß aber hätten wir ihn, auf dem wie auf hundert andern Stellen im Gebirge eben nur Vorsicht erfordert wird, nicht so gar unangenehm gefunden, wenn er nicht so lange dauern und nicht in so trostloser Gegend dahinziehen würde; denn diese Schlucht, durch welche sich die Leiter ihr tiefes Bett wühlte, ist kahl und traurig in allen ihren Farbentönen, und derselbe düstere Charakter ist gleichmäßig den nächsten Hügeln eigen, wie den freilich nicht bedeutenden Höhen im Hintergrunde.

·Noch in der Schlucht liegt auf dem rechten Bachufer die Leiteralpe. Wir freuten uns um so mehr sie erreicht zu haben, als es inzwischen, trotzdem daß wir von Heiligenblut in der ungewöhnlich kurzen Zeit von 2½ Stunden heraufgestiegen waren, schon bedeutend dunkel geworden war.

In Kurzem hatten wir uns Alle um ein lustiges Feuer auf dem Herde der erträglich geräumigen Alpe gruppirt und herrschte allgemein

eine behagliche Stimmung, zu welcher nach der Anschauungsweise jedes
Einzelnen der Gedanke an die für morgen zu hoffenden Genüsse, die
wohlthätige Wärme, der fette Schmarren, der in der Pfanne der
Sennin prasselte, oder endlich der rothe Tiroler Wein am meisten
beitrug. Nachdem ich für morgen den möglichst frühen Aufbruch beschlossen hatte, zog ich mich bald in den mir vorbehaltenen Theil des
Heubodens zurück. Hier war Heu im Ueberflusse vorhanden, auch war
der Raum von der übrigen Hütte durch eine Bretterwand getrennt,
und so hielt mich bald ein viel erquickenderer Schlaf umfangen, als er
gewöhnlich einem Städter auf den Alpen beschieden ist. Meinen Anordnungen zufolge begann es jedoch schon um 1 Uhr Nachts in der
Alpe wieder lebhaft zu werden.

Schnell war eine Kaffeebrühe in solcher Menge gekocht, daß
die große Holzschüssel, in die sie gegossen wurde, als jeder so viel zu
sich genommen hatte als ihm behagte, und Manchem behagte wahrlich
nicht wenig, noch bei Weitem nicht geleert war, sondern eine hübsche
Nachlese für die Sennin und ihren Hüter enthielt.

Um 1 Uhr 20 Minuten brachen wir von der Alpe auf. Die
Nacht konnte nicht schön genannt werden. Ringsum zogen Nebel,
nicht luftige Nachtnebel, sondern solche, denen man es ansah, daß sie
ehestens auf den Bergen aufsitzen würden. Der Vollmond schien, doch
mit oftmals umflortem Lichte. Aber selbst der zauberischeste Mondenschein könnte diese Landschaft nicht zur interessanten gestalten.

Zwar leitet der Weg sogleich von der Alpe weg am linken
Bachufer steil hinan und man hat schon bei der bald erreichten Ochsenhütte einige Aussicht auf die in der Richtung von Kals liegenden
Berge. Auch erweitert sich die Schlucht dort, wo in südwestlicher Richtung ein Fußweg nach Kals ablenkt. Doch diese Höhen und der Thalboden ringsum sind eben so öde, wie die von uns bisher durch-
schrittene Schlucht der Leiter.

Schaubach gibt in seinem höchst schätzenswerthen Werke „die
deutschen Alpen" die Höhe der Ochsenhütte mit 6809 Fuß an und
versteht darunter wahrscheinlich Wiener Fuß, in denen er in der Regel
seine Höhenangaben macht. Auch meint er, die Ochsenhütte werde das
gewöhnliche Nachtquartier der Glocknersteiger sein müssen.

Die Alpe der Kaserin am Leiterbache, auch schlechtweg die Lei=
teralpe genannt, deren Höhe nach Schlagintweit 6240 P. F. beträgt,
liegt aber in so geringer Entfernung von der Ochsenhütte und bietet
so ungleich mehr Bequemlichkeit dar, daß es jedenfalls viel zweckmä=
ßiger ist, sie und nicht die Ochsenhütte als Nachtlager zu wählen.

Außerhalb der Ochsenhütte führt der Steig über mehrere gegen
den Abgrund der Leiter zu stark abschüssige Felsenplatten. Sie können
jedoch mit einem geringen Umwege umgangen werden, und dies bleibt
immer rathsam, weil ein Ausgleiten auf dem glatten Gestein leicht
möglich ist und die traurigsten Folgen nach sich ziehen könnte.

Bald hierauf verläßt man die Leiter, deren Laufe entgegen man
schon so lange gehen mußte und wendet sich über zuletzt sehr steinige
Wiesen dem Gletscher in nordwestlicher Richtung zu, während der Bach
mehr westlich in bogenförmiger Ausbiegung vom Gletscher bis hierher
gelangt.

Bedeutend ihrer Form nach sind von den hier sichtbaren Höhen
nur die Berge in der südlichen Richtung der Gößnitz, welche schon
zur Schobergruppe gehören, dann gegen Nordosten das Schwerteck, sonst
sind bloß noch über den nächsten Hügeln am Wege gegen Südwesten
unscheinbare Berge zu sehen.

Die Kühle der Nacht machte es, daß wir in anderthalb Stun=
den von der Alpe bei der nach Schaubach 8583' hohen Salmshöhe
und damit am Glocknerkar und dem Gletscher anlangten.

Der Mond schien etwas heller, doch umdüsterten noch immer
von Zeit zu Zeit Wolken seine Scheibe, und die Nebel lagerten schon
auf den Gößnitzbergen und den Höhen von Kals. Unbeirrt und herr=
lich durch diese reineren Luftschichten anzusehen glänzte dagegen der
Morgenstern in funkelndem Silberlichte.

Obgleich keiner der schönsten Gletscher gibt' das Salms= oder
Leiterkees doch immerhin ein interessantes Bild, als dessen äußerste
Begrenzung sich rechts das Schwerteck und links die Berge gegen Kals
darstellen. Gegen diese Umwallung und zwischen ihr fließt in der Mitte
der Gletscher herab. Aus ihm aber und als seine Rückwand steigt

rechts die Hohenwartshöhe empor und links von der letzteren die mit
ihr durch einen Eisgrat verbundene höhere Adlersruhe. Ueber dem
Steinkamme, der von der Adlersruhe den obern Theil der Westseite
des Gletschers dämmend herabläuft, erhebt sich fast in der Mitte des
Bildes über dem Eisfelde, mit Schaubach zu sprechen, „rachenförmig
gespalten", der Doppelgipfel des Großglockners mit Steinwänden und
Schneeschluchten auf der Südwestseite, auf der Süd= und Ostseite
entgegen mit schneeweißem Eiskamme.

Ganz voran endlich, nur wenig links von unserm Standpunkte
und in geringer Höhe über demselben breitet sich die große Stein=
moräne des Salmskeeses aus. Sie hat die Salmshütte zertrümmert,
und erblickt man die gewaltigen Blöcke, wie sie das Eis in wilder
Unordnung vor sich her geschoben hat, so kann man nicht zur Ansicht
kommen, daß es dies Treiben auf= und sich zur Ruhe geben wolle.

. Wir ließen alles Ueberflüssige an Lebensmitteln unter einem
Felsen zurück, labten uns noch an dem köstlichen Wasser, das eiskalt
hier in der Gletschernähe ringsum dem Boden entquillt und begannen,
und zwar, da der Glockner eben sein Haupt in Nebeln barg, unter sehr
zweifelhaften Verhältnissen zuerst über einzelne vorgeschobene Schnee=
felder in nördlicher Richtung unter dem Schwerteck hinanzusteigen, dann
aber über das Eisfeld selbst der Hohenwartsscharte zuzuschreiten. Glet=
scherklüfte gähnten uns schon hie und da entgegen, doch waren sie zu
wenig breit, um uns bei der Besteigung irgend wie hinderlich zu sein,
und wir kamen bei der Kühle des Frühmorgens über den noch festen
Schnee, welcher auf dem Eisfelde lag, unglaublich schnell aufwärts.

Erst auf der letzten Strecke unterhalb der Hohenwarte, kurz
bevor man sich über die Felsen auf die Höhe des Grats hinanarbeiten
muß, nöthigte uns die steile Neigung des Eisfeldes von den Steig=
eisen Gebrauch zu machen, um nicht bei der Härte der Schneedecke
über den Eisabhang, über den wir eben heraufkamen, wieder zurück=
zugleiten.

Unser Schritt war sortan ein gar ausgiebiger geblieben, und
in Folge dessen betraten wir um 4 Uhr 25 Minuten, also 3 Stun=
den und 5 Minuten nach dem Aufbruche von der Alpe, die Hohen=

warte und hatten damit eine Höhe erreicht, welche Schlagintweit mit
9813 P. F. angibt.

Hier oben auf dem Eiskamme erkannten wir mit Bedauern,
daß wir von der Spitze jedenfalls nur eine theilweise Aussicht haben
würden, es war uns aber schon hier klar, wie entzückend sie für Jenen
sein müsse, der so glücklich ist, sie rein anzutreffen. Denn ungeachtet
der gegen Nordosten und Osten sich massenweise thürmenden Nebel,
ja gerade aus ihrer Gestaltung entnahmen wir, daß in diesen Rich=
tungen keine Höhe mehr die Aussicht in die weiteste Ferne beirrt;
blos das Schwerteck und der Kellersberg ragten unmittelbar an unsere
Scharte gereiht, gegen Südosten noch um ein Geringes über sie auf.
Dagegen stieg die Erhebung des Glockners über die Adlersruhe zur
kleinen Spitze zur Linken noch riesengroß über uns in die Lüfte.

Die Sonne war noch nicht aufgegangen, aber schon verkündeten
rothe Streifen im Osten ihr baldiges Erscheinen. Jetzt nahm auch
der Kampf des anbrechenden Tages mit der Nacht sein Ende, und das
Farbenspiel von Grün zum Blau, welches in dem Maße, als das
Silber des Mondlichts zerfloß, am Firmament die Oberhand gewonnen
hatte, wurde allmälig durch rothe Tinten belebter.

Während wir der Adlersruhe zuschritten, trat endlich die Sonne
selbst hervor; bei dem kalten Winde auf der Höhe eine sehr willkom=
mene Erscheinung.

Auf dem Kamme zwischen der Hohenwarte und der Adlersruhe
eröffnete sich uns auch der Hinabblick auf den 3000 Fuß tief zu unsern
Füßen gelagerten Pasterzengletscher mit seinen Klüften und Abstürzen.
Auf ihn fällt die Nordseite des Eiskammes und der Glocknerspitzen
mit ihren Eisfeldern, welche letztere nach der Beschaffenheit des unter
dem Eise befindlichen Felsengerippes hier eisige Erhebungen zeigen, dort
wieder von Steinkämmen durchbrochen sind, steil ab. Gegen Süden
sinken dagegen der Eiskamm und die Spitzen bei Weitem nicht so tief,
aber fast noch steiler zu dem Salms= und Kenitzkeese hinab.

Der Schnee war noch immer hart genug, um uns als eine
feste Bahn zu dienen, und er begünstigte unsere Besteigung so sehr,
daß wir schon 42 Minuten, nachdem wir den Eiskamm bei der Hohen=

wartsscharte betreten hatten, auf der Adlersruhe angelangt waren. Sie liegt beiläufig 10500 F. hoch, nach Schlagintweit 10432 P. F., und somit waren wir vom ersehnten Ziele nur mehr 1500 Fuß an Höhe entfernt.

Die Aussicht hatte sich indessen mit jedem Schritte zum Theil eigenthümlicher, zum Theil großartiger entfaltet.

Dort gegen Norden und Osten thürmten sich Nebelballen mächtig übereinander, um im nächsten Augenblicke in andere phantastische Gestaltungen überzugehen; jetzt tauchte aus dem nördlichen Gletschermeere des Glockners eine Spitze empor, jetzt verschwand sie wieder und eine andere erhob sich über den Wolken. In jener Richtung dafür, wo die Aussicht unbenommen war, in der südlichen und südwestlichen nämlich, war schon jetzt dem Auge ein entzückender Hinausblick gestattet.

Die Hoffnung, die Fernsicht bald von der Spitze genießen zu können, gemeinschaftlich mit der Furcht, bei längerem Verweilen auf einem der sonst gewöhnlichen Ruheplätze durch die nahen Nebelzüge zuletzt noch an der Betretung der Spitze gehindert zu werden oder mindestens um jeden Genuß der Fernsicht von ihr zu kommen, stimmte mich gegen ein derlei längeres Verweilen.

Doch da wir bisher noch gar nicht gerastet hatten und die Führer es für gerathen hielten, für die eigentlich hier erst beginnende Hauptschwierigkeit der Ersteigung sich noch früher eine körperliche Stärkung mittelst rothen Tirolerweines und kalten Bockfleisches beizulegen, so benützten wir die Hütte der Adlersruhe zur Raststation.

Die Adlersruhe, ein Felskamm zwischen den Firnmassen, lieferte in den tausend großen und kleinen Felsstücken, welche rings reichlich und eben nicht in Reih und Glied den Boden bedecken, das Materiale zu der hier befindlichen Steinhütte.

Gleicht der Bau ohne Kalkanwurf und Dach mit den Lucken zum Ausblicke auch einer Ruine wie ein Ei dem andern und ist auch sein Boden beständig mit Schnee bedeckt, so bleibt er nichtsdestoweniger als eine Zufluchtsstätte für den Fall eines plötzlich eintretenden Unwetters, sowie als ein gegen den stärksten Windanfall geschützter Ruheplatz für den schon ermattenden Glocknerwanderer eine wahre Wohlthat.

Zudem ist die Aussicht aus ihm gegen Süden und Westen bereits höchst großartig und trotz des Vorsatzes, mir die Fernsicht ganz für die Spitze zu versparen, schielte ich doch bisweilen durch die Fenster= surrogate hinaus auf die prächtigen Tirolerberge.

Als sich endlich Alles zum Aufbruche bereit erklärt hatte, zogen wir wieder hinaus zum mühevollen Werke.

Man steht nun am Fuße der von Heiligenblut aus sichtbaren eisigen Schneide, welche immer steiler hinansteigend mit der kleineren Spitze des Glockners endet. Auch heute wurden wir, wie wir später erfuhren, während unseres Hinaufklimmens auf dieser Wand aus dem Glocknerzimmer des Heiligenbluter Wirthshauses mit dem dort aufge= stellten Fernrohre fleißig beobachtet. Wir waren aber eben jetzt wenig gelaunt mit Heiligenblut Liebesblicke zu wechseln. Nicht allein, daß das Aufwärtsklimmen auf so steiler Eisbahn schon an sich mühsam war, so blies ein kalter Wind mit großer Gewalt, und ein gellender Ton, der sich immer wiederholte und den ich Anfangs für einen Ruf aus der Tiefe des Pasterzengletschers hielt, war nichts anderes als die Stimme des Windes. Zudem fühlten wir den Einfluß der verdünnten Luft auf unseren Organismus wenigstens insoferne, daß ein zeitweises Stehenbleiben zum Athemholen nöthig war; von anderm Uebelbefinden blieben wir verschont und es ging uns viel besser, als der Unkundige aus unsern Gesichtern, die ohne Ausnahme wie immer auf solchen Höhen Leichenblässe zeigten, vermuthet hätte.

Jetzt stießen wir auch auf die Fußstapfen der beiden Gesell= schaften, welche in den letzten Tagen die Spitze des Berges erstiegen hatten, und sie bildeten dort, wo ihrer mehrere über und neben ein= ander in den Schnee eingedrückt waren, häufig gerade auf der gang= barsten Linie der Wand, durch die Kälte eisig gewordene härtere Stel= len, welche wegen ihrer Glätte vermieden werden mußten.

Standen wir einen Augenblick still und blickten wir dann um uns, so gewahrten wir, daß wir bei der so steilen Steigung, ungeachtet des langsameren Schrittes, doch bereits hoch über die Adlersruhe ge= kommen waren. Schon war selbst das Schwerteck und der Kellersberg, die sich so lange wacker gehalten, unter unsere Linie hinabgesunken,

und der ſüdliche Gletſcher des Glockners, das Kenitzkees in der Mitte
zwiſchen dem Leiter= und dem Teiſchnitzkeeſe, lag vollends ſchon tief
unter uns. Wir waren ſchon weit über 11.000 Fuß hoch. Jetzt wurde
in immer kürzeren Zwiſchenräumen Halt gemacht. Zuletzt, etwa ein
paar hundert Fuß unter der Spitze des hier zur Eisnabel gewordenen
kleinen Glockners ſtellte ſich Liendl, um ein gleichmäßigeres Aufwärts=
ſteigen zur Erleichterung Aller zu erzwecken, an die Spitze des Zuges.
Er hatte das Seil um den Leib geſchlungen, ich folgte gleichfalls mit
dem Seile um die Mitte, dann Pichler, zuletzt Eder. Nach einer An=
zahl Schritte wurde immer eine Pauſe gemacht. Doch ſolcher Pauſen
hatten wir nur erſt wenige gemacht, als plötzlich Liendl durch ein gewal=
tiges Jauchzen anzeigte, daß wir die kleinere Spitze des Glockners erſtie=
gen hatten. Auf unſeren Uhren war es 6¼ Uhr.

Schon dieſe kleine Spitze hat keine ebene Fläche und beſteht zu
oberſt aus einer gegen Norden und die Paſterze überhängenden Eis=
wand von etwa 4 Fuß Höhe und 2 Fuß Dicke.

Wir nahmen deßhalb unſern Standpunkt auf dem ſteilen Ab=
hange gegen Süden, dort wo wir feſten Boden unter dem Schnee und
Eis vermutheten und blickten über die höchſte Erhebung wie über eine
Brüſtung hinaus nach Norden und Oſten.

Da wir auf dem Rückwege von der großen Spitze ohnehin hieher
zurückkehren mußten, ſo ſchlug ich vor, das alte Sprichwort „nach ge=
thaner Arbeit u. ſ. w.“ zu beherzigen und ſich ſobald als möglich an
den letzten ſchwierigſten Theil unſerer Aufgabe zu machen.

Die große Spitze ſteht in faſt weſtlicher Richtung von der kleinen.
Um von letzterer auf ſie zu gelangen, hat man zuerſt auf dem ſüd=
lichen Schneeabhange der kleinen Spitze 20 bis 30 Schritte in der
Richtung der großen Spitze zurückzulegen. Man iſt nun dort ange=
langt, wo die Nadel des kleinen Glockners ſteil nach Weſten zu ab=
fällt. Von hier geht es einige Klafter vom Rande dieſes weſtlichen
Abſturzes in ſüdweſtlicher Richtung ſteil und nicht ohne Gefahr ab=
wärts, und jetzt hat man die eigentliche Scharte, welche die kleine
Spitze des Glockners mit der größeren verbindet, erreicht, und damit
den bei Weitem gefährlichſten Punkt der ganzen Glocknererſteigung.

Die Schneide ist nämlich kaum einen Fuß breit, und so schmal sie ist, so besteht sie doch an ihren Rändern noch zum Theile aus Eis, das über die Felsenunterlage hinausragend jeden Augenblick durch den Tritt gelöst von seiner Verbindung auf die Gletscher hinabstürzen kann, welche rechts und links in der Tiefe von einigen tausend Fuß fast senkrecht unter der Scharte lagern. Sowie zur Ersteigung der kleinen Spitze blos Gesundheit und Ausdauer, so ist zum Uebergange über die Schneide zwischen den zwei Spitzen Schwindelfreiheit und Muth die unerläßliche Bedingung. Wehe dem, welchen auf dieser Stelle ein Schwindel befallen würde, er wäre selbst mit dem Seile um den Leib in höchst schwieriger Lage. Wer aber muthig und schwindelfrei ist, wird durch das Seil, dessen Ende er in den Händen der starken Führer weiß, vollends zuversichtlich gemacht, in ihrer Mitte die Scharte bald überschritten und hierauf neu ermuthigt auch die geringe Erhebung zur großen Spitze bald erstiegen haben.

Ich war wahrhaft erstaunt, als ich nach Ueberschreitung der Scharte, gestählt durch die Gewißheit, daß das hohe Ziel nun so viel als errungen sei, mit Liendl von der Scharte hinansteigend, schon in wenig Minuten auf der zweiten höheren Spitze des Großglockners anlangte. Meine Uhr zeigte 6 Uhr und 45 Minuten, und somit hatten wir im Ganzen von der Alpe auf die höchste Spitze 5 Stunden und 20 Minuten benöthigt.

Bald folgte Eder mit dem Wirthe. Diesem war, als er die Scharte in der Nähe betrachtet hatte, Anfangs alle Lust vergangen, aus Unterhaltung über sie zu gehen, Eder's Zureden bestimmte ihn aber bald, uns doch zu folgen.

Nun wurde es auf dem Großglockner so lebhaft, als es dort nur immer möglich ist.

Auch die große Spitze, welche nach meiner beiläufigen Beurtheilung um 10 Klafter höher sein mag als die kleine, ist in der Hauptsache wie diese gestaltet. Auch auf ihr steigt man von der östlichen Kante und zwar unmittelbar von der Scharte weg über Felsdurchbrüche, dann auf dem gegen die Kalser Gletscher geneigten südlichen Firnabhang empor, und auch ihr oberster Theil besteht aus einer gegen Norden zu überhängenden Eiswand. Nur ist diese letztere noch höher als jene auf der kleinen Spitze, und deshalb ist erst bei= läufig 10 Fuß unter ihrer obersten Linie der Barometerkasten auf dem Südabhange dort angebracht, wo man festes Gestein unter dem Schnee fand, an das man ihn mit Klammern befestigen konnte.

Ihm zunächst nahmen wir unsern Sitz, der freilich manches zu wünschen übrig ließ, denn es war eben nur ein durch das Gewicht unserer eigenen Körper zubereiteter Sitz im Schnee auf einer minder abschüssigen Stelle von ein paar Schuh Breite. Die Kälte duldete übrigens ohnehin kein langes Sitzen. Nachdem etwas Brot und Wein genossen und dabei dem Auge das Schwelgen im Anblicke des unge= heuren Gesamtüberblickes gegönnt worden war, ging ich an die Detail= untersuchung der Aussicht und Spitze. Zunächst fesselte das Barometer die Aufmerksamkeit.

Es ist ein überraschender Augenblick, wenn es den Führern ge= lungen ist, den über dem Barometerkasten gleich einem Futteral ange= brachten eisernen Stiefel von der Eisfläche, worauf Kasten und Stiefel stehen und woran sie immer wieder anfrieren, loszureißen, sie diese Hülle mit kräftiger Hand in die Höhe heben, und nun der etwa 3 Fuß hohe, massive Holzpflock als Barometerkasten sichtbar wird, in ihm aber wieder nach Oeffnung eines schuhhohen Thürchens an der nordwärts gekehrten Seite das höchst solid construirte Instrument selbst.

Eine solche Spur menschlichen Scharfsinns auf einer Stelle, wo alles Leben in Todeserstarrung übergegangen ist, muß ein Triumph des menschlichen Geistes genannt werden.

Bekanntlich hat der Cardinal Fürst Salm dieses Barometer bald nach der ersten Ersteigung des Großglockners im Anfange unsers Jahr= hunderts hier anbringen lassen. Es ist zu staunen, daß es durch ein halbes Jahrhundert allen Stürmen da oben getrotzt hat. Wohl schützt es die nach Norden überhängende Wand vor der rauhesten Art der Stürme, den Nordstürmen, doch muß jedenfalls die Art, wie der Baro= meterkasten in dem Boden befestigt ist, eine höchst dauerhafte sein. *)

---

*) Das Barometer ist wahrscheinlich im furchtbaren Nachwinter von 1852 auf 1853 von der Spitze des Großglockners abgestürzt. Schon der erste Ersteiger aus dem Jahre 1853 hat es nicht mehr dort angetroffen.

Als ich das Barometer unterſuchte, zeigte es am 31. Auguſt 1852 7 Uhr Früh 18″ 3‴ 8‴‴ Wiener Maß. Ich enthalte mich davon nach dieſem Barometerſtande die Höhe des Großglockners anzugeben. Denn erſtlich iſt auf Grundlage des Standes unſeres Barometers der Berg ſchon wiederholt gemeſſen worden. Dann erlaube ich mir ſo lange an der Sicherheit der Barometermeſſungen zu zweifeln, als bei aus= gezeichneten Inſtrumenten und ganz tüchtigen Beobachtern ſo verſchie= dene Reſultate über dieſelben Höhen erzielt werden, wovon gerade der Großglockner ein ſchlagendes Beiſpiel iſt.

Meſſungen mit dem Barometer von Bergen, welche trigono= metriſch noch nicht gemeſſen ſind, verdienen alle Anerkennung; wo aber ſo treffliche trigonometriſche Meſſungen vorliegen wie im öſterreichiſchen Gebirge jene des k. k. Generalquartiermeiſterſtabes, will ich wenigſtens nur auf dieſe kompromittiren, und ſo hat der Großglockner für mich ein für alle mal eine Höhe von 11.991 W. F., und iſt durch dieſe Höhe zwar der König der öſterreichiſchen Centralalpen, aber nicht auch der höchſte deutſche Berg, welche Ehre er dem Orteles überlaſſen muß. *)

Ehe wir wieder die eiſerne Hülle über das Barometer gaben, ſchrieb ich unſere Namen und in Kürze die hauptſächlichen Notizen über die Beſteigung auf ein Blatt Papier, welches wir im Barometer= kaſten vorfanden und worauf ſchon die Erſteiger vom 27. und 28. Auguſt d. J. ihre Namen und die Daten ihrer Erſteigungen aufgezeichnet hatten.

In dieſen Aufzeichnungen fällt auf eine komiſche Weiſe auf, wie die Schriften von Zeile zu Zeile in dem Maße zitternder werden, als die der Kalligraphie abholde Temperatur ihre Wirkung mehr und mehr auf die Finger der Schreiber geäußert hatte. Ich muß auch wirk= lich bekennen, daß ich froh war, als ich meine Aufzeichnung zu Ende gebracht hatte, denn ich fühlte bald eine empfindliche Kälte in der Hand, wie ſie bei dem damaligen Thermometerſtande und dem kalten Winde leicht erklärlich war. Während meines Aufenthaltes auf der Spitze zeigte nämlich das Thermometer im Barometerkaſten, das im Schatten

---

*) Die neue Militärtriangulirung hat die Höhe des Großglockners mit 12011 W. F., die Kataſtraltriangulirung dagegen ſie mit 12007 W. F. gefunden.

und gegen den Wind geschützt war, etwas unter 0° R., das von mir
mitgebrachte dagegen, das frei an der Sonne, jedoch im Winde auf=
gehängt war, abwechselnd zwischen 0 und — 2° R., Beweis genug,
wie auf solchen Höhen der Wind alleiniger Herr und die Sonne ihm
gegenüber völlig machtlos ist.

Um aber die Spitze vollkommen zu kennen, müssen wir noch
etwa zwanzig Schritte weit immer auf unserem Südabhange bis
dorthin gehen, wo der Berg westlich gegen die Glocknerwand abfällt.
Wir können nun ein paar Schritte weit nach Norden vortreten, finden
hier wieder einen Felsdurchbruch und zwischen seinen Steinen eine
dicke Stange von Eisen von einigen Fuß Höhe, welche, wie ich glaube,
zu dem hier aufgerichteten Blitzableiter gehört. Sie kam minder glück=
lich davon als der Barometerkasten und wurde so umgebogen, daß sie
ganz herab bis zu den Felsstücken des freilich ziemlich steil ansteigenden
Bodens geneigt ist.

Macht man zunächst ihr, und um vor Schwindel sich zu sichern,
an sie geklammert, noch ein paar Schritte auf den Felsen aufwärts
gegen die früher erwähnte, nördlich überhängende, höchste Wand der
Spitze, so sieht man in einer Tiefe von gewiß 4000 bis 5000 Fuß
wieder unter sich die Pasterze.

Auch hinsichtlich seiner Fernsicht ist dieser westliche Standpunkt
nicht außer Acht zu lassen. Von ihm aus hat man erstlich die voll=
ständigste Ansicht der nächsten Umgebung des Glockners gegen Westen
und Nordwesten: der Glocknerwand, des Romariswandkopfes, des Jo=
hannisberges, der hohen Riffel, dann der obern Eisfläche des Glockner=
gebietes an den Bärenköpfen und der hohen Dock und der wunder=
baren Abstürze, welche von diesen oberen Eisflächen bis zum mittleren
Pasterzenboden östlich vom Johannisberge herabreichen. Nicht minder
bietet sich nur von hier die Fernsicht nach Westen dar, welche beim
Barometerkasten durch die südwestliche Kante der großen Spitze, auf
der kleinen Spitze aber durch die Erhebung der zweiten Spitze über=
haupt benommen ist. In dieser Richtung gegen Westen liegt der ganze
Zug der Tauernkette vom Glockner bis zum Reichenspitz und Drei=
herrnspitz.

Heute war nur ein Theil davon frei vom Nebel, darunter der Großvenediger. Ich erinnere mich noch genau des Eindruckes, den mir der Großglockner vom Venediger aus gesehen gemacht hat und gestehe, daß für mich das Bild des Großvenedigers, wie er mit seinem unbefleckten Eistalare zum Großglockner herüberblickt, ein ungleich großartigeres ist, als jenes, welches der Großglockner mit seinen westlichen Felswänden vom Venediger aus darbietet. Das vollste Bergsteigergefühl aber erwachte in mir, als ich in diesem Augenblicke flüchtig die sämmtlichen Ersteigungen des Großvenedigers seit der ersten im Jahre 1841 stattgefundenen, deren Theilnehmer ich war, und alle Ersteigungen der großen Spitze des Glockners seit ihrer Wiederbetretung nach dreißigjähriger Unterbrechung überdachte und zu dem Resultate kam, daß ich gegenwärtig*) der Einzige sein dürfte, dem es gegönnt war, den Großglockner vom Großvenediger und umgekehrt den Venediger vom Glockner zu schauen.

Nachdem ich von dem kleinen Ausfluge nach Westen zum Barometerkasten zurückgekehrt war, brachten meine Führer, welche sich inzwischen mit dem heraufgenommenen Mundvorrathe erquickt hatten, den üblichen Toast auf mein Wohl aus. Ich erwiederte denselben und konnte ihn mit bestem Gewissen in die Worte kleiden: „meinen ausgezeichneten Führern", denn Kühnheit und Sicherheit vereint mit Sorgfalt für den Fremden hat nicht leicht wieder ein Führer in dem Grade wie Liendl und Eder.**)

Durch diese Toaste kam ich gerade zu so viel Wein, als erforderlich war, mich in der nöthigen Wärme zu noch längerem Verweilen zu erhalten.

Ich war auch noch gar nicht zum Aufbruche gesonnen und jetzt wurden erst das Fernrohr, der Kompaß und die Landkarten zur mög=

---

*) Im Jahre 1852.

**) Die hier geschilderte Glocknerfahrt ist, wenn der Verfasser nicht irrt, die letzte des unerschrockenen Liendl gewesen, indem er schon im Frühjahre 1853 ein Opfer der damals in Heiligenblut herrschenden Typhusepidemie geworden ist.

lichsten Orientirung in der heute sich darbietenden Aussicht zur Hand genommen.

Ich bedaure sehr keine vollständige Fernsicht gehabt zu haben. Sie muß ein Schauspiel von überwältigender Größe sein. War ja schon das heutige unvollkommene Bild von ergreifender Wirkung! Wie nichtig erscheint uns all' unser Schaffen, unser Fürchten und Hoffen, wenn wir mit Einem Blicke diese Heere von Gebirgen überschauen, an denen sich seit Jahrtausenden auch nicht das Geringste auf eine von hier aus erkennbare Weise geändert hat!

Hätte ich das Panorama vollständig gesehen, so würde ich bei einiger Kenntniß unseres Gebirges dasselbe jedenfalls im Glockner= buche ausführlich mitgetheilt haben, in dem ich vergebens nach einer genauen Angabe der sichtbaren Höhen gesucht habe.

Da ich nicht so glücklich war, so möge mindestens das wirklich Gesehene so angegeben werden, wie ich es sogleich nach der Zurück= kunft von der Spitze aufgezeichnet habe.

Darnach war die Aussicht nach Norden und auf das Eismeer des Glockners, den Blick hinab auf die Pasterze ausgenommen, stark durch Nebel beirrt, wenigstens ein Gesammtanblick davon nicht möglich. Doch sah ich theils vom Westabfalle der großen Spitze, theils an der kleinen Spitze die schönsten Berge daraus: den hohen Kasten, den Johannisberg, die hohe Riffel, die Bärenköpfe, den hohen Eiser, das Kitzsteinhorn, die hohe Dock und über sie alle emporragend das große Wiesbachhorn mit der Glockerin.

Auch waren die phantastischen Abstürze sichtbar, mittelst deren der mittlere Pasterzenboden nächst dem Johannisberge mit dem obersten Keesboden zusammenhängt, aus welchem die genannten Spitzen empor= steigen.

Alle Fernsicht vom strengen Norden bis gegen Osten hin, also auf die meisten Höhen Salzburgs, dann auf die fernen Berge Steier= marks und Oberösterreichs war durch dichten Nebel benommen. Im Osten selbst wogte nicht minder schwerer Nebel, doch zerriß er für Augenblicke an einer oder der andern Stelle und durch solche Nebel= risse glaube ich für kurze Zeit das mir wohlbekannte Haupt des An=

kogels, dann den Hochalpenspitz und das Säuleck erblickt zu haben.
Heiligenblut war in südöstlicher Richtung tief unten im Möllthale
sichtbar, die Berge der nördlichen und nordöstlichen Umwallung dieses
Thales, der Kaserockkopf, Brennkogel, die Goldzeche, der Goldberg,
Sandkopf ꝛc. dagegen waren nur in ihrem unteren Theile zu sehen.

Gegen Südosten gestaltete sich die Fernsicht günstiger. In dieser
Richtung machte sich die schroffe Kette der Karawankas bemerkbar,
Terglou und Mangert ragten dort auf, leicht kenntlich durch ihre be=
deutende Höhe. Ihnen zunächst, mehr südlich vom Glockner, lagerten
zahlreiche entfernte Berge von minder bedeutender Höhe, die Gebirge
an den Grenzen des Venezianischen und zum Theil in diesem Lande selbst.

In dieser Richtung liegt das adriatische Meer. Ein Fernsichts=
Sanguiniker, wie sie so häufig vorkommen und die dann z. B. vom
Pyrgas in Oberösterreich den Montblanc oder vom Gamshag an der
Grenze von Pinzgau und Tirol die Berner Alpen sehen, hätte heute
das adriatische Meer sicher entdeckt, denn ein lichterer Farbenton nahm
den Raum zunächst über jenen wälschen Bergen ein. Mein Plößl'sches
Fernrohr, das auf dem Glockner „sich selbst übertraf", that sein Mög=
lichstes, um mich zu dem Rufe „Meer, Meer" zu berechtigen; doch
mein Fernrohr und ich wissen bis heute nicht, ob jene lichte Stelle,
die uns so beschäftigte, ein Wolkenstreifen war oder Adria's Silber=
spiegel, und da wir meinen, es sei besser, zu wenig als zu viel zu
behaupten, erklären wir das Meer nicht erblickt zu haben.

Näher unserem Standpunkte erhoben sich in dieser Linie die
Höhen über dem Gail= und Drauthale, in nächster Nähe endlich stieg
südlich die prächtige Schobergruppe empor, in ihr aber ragte wieder
am mächtigsten der hohe Schober, die Gößnitz und zurück stehend das
Petzeck hervor.

In der Richtung von Süden gegen Südwesten fiel der Blick
zunächst auf den Glanzpunkt des Bildes, das herrliche Dolomitgebirge
südlich vom Drauthale im östlichen Tirol, besonders in den Thälern
von Sexten, Ampezzo, Enneberg und Fassa. Diese Hörner, Säulen
und Nadeln finden kaum ihres Gleichen wieder und nahmen sich in
solcher Nähe und alle mitsammen gesehen wahrhaft überraschend aus.

Einen Gletscher, der in dieser Kette alle seine Nachbarn überragt, hielt ich für die Vedretta Marmolata. Unverkennbar war an der westlichen Ecke der Gruppe der Schlern bei Botzen mit dem bekannten senkrechten Absturze seiner Wände.

In derselben südwestlichen Richtung, doch viel näher, zum Theile ganz nahe dem Glockner, liegen die minder bedeutenden Spitzen und Höhenzüge im Norden des Pusterthales. Hier war auch die einzige nebst Heiligenblut vom Glockner sichtbare Wohnung der Menschen, nämlich eine Häusergruppe im Kalserthale zu schauen, und fast bis zu ihr hinab schienen die unmittelbar an den Hochspitzen des Glockners, ja auf ihnen selbst entspringenden drei Glocknergletscher das Salms= oder Leiterkees, dann das Kenitz= und das Teischnitzkees, welche unter einander nur durch zwei schmale, von Norden nach Süden streichende Steinkämme von geringer Erhebung getrennt werden, zu reichen.

So wie viele der schon genannten Berge Tirol angehören, so war auch außerdem noch fast die ganze übrige Gebirgswelt dieses schönen Landes sichtbar, und zwar vom Schlern gegen Südwesten zuerst die Grenzgebirge von Südtirol gegen die Lombardie und gegen die Ortler= gruppe, dann die letztere selbst über niederen Zügen. Von ihr nördlich und westlich vom Glockner folgte die Oetzthalergruppe. Nordöstlich von den Oetzthalerfernern und bei der nicht großen Entfernung vom Glockner ganz klar erkennbar, leuchteten dann die Ferner von Stubatz, Gschnitz und Pflersch. In fast gleicher Richtung, doch größerer Nähe, begann die mächtige Eiswelt des Ziller= und Duxerthales mit ihren südwestlichen Ausläufern. Sie reicht in ihrem bekannten nordöstlichen Zuge zwischen dem Zams=Zemmer= und Ahrenthale bis an die Tauern= kette. Die Entfernung dieser Gletschergruppe von uns ist so gering, daß sich die einzelnen Spitzen in ihren Umrissen genau unterscheiden lassen, und so war der Hornspitz, der Schwarzenstein, der Löffelspitz, der Hollenskopf u. s. w. unschwer zu erkennen.

Die Riesenfernergruppe, die Berge von Tesserecken und Pre= graten, aus letzteren aufragend vor Allem der stolze Röthspitz, nahmen den Raum herwärts von den Zillerthalerfernern bis zum Großglockner ein; über ihnen nördlich und im Westen des Glockners lagerte die

Hauptkette der Hohen Tauern. Ueber ihre Einſchnitte endlich blickten noch viele ferne Spitzen aus dem Kalkgebirge im Norden des Inns herüber, wovon die ausgezeichnetſten der Sollſtein, die Zugſpitze und das Karwendelgebirge ſein dürften.

Da vom Reichenſpitz und dem Windbachſpitz öſtlich und nördlich wieder der Nebel wogte, aus dem nur der Venediger ſtolz empor ſtieg und hie und da eine andere Spitze der Tauern für kurze Zeit auf= tauchte, um bald wieder zu verſchwinden, war von dem weiteren Zuge der nördlichen Kalkalpen in Nordoſten von Tirol, namentlich vom Kaiſer= gebirge, das ſonſt in dieſer Richtung erblickt werden müßte, nichts zu ſehen.

Das Auge iſt jetzt in den Tauern wieder an dem weſtlichen Rande des Glocknergebietes an der hohen Riffel angelangt und damit iſt auch die hier begonnene leider ganz unvollſtändige Rundſchau beendigt.

Ueber dem Beſchauen der Fernſicht hatte ich die Kälte nicht be= achtet, doch zuletzt verſtand ſie es, ſich ſehr empfindlich zu machen und ich beſchloß deßhalb nach einſtündigem Verweilen den Aufbruch. Ich ſchied von der Spitze mit ſchwerem Herzen und mit dem Wunſche ſie noch einmal zu betreten. Ich habe die meiſten von mir erſtiegenen Eiszinnen mit dem Vorſatze verlaſſen, ſie nicht wieder zu beſuchen; denn der zu erklimmenden Höhen gibt es ſo viele, daß, wer das ganze Hochgebirge kennen lernen will, wahrlich eine andere Aufgabe hat, als Berge, deren Umgebung und Fernſicht ihm ſchon bekannt ſind, wieder= holt zu erſteigen. Auf den Glockner jedoch möchte ich noch einmal kommen, um auf ihm den Eindruck des Unbegrenzten in ſeiner größten Erhabenheit wieder zu empfangen, welche kein anderer Standpunkt auf ſo ergreifende Weiſe in uns hervorzubringen vermag.

Wir verließen um ³/₄8 Uhr die Spitze. Es ging ganz gut über die Scharte zur kleinen Spitze, auf welcher nur kurz verweilt wurde, um noch einige Punkte der Ausſicht auch von hier aus in das Auge zu faſſen.

Von ihr ſtiegen wir Anfangs mitſammen abwärts, bis wir dort, wo es bei minder ſteiler Neigung thunlich war, mit Hülfe des

Bergstockes über die Schneeabhänge abzufahren, oder wie man es in Kärnthen nennt, „abzureiten“, begonnen. Das führte denn auch schnell genug abwärts und wir trafen dadurch schon 5 Minuten nach halb 9 Uhr in der Hütte der Adlersruhe ein. Wir hatten die Wirkung der Sonne auf den Schnee bereits im Herabsteigen von der Spitze empfunden, indem er uns stellenweise nicht mehr trug und um dieser mit jeder Stunde zugleich mit der Kraft der Sonne zunehmenden Schnee-breche nicht zu sehr ausgesetzt zu sein, verweilten wir jetzt lieber nicht lange auf den Ruhestationen über der Schneegrenze.

Wir brachen also bald von der Adlersruhe auf, nachdem wir auf ihr einen rothen Ring, der die Sonne im großen Kreise umgab, beobachtet hatten. Dennoch entkamen wir nicht ganz dem zu vermeiden Gesuchten und sanken sowohl auf dem Grate oberhalb der Hohenwarte als besonders auf dem Salmsgletscher bisweilen ziemlich tief in den Schnee. Noch war jedoch ein streckenweises Abfahren thunlich, und dem hatten wir es zu verdanken, daß wir 45 Minuten nach dem Auf-bruche von der Adlersruhe am Ende des Gletschers und auf der Salms-höhe anlangten, ich nicht, ohne ein kleines Abenteuer beim Abfahren erlebt zu haben.

Ich hatte nämlich unmittelbar unter den Felsen der Hohenwarts-scharte die Hinabfahrt begonnen und war schon eine ziemliche Strecke hinabgekommen. Da gelange ich an eine Stelle, wo der Gletscher eine stärkere Neigung hat. Ich befürchte, mich hier mit dem Bergstocke nicht erhalten zu können, niedergeworfen zu werden und dann nicht mehr Herr meiner Bewegungen zu sein und nehme deßhalb absichtlich eine sitzende Stellung ein. So rutsche ich eine Weile hinab. Plötzlich fühle ich mich etwas in die Höhe gehoben und gewahre als den Grund davon eine allerdings nur schmale Gletscherkluft, deren aufgeworfener oberer Rand mir den Stoß verursachte und über die ich eben hinüber-gleite. Bald darauf blieb ich dann auf minder abschüssiger Schnee-fläche sitzen.

Ich war jetzt sehr froh, sobald meinem Steuerruder, dem Berg-stocke, nicht mehr vertraut zu haben, denn war die Kluft auch zu schmal, um darin zu versinken, so war sie doch breit genug, um mir, wenn ich

stehend mit aller Gewalt in sie hineingefahren wäre, die Füße furcht=
bar zu beschädigen.

Am Kar wurde endlich einmal ordentlich gerastet; nun war ja kein
weiterer Grund mehr nach Heiligenblut zurückzueilen. Das eiskalte Naß,
das hier überall seine Krystallfäden zieht, war mir die willkommenste
Erscheinung, die es jetzt für mich geben konnte, und ich erfrischte meine
ausgetrocknete Kehle mit einer nicht geringen Menge davon. Die Führer
fanden den Wein, den sie aus seinem Verstecke geholt, viel besser, und
so waren alle Theile zufrieden gestellt und Alles guter Laune, zumal
da die ganze Expedition so ohne Unfall abgelaufen war und auf Keinen
von uns auch nur den geringsten üblen Einfluß ausgeübt hatte.

Insbesondere waren unsere Augen nicht angegriffen, obgleich
wir sie beim Aufwärtssteigen durchaus nicht geschützt hatten und ich
auch im Herabsteigen meine blauen Brillen erst zunächst der Hohen=
warte aufgesetzt hatte, als mir hie und da gelbe Flecken im Schnee
erschienen und ich dieß, vielleicht nur eine Folge des wiederholten
Schauens nach der Sonne und ihrem Ringe, einem Gereiztsein der
Augen vom Schneelichte zuschrieb.

Als auf dem weiteren Rückwege zur Alpe der Glockner sich un=
serem Blicke entzogen hatte, gewährten nur noch die Gößnitzberge einen
interessanten Anblick; alles Andere hier nahm sich im Sonnenlichte
eben so erbärmlich aus, wie in der Nacht beim Mondenschein.

Um 11 Uhr begrüßten wir wieder die Sennerin der Leiteralpe
in ihrer Behausung und gingen hierauf, nachdem ich dem am Kar
getrunkenen Wasser eine entsprechende Menge Milch durch meine Kehle
nachgesandt, die andere Gesellschaft aber sich den noch übrigen Wein
zu Gemüthe genommen hatte, auf dem Wege von gestern Abends nach
Heiligenblut zurück.

Zunächst dem Katzensteige wurden die schönsten Exemplare von
Edelweiß gepflückt und ein prächtiger Stock von Edelraute ausgestochen,
diesem Stolze, aber auch dieser wahren Lorelei der Aelpler, die schon
manchen aus ihnen, wenn er unbedacht nach ihr haschen wollte, in die
Tiefe hinabgezogen hat. Ich meinte, mir den Aelplerschmuck verdient
zu haben und steckte einige Sträußchen davon auf den Hut, den Haupt=

stock dagegen preßte ich und bewahre ihn als Erinnerung an die
Glocknerfahrt.

Bald sahen wir wieder das Möllthal unter uns und darin
Heiligenblut mit dem schlank zur Höhe strebenden Thurme.

Wir waren kaum in die Tiefe des Thales gekommen, als schon
Regentropfen fielen, einzeln zwar, doch in Verbindung mit der Nebel-
kappe, welche der Glockner aufgezogen hatte, Vorboten baldigsten Wetter-
wechsels. Desto mehr war ich damit zufrieden, gestern den Entschluß
sogleicher Ersteigung gefaßt und ausgeführt zu haben.

Wir trafen im Gasthause um 1¼ ein. Wir waren also wenig
über 20 Stunden von Heiligenblut abwesend gewesen und hatten damit
die schnellste daselbst bekannte Glockner-Ersteigung gemacht.

Was nun in Heiligenblut folgte, war, der freundliche Empfang
Röderers und später meines Reisegefährten von der Pfandlscharte, der
bald nach meiner Ankunft von der Pasterze zurückkehrte, ausgenommen,
ein mattes Nachspiel. Sechs Pöllerschüsse begrüßten mich als Glockner-
Ersteiger. Es war dieß eine Ehre, die höchstens mein Gehör er-
schütterte; denn davon, daß mir der Zieler in uneigennütziger Bewunderung meiner Leistung diese Huldigung darbrachte, vermochte ich mich
nicht zu überzeugen. Auch das Mittagsessen ließ eine baldigste Orts-
veränderung wünschen; für heute jedoch war ich an Heiligenblut gefesselt.

Ich durfte mir nach den Märschen von gestern und heute ohne
Vorwurf einige Ruhe gönnen und war ich auch rüstig genug, heute
noch zu der Johannishütte auf der Pasterze zu gehen, um dadurch
einen Vorsprung für die auf morgen beabsichtigte große Gletscherreise
nach Kaprun zu gewinnen, so widerrieth dieß doch das Wetter,
welches schon jetzt die Gletscherfahrt ganz zu vereiteln drohte. Ich
blieb daher in Heiligenblut. Zum Glück hatten mein Reisegefährte
und ich in dem uns eingeräumten Hoppezimmer, so genannt, weil es
der ehrwürdige und um Heiligenblut hoch verdiente Botaniker Hoppe
in früheren Jahren stets bewohnte, ein freundliches Quartier.

Nachmittags wurde die schöne altdeutsche Kirche besucht, dann
machte ich mich nochmal über das Glocknerbuch. Aber auch dießmal
konnte ich über die Zahl der wirklich erfolgten Ersteigungen des Groß-

glockners daraus nicht klar werden. Thatsache ist, daß die große Spitze zum ersten Mal im Jahre 1800 erstiegen wurde. Später folgte eine Unterbrechung von vielen, ich glaube mehr als 30 Jahren, nach welcher erst wieder Justus Möller aus Bremen vor beiläufig 15 Jahren, also um 1837, die Scharte überschritt. Seitdem haben mehrere Ersteigungen stattgefunden. Im Jahre 1851 blieb der Berg unerstiegen, 1852 aber ist er dreimal, und zwar durch einen besonderen Zufall innerhalb vier Tage bestiegen worden, nämlich am 27. August von Herrn Victor von Rainer aus Klagenfurt, Herr R. Koller aus Heiligenblut und Herrn Josef Mayer aus Linz, dann am 28. August durch Herrn Theodor Gomperz aus Brünn und Herrn Emil Stahlberger aus Wien, endlich am 31. August von mir und dem Wirthe zu Heiligenblut, Herrn Anton Pichler.

Damit werden aber auch wahrscheinlich die Ersteigungen für 1852 beendigt worden sein, weil schon am Tage nach meiner Expedition, am 1. September, übles Wetter mit bedeutendem Schneefall auf den Höhen eintrat, wovon auch ich das meinige zu erzählen weiß.

Durch die schon am Morgen ringsum auf den Bergen aufsitzenden Nebel genöthigt, die Gletscherwanderung nach Kaprun aufzugeben und auf dem gewöhnlichen Wege alles Fleisches über den Fuschertauern nach Pinzgau zurückzukehren, war ich nämlich mit meinem Reisegefährten unter Röderers Führung kaum eine Stunde oberhalb Heiligenblut beim Kasereck angelangt, als der heftige Sturm einen durchdringenden Regen daherpeitschte, welcher auf der Höhe des Tauern in Schnee verwandelt, uns erst unterhalb des Fuscherthörls wieder verließ.

Als sich endlich die Nebel zertheilten und ich mir gegenüber alle Berge des Fuscherthales, darunter das Wiesbachhorn, tief herab mit Neuschnee bedeckt sah, da erkannte ich, daß das Schicksal mir heute den unangenehmen Eindruck eines vereitelten Lieblingsplanes noch einmal zugedacht hatte. Denn mit diesem Neuschnee, das sah ich ein, war auch die Ersteigung des Wiesbachhorns für die Zeit, als ich noch in Pinzgau verweilen konnte, unmöglich geworden.

Ich fügte mich jedoch bald in das Unvermeidliche, und als ich

das Wiesbachhorn kurz vor dem Tauernhause Ferleiten zum letzten
Male erblickte, schied ich von ihm schon voll der Hoffnung, daß es
mir bald, vielleicht schon im nächsten Jahre, gegönnt sein werde, eben
so von ihm hinüber auf den Großglockner zu schauen, wie ich gestern
vom Großglockner herübergeblickt hatte auf sein trotzig herausforderndes
Haupt. *)

———

Der Großglockner ist seit dem Jahre 1852, in welchem die hier
beschriebene Ersteigung stattgefunden hat, ein moderner Berg geworden,
der oft bestiegen wird. Er verdankt dies außer der im Allgemeinen
zunehmenden Lust an Bergreisen und außer seinem berühmten Namen,
dessentwegen wer eine große Bergfahrt unternehmen will, vor Allem
auf ihn sein Augenmerk richtet, gewiß auch dem Umstande, daß seine
Ersteigung, verhältnißmäßig zu seiner Höhe, nur geringe Gefahren
darbietet, und daß selbst diese durch die besondere Tüchtigkeit der Führer
fast beseitigt erscheinen. Sicher trägt aber auch der vorzüglich seit der
Eröffnung der österreichischen Westbahn bedeutend vermehrte Besuch
des Pinzgaus und von Heiligenblut durch Fremde zu seiner häufigen
Besteigung bei.

Die größte Zahl von Ersteigungen der höchsten Spitze hat im
Jahre 1854 stattgefunden, indem letztere in diesem Jahre siebenmal erreicht
wurde. Unter die Ersteiger von 1854 gehören der um die Orographie
der österreichischen Alpen hochverdiente k. k. Oberstlieutenant S o n k l a r
von J n s t ä t t e n und der k. k. Reichsgeolog D. S t u r, und die
Mittheilungen dieser Herren über ihre Bergfahrten, wovon die des
Herrn v. S o n k l a r auch in dem Werke desselben „Reiseskizzen aus
den Alpen und Karpathen, Wien 1857“, und in den Sitzungsberichten
der k. k. Akademie der Wissenschaften Jahrgang 1855, jene des Herrn
S t u r aber in den Jahrbüchern der k. k. geologischen Reichsanstalt 1855
erschienen sind, enthalten die ausführlichsten Schilderungen der Rund=

———

*) Dem Verfasser ist die Ersteigung des Wiesbachhorns erst im Jahre 1854
    gelungen, nachdem im Vorjahre 1853 zwei Versuche an ungünstiger
    Witterung gescheitert waren.

schau vom Großglockner. Stur hat außerdem das Mechanische der
Ersteigung ganz gut behandelt und sein Aufsatz lehrt, wie verschieden
sich eine Glocknerfahrt und insbesondere der Uebergang von der ersten
zur zweiten Spitze nach den Witterungsverhältnissen gestalten kann.

Allein was die Rundschau betrifft, muß insbesondere Pernhart's
Glocknerpanorama hervorgehoben werden. Maler Pernhart von Klagenfurt hat nicht mit der Feder, sondern mit dem Pinsel eine Rundschau vom Großglockner geliefert, welche einzig in ihrer Art ist. Das
in Oel auf Leinwand ausgeführte Panorama ist 10 Klafter lang,
1½ Klafter hoch und das Resultat von acht Glocknerersteigungen, welche
Pernhart gemacht hat. Schreiber dieses wurde wiederholt um sein
Urtheil über Pernhart's Werk angegangen und hat sich dann jedesmal dahin ausgesprochen, nach seiner Ansicht habe Pernhart das
Möglichste geleistet. Künstlerisch schön in der Ausführung, ist das Rundgemälde auch mit großer Genauigkeit in den einzelnen Gruppen gearbeitet. Daß einige, besonders ferne Partien nicht vollständig wieder
gegeben sind, daß dort, wo Gletscher aus nahen und entfernteren
Gruppen sich über einander lagern, die Unterscheidung, was zur vorderen oder hinteren Gruppe gehört, hie und da auf dem Bilde schwierig
zu machen ist, liegt in dem Riesenhaften der sich gesetzten Aufgabe.
Diese Aufgabe jedoch einmal angenommen, hat Pernhart unstreitig
Ausgezeichnetes und ein ebenso interessantes als reizendes Bild geschaffen.

Demjenigen, der sich des Weiteren über diese sowie über alle
übrigen auf den Großglockner Bezug nehmenden artistischen und litera-
rischen Arbeiten oder über die Geschichte der Glocknerfahrten belehren
will, muß des Professors Egger mit Geschick und Liebe zur Sache
geschriebene Abhandlung „Geschichte der Glocknerfahrten" im Jahresberichte über das k. k. akademische Gymnasium in Wien für das Schul-
jahr 1860—61 anempfohlen werden.

Schließlich scheint es noch zweckmäßig, hier der Ersteigungen des
Großglockners von Kals aus zu erwähnen. Derlei Glocknerreisen haben
schon früher wiederholt stattgefunden, ohne daß davon etwas in die
Oeffentlichkeit gedrungen ist. Erst Herr J. Peyritsch hat im Abend-
blatte der Wiener Zeitung vom 4. October 1861 und neuerlich in dem

1. Hefte der Mittheilungen des österreichischen Alpenvereins einen Vergleich der Glocknerersteigungen von Kals und von Heiligenblut gegeben und sich für Kals entschieden, weil man von hier aus die Spitze um eine Stunde früher als von Heiligenblut und auf interessanterem Wege erreicht, dann auch weil die Expedition um 25 bis 30 Gulden wohlfeiler zu stehen kömmt als jene von Heiligenblut.

Wenn es dem Verfasser dieser Skizzen erlaubt ist, seine individuelle Meinung in dieser Frage auszudrücken, so würde er aus den von Peyritsch angeführten Gründen, deren Gewicht er vollkommen anerkennt, ganz geübten Bergsteigern und allen denen, welche ein Geld- ersparniß sehr im Auge haben müssen, den Weg von Kals anrathen. Für die übrigen Bergreisenden scheint ihm aber die Besteigung von Heiligenblut aus die räthlichere zu sein. Denn eben die Sicherheit, welche die zweifellose Tüchtigkeit der Führer in dem Fremden, der sich nicht u n b e d i n g t auf sich selbst verlassen kann, erzeugt, trägt wesentlich zur Annehmlichkeit einer großen Bergreise bei, und aus diesem Gesichts- punkte kann eine Glocknerbesteigung von Heiligenblut aus mit größter Beruhigung unternommen werden. Entgegen fehlt den Kalsern, mögen sie auch noch so gewandte und kühne Steiger sein, mindestens bis heute doch noch die Erfahrung, welche nur durch den oftmaligen Besuch einer Hochspitze unter den verschiedensten Witterungsverhältnissen, und in Folge deren allein jene auf den Fremden so ermuthigend wirkende Ruhe der Führer in allen Zwischenfällen erlangt wird.

Das Fuscherbad St. Wolfgang am Weichselbache.

Um den freundlichen Leser bei der Besprechung ·des nie genug zu preisenden Fuscherbades nicht unmittelbar im Anfange durch eine breite geographische Erörterung der Lage von Fusch zu ermüden, ver- setzen wir ihn sogleich an die Brücke über die Salzach zwischen dem stattlichen Hause des Lucashanselwirthes und den am rechten Ufer des Flusses liegenden übrigen Häusern des Kirchdorfes Bruck im Pinzgau.

Hier erblickt er in geringer Entfernung gegen Süden die Aus-
mündung des Fuscherthales, eines jener zahlreichen Querthäler des
Herzogthums Salzburg, welche unter sich parallel vom Hauptrücken der
Tauernkette auf das Längenthal der Salzach im Zuge von Süden nach
Norden rechtwinkelig herabsteigen.

Selbst ohne den Wegzeiger, der in das Fuscherthal über die
Brücke weist, würde kaum Jemand daran zweifeln, daß man diese
Richtung einschlagen müsse, um in das nahe Thal zu gelangen. Auch
wir folgen ihr.

Wenn wir das Dorf Bruck, welches, da keine andere fahrbare
Straße nach Fusch führt, „der Schlüssel" des Fuscherthales genannt
werden kann, im Rücken haben, wandern wir noch eine kurze Strecke
im Salzachthale fort. Doch nachdem sich die Straße von einer Anhöhe,
zu der sie sich kurz vorher erhoben hatte, wieder hinabgesenkt hat,
gewahren wir uns zu beiden Seiten die Thalwände von Fusch und
sind daher auf dem eigentlichen, ziemlich breiten Fuscher Thalboden
angekommen. Fallen auch die nahen Berge durch keine ausgezeichneten
Formen auf, so schaut doch schon im Hintergrunde ein oder der andere
Gletscher aus dem Fuschereiskar über den Einschnitt herüber, mit welchem
das vordere Fuscherthal zu der höheren Thalstufe an der Alpe Ferleiten
ansteigt und links ragen südlich über dem vom Fuscherthale gegen Osten
abzweigenden Weichselbachthale die kühnen Spitzen des Schwarzkopfes,
der Gamsburg und des Empachhorns in die Höhe.

Beim Austritte aus einer langen Erlenau sehen wir zuerst die
Kirche des Dorfes Fusch mit ihrem niedrigen abgestumpften Thurme
vor uns und erreichen hierauf das Dorf. zu Wagen bei gutem Wetter
in weniger als einer Stunde, zu Fuß oder bei schlechter Beschaffenheit
der Straße auch fahrend in beiläufig 1½ Stunden von Bruck. Es
besteht außer der Kirche, dem Pfarrhofe, Schul- und Gasthause nur
noch aus ein paar unbedeutenden Häuschen und hat als Sehenswür-
digkeiten blos den nahen und schönen Wasserfall des Hirzbaches und
auf dem Friedhofe das Grab des im Jahre 1819 von der hohen
Gamsburg abgestürzten Botanikers Swikowsky, ein wahres Memento
mori für zu kühne Bergsteiger, aufzuweisen.

Ruthner, Berg- und Gletscherreisen.   4

Wir haben jetzt zwischen zwei Wegen in das Bad zu wählen, zwischen jenem über den Hof des Empacher und dem Fußwege, der sogleich beim Dorfe beginnt. Die Fahrstraße von Bruck in das Dorf Fusch läuft nämlich in der bisherigen Richtung noch ein Paar Stunden lang bis in die Alpe Ferleiten fort, und man kann vom Dorfe weg auf ihr eine halbe Stunde weit bis zum Empacher fahren, wo dann der sogenannte Fahrweg in das, hier mit einer Schlucht von der linken Seite herabkommende, Weichselbachthal seinen Anfang nimmt. Dieser letztere Weg ist aber so schlecht für jedwedes Fuhrwerk, daß er nur im Falle der höchsten Noth benützt wird und fast alle Fremden die Strecke vom Empacher ins Bad zu Fuß zurücklegen. Die elende Straße steigt vom Empacher an fortan steil aufwärts über baumlose Wiesen und man braucht auf ihr fast eine Stunde bis in das Bad. Dagegen ist der etwa 1½ Stunden lange Fußweg vom Dorfe weg so reizend, daß es für Jeden, der nicht bis zum letzten Augenblick, als dies nur immer möglich ist, im Wagen sitzen bleiben will, gerathener erscheint, selbst wenn er über einen Wagen verfügt, denn bei Fußgängern versteht es sich von selbst, diesen Fußsteig einzuschlagen.

Im Anfange folgt er auf der östlichen Thalseite dem rechten Ufer des Fuscherbaches, stellenweise beschattet durch prächtige Ahornbäume. Beim ersten Bauernhause beginnt er an den Abhängen an der Ecke zwischen Fusch und Weichselbach hinanzukriechen. Bald folgt eine wunderschöne Stelle, wo auf der linken Seite ein Wasserfall aus einer Seitenschlucht über eine Wand herabrauscht und der Weg sich erst zu ihm hinwendet, um hierauf unter Bäumen steil einen Abhang zu ersteigen, auf dessen Höhe er sich unter Platanen zwischen Alpenzäunen allerliebst fortschlängelt.

Ueber der bereits erwähnten Thalsperre gegen die Alpe Ferleiten wechselt im Rahmen der dunklen nahen Berge Gletscher um Gletscher, und es ziehen auf diese Weise der Spielmann, die Pfandlscharte, das Sinewelleck, der Fuscherkarkopf und die hohe Dock vor unsern Augen vorbei. Das Fuscherthal mit seinen Höfen breitet sich auch schon immer tiefer zu unseren Füßen aus. Doch nun ist die Ecke überwunden und wir wandern offenbar bereits auf der Lehne des Nordabhanges des

Weichselbachthales oder besser gesagt der Schlucht, auf deren Grunde der Weichselbach in das Fuscherthal hinabbraust, aufwärts.

Da erblicken wir an einem Vorsprunge des Weges noch etwas über uns, ein Kruzifix und darunter eine Bank.

Wir eilen hinan und es erschließt sich uns ein zweifaches, ganz verschiedenes Bild. Das Kruzifix steht nach der frommen Salzburger Sitte an der Scheideecke zweier Thäler, dort wo man in beide hinabblickt, und so gewahren wir nebst dem uns schon bekannten Theile von Fusch zum ersten Male St. Wolfgang am Weichselbach auf einer kleinen Wiesenfläche über der nahen Schlucht des Weichselbaches. Von dem Hochgebirge, welches sich als riesige Mauer über dem Weichselbachthale auf drei Seiten mit seinen Spitzen, und zwar dem Empachhorn, der hohen und niederen Gamsburg, dem Mitterberg, Schwarzkopf, Königstuhl im Süden, der Weichselbachhöhe im Osten, dem Kühkartopf, Kreuzkopf und Kaseneck im Norden aufbaut, sind von unserem Standpunkte aus nur das Empachhorn, der Eckpfeiler des Südzuges gegen das Fuscherthal, dann die Gamsburg und das Mitterkar sichtbar.

Wenden wir jedoch den Blick von der Klamm des Fuscherthales etwas gegen Westen, so setzt uns ein anderer ungleich erhabenerer neuer Anblick in Staunen. Hier hat über den nahen Vorbergen, die sie bisher verdeckt hatten, die Spitze des mehr als 11.300 W. F. hohen Wiesbachhorns emporgetaucht. Kaum eine Meile in der Luftlinie von uns entfernt sind die Schneeflächen und Eisrisse und die senkrechten Felswände des nach Süden zu geneigten Hornes genau zu unterscheiden, und sie geben dem ohnehin nur im obersten Theile zur Pyramidenform sich zuspitzenden, tiefer unten jedoch massenhaft gestalteten Berge ein wahrhaft drohendes Aussehen. Schreiten wir weiter, so liegen bald die Gebäude des Bades ganz nahe vor uns, und gleich darauf langen wir bei ihnen an, nachdem wir 1½ Stunden vom Dorfe bis herauf zugebracht hatten.

Wenn wir uns jetzt im Bade selbst umsehen, so finden wir, daß es aus vier Häusern, der Kapelle und einigen Nebengebäuden der ersteren besteht. Das interessanteste Haus bleibt das alte Badhaus. Der hölzerne, zwei Stock hohe Bau, beiläufig 150 Jahre alt, ist das älteste

4*

Gebäude im Bade und hat mit seinen Gallerien in beiden Stockwerken und dem breiten vorspringenden Dache ein gar malerisches Aussehen. Es gehört dem Badmeister Maier, dem Badunternehmer und größten Besitzer von St. Wolfgang; der zweitgrößte Besitzer ist Johann Holzer, auch der Fuscher- oder Badhans genannt, einen Dritten jedoch — gibt es nicht, weil nur die zwei unter sich verwandten Familien Maier und Holzer hier oben wohnen.

Im Erdgeschosse des alten Badhauses befindet sich das scherz= weise „der Badesalon" getaufte Speisezimmer der Badegäste, das in der That von ihnen zugleich als Versammlungsort benützt wird, weßhalb auch gewöhnlich Bücher, Strickstrümpfe, Landkarten und allerlei Kleidungs= stücke darin bunt durcheinander gemengt herumliegen. In dem rück= wärtigen Theile, dessen Holzgallerien auf den rauschenden Weichselbach und die Berghalden der nördlichen Thalwand hinausgehen, ist die Gaststube für die nicht zu den Honoratioren gerechneten Fremden und für die eigentlichen Wirthshaus= und Branntweingäste aus der Um= gegend.

Bis zum Jahre 1832, in welchem der Herr Kardinal=Erzbischof Fürst Friedrich Schwarzenberg ein ansehnliches zweistöckiges Haus von Stein erbauen ließ, dann wieder nach der um das Jahr 1843 herum erfolgten Zerstörung dieses Hauses durch Lawinen bis zur Vol= lendung des neuen steinernen Hauses des Badmeisters im Jahre 1852 war das alte Badhaus das einzige größere Gebäude zur Aufnahme von Badegästen.

Da gebrach es freilich oft an Raum, und dadurch war dem zahlreicheren Besuche des Fuscherbades eine natürliche Grenze gesetzt.

Seitdem jedoch des Badmeisters steinernes Haus, nur wenig Klafter von der Thüre des alten Badhauses und mit der Schmalseite diesem zugekehrt, auf dem tiefsten und gegen die Lawinen am meisten gesicherten Platze fertig geworden ist, tritt nicht leicht ein Mangel an Wohnungen ein. Denn dadurch sind 10—15 recht hübsche Zimmer= chen gewonnen worden und mit fast eben so vielen Zimmern im alten und 5 Zimmern im Hansens=Hause 20—30 Zimmer für die Gäste in Bereitschaft, womit der gleichzeitige Bedarf fast immer gedeckt ist.

Treten wir aus dem neuen Badhause, das wir vom alten aus betraten, an dem entgegengesetzten Ende des Ganges heraus, welcher es der Länge nach durchzieht und längs dem sich zu ebener Erde die Badezimmer befinden, so steht ein hölzerner Oberstock, getragen von hohen steinernen Pfeilern, vor uns. Gegen rückwärts ist dieser Bau nur ebenerdig, weil er sich hier mit dem Hügel verbindet, der hinter ihm und den zwei Badhäusern unmittelbar ansteigt. Dies ist das Haus, welches die ärmern Badegäste bewohnen. Zwischen den Pfeilern ist des Badmeisters Holz aufgeschichtet, und der übrig gebliebene Raum unterhalb des Oberbaues, gedielt und mit Bänken umgeben, dient als „Stand" der Kegelbahn, die hier an der nächsten ebenen, jedoch, wie die Kegelschieber behaupten, auch nicht sehr ebenen, sondern der allgemeinen Neigung nach Aufwärts nicht wenig huldigenden, Stelle angebracht ist.

Auf dem besagten Wiesenhügel, hinter den gerade bezeichneten Gebäuden, ladet in der Höhe einiger Klafter eine Art Gloriette von Holz zum Genusse der Aussicht ein; darüber aber, auf seiner obersten von den Häusern aus sichtbaren Kante, zeigt ein altes Gemäuer die Stelle an, wo einst die, der Sage nach sehr große Kirche von St. Wolfgang stand. Sie und das damalige Badhaus traf vor anderthalb Jahrhunderten dasselbe Schicksal, wie im Jahre 1843—1844 das Fürst Schwarzenberg'sche Haus, und der furchtbaren Gewalt der Lawinen vermochten nur die wenigen noch heute wahrnehmbaren Trümmer zu widerstehen. Sie liegen in Mitte des kleinen Parkes, der auf dem Hügel als eine wahre Wohlthat für die Badegäste angelegt ist und mehrere pittoreske Punkte hat, wovon vorzüglich ein gedeckter Sitz unter Tannen an einem scharfen Abfalle gegen den tief unten tobenden Weichselbach als romantisches Plätzchen Erwähnung verdient.

Bis jetzt kennen wir nur die eine Hälfte des Fuscherbades. Wir gehen nun zur zweiten über.

An der Kegelbahn fließt ein Bach vorbei, welcher aus einer Schlucht herabkömmt, auf deren rechten Seite wir auf einiger Höhe in der Entfernung von etwa 300 Schritten ein gemauertes Häuschen mit zierlichem Dache erblicken. Das ist die Schatzkammer des Fuscherbades.

Denn in diesem, im Innern mit eleganter Holztäfelung ver=
sehenen, Brunnenhause sprudelt die mächtige Quelle des Fuscherwassers
in ein schön geformtes Becken von Stein.

Kehren wir wieder zu den Häusern und der Kegelbahn zurück,
so finden wir jenseits des Baches und auf der rechten Seite der
Schlucht zunächst dem Wege vom Badhause, der eigentlich nichts
anders ist, als das unscheinbare Ende der Fahrstraße vom Empacher
herauf, doch etwas über ihm und der Kegelstatt gelegen und daher
von ihm nur auf einigen Stufen zu erreichen, das freundliche ge=
mauerte Kirchlein von St. Wolfgang.

Folgen wir endlich demselben Wege noch weiter auf dem mäßig
ansteigenden Boden, so gelangen wir zu Hansens Hause auf der
Wiesenfläche, welche wir schon vom Kreuze an der Scheideck gesehen
haben.

An dieser Stelle befand sich der Stall des fürstlich Schwarzen=
bergischen Hauses. Die Lawine, welche dieß zertrümmerte, riß auch
den oberen Theil des Stalles weg, ließ aber ein Stück der Mauern
zunächst dem Erdboden stehen, und auf sie hat Hans, als ihm der
Kardinal Fürst Schwarzenberg großmüthig den Grund geschenkt hatte,
einen ersten Stock aufmauern lassen. Das Haus mit der Fronte
von drei Fenstern, das mit der Rückseite wieder ganz an den Hügel
gelehnt und von ihm überragt ist, sieht sich recht wohnlich an, und
besonders einladend ist eine Bank an der durch die rückwärtige Er=
hebung des Hügels ebenerdig gelegenen Eingangsthüre des ersten
Stockes. Auch diesen Hügel hinter der Kirche und Hansens Hause
bedecken Parkanlagen. Eine Stiege führt von der Höhe derselben zur
Quelle herab, und da sich der Eingang zu den Anlagen auf der
andern Seite der Schlucht nur wenig Schritte vom Quellenhäuschen
befindet, so ist die Verbindung der Parkanlagen eine fast ununter=
brochene.

Bemerken wir noch, daß etwas unterhalb des Badhauses des
Badmeisters Stall und Sägemühle, vor Hansens Hause und der
Kapelle dagegen, jedoch jenseits des Weges vom Badhause, Hansens
Holzhütte an derselben Stelle steht, auf welcher das große fürstlich

Schwarzenberg'sche Haus erbaut war, und erwähnen wir schließlich, daß in einem kleinen offenen Pavillon am Wege unterhalb der Kapelle und eben so zunächst Hansens Haufe eine klare Quelle, und zwar wie Hans wenigstens in Betreff seiner Quelle behauptet, desselben heil= samen Wassers, welches die Hauptquelle hat, hervorfließt, und wir kennen das Aeußere des Fuscherbades, wie es am Fuße des prachtvollen run= dum himmelanstrebenden Hochgebirges vor uns liegt, bis in die kleinsten Einzelnheiten.

Um zu einem klaren Urtheile darüber zu kommen, ob St. Wolf= gang am Weichselbach ein besuchenswerther Badeort ist, sei es uns nun erlaubt, einige Streiflichter auf seine Wirkungen auf die Bade= gäste und auf sein Badeleben fallen zu lassen.

Bad Fusch ist das wunderbarste Bad, denn es hat sicher noch Niemanden geschadet! Es ist nicht unseres Berufes zu sagen, wie viel chemische Bestandtheile das Fuscher Quellwasser enthält und für welche Uebel es dem zufolge heilsam sein soll. Wir können aber aus eigener Erfahrung versichern, daß es nicht leicht ein besseres Wasser gibt, wie unseres, das bei einer Temperatur von 4—5 Grad R. frisch und er= frischend und zugleich so leicht ist, daß man es maßweise trinken kann, ohne den Magen dadurch irgend wie beschwert zu fühlen.

In der That ist die Trinkcur am meisten im Gange und man trinkt bis zu vier und noch mehr Maß täglich. Bäder werden auch ge= nommen, jedoch natürlich nur warme und ihr Vorhandensein ist gerade für den Gesunden, dem sie nach großen Unternehmungen die beste Er= frischung gewähren, nicht die letzte Annehmlichkeit des Fuscherbades. Hauptsächlich wird der Gebrauch des Fuscherwassers gegen Magen= leiden verordnet und die Wirkungen in dieser Richtung sollen an das Unglaubliche grenzen.

Mag der Fuscherquelle der größte Theil des Verdienstes unge= geschmälert bleiben, so müssen doch auch die übrigen Factoren im Fuscherleben berücksichtigt werden, welche im Verein mit ihr auf jeden Kranken Genesung oder wenigstens Besserung bringend, auf jeden Ge= sunden kräftigend einwirken und unter denen die reine Gebirgsluft des bei 4000 Fuß hohen Thales*), die prächtige Alpennatur, welche sich ringsum in voller Majestät ausbreitet, und das Heraustreten aus den Geleisen des alltäglichen Lebens, das fast für jeden seine Mühen und gesundheitschädlichen Einflüsse hat, obenan stehen.

Unser Bad ist in den letzten Jahren zahlreicher als seit Langem besucht worden und zählte im Jahre 1853 über 200 Badegäste. Davon gehört die kleinere Hälfte den gebildeten Classen an und nicht gering ist das Contingent, welches die Städte Linz und Salzburg dazu lieferten.

Doch verirrten sich auch ein oder der andere Residenzbewohner, ja weil die Fuschercur bisweilen als Vor= oder Nachcur von Gastein angerathen wird, sogar ausnahmsweise Ausländer hierher.

Die eigentliche Badezeit sind die Monate Juli und August. Dann finden sich bei Tische im „Salon" wohl 20—30 Gäste ver= einigt und herrscht auch hier ein geselliges Leben. Gemeinschaftliche Partien werden verabredet, die Kegelbahn gelangt zu Ansehen; trotzt der Himmel, so wird über Berge gesprochen, natürlich hie und da auch eine andere Klatscherei betrieben; vielleicht hat ein Gast ein Paar Spiele aus 52 bemalten Blättern bestehend bei sich, und dann kömmt un= erwartet eine Partie Whist oder ein ähnliches Spiel zu Stande. Zither und Guitarre und frohe Lieder fehlen nie; bei besondern Gelegenheiten gibt die freundliche Badmeisterin mit ihrem weiblichen Gefolge und geben die Aelpler die originellsten Localtänze und Gesänge, z. B. „den Melker= tanz" oder den Singkampf des Äsingens (Hinabsingens) zum Besten und rückt der Badmeister zum Schlusse auf allseitiges Verlangen mit dem von ihm unnachahmlich getanzten „Schuhblattler", einem Tanze, bei welchem der ganze Körper nach dem Takte mittanzt, heraus.

Auch die Lecture wird sich gegenseitig aufs Zuvorkommendste mitgetheilt und die „Allgemeine Augsburger Zeitung" kömmt regel= mäßig, wenn gleich um einige Tage verspätet, in das Bad herauf.

Doch die höchsten Genüsse vermag im Fuscherbade nur die Mutter Natur selbst durch die Reize zu bieten, welche die Hochalpen= welt bei schönem Wetter allerorts entfaltet.

---

*) Nach einer von mir im Jahre 1859 gemachten barometrischen Höhen= messung liegt das Fuscherbad 3546 W. F. hoch.

Der weichlichste Badegaft braucht bloß aus seinem Fenster hinaus zu schauen, vor die Hausthüre zu treten oder in den Anlagen auf Park= wegen herum zu spazieren und die kühnen 7—9000 Fuß hohen Berg= gestalten des Empach= und Inbachhorns, der Gamsburg, des Zwing= kopfs blicken auf ihn herab. Wer einen kurzen Spaziergang machen will, kann in wenig Minuten die Quelle erreichen und von ihr in einigen weiteren Minuten den Thalboden des höhern Weichselbachthales, eine ausgedehnte Wiesfläche, von deren Rand sich rundum das Hoch= gebirge zu unterst mit waldigem Fuße, dann mit Alpengründen zu seinen kahlen Firsten erhebt. Wer vollends den Beruf zu Bergpartien in sich fühlt, dem fehlt eben so wenig die Gelegenheit dazu als dem Berliner jene in der Ebene sich zu ergehen. Er kann in 1—2 Stunden die Hütten der unter dem Empachhorn gelegenen Empacheralpe, der Loningeralpe auf halber Höhe der grünen Weichselbachwand oder der Reitter= und Riedelalpe auf den nördlichen Berghalden ersteigen. Wir halten es hier am passendsten zu bemerken, daß der Badmeister auch Jagdpächter ist und jedem Gaste, der die gesetzlichen Bedingungen erfüllt, mit Vergnügen die Bewilligung gibt, Gemsen aufzusuchen, im unwahr= scheinlichen Falle, daß der welche antrifft, auf sie zu schießen oder sie gar zu erschießen.

Wie groß ist aber erst die Auswahl von Bergreisen für den= jenigen, der die Bergspitzen, die Gletscher und die gefahrvollen Hoch= zinnen sich zum Ziele gesetzt hat. Vom Kaseneck, dessen Höhe in $1\frac{1}{2}$ Stunden leicht gewonnen wird und das dennoch schon eine weite Fern= sicht auf die Berge im Norden des Salzachthales und einen bezau= bernden Ueberblick des nahen, vom Lawinsturze stets donnernden, Fuscher= eiskars mit dem Großglockner und dem Wiesbachhorn gewährt, bis zur eisigen länderbeherrschenden Spitze des furchtbaren Wiesbachhorns, welche Abstufung von Unternehmungen, ganz geeignet für die verschiedensten Kräfte der Ersteigungsluftigen!

Es würde zu weit führen, wollten wir die lohnenden Bergpartien alle aufzählen, welche am zweckmäßigsten vom Fuscherbade aus unter= nommen werden. Wir beschränken uns also darauf, die ausgezeichnetsten davon kurz zu erwähnen und betrachten als solche die Ersteigung des

Schwarzkopfes und Kühkarkopfes, den Ausflug in das Rauriserthal und nach Heiligenblut, endlich den Besuch der Alpe Ferleiten und von da aus des Käferthales oder der Trauneralpe.

Der Schwarzkopf, im Süden des Bades gelegen und bei 8800 Fuß hoch, wird vom Bade in 4—5 Stunden, der nördlich vom Bade anfragende, bei 7200 Fuß hohe Kühkarkopf dagegen in drei Stunden erstiegen.

Auf beiden öffnet sich eine herrliche Gebirgsaussicht. Man über- sieht nämlich den ganzen Zug der Gebirge im Norden des Salzach- thales, in erster Linie die Pinzgauer Thonschieferberge, dann zurück- stehend das Kaisergebirge in Tirol, die Leoganger und Loferer Stein- gebirge, darunter das Birnhorn, Breithorn, die Ochsenhörner und das Flachhorn; die sämmtlichen Berge von Berchtesgaden: den Watzmann, Hocheiser, Hochkalter, die Mühlsturzhörner, den Hundstod, das steinerne Meer, den begletscherten ewigen Schneeberg bei Werfen und das übrige Blümbachergebirge, das Tännengebirge, die Dachsteingruppe und zwischen diesen beiden letzteren ferne Berge des Salzkammergutes, vermuthlich die Traunwand, dann Theile des todten Gebirges; von den steirischen Bergen den Grimming und Hochgolling, alle Gebirge des Lungaus und unter ihnen wieder als die hervortretendsten das Weißeck, den Gling- spitz, das Mosermandel und Faulhorn; den prachtvollen Hauptrücken der Tauern, von den Bergen zwischen Murwinkel und Maltathal an bis zum Eismeere des Großglockners; das Hafnereck, die sämmtlichen Gasteiner und Rauriser Spitzen; den Ankogel, das Scharek, den Herzog Ernst, Sonnblick, die Goldzeche, den hohen Narrn, endlich nebst dem Glockner selbst über dem nahen Thalschlusse von Fusch, die wunder- baren Gletscher und Spitzen des Fuschereiskars: den Brennkogel, Kloben, Spielmann, das Sinewelleck, den Fuscherkarkopf, Bärenkopf, Breitkopf, die hohe Dock, das Wiesbachhorn und den hohen Tenn. Bis auf die Spitze des Kühkarkopfes führt der Weg ununterbrochen über Alpen- wiesen. Auf dem Schwarzkopf hat man zwar ein Schneefeld zu über- schreiten und unter der Spitze einen Steinkamm zu erklettern, doch ist auch hier nirgends eine Gefahr und die größere Mühe gegenüber dem Kühkarkopf wird durch eine noch vollständigere Uebersicht, vorzüglich der Centralkette der Tauern, aufgewogen.

Nach Rauris benöthigt man über die Weichselbachhöhe, welche
wir als breiten grünen Rücken gegen Osten überall im Bade gewahren
und auf der man sich einer ähnlichen doch minder ausgedehnten Fern=
sicht wie vom Kühkarkopf erfreut, fünf Stunden.

Heiligenblut, das gelobte Land der Bergsteiger, wird vom Bade,
sei es über den Tauern oder über die Pfandlscharte, in einem Tag=
marsche leicht erreicht. Diese Bergreise ist jedoch zu bekannt, um hier
weitläufiger davon zu sprechen.

Der beliebteste und lohnendste Ausflug bleibt jener nach der Alpe
Ferleiten und zum Fuschereiskar.

Entweder auf dem vom Fuscherhans angelegten Fußsteige,
welcher vom Bade aus auf dem rechten Ufer der Fuscherache doch An=
fangs hoch über ihr an den Berglehnen unter dem Empachhorn und
der Gamsburg hinzieht und hier stets einen interessanten Hinausblick
auf das Kalkgebirge von Leogang und Lofer und einen Hinabblick in
das tiefe Fuscherthal gewährt, dann malerisch im Walde sich erhebt und
wieder senkt, bis er zuletzt über Bergmatten am obern Anfange des
rascheren Hinablaufes der Ache in das äußere Fuscherthal an den in
Vorahnung des bevorstehenden Kampfes brausenden Wildbach gelangt,
ihn auf schmalem Wege übersetzt, hierauf bald mit der Fahrstraße vom
Dorfe sich vereint und nun mit dieser in den weiten Thalboden von
Ferleiten hinaustritt — oder auf dem Fahrwege vom Bade zum Em=
pacher, dann auf der von Bruck nach dem Thalschlusse immer auf dem
linken Ufer der Fuscherache allmälig hinan zur höhern Stufe von Fer=
leiten laufenden Straße kömmt man in 1½ bis 2 Stunden in das
Tauernhaus Ferleiten und von ihm in zwei Stunden bequem in die
Trauneralpe oder in drei Stunden über die Judenalpe in das Käferthal.

Hier liegt das innerste Heiligthum der Natur als offenes Buch
vor uns. Schon beim Hinaustritte in den Thalboden von Ferleiten
überrascht uns der herrliche Gletscherkranz des südlichen Zuges vom
Brennkogel bis zum Käferthal. Kurz vor dem Tauernhause entzückt
uns über einer Schlucht zur Rechten der eisige Hochrücken des Hoch=
tenn. Doch näher dem Thalschlusse am Walde zunächst der Fögal=
(Vögerl=) Alpe, auf der Trauneralpe oder im Käferthale reißt uns die

Prachtgestalt des bis zur obersten Spitze wenigstens 7000 Fuß hoch senkrecht aus dem Thalschooße aufsteigenden Wiesbachhorns mit seinen Eiswällen und Keesen, sowie der Anblick der von den Gletscherspitzen Sineweileck, Fuscherkarkopf, Breitkopf und hohe Dock herabwallenden und an den Felswänden des Käferthales mit tausend phantastischen Würfeln und Säulen blauen Eises abbrechenden Firnströme und der Bäche, welche sich an 10 bis 20 Stellen von ihrer eisigen Geburts= stätte über die Felswände, eben so vielen auf diesen flatternden dünnen Schleiern ähnlich, auf die grünen Matten hinabstürzen, zu begeisterter Bewunderung hin.

Wahrlich, eine einzige schöne Woche im Fuscherbade und das vollständige Gelingen auch nur eines der eben angedeuteten Aus= flüge gewährt dem Bergfreunde ungleich größere Genüsse als ein Monat im Mittelgebirge, und zuletzt ist die schöne Zeit hier in Fusch nicht seltener als irgendwo sonst im Hochgebirge.

Wir glauben jetzt noch einige Andeutungen über die beste Art nach Fusch zu gelangen geben zu sollen.

Bis Lend geht von Salzburg aus der Gasteiner Eilwagen. Hier erhält man beim Postmeister stets einen Wagen entweder bis Fusch, Bruck und Hundsdorf oder wenigstens bis Taxenbach, wo wieder der Taxwirth oder der Posthälter Fahrgelegenheiten bereit haben. Endlich fährt von Lend an die Briefpost und mit diesem im Pinzgau allgemein benützten, stets zur Mitnahme von zwei, im Nothfalle auch von drei Fremden eingerichteten und höchst wohlfeilen Beförderungsmittel kann man um einige Zwanziger bis an den Eingang des Fuscherthales nach Hundsdorf oder Bruck gelangen und von da an entweder zu Fuß nach dem Bade schlendern oder in Hundsdorf beim biederen Trauner, der mit seinen Wägen eben so billig ist, als mit seiner vortrefflichen Be= wirthung, in Bruck aber beim Lucashansel einen Wagen bis in das Dorf Fusch oder zum Embacher miethen.

Eine andere Route nach Fusch führt mit dem Salzburg=Inns= brucker Eilwagen bis zur Poststation Loser. Von da an geht wieder die Briefpost über Saalfelden nach Zell am See. Außerdem hält ein Stellwagen die Verbindung zwischen Saalfelden und Zell her. Von Zell aber beträgt die Entfernung in das Bad gleichfalls nur beiläufig vier Stunden und davon läßt sich noch eine Stunde aufs Angenehmste zu Schiff auf der Fahrt über den unvergleichlichen Zellersee zurücklegen.

Zum Schluße ein paar Worte für die verwöhnten Stadt- oder andern Kinder! Sollte sich Jemand vor den Entbehrungen des Fuscher Badelebens scheuen, so beruhige ihn die Versicherung, daß die Betten beim Bademeister ganz gut sind und daß man im Bade zwar nicht alle Gegenstände aus Herrn Sachers Delikatessenhandlung, doch eine schmackhafte und theilweise sogar vorzügliche Kost findet.

Die Table d'hôte, deren Preis noch im Jahre 1853 30 kr. C. M. für den Mittagstisch und 15 kr. für das Abendessen war, liefert durchaus nur Genießbares und sind das Rindfleisch oder der Kalbsbraten einmal nicht gerade weich und die Semmeln „altgebacken", so entschädigen dafür an einem andern Tage ein köstlicher Gemsbraten oder von der Badmeisterin höchst kunstgerecht zubereitete Spritzkrapfen.

Die frischesten Erdbeeren voll Aroma sind stets reichlich vorhanden, nicht übles Bier, preiswürdiger rother Tirolerwein und guter Kaffee gehen nie aus — Lebensmittel genug um selbst den nicht ganz Anspruchslosen bei guter Laune zu erhalten!

Wir wollen nicht als unbedingte Lobredner des Fuscher Badelebens auftreten und verkennen seine Unzukömmlichkeiten nicht, welche hauptsächlich daraus entstehen, daß das Bad in den Händen eines zwar wohlhabenden, jedoch nicht reichen Privatmanns ist.

Wir rechnen darunter zuvörderst den Mangel eines ordentlichen Fahrweges zum Bade und die ungenügende ärztliche Hilfe. Auch die Thatsache, daß es bei Regenwetter im Bade sogar im Juli und August bisweilen empfindlich kalt wird und manche kleine Unaufmerksamkeiten in der Bedienung der Gäste treten hie und da störend im Badeleben auf. Doch, so wie gegen die Kälte die geheizte Stube und der warme Rock schützen, so kann man auch überzeugt sein, daß die Fehler in der Bedienung gewiß nur von einem Mangel an Einsicht herrühren, und daß der Badmeister, sobald man ihn auf einen Uebelstand aufmerksam macht, nach Kräften abzuhelfen sucht.

Alles zusammengenommen aber kann jedenfalls der Aufenthalt im Fuscherbade ebenso angenehm als heilsam genannt werden. Darum auf nach Fusch, wer die Natur in ihrer größten Erhabenheit zu bewundern, sich selbst aber aufzufrischen oder frisch zu erhalten wünscht! und da gewiß fast Jedermann das Eine oder das Andere will, so rathen wir Jedem, dem es seine Verhältnisse erlauben, sobald als möglich nach dem Fuscherbade zu reisen und wir meinen ob dieses Rathes kaum jemals von demjenigen, der ihn befolgt hat, Vorwürfe befürchten zu müssen.

Bad Fusch wird in neuester Zeit viel mehr als noch vor einigen Jahren und seit Eröffnung der österreichischen Westbahn auch fleißig von Wienern besucht. In Folge dessen hat sich der Bademeister veranlaßt gesehen, ein dreistöckiges Haus und zwar an der Stelle auf dem Wiesenabhange oberhalb der zwei Badhäuser, wo bisher die Gloriette stand, zu erbauen. Dieß Haus war im Sommer 1862 schon theilweise bewohnt und soll 1863 vollendet werden. Die Physiognomie des Fuscherbades hat sich durch diesen Bau gegenüber dem Jahre 1854, in welchen die vorstehende Schilderung geschrieben wurde, einigermaßen geändert; — ob zum Vortheile oder Nachtheile ist bisher noch eine offene Frage.

Ersteigung des großen Wiesbachhornes.

Vier Versuche, das Wiesbachhorn zu ersteigen, waren mir in den Jahren 1852 und 1853 mißlungen, und ich konnte noch damit zufrieden sein, daß die Hindernisse — Nebel und frisch gefallener Schnee (im Pinzgau Neuschnee genannt), welcher die zu überschreitenden Felswände bedeckte, — immer so früh eintraten oder bemerkt wurden, daß ich auf allen diesen erfolglosen Zügen niemals weiter als auf die vom Fuscherbade drei Stunden entfernte Judenalpe gelangte.

Das Jahr 1854 sollte die Ausführung des Planes bringen.

Allerdings zeigte eine Rekognoscirung, welche ich am 2. August bis zu dem eine halbe Stunde vom Tauernhause Ferleiten auf dem Tauernwege zunächst der Fögalalpe (Vögerlalpe) gelegenen Walde, wo zuerst das Wiesbachhorn in seinem oberen und mittleren Theile sichtbar wird, unternahm, daß die Abschmelzung des Gletschereises im heurigen Sommer größer gewesen war, als in den letzten zwei Jahren. Doch schon am Nachmittage kam Regen im Thale und reichlicher Schneefall auf den Höhen, und erst am 9. August besserte sich das Wetter.

Des vielen neuen Schnees halber war vor Verlauf einiger Tage an die Besteigung des Wiesbachhorns nicht zu denken und ich brach deßhalb mit Röderer, meinem vielerprobten und ausgezeichneten Tauernführer, am 10. August nach dem Thale Rauris auf. Neues Witterungselend vereitelte mir hier am 11. die Ersteigung des Scharek nachdem ich mich seiner Spitze schon auf zwei Stunden genähert hatte.

Aber diesmal hielt das Unwetter nicht an und bereits am 12. lachte uns auf dem Rückwege von Taxenbach in das Fuscherthal freundlicher Sonnenschein.

Bei den günstigen Wetteranzeichen wurde nach der Ankunft im Bade beschlossen, daß Röderer, welcher es übernommen hatte, mich auf das Wiesbachhorn zu führen, nicht nach seiner Behausung in Ferleiten zurückzukehren, sondern im Bade zu übernachten habe. Werde der folgende Tag schön sein, so sollte die Expedition noch an ihm begonnen werden.

Der Eigenthümer des Fuscherbades, Herr Gregor Mayer, war aus Gefälligkeit für mich und aus Interesse an der Sache bereit, mich als zweiter Führer bei der Ersteigung zu begleiten.

In der Ueberzeugung, daß die durch Ausdauer redlich verdiente Gunst des Himmels sich endlich dem Unternehmen zuwenden werde, machten denn wir drei Ersteigungslustige in der gehörigen Benagelung der Bergschuhe, dem Zuschärfen der Spitzen der Bergstöcke und Steigeisen alsbald die gewöhnlichen einleitenden Schritte einer größern Bergfahrt. Noch waren wir mit ähnlichen Dingen beschäftigt, da traf ein werther Bekannter aus Wien und mit ihm Graf Denis An= drassy im Bade ein. Der Letztere versicherte mir sogleich Lust zu haben, an der Bergreise Theil zu nehmen, und wurde von mir mit offenen Armen als Gefährte aufgenommen.

Als dann die Witterung des 13. wirklich nichts zu wünschen übrig ließ, trat der große Rath der muthmaßlichen Wiesbachhornbe= zwinger zusammen. Die Grundzüge, wie die Ersteigung auszuführen sei, hatte ich seit Jahren schon so oft besprochen, den einzuschlagenden Weg so vielfach mit dem Fernrohre betrachtet und sie sind so sehr durch die Oertlichkeiten von selbst vorgezeichnet, daß es sich bloß um die Stunde des Aufbruches und die letzten Vorbereitungen handeln konnte. Zu den zweiten gehörte die Anwerbung noch eines, zunächst für die Person des Ersteigungsgenossen bestimmten, Führers, die Her= beischaffung der erforderlichen bergmäßigen Ausrüstung für den Ge= fährten, endlich die Vorsorge für die nöthigen Lebensmittel.

Röderer übernahm es, den Führer in dem eine Stunde vom Bade entfernten Dorfe Fusch zu finden, und kam gegen Mittag mit einem recht stattlichen jungen Manne, Jakob Erlinger, einem Binder, zurück, der gerne dazu bereit war, sich einmal anstatt durch seiner Hände, durch seiner Füße Arbeit Geld zu verdienen. Auch ein passen= der Bergstock fand sich bald für den Grafen Andrassy vor und Steigeisen versprach Röderer in der Ferleiten aufzutreiben, für den Mundvorrath endlich sorgte die Badmeisterin auf das vollständigste, und in der That, auch die Kochkunst der Badmeisterin und der Keller des Badmeisters haben ihren Theil zum Gelingen der Wiesbachhorn= Ersteigung beigetragen.

Als die Zeit des Aufbruches wurde eine der frühern Nachmit= tagsstunden bestimmt, weil wir an diesem Tage bloß die geringe Aufgabe hatten, in die Judenalpe als unser Nachtquartier zu gelangen. Nur mußte noch ein Stündchen Aufenthaltes in Ferleiten in Anschlag gebracht werden, während dessen Röderer sich bergmäßig umzukleiden und außerdem die wichtigsten Geräthschaften zur Ersteigung, die Seile, eine Schneehaue und Hacke beizuschaffen hatte.

So konnten wir noch ruhig unsere gewöhnlichen Plätze am Mittagstische im Bade einnehmen und erst um 2 Uhr begann die bisherige sichere Haltung einer gewissen Aufregung, wie sie dem Beginn eines größeren Unternehmens voranzugehen pflegt, Platz zu machen.

Doch wir waren nicht die Einzigen, welche eben zum Aufbruche aus dem Bade rüsteten.

Der erste schöne Tag nach langem schlimmen oder wenigstens zweifelhaften Wetter war Veranlassung für manch andern Badegast, die so lange gehegten Pläne zur Ausführung zu bringen und die Wanderung nach Heiligenblut, auf die Pfandlscharte oder mindestens auf die Trauneralpe anzutreten.

Da man auf alle diese Punkte nur über die Ferleiten kommt, so brachen wir gemeinschaftlich vom Bade auf. So geschah es, daß auf dem höchst romantischen, doch leider auch höchst verwahrlosten Wege, der vom Bade auf dem rechten Ufer der Fuscherache nach Ferleiten führt, 14—16 Personen, und zwar durch die Beschaffenheit des Weges dazu genöthigt, einer hinter dem andern einherschritten.

Von der auf dem andern Ufer aufwärts ziehenden Alpenstraße müßte es ein gar schöner Anblick gewesen sein, in dieser Waldeinsamkeit eine so große Zahl von Personen theils in städtischer theils in der Pinzgauer Kleidung, alle aber mit den langen Bergstöcken ausgerüstet, auf dem im Walde bald steil ansteigenden, bald sich rasch senkenden Pfade zwischen den uralten riesigen Tannen immer wieder erscheinen und verschwinden oder sie über die Wildbäche, welche von den hohen Wänden der Gamsburg und des Schwarzkopfs über den Weg herabstürzen, nach einander im Sprunge setzen zu sehen.

Wenn uns auch das Malerische unseres Zuges nicht ganz entging, so hatte doch die ungewöhnliche in der Thalschlucht doppelt fühlbare Hitze dieses Tages manche unserer Begleiter minder gelaunt gemacht, ihm die ungetheilte Aufmerksamkeit zu schenken. Ohne Ausnahme jedoch waren wir damit zufrieden, als wir zuerst in den weiten Thalboden von Ferleiten gelangten und bald darauf das Tauernhaus erreichten.

Sobald man den Boden von Ferleiten betritt, steigt das herrliche Bild des berühmten Fuschereiskars vor den Augen des Wanderers empor. Man versteht unter dem Fuschereiskar die begletscherten Berge, welche, dem von Westen nach Osten ziehenden Hauptrücken der Tauern angehörig, die südliche Wand des Fuscherthales bilden.

Der Glanzpunkt daraus ist dann wieder der Gletscherbruch, in dem durch die Abzweigung des zwischen den Thälern Fusch und Kaprun von Süden nach Norden laufenden Gebirgsrückens in der südwestlichen Ecke des Fuscherthales gebildeten Käferthale, und auch diese Gletscherpartie allein wird häufig das Fuschereiskar genannt.

Die schönsten Gletscherberge des Fuscherthales erheben sich jedoch erst in dem erwähnten Grenzrücken zwischen Fusch und Kaprun, zunächst dem Käferthale die Pyramide der hohen Dock mit der phantastisch abgeplatteten Spitze, dann nördlich vor ihr das große Wiesbachhorn und von ihm und dem daran nordöstlich gelehnten kleinen Wiesbachhorn wieder nördlich der hohe Tenn (die hohe Tenne?).

Hier am Anfange des Bodens von Ferleiten ist das Wiesbachhorn und der hohe Tenn durch die nächsten westlichen Thalwände dem Blicke entzogen. Nach kurzer Wanderung im Thale sieht man aber sich zur Rechten und hoch über sich bei einer Oeffnung in den Bergrücken an der Straße den prachtvollen hohen Tenn und unter ihm einen mächtigen von bedeutender Höhe zur Straße herabschäumenden Bach, den stets reichlich gespeisten Abfluß seiner Gletscher.

Sowohl um den Hochtenn, als um das Fuschereiskar flogen heute Nebel und erregten in uns bange Besorgnisse wegen des morgigen Wetters.

Im Tauernhause ließen wir uns Kaffee, Honig und Butter, und die Führer sich Wein und Bier ganz gut schmecken. Doch wurde über dem leiblichen Wohlbehagen der Hauptzweck nicht außer Acht gelassen, und so groß auch die Gesellschaft war, welche vom Bade gekommen und wenigstens bis zur Stelle, wo sich die Wege auf die Trauner- und Judenalpe scheiden, noch mitsammen gehen wollte, so verließ sie doch noch vor 5 Uhr das Tauernhaus wieder.

Wir folgten dem Wege gegen den südlichen Thalschluß.

Jeder Schritt überrascht hier durch neue Schönheiten. Das Wiesbachhorn ist noch immer durch den niedrigen Bergrücken auf der westlichen Thalseite, welcher in geringer Entfernung vom Wege und parallel mit ihm hinzieht, verdeckt. Erst dort, wo eine halbe Stunde vom Tauernhause durch eine Anzahl mächtiger doch dünn stehender Tannen ein höchst malerischer Waldessaum quer über den ganzen Thalboden gezogen ist, bricht jener Bergrücken hinter den Hütten der Fögalalpe steil ab, und nun kömmt sogleich der obere Theil des riesigen Berges mit seinen Gletschern und Felswänden über den nahen Waldbäumen hoch in die Lüfte ragend zum Vorschein, ein unglaublich großartiges Bild!

Noch eine Strecke weiter vorwärts trifft man am Wege ein Paar Heustadeln in Mitte der den Thalboden bedeckenden nassen Wiesen an, und bei ihnen ist der beste Standpunkt, um das hier auf seiner ganzen östlichen Seite sichtbare große Wiesbachhorn kennen zu lernen. Wir hielten deßhalb hier an, zumal da an dieser Stelle die beiden Alpenwege sich trennen und die Gesellschaft sich jetzt zu verabschieden hatte.

Betrachtet man von hier aus das Wiesbachhorn genauer, so wird man es vor Allem begreiflich finden, daß es bisher so selten erstiegen worden ist.

Vor dem Jahre 1854 fanden nämlich nur zwei Ersteigungen statt, die erste vor etwa 40 bis 50 Jahren durch zwei Bauern Zanker und Zorner, die zweite im Jahre 1841. Als der den Badegästen als Badhans, auch Fuscherhans, bekannte Johann Holzer und Röderer noch jung waren — beide sind jetzt Fünfziger — lebte noch Zanker und beschrieb ihnen genau den Weg, welchen er auf die Spitze genommen hatte. Sie waren dadurch in die Lage gesetzt, dem damaligen Herrn Fürsterzbischof von Salzburg, Cardinal Fürst Friedrich S ch w a r = zen b er g, als er im Jahre 1841 die Ersteigung des großen Wiesbachhornes unternahm, als Führer zu dienen. Die zweite Ersteigung gelang und die Gesellschaft, aus dem Herrn Cardinal, dem Priester Herrn Empacher, dem Kammerdiener Moser, dann den Führern und Trägern Röderer, Badhans, Schreder und Voithoffer bestehend, erreichte auf dem Wege des alten Zanker in neun Stunden von der Judenalpe die

Spitze.   Auch wir hatten vor, wenigstens hinauf, denselben Weg zu nehmen.   Dieser Weg führt auf der Ostseite empor und man könnte von hier aus stundenlang mit dem Fernrohre den Tritten der Ersteiger folgen.

Erforscht man nun mit dem Fernrohre die Felsregion genauer und erfährt man, daß man über diese Wände hinansteigen müsse, dann erklärt sich die Thatsache vollständig, daß bisher nur erst Wenige die Lust anwandelte, ihren Muth am Wiesbachhorn zu kühlen.

Bei der Sichtbarkeit eines großen Theiles des Weges von dieser Stelle scheint es angedeutet zu sein, von ihr das Wiesbachhorn näher und in seinen einzelnen Theilen kennen zu lernen, um sich bei Schilderung der eigentlichen Besteigung leichter in den einzelnen Theilen des Berges zurechtzufinden.

Wir lassen die herrlichen Bilder im Süden des Wiesbachhornes bei Seite, unbekümmert darum, daß uns dadurch der Stoff zur Schilderung der wunderbarsten Hochgebirgsgegend entgeht, und halten uns blos an unsern Berg.

Fassen wir zuerst seinen Anblick im Allgemeinen in das Auge, so setzt uns vor allem Andern die Erhebung von 7—8000 Fuß in Erstaunen, mit welcher er ohne eigentliche Vorberge, im untern Theile mit geringer Neigung, im obern großentheils senkrecht, der Sohle des Fuscherthales entsteigt.

Betrachten wir hierauf die äußern Umrisse, so finden wir fast in der Mitte die höchste Spitze.   Sie ist keine schlanke Pyramide, sondern ein kurzes, gedrungenes, trotziges Horn, fällt sie, selbst im obersten Theile nach Links und gegen Süden geneigt, steil auf eine tiefere südliche Einsattlung herab, während sie nach Rechts und gegen Norden Anfangs zwar auch mit steilen Wänden abbricht, dann aber in sanfterer Neigung bis zu einem tiefen Kamme herabzieht. An diesen Kamm schließt sich rückwärts das kleine Wiesbachhorn an, von ihm aber zweigt sich mit der Senkung gegen Osten ein niederer Rücken in den Fuscher Thalboden ab, überragt von einem Felskegel, und dies ist der Sandboden.   Jenseits der Einsattlung im Süden der Spitze dagegen steigt eine Felsenerhebung nochmal zu bedeutender Höhe auf. Sie bildet die südliche Ecke des Wiesbachhorns gegen die hohe Dock und stürzt in furchtbar anzusehenden Wänden weit herab gegen das Fuscherthal, bis dorthin, wo auch hier eine Pyramide gegen Osten und das Fuscherthal aufragt und sie im untern Theile abschließt. Die Felsenerhebung heißt der Bratschenkopf und die Pyramide der Fögalhacksedl (Vögerlhochsattel?). Erst von größerer Entfernung gesehen nimmt das Wiesbachhorn die Gestalt eines mächtigen Hornes an, weil die einzelnen Theile der Spitze nicht mehr unterschieden werden, und sich die ganze Erhebung von dem nördlichen Kamme und der südlichen Einsattlung bis zum höchsten Punkte als ein Ganzes und dann allerdings gegenüber der weitern Umgebung als gewaltige Pyramide darstellt.

Untersuchen wir endlich das innerhalb der kurz vorher angege= benen Umrisse gelegene Berggebiet, so müssen wir die drei Regionen des Eises, des kahlen Gesteins und der Matten unterscheiden. Das erste zeigt sich zu oberst rings um die Spitze. Auf der Nord= und Ostseite umgibt es dieselbe wegen ihres erst etwas tiefer beginnenden Abfalles in senkrechten Wänden förmlich wie mit einem weiten ge= wölbten Panzer. Es erstreckt sich ferner von der Spitze über den süd= lichen Abfall zur Einsattlung herab, über diese selbst und über die nördliche Neigung bis auf den Kamm. Aber außerdem reicht die Eis= region in drei Gletschern tief nach unten in das Gebiet des Gesteins und der Matten. Zuerst sehen wir von der Einsattlung im Süden der Spitze an zwischen den Wänden, womit diese östlich und südöstlich abbricht, einerseits und den Felswänden des Bratschenkopfes anderer= seits einen Gletscher herabwallen und zuletzt dort, wo die Felswände unter der Spitze und jene des Bratschenkopfes sich nähern, in der frei= gebliebenen Mitte mit einer prachtvollen blauen Wand abbrechen. Dieser Gletscher ist die Teufelsmühle. Aus der Klamm unter ihr stürzt ein mächtiger Gletscherbach über die Wände und von ihr donnern stets die losgelösten Eistrümmer und Lawinen auf die dadurch in der Tiefe ge= bildeten Schneeflächen und selbst bis auf die nächsten Felspartien herab.

In der Mitte etwas rechts unter der Spitze fließt Anfangs breiter, hierauf mit langer Gletscherzunge das Pokeneikees, der größte und am tiefsten reichende Gletscher am Wiesbachhorn, bis zur Höhe von 5 — 6000 Fuß, also bis etwa 1½ Stunden ober der Fögal= alpe abwärts. Es tritt dadurch weit hinab in die Zone der kahlen und begrünten Felsen, ja in jene der eigentlichen Matten.

Der dritte Gletscher endlich, das Sandbodenkees, kömmt von der Ecke zwischen dem nördlichen Kamm und dem Sandboden und neigt sich so sehr südöstlich gegen das nordöstlich ziehende Pokeneikees, daß beide Gletscher zuletzt nur durch eine schmale Felspartie getrennt sind.

Die Felsen treten am Ausgesprochensten in dem furchtbaren Ab= bruche senkrecht unter der Spitze auf der Nord= und vornehmlich auf der Ostseite auf, so wie am Massenhaftesten am Bratschenkopfe, wo sie von der obersten Erhebung bis zur Ecke gegen die hohe Dock und herab bis zum Fögalhacksedl reichen.

Doch ist auch der nördliche Kamm am Sandboden nackter Fels und derselbe herrscht überhaupt von der Höhe von 6—7000 Fuß an gegen die Spitze zu vor.

Die Region der Matten endlich nimmt den tiefsten Theil unter 6—7000 Fuß ein und ist gebildet durch zahlreiche Mulden, die sich von unserem Standpunkte nur wenig erkennen lassen, sich dafür aber dem Ersteiger desto fühlbarer machen. Sie leckt im nordöstlichen Theile des Berges in einzelnen Grasflecken hoch hinauf fast bis zur Höhe des dortigen Kammes und entschädigt sich dadurch für den Raum, den die Gletscher über ihre regelmäßige Linie herab einnehmen.

Durch die letzte Betrachtung der Felswände von dem Stand= punkte an den Heustadeln, den wir bisher noch nicht verlassen haben, wurden wir eben nicht erbaut, aber auch nichts weniger als entmuthigt. Wir wußten, daß die Sache von unten aus viel entsetzlicher aussieht, weil alle jene Unebenheiten des Bodens verschwinden, in denen der Fuß seinen Halt und der Körper Gleichgewicht und Sicherheit findet, auch hatten wir ohnehin die Ueberzeugung, eine durchaus nicht gefahr= lose Ersteigung zu unternehmen. Als es zum Abschiede von den Be= kannten kam, schieden wir daher voll des besten Muthes und jetzt schritten die eigentlichen Wiesbachhornsteiger, fünf Mann stark, der Judenalpe zu.

Die erst sanft ansteigende, dann steilere Erhebung zur Alpe war bald überwunden und wir sahen diese selbst bereits vor uns. Ihre Lage auf einiger Höhe der westlichen Thalwand ist ganz schön. Unmittelbar im Westen ragt über ihr der Weitstein auf, eine Felswand, welche das Fußgestelle der hohen Dock und des Bratschenkopfes verbindet. Mächtige Bäche, der Ablauf des zwischen diesen beiden Bergen aus dem Eisgebiete des hinter ihnen thronenden Bärnkopfes und der Glockerin herabwallenden und vom Fuscherthale aus in seinem wilden Abbruche sichtbaren Gletschers Hochgruber stürzen über die breite Wand. Rechts baut sich das Wiesbachhorn, links die hohe Dock darüber auf, weiter südlich endlich trifft der Blick auf die Berge des Fuschereiskars bis zum Brennkogel, dann auf jene im Osten des Fuscherthales und im Norden des Weichselbachgrabens.

Fast gegenüber von der Judenalpe auf der östlichen Thalwand, nur etwas höher als sie, liegt die Trauneralpe, und ihre Lage ist in sofern noch reizender, als man von ihr den herrlichen Anblick hinein in das Käferthal, auf die hohe Dock und das Wiesbachhorn genießt.

Wir hielten uns lange vor der Hütte und auf ihrem flachen Dache auf und begaben uns erst in sie, als es schon dunkel geworden war. Hier fanden wir unsere Führer und die 6 oder 7 Bewohner der Alpe im Hauptraume um das Feuer gruppirt. Wir gesellten uns zu ihnen und blieben in ihrer Gesellschaft, bis uns der Melker in dem gedielten Zimmer der Hütte unser Nachtmahl aufgesetzt hatte. Nach diesem Alpenmahle aber, bei welchem noch trefflicher Madeira des Grafen Andrassy und ein von mir mitgenommenes Chokolade=pulver ersprießliche Dienste leisteten, suchten wir bald unser Nachtlager auf dem Heuboden auf. Die Gefälligkeit des Sennen hatte uns zum Schutze gegen die Kälte mit den nöthigen Mänteln und Kotzen ver=sehen und so lag in Kurzem der größte Theil der Gesellschaft in festem Schlafe.

Ich war diese Nacht weniger glücklich und vertrieb mir die Zeit damit fleißig nach dem Wetter zu sehen. Die Partie auf allen Vieren über das Heu bis zum offenen Theile des Heubodens und von da auf das Dach hatte ihre Schwierigkeit, lohnte sich aber jedesmal, da ich das Wetter sich von Stunde zu Stunde günstiger gestalten sah.

Als wir endlich nach 1 Uhr am 14. August unser Lager verließen, leuchtete der Mond so herrlich am tiefblauen Himmel, daß ich fest überzeugt war, heute oder nie werde das Unternehmen gelingen.

Es war 2 Uhr, als wir genau nach der in voraus gemachten Zeiteintheilung aus der Alpe aufbrachen.

Die Judenalpe liegt etwas südlicher als das Wiesbachhorn und insoferne macht man einen Umweg, wenn man in ihr das Nachtlager nimmt, um am andern Morgen das Wiesbachhorn zu ersteigen. Doch wird sie immer das Nachtquartier bleiben, weil sie der letzte bewohnte Punkt unter der Spitze ist, und wollte man auch die größere Entfernung derselben nicht berücksichtigen, mehr Bequemlichkeit bietet als die kleine Fögalalpe.

Wir stiegen von der Alpe im schönsten Mondlichte aufwärts zuerst über die Scheibe, dann über das Pokenei, Wiesgründe, auf welchen blos im untersten Theile noch Waldbäume stehen, die aber dafür auch nur wenig steinig sind. Eine eigenthümliche Scene gab es auf dem Pokenei, als eine Anzahl dort weidender Pferde, durch die menschliche Stimme in ungewöhnlicher Stunde aufgeschreckt, im Mondlichte in wilder Flucht davon sprengte. Ein ungleich ruhigeres Bild dagegen bot sich uns dar, als wir aus einer der vielen Mulden jener Wiesgründe auf die Höhe eines Hügels gelangt waren und unter uns im Mondschein eine Heerde von Kühen auf dem Wiesboden in nächtlicher Ruhe lagern sahen.

Später kamen wir zu einer Geröllpartie, welche sich unter der Spitze parallel mit dem weiter nördlich abwärts fallenden Pokeneikees zur Tiefe hinabzieht.

Erst auf dem Bürgel wurden der Wieswachs spärlicher und dafür die Steine häufiger. Dies Schaflgebirge (Schafgebirge) Bürgl reicht hinauf bis zum Hackfedl.

Auf dem Wege zu dem letztern war uns noch mancher genußreiche Anblick gegönnt.

Zuerst der prächtige Glanz des Morgensternes, dann das entzückende Farbenspiel des Firmamentes vom ersten Dämmerlicht bis zum reinsten Sonnenaufgange eines Augusttages im Hochgebirge, am bezauberndsten darunter der Moment, als über die schneeweißen Häupter des Fuscherkarkopfs und Sinewellecks plötzlich wie mit einem Zauberschlage das rosige Licht der aufgehenden, doch selbst noch nicht sichtbaren Sonne herabfloß.

Dazu der stete Anblick des so nahen Fuschereiskars und das mit jedem Schritte sich erweiternde Bergpanorama gegen Osten und Nordosten! Der erste Fremdling, der in Mitte der bekannten Fuscher- und Weichselbachergebirge, dann der Berge des Fuschereiskars, auftauchte, war der hohe Narr. Bald folgten andere Rauriser und Gasteiner Berge. Im Nordosten waren schon der ewige Schneeberg, das Tännengebirge und die Dachsteingruppe aus der Tiefe aufgestiegen. Jetzt traten auch die Berge des Lungaus und jene der übrigen östlichen Tauernthäler hervor.

Obgleich wir beständig über Wiesgründe schritten und nur zuletzt unmittelbar unterhalb des Hacksedl über einen steilen Steindurchbruch zu klettern hatten, so benöthigten wir doch der Wellen des Bodens halber bis zum Hochsedl 2³/₄ Stunden.

Hier beginnt die Ersteigung der Bratschenwände und damit die Gefahr der Expedition.

Wir schnallten unsere Steigeisen an und machten uns an das Werk. Als wir uns über die unterste Wand hinanarbeiteten, war es fünf Uhr und die Sonne stieg gerade wolkenlos über den östlichen Bergen empor.

Wir waren in der nächsten Zeit sehr mit unserm Wege beschäftigt. Denn wir befanden uns jetzt in einem wahren Labyrinth von Felsen. Nach der im Pinzgau allgemein gebräuchlichen Bezeichnung bedeutet Bratschen ein schieferiges Gestein ohne Vegetation. Von dieser Art und zwar Chloritschiefer ist die ganze Erhebung des Bratschenkopfes am Wiesbachhorn.

Wenn mir auch dieser Theil des Weges, aus zahlreichen sich übereinander thürmenden Wänden von drei bis zehn Klafter Höhe mit

schmalen Zwischenlagen von Schutt und Gerölle bestehend, nicht so
furchtbar erschienen ist, als er von unten gesehen zu sein scheint, be=
sonders da die Steigeisen beständig in das brüchige Gestein eingriffen
und wir so einen ziemlich sichern Tritt hatten, und wenn mir auch
einzelne Stellen auf den Wänden im Kalkgebirge auf frühern Berg=
reisen noch gefährlicher vorkamen, weil sie dem Fuße oft kaum den
geringsten Halt gewähren, so habe ich doch bisher nirgends im Hoch=
gebirge eine so lange andauernde fortan gefährliche Wegstrecke, die
überschrtten werden muß, angetroffen. Die Gefahren an sich aber sind
auch jedenfalls groß. Ein Schwindel, ein Fehltritt würde, nachdem
die einzelnen Wände nur mit geringer Neigung sich über einander
erheben, einen Sturz in die größte Tiefe nach sich ziehen. Auf Stellen,
welche wegen der Schroffheit der Wand und des Abganges von Rissen
in ihr selbst für den Schwindelfreien gefährlich genannt werden müßten,
kamen wir jedoch nur ein paar Mal und auch sie wurden unschwer
zurückgelegt. Dafür hatten wir fortan eine andere Sorge. Fast jedes=
mal, wenn wir eine Wand überwunden hatten, mußte wieder sorgsam
die Stelle gewählt werden, auf welcher wir die nächste höhere Lage
zu überschreiten hätten, und da der steilen Erhebung halber ein Ueber=
blick einer größern Strecke des weiter oben folgenden Weges nicht
möglich war, so besorgten wir fortwährend zuletzt doch an einen Ort
zu gelangen, von dem ein weiteres Aufwärtssteigen gar nicht mehr thun=
lich sein würde.

  Aber Röderers Berginstinkt siegte glücklich über alle Hindernisse,
und schien ein oder das andere Mal ein Ausweg aus den Klippen
nicht mehr zu finden, so spähte unser Pilot vorsichtig umher, und bald
hatten wir wieder die rechte Richtung genommen.

  Wir waren wiederholt so weit hinaus nach Rechts geschritten,
um den Anblick des Abbruches der Teufelsmühle zu gewinnen. Aus ihm
ersah unser Führer dann stets die von uns schon erreichte Höhe und
die Richtung, die einzuschlagen war, um auf das Schneefeld zu gelangen,
das sich von der Höhe jener Einsattlung zwischen dem Wiesbachhorn
und dem Bratschenkopfe bis zur Teufelsmühle herabzieht. Denn dies,
und zwar in einiger Höhe über dem Abbruche der Teufelsmühle und
etwas links von ihm zu betreten, war unsere nächste Aufgabe.

An solchen Punkten konnte ich troß der Gefahren nicht unterlassen, die prachtvolle zehn und mehr Klafter hohe Wand blauen Eises zu bewundern, mit welcher die wilden Eisgestalten des wundervollen Gletschers über der Klamm des ihm entstürzenden Eisbaches enden. Auch war mir die Art des Felsengesteins, auf dem wir vordrangen, und das stets unter unsern Steigeisen knisterte und die Bestandtheile seines hie und da vorkommenden Schuttes von hohem Interesse, und ich war nicht wenig erfreut, als ich darunter zwei schöne Strahlsteine fand, welche ich als Andenken an die Wiesbachhorn=Ersteigung zu mir nahm.

Endlich nach anderthalb Stunden angestrengten und gefährlichen Steigens langten wir glücklich am Schneefelde an.

Wir hatten bis hieher denselben Weg eingehalten, welchen die Expedition des Jahres 1841 gemacht hatte. Hier wichen wir auf Röderers Rath zuerst von ihm ab.

Unsere Vorgänger haben nämlich hier die Bratschenwände noch nicht verlassen, sondern sind noch etwa 500 bis 600 Fuß weiter auf ihnen aufwärts gestiegen. Wir dagegen begannen schon von hier nach Rechts zu über den Schnee und den Gletscher hinanzuziehen.

Durch diese Abweichung ersparten wir allerdings eine Strecke des gefährlichen Kletterns über die Felsen. Doch war der von uns eingeschlagene Weg eben nur heute räthlich und wird es nur unter ähnlichen Verhältnissen sein, denn der frische Schnee machte, daß wir bei jedem Tritte zwei bis drei Zoll tief einsanken. Bei minder tiefem und harten Schnee wäre dagegen die Ueberschreitung dieses Schnee= feldes höchst gefährlich. Es fällt nämlich gegen jene Schlucht ab, in welcher die Teufelsmühle abbricht, und seine Neigung ist so stark, daß ich nicht übertreibe, wenn ich sie mit 50 Graden annehme; jeder Berg= kundige weiß aber, daß das Ueberschreiten eines eisigen Schneefeldes von solcher Neigung einer bedenkliche Sache bleibt. Wir hatten uns vor= sichtsweise mit dem Seile aneinander gebunden und schritten einer nach dem andern, voran Röderer, dann ich, dann der Bademeister, hierauf Graf Andrassy und endlich Erlinger langsam, indem wir bei jedem Tritte so tief als möglich in den Schnee traten, über die steile Fläche hinweg.

Ein schwarzer Steinhaufen mitten im Schnee, der auch aus dem Fuscherthale sichtbar ist, war der nächste Punkt, dem wir zustrebten. Als wir auf ihm angekommen waren, machten die Führer aus dem von dem Schnee abfließenden Wasser und zerriebenem Schießpulver eine Art Teig, womit wir uns alle zum Schutze gegen die Einwirkung der scharfen Luft und des von den Schneefeldern zurückstrahlenden Sonnenlichtes, des sogenannten Schneeglanzes, das Gesicht mehr oder weniger bestrichen.

Vom Steinhaufen an hielten wir uns beständig nach Rechts und wanderten in dieser Richtung auf dem Schnee aufwärts.

Bald zeigten sich Spalten und wir erkannten daraus, daß wir uns bereits auf dem eigentlichen Gletscher befanden.

Wir waren in einem Eisthale. Einzelne Vorsprünge des Bratschenkopfes reichten von Links weit heraus nach Rechts in das Kees. Rechts von uns stürzte in wilden ungeschlachten Massen das Eis von der Höhe herab. Dieser Abbruch und die Strecke, auf der wir fortzogen, bildet den oberen Theil des Teufelsmühl-Gletschers und wird auf der rechten Seite wieder von der Erhebung zur Spitze überragt.

Je mehr wir auf der rechten Seite vorwärts drangen, desto größer und zahlreicher wurden die Klüfte.

Auf Röderers Anrathen wandten wir uns daher wieder nach Links und betraten dort, wo die Wände des Bratschenkopfes noch einmal in den Gletscher hinausspringen, das Gestein der Bratschen, doch nur um etwa 10 Minuten darauf hinanzusteigen und dann wieder auf das Schneefeld zurückzukehren.

An Klüften fehlte es auch hier nicht, doch waren sie nicht so häufig als im vermiedenen unteren Theile. Auch bedeckte sie der frische Schnee größtentheils massenhaft. Wir hielten jetzt entschieden die Richtung nach Rechts aufwärts ein. Ueber uns lag die letzte Erhebung des Bratschenkopfes, darüber, doch durch eine Einsattlung von ihm und unserm Gletscher getrennt ein schneeweißer Kopf, die Glockerin, weiter nach Rechts zu und nicht mehr hoch über uns die Einsattlung gegen Kaprun, noch etwas rechts endlich ein dunkler Felsdurchbruch, über dem

sich dann steil eine eisige Schneide bis zur höchsten Spitze des Wies=
bachhorns hinanzog.

Der jähe Abfall ihrer Wände und Eismassen im Osten reichte
von der Spitze herab bis tief unter unsern Standpunkt und bildete
die rechte Wand des Gletscherthales, in dem wir aufwärts schritten.
Dasselbe ist jedenfalls die Firnmulde der Teufelsmühle und wahr=
scheinlich auch des Pokeneikeeses, doch konnte ich wegen des Wirrwarrs
in den Eisabstürzen im obern Theile des Teufelsmühlkeeses nicht er=
sehen, ob sich wirklich hinter ihnen ein Arm von hier zum Pokenei
hinabsenkt oder ob dies vielleicht etwas tiefer erst in einem Keesboden
gerade unter der höchsten Spitze seinen Ursprung hat.

Originell nimmt sich die Spitze von hier gesehen aus, denn sie
hat vollends die Gestalt eines silbernen Kammes auf einem Helme,
so ragt der oberste Theil wieder nach Rechts gedehnt über die gebogene
Schneide hinaus.

Auf dem Felsdurchbruch machten wir noch einmal Halt, dann
begannen wir die Schneide hinanzusteigen. Wegen des steilen Ab=
falls des Wiesbachhorns im Osten und weil der Berg im obersten
Theile nur eine ganz geringe Breite hat, betritt man bald den Ab=
hang auf der Kapruner Seite, und hier öffnet sich sogleich eine unbe=
grenzte Fernsicht nach Westen und Nordwesten. Nur die Glockerin,
der hohe Tenn und die höchste Spitze des Wiesbachhorns verhindern
noch zum Theile die Rundschau.

Wir stiegen wacker aufwärts, doch waren wir, ungeachtet sich
bei Keinem die eigentliche Bergkrankheit einstellte, genöthigt, nach kurzem
Aufwärtssteigen immer wieder etwas stehen zu bleiben. Bei der steilen
Neigung der Schneefläche gegen Kaprun, auf der wir uns befanden,
mußte auch vorsichtig gegangen werden, und so benöthigten wir über
die Schneide hinan noch fünf Viertelstunden. Als wir endlich auf der
höchsten Spitze anlangten, war es schon halb 10 Uhr, und wir hatten
somit 7½ Stunden von der Judenalpe aus zugebracht.

Doch wer hätte jetzt darüber geklagt, daß wir etwas länger zur
Ersteigung gebraucht, als wir gedacht hatten. Genug, daß sie glücklich
vollbracht war. Wir befanden uns in der frohesten Stimmung, wozu

nicht wenig die Temperatur beitrug, die wir hier oben antrafen, denn
es war windstill und warm.

Die höchste Zinne des Wiesbachhorns, nach den trigonometrischen Messungen des k. k. General-Quartiermeisterstabes 11.320
Wiener Fuß hoch, besteht aus zwei etwa 40 Schritte von einander
entfernten Dreiecken von Eis, welche von dem äußersten Rande des
Abhanges von Kaprun, der ihnen die Grundlinie gibt, noch, und zwar
die nördliche kleinere etwa 1½ Klafter, die größere südliche etwa zwei
Klafter hoch, mit der Spitze gegen Osten und das Fuscherthal allmälig ansteigen.

Wir befanden uns auf der südlichen, und wenn wir auch nicht
ganz bis zu ihrem äußersten Punkte hinausgingen, weil wir erkannten,
daß sie nur aus überhängendem Eise gebildet sei, so waren wir doch
über den Rand des die beiden Spitzen verbindenden Kapruner Rückens
etwas auf sie hinauf geschritten, ja unsere Führer fingen schon an
uns daselbst im Schnee eine Bank auszuhauen, weil da oben eine
Fläche nicht besteht und die Senkung gegen Kaprun zu steil ist, um
sich behaglich auf der Höhe niederzusetzen. Da stieß Röderer dicht
neben uns einige Mal mit seinem Bergstocke in den eisigen Schnee,
und in Kurzem hatte er ihn durchstoßen und wir konnten durch die
Oeffnung auf die Eismassen tief unter der Spitze gegen das Pockenei
hinabblicken.

Jetzt fanden wir natürlich unsern Standpunkt zu gefährlich, als
daß wir uns nicht einige Fuß tiefer unsern Sitz hätten zurecht machen
lassen.

Doch schritt ich später, aber erst nachdem ich mir das Seil auch
um die Mitte des Körpers hatte befestigen lassen, noch einmal bis
etwa drei Fuß vom äußersten Rande und so weit hinaus, daß ich
die Fuscherache im Laufe unter der Traueralpe erblicken konnte.

Anfangs besichtigten Graf Andrassy und ich die Aussicht nur
nach den Hauptgruppen, und dies hatte den doppelten Vortheil, daß
wir uns später bei der Einzelnerforschung leichter zu Recht finden
konnten, dann daß uns dabei noch Zeit übrig blieb unseren Mund-
vorräthen zuzusprechen. Der Madeira, welcher im Aufwärtssteigen

besonders über die Schneide eine köstliche Labung abgab, war zu Ende, und wir hielten uns daher an den Wein des Badmeisters und ergötzten uns zudem an den Brathühnern, mit denen die Badmeisterin uns versehen hatte. Auch die Führer ließen es sich gut geschehen. Insbesondere trug die angenehme Temperatur zum allgemeinen Wohlbehagen bei, denn bei vollkommener Windstille zeigte das auf dem Bergstocke aufgehängte Thermometer + 10° R. Später nahm ich die Landkarte zur Hand, begnügte mich aber, obgleich ich eine erkleckliche Anzahl von Specialkarten in die Reisetasche gepackt hatte, mit der österreichischen Alpenkarte. Auch blieb ein Plößl'sches Auszugsfernrohr unausgepackt und nur ein Plößl'scher Feldstecher wurde benützt. Die Räumlichkeiten waren nämlich zum Auslegen von Karten höchst unbequem und das Auszugsfernrohr hätte alle Hoffnung gehabt, im ersten unbewachten Augenblicke einige tausend Fuß tief gegen das Kapruner Thal hinabzukollern.

Die wirklich benützten Hilfsmittel genügten jedoch vollkommen, denn ich befand mich in Mitte bekannter Berge, und jene Höhen, die ich mit ihrer Hilfe nicht erkannte, hätte ich zweifellos auch trotz aller Landkarten und Perspective nicht mit Sicherheit bezeichnen können.

Die Fernsicht gestaltete sich leider minder günstig, als der schöne Morgen es hoffen ließ.

Ueber den nordwestlichen Gebirgen und den Flächen lag ein eigenthümlicher Dunst, im Osten und Südosten dagegen hatten sich Nebel hier mehr auf den Bergen, dort mehr in den Thälern gelagert.

Ich gebe die Aussicht nach den am Tage nach der Ersteigung gemachten Aufzeichnungen in den Hauptumrissen an.

Das Herzogthum Salzburg wird kaum von einem andern Punkte so vollständig überblickt werden können, als vom Wiesbachhorn. Alle seine Höhen und die Einschnitte seiner meisten Thäler liegen unverkennbar unter uns.

Vor Allem bezeichnet eine tiefe Furche im Norden und Nordwesten das Salzachthal. Darüber gewahren wir die Thonschieferberge westlich vom Zellersee, als deren auffallendster die Pyramide des Ret-

tenstein heraustritt. Doch sind auch der Gaisstein, Pihapper, Hoch=
kogel, Thorhelm und Geierspitz leicht zu erkennen, nicht minder die
nordwärts sich abzweigenden Züge und in ihnen das Kitzbichlerhorn,
die hohe Salve u. s. w. Etwas zurück fällt das Kaiser=Gebirge in
dieser Richtung auf.

Das Innthal wird durch einen von Südwesten nach Nordosten
gezogenen breiten Einschnitt dargestellt. Die Berge nördlich von ihm
bis weit hinaus nach Baiern verschwammen in jenen Höhenrauch,
doch ragten einzelne Spitzen hie und da empor, besonders auffallend
eine Kuppe mit einer Terrasse auf halber Höhe, aus welcher erst die
pyramidenförmige Spitze aufsteigt. Ich hielt sie der Lage nach An=
fangs für den Wendelstein, glaube aber in Folge später eingezogener
Erkundigung annehmen zu sollen, daß es das hintere Sonnenwendjoch
sei. Weiter gegen Westen bezeichnete die größere Erhebung den Soll=
stein, das Wettersteingebirge und die Zugspitze. Noch fernere westliche
Gebirge waren zweifelsohne die Höhenzüge zwischen dem Inn, dem
Lech und der Iller, jene des baierischen Allgau's und an der Grenze
von Vorarlberg; allein ich vermochte keinen Berg aus ihnen mehr
mit Bestimmtheit zu erkennen. Das baierische Flachland lag gegen
Nordwesten ausgebreitet da, aber ein höchst ungünstiges blaugraues
Licht hinderte uns daran, in ihm auch nur das Geringste zu unter=
scheiden.

Gerade nördlich vom Wiesbachhorn stiegen die von jedem Fuscher=
berge sichtbaren Loferer, Leoganger und Berchtesgadner Gebirge auf
mit den Spitzen: Ochsenhörner, Flachhorn, Breithorn, Birnhorn, Drei=
brüder, Watzmann, Hundstod, Mühlsturzhörner, Kammerlinghorn, Hoch=
eiser, Hochkalter, Lattengebirge, dann das baierische Sonntagshorn,
ferner das steinerne Meer mit seinen Kuppen, der Schönfeldspitze,
dem Breithorn und Selbhorn; östlich davon die Werfnergebirge,
darunter die Teufelshörner, das Alpriedhorn, der prächtige ewige
Schneeberg, etwas entfernter dann die Salzburger Berge Göll, Un=
tersberg u. s. f. bis zum Gaisberg. Herwärts von diesen Gruppen
lagert die Schaar der Berge östlich vom Zellersee, darunter der Hunds=
stein, dann die Berge von Fusch und Sulzbach, Kühkarkopf, Kreutz=

kopf, Archenkopf, Weichselbachhöhe, Königsstuhl, Schwarzkopf, Gamsburg, Durchnerspitz ꝛc.

Noch erblicken wir in dieser Richtung das den Badgästen von
Fusch so wohlbekannte Kaseck und das wenig Minuten vom Bade
entfernte Lehen Schönbühel.

Zurückstehend thront östlich vom ewigen Schneeberg das Tännengebirge, noch östlicher der zackige Gosauer Stein, an welchen sich die
Dachsteingruppe mit den kenntlichen Hauptspitzen Thorstein, Dachstein
und Scheichenspitz anreiht. In dem weiten Einschnitte zwischen dem
Tännengebirge und den letztern Gruppen und zum Theil über denselben gewahren wir eine Menge österreichischer und steierischer Berge.
Darunter befinden sich die Traunwand, das Kallengebirge, der Traun-
stein und der größte Theil des ausgedehnten todten Gebirges mit den
Prielen.

Ein anderer breiter Ausschnitt bildet sich zwischen dem Ende
des nach Osten ziehenden nördlichen Zuges und demjenigen der von
Süden nach Norden laufenden Ausästungen der Tauernkette. Wir
nehmen den Scheichenspitz als Eckstein der ersteren, den Hochgolling
als nördlichen Schlußpfeiler der letzteren an und finden nun zwischen
ihnen im Hintergrunde eine namhafte Zahl steierischer Berge.

In diese Linie fallen die Admonter Gebirge, der Buchstein, das
hohe Thor, vielleicht noch das österreichische Hochfer, dann die Kuppen
von Sölk und Donnersbach und dem Rottenmanner Tauern, darunter
die vorzüglichsten der Bösenstein, Knallstein, Hochstein und die Hoch-
wildstelle.

Eine Nebelanhäufung in der Tiefe ließ die Linien der entfernteren Thäler in Lungau nicht ausnehmen und erschwerte auch die Beurtheilung der dortigen Berge. Doch erkannte ich den Golling und
Preber, die Berge um den Radstädter Tauern, Hundsfeld, Gurpitschek,
Speiereck, Glingspitz, Weißfeld in Zedernhaus, Mosermandl und Faulkogel, dann die näheren Berge Schuhflicker und Saukahr aus dem
Arlthale, den Bärenkogel aus Rauris und noch andere minder bedeutende Höhen aus den Thälern Flachau, Zedernhaus, Arl, Gastein
und Rauris.

Der Hauptzug der Tauernkette erhebt sich vollends fast in allen seinen ausgezeichneten Spitzen rings um unseren Standpunkt.

Wir folgen der zuletzt eingeschlagenen Richtung und gedenken zuerst des Zuges zwischen dem Maltathale und dem Murwinkel, in welchem der prächtige Hafnerspitz kühn in die Luft strebt und neben ihm der Markarspitz auffällt. Westlicher folgt der Kulminationspunkt der Gasteiner Berge, der Ankogel, rechts nächst ihm bemerken wir den Zug vom Hochalpenspitz zum Säuleck; um den Ankogel thürmen sich die übrigen Gasteiner Berge. Noch mehr westlich reiht sich dann das Schareck mit dem Herzog Ernst an, der Sonnblick in der Rauris, endlich der Dom des hohen Narren, welcher wieder durch das Weissenbachkees mit dem Heiligenbluter Tauern und dem Brennkogel und durch letzteren mit dem Fuschereiskar verbunden ist.

Wir sind jetzt am Glocknergebiet angelangt. Für mich hatte dieser Theil der Tauern das größte Interesse, zumal da ich schon lange die Wanderung quer über seine Eisfelder von Kaprun auf die Pasterze zu machen beabsichtigte. Jetzt lag das ganze Eismeer des Großglockners wie im Relief unter mir. Der Großglockner selbst stand gegen Süden, offenbar es noch überragend, dem Wiesbachhorn gegenüber, auch die an ihn sich anschließende Glocknerwand konnte sich noch ebenbürtig unserm Höhenpunkte entgegenstellen. Schon von minderer Erhebung ist die westliche Begrenzung des Glocknergebietes. Mit dem Kasten beginnend läuft sie am Westrande der eisigen Hochebene oberhalb des obersten Pasterzenbodens über den Schneewinkelkopf zur hohen Riffel, welche wieder nördlich zu den Kaprunerthörln abfällt. Von der Riffel zieht sich dann der Nordrand des Großglocknergebietes in der Richtung nach Osten und zwar über eine minder bedeutende Kuppe, welche man mir in Kaprun theils den hintern Bärenkopf, theils den Bratschenkopf genannt hatte, die aber in Wahrheit der vordere Bärenkopf ist, zum hohen Bärenkopf und zur hohen Dock, dann zu den Bergen aus dem Fuschereiskar, dem Fuscherkarkopf, Sinewelleck und Gamskarkopf, an welche sich jenseits der Pfandlscharte, die Racherin und der Kaserockkopf, der Spielmann und Kloben, endlich die Marksäule des Fuscher- und Heiligenblutertauern, der Brennkogel anschließen.

Zwischen dem Gamskarkopf, Sinewelleck und Fuscherkarkopf hindurch gewahrt man einen Einschnitt am nördlichen Fuße des Großglockners; es ist dies die Furche, welche der mittlere Pasterzengletscher einnimmt, doch ist der tiefe Gletscher selbst nicht sichtbar. In dem eben umschriebenen innern Raume des Großglocknergebietes steigt nur hinter den Bärenköpfen in einigem Abstande vom Nordrande ein einziger höherer Berg auf, der Johannisberg auf der Pasterze. Von dem Nordrande, und zwar von der Riffel, vom hohen Bärenkopfe und der Erhebung zwischen beiden letztgenannten Kuppen fließen mächtige Gletscher in die oberste Thalstufe von Kaprun, die Moosen herab, darunter der gewaltigste der Gletscher der Riffel, das Karlingerkees. Die grüne Fläche der Moosen und die Kapruner Wasserfallalpen bieten in Mitte so vieler Gletscher dem Auge einen erfreulichen Ruhepunkt. Die Höhe des Wiesbachhorns jedoch wird uns hauptsächlich erst aus dem Eindrucke verständlich, welchen von ihm aus die über 10.000 Fuß hohen Berge zwischen Kaprun und Stubach machen. Sinkt die große Arche gänzlich zum Hügel herab, so spielt verhältnißmäßig das so stolz in das Salzachthal hinabblickende Kitzsteinhorn und sein nicht minder hoher südlicher Nachbar, der hohe Eiser, eine nicht bessere Rolle, indem man sie scheinbar als durchaus nicht bedeutende Höhen auf der andern Seite des Kaprunerthales gewahr wird. Zwischen dem hohen Eiser und der Riffel finden wir wieder das Karlingerkees und über ihm die Einsattlung zunächst den Kaprunerthörln und gegen Stubach.

Wenden wir uns zu dem westlichen Theile der Tauernkette, so tritt uns der Großvenediger als die herrlichste aller vom Wiesbachhorn sichtbaren Berggestalten entgegen. Er übertrifft von hier gesehen den Glockner bei Weitem an Schönheit der Formen und wir erkennen in ihm den wahren Knotenpunkt der Thäler und Gebirge von Oberpinzgau. Im unbefleckten Eiskleide thront seine stolze Pyramide, zu oberst mit einer Schneekrone geziert, über dem südwestlichen Ende eines langen Eisrückens. Ihn umstehen die mächtigen Zinnen, der südliche Löffelspitz, der Geistkeeskogel und Dreiherrnspitz, die beiden Sulzbachthäler, das Thal Habach und Hollersbach mit den übereisten Kuppen Schlieferspitz, Foiskarlspitz, Joabachspitz, Hinthalspitz ꝛc. laufen strahlen-

6*

förmig von ihm aus und erst der ferne Reichenspitz ragt wieder selbstständig empor.

Herwärts bauen sich dann die Berge am Velber- und Kaisertauern in der Dorfner und Ammerthaler Oed auf: der Tauernkogel,
Sonnblick, Landeck, Bärnkogel, Granatkogel, und sie bilden das Mittel-
glied zwischen der Venediger und Glockner Gruppe, wovon die
letztere auf der Ostseite des Velbertauern ihren Anfang nimmt. Noch
lenkt in dieser Richtung das Watzfeldkees durch seine von den übrigen
Gletschern abgesonderte Lage auf dem Querrücken zwischen Habach und
Hollersbach die Aufmerksamkeit auf sich.

Wir kommen nun zur Schattenseite des Bergpanoramas vom
Wiesbachhorn, der Aussicht auf die Centralkette Tirols. So wie dem
Glockner sein eigenes Gebiet die Fernsicht nach Norden raubt, so be-
nimmt dem Wiesbachhorn dasselbe Glockner- und theilweise das Bene-
digergebiet zum größten Theile den so interessanten Anblick der Tiroler-
gebirge.

Wohl sah ich die Riesenfernergruppe, die Berge von Umbal,
Pregraten und im Ahrenthale, ich meinte die Höhen von Virgen,
Tesfereggen, jene des Pusterthales, die Zillerthaler und Oetzthaler,
ferner selbst die Ortlesgruppe, endlich die Berge an der Ampezzaner-
straße 'erkannt zu haben. Doch alle diese Spitzen blicken nur aus
Einsattlungen des Venediger- und Glocknerzuges hervor, und in solchen
Fällen ist die Erkennung der aus dem Zusammenhange herausgerisse-
nen sichtbaren Spitzen stets sehr unsicher.

Noch unvollständiger war die Fernsicht nach den Gebirgen von
Kärnthen und Krain östlich und südöstlich vom Glockner des in dieser
Richtung lagernden Nebels halber. Ein bedeutender näherer Berg
zunächst dem Glockner schien das Kreuzeck zu sein. Auch ferne Spitzen
leuchteten aus dem Hintergrunde hervor. Daß sie nicht zu den Karawanken gehören, entnahm ich aus ihrer isolirten pyramidenförmigen
Gestalt, und so schwer diese aus dem Nebelmeere vereinzelt auftauchenden Höhenpunkte zu beurtheilen waren, so hielt ich sie der Richtung
und Entfernung nach dennoch für den Dobracz und für die Berge
im Süden der Drau, den Jauken, Reiskofel u. s. w.

Es erübrigt noch einen Blick auf die nächste Umgebung des Wiesbachhorns zu werfen. Hier muß vor Allem der Glockerin erwähnt werden, die als das Verbindungsglied des Wiesbachhorns mit dem hohen Bärenkopf zugleich den Kapruner-Fuscher Scheiderücken mit dem Centralzuge der Tauern verbindet. Sie reicht sicher zur Höhe von mehr als 10.000 Fuß, erscheint von dem Wiesbachhorn gesehen als eine schneeweiße runde Kuppe und sendet mächtige Gletscher nach Fusch, vorzüglich aber nach Kaprun.

Von ganz ungewöhnlicher Gestalt ist der Berg in Kaprun, auf welchen die Westseite des Wiesbachhorns unmittelbar von der höchsten Spitze an einige 1000 Fuß tief abfällt. Sein oberster Theil besteht in einer weiten, mit Schnee bedeckten Vertiefung von der Form eines länglichen Schildes, welche rings ein schmaler erhöhter Eisgrat umgibt. Man nannte mir den Berg den Glocker. Doch als ich später in Kaprun nach dem Glocker fragte, kannte man den Namen nicht, man bezeichnete mir dafür allgemein denselben Berg mit dem jedenfalls seltsamen Namen Fezitzen oder Fochezkopf.

Schließlich gebührt dem Hochtenn eine besondere Beachtung. Die große Höhe dieses ausgedehnten Berges, dessen Anblick auf dem Zellersee und nördlich davon in der Salfelder Gegend, wo er häufig für das Wiesbachhorn gehalten wird, so imposant ist, erkennt man erst auf dem Wiesbachhorn. Wir waren schon ein tüchtiges Stück auf der Schneide hinangestiegen, als noch der Hochtenn sich auf der nordwestlichen Seite des Wiesbachhorns in gleicher Linie erhob. Erst in der letzten Stunde sank er unter unsern Standpunkt. Darnach glaube ich, daß er jedenfalls bei 10.500 Fuß hoch sei. Auffallend ist die Erscheinung, daß er, dessen weitläufiges Gebiet auf allen übrigen Seiten Gletscher bedecken, auf seiner der Westseite des Wiesbachhorns zugekehrten Südseite bis zu seiner höchsten Spitze schneelos ist, ja daß zahlreiche grüne Flecke an ihm bis fast hinauf zum obersten Grate reichen.

Während wir mit der Aussicht beschäftigt waren, hatten die Führer als Zeichen unserer Anwesenheit auf der Spitze ein weißes Tuch an der zu diesem Zwecke von der Judenalpe mitgenommenen,

über zwei Klafter langen Stange befestigt und die Stange etwa vier
Fuß unterhalb des äußerften Randes der Spitze auf dem Kapruner=
abhange in dem mit dem Bergstocke aufgelockerten Eise aufgepflanzt.
Das Loch, in das die Fahne hineingetrieben war, wurde dann ringsum
mit Schnee verstopft, damit sie bei dem in der nächsten Nacht zu
gewärtigenden Gefrieren des Schnees gleichsam eingekeilt werde.

Wir schrieben noch insgesammt unsere Namen auf ein Papier,
zu welchem Ende einer der Führer aus dem besten Schlafe erweckt
werden mußte, gaben dies Papier in einen mitgebrachten Steinplutzer
und gruben ihn, nachdem er fest verstopft worden war, dort ein, wo
sich beim Aufhauen schon festes Eis vorgefunden hatte. Möglich, daß
er einige Zeit den Veränderungen des Eises widersteht. Sicher ist,
daß die Führer so sehr die richtige Ueberzeugung hatten, die Flasche,
welche im Jahre 1841 hier oben eingegraben wurde, sei schon längst
selbst in den Trümmern nicht mehr aufzufinden, daß sie jede Nach=
forschung darnach unterließen.

Endlich nach fünf Viertelstunden Aufenthaltes schieden wir wieder
von der Spitze. Wir hatten uns der Windstille und hohen Tempe=
ratur wegen auf ihr sehr behaglich gefühlt und waren in dieser Be=
ziehung weit glücklicher als die Erfteiger des Jahres 1841, welche der
großen Kälte halber kaum mehr als eine Viertelstunde oben auszu=
halten vermochten.

Es lag Anfangs in meinem Plane, einen andern Rückweg zu
versuchen. Röderer hatte sich entschieden gegen die Möglichkeit aus=
gesprochen, von der Nordseite, vom Kamme über dem Sandboden aus
der Spitze beizukommen. Er hatte diesen Weg vom hohen Tenn genau
betrachtet und hielt die zu oberft, dem kleinen Wiesbachhorn gegenüber,
befindlichen, fast überhängenden Schneewände für ein nicht zu besiegen=
des Hinderniß. Ich glaubte seinem geübten Blicke und verzichtete auf
jeden Versuch in dieser Richtung, sei es im Hinauf= oder im Hinab=
steigen.

Dagegen waren nebft Röderer noch mehrere der Thalbewohner
der Meinung, daß die Wiesbachhorn=Erfteigung über die Glockerin
höchft wahrscheinlich minder gefährlich sei als auf dem bisher genom=

menen Wege. Man müßte dann von dem Fuscherthale aus entweder
über den Gletscher Hochgruber zur Glockerin zu gelangen suchen, sollte
derselbe aber wegen seines großen Gletscherbruches nicht zu überschrei=
ten sein, so wäre die Aufgabe aus dem Käferthale auf das Bockkar
emporzusteigen, dann hinter der hohen Dock nördlich zur Glockerin vor=
zudringen. Darin stimmten Alle überein, daß dieser Weg jedenfalls
weiter sei als der bisher benützte des alten Zanker.

Ich wollte zuerst wirklich diesen Rückweg nehmen. Allein während
unseres Aufenthaltes auf der Spitze hatte sich Nebel über dem Heili=
genbluter Tauern gezeigt und sich allmälig über das Fuscherthal hin=
gezogen. Uns verbarg er bald den Anblick des Fuscherthales, jenen
Bekannten aber, welche uns auf der Spitze zu erblicken hofften, schien
er von unten gesehen auf der Spitze selbst aufzusitzen. Dieser Nebel
war seitdem bedeutend in die Höhe gestiegen und nahte sich schon den
Gletschern. Auch hatten mehrere aus der Gesellschaft nur geringe
Lust den Rückweg von der Einsattlung weg mit einem mindestens ein=
stündigen Bergansteigen auf die Spitze der Glockerin zu beginnen.

Unter solchen Umständen verzichtete ich auf die Entdeckungsfahrt
und es blieb beim alten Wege.

Der Firn war noch erträglich hart, doch zum Abrutschen mit
Hilfe des Bergstockes, dem sogenannten Abfahren, nicht mehr fest genug.
Wir kamen dennoch rasch abwärts und zum Felsdurchbruche zunächst
dem Kapruner Sattel. Schon früher hatte ich auf der Schneide etwa
10.500 Fuß hoch eine lebende Biene auf dem Schnee angetroffen.
Hier auf dem Felsdurchbruche fiel uns ein Schmetterling auf, es schien
mir eine Vanessa urticae zu sein, der sich munter darüber herum=
tummelte.

Wir hatten uns wieder mittelst des Seiles aneinander befestigt,
es jedoch der leichtern Beweglichkeit halber blos um die linke Hand
mit einer doppelten Schlinge gebunden, und diese Vorsicht bewährte
sich bald als höchst zweckmäßig. Je tiefer wir kamen, desto weicher
fanden wir den Schnee und desto gefährlicher die Klüfte.

So wie ich selbst gleich Anfangs in eine Art Bergschrund, so
sanken auch die Gefährten einer nach dem andern mehr oder minder

tief in die Klüfte mit dem Fuße, ja bis zum halben Leibe, und nur der Schnee, der die Eisspalten fast durchgehends bedeckte, verhinderte ein noch tieferes Versinken in denselben und nach einiger eigenen Bemühung des Gefährdeten und mit Hilfe des rasch angespannten Seiles war die Ordnung des Zuges jedesmal bald wieder hergestellt.

Wir folgten genau unsern Fußstapfen vom Heraufwege. Drohend hing jetzt auf der letzten Strecke von der Einsattlung zu jenem Vorsprunge des Bratschenkopfes, über welchen wir der Klüfte halber vom Gletscher weg gestiegen waren, eine Schneemasse auf der steilen Fläche über uns und wir zogen deßhalb lautlos unter der gefählichen Stelle hin.

Als wir zu dem erwähnten Vorsprunge gekommen, stieg der Badmeister in die Tiefe des Gletschers hinab, um den Bergstock aufzusuchen, welcher beim Aufwärtssteigen bei einem Sturze einem der Gefährten entfallen und über die Schneefläche pfeilschnell hinabgeglitten war. Ich verließ gleichfalls hier den Gletscher nicht, folgte des Badmeisters Tritten bis zum Rande des Keeses unterhalb der Felspartie, über welche die andern Gefährten eben kletterten und schritt dann immer an diesem Rande fort nach abwärts. Bald vereinten sich der Badmeister mit dem glücklich gefundenen Bergstocke und die von der Felswand Herabgekommenen mit mir und nicht lange darauf hatten wir den Steinhaufen über der Teufelsmühle erreicht. Hier feuchteten wir unsere ausgetrockneten Kehlen mit dem eiskalten Naß des Gletscherabflusses an und zogen hierauf über das letzte steile Schneefeld dem Punkte zu, wo wir es im Heraufsteigen zuerst betreten hatten.

Auf dieser Strecke war die Verbindung durch das Seil von wesentlichem Nutzen, denn auf einer der steilsten Stellen fiel einer der Gefährten und sein Abgleiten in die schwindelnde Tiefe wurde nur durch das Seil verhindert. Doch auch dieses Mal machte sein Bergstock eine tolle Rutschfahrt, bis er durch eine Unebenheit des Bodens in einiger Tiefe aufgehalten wurde. Röderer ließ es sich nicht nehmen, trotz meiner Gegenvorstellung den Stock zu holen. Mit staunenswerther Sicherheit stieg er die schiefe Ebene hinab, obgleich der Schnee hier minder erweicht war, als auf dem der Sonne zugänglicheren höhern Gletscherboden und kehrte bald mit der Trophäe zu uns zurück.

Der Nebel, welcher früher höher herauf gereicht hatte, war jetzt mehr über dem Tauern geballt und als Kappe an den Kuppen des Sinne= welleds und Fuscherkarkopfes verdichtet. Dies war uns zum Hinabklettern über die Bratschenwände, wobei uns ein Nebel in jeder Beziehung lästig und gefährlich gewesen wäre, ganz genehm. Der Sicherheit wegen ließen wir das Seil auch über die Felspartien hinab an unserm Arme. Wir wurden dadurch zwar moralisch unterstützt, dafür hatte die Sache, da die Beschaffenheit des Weges bald einen Sprung, bald ein lang= sames, vorsichtiges Vorgehen erheischte, ihre Unbequemlichkeit darin, daß der Nachfolgende die Bewegungen seines Vormannes stets auf sich zurückwirken fühlte.

Eine noch größere Unannehmlichkeit trat für den Grafen An= drassy und für mich dadurch ein, daß unsere Steigeisen nicht voll= ständig an unsere Bergschuhe paßten. Im langsamen Hinaufsteigen machte sich der Uebelstand wenig bemerkbar, doch jetzt legten sie sich bei jedem Sprunge oder raschen Tritte auf den Felsen von der Sohle gegen die Außenseite der Schuhe um und mußten immer wieder neu befestigt werden.

Aber Graf Andrassy, welcher sich schon auf dem Hinaufwege als tüchtiger Bergsteiger bewährt hatte, überwand selbst dieses Hinderniß, ich war ohnehin weniger übel daran, und auch über die Bratschen hinab traf uns kein Unfall. Ja, Röderer wagte es sogar uns über die Schneeflächen unterhalb des Abbruches der Teufelsmühle zu führen, welche er im Aufwärtssteigen aus Angst vor abstürzenden Eistrümmern vermieden hatte, obgleich auf diese Art ein Stück der Bratschenwände erspart werden konnte. Zuletzt hielten wir uns wieder mehr nach Rechts und kamen über ein langes Gerölle glücklich am Hackserl an.

Wir beschlossen nicht in die Judenalpe zurückzukehren, sondern über die Fögalalpe den nächsten Weg in die Ferleiten einzuschlagen.

Dieser letzte Theil des Zuges, auf welchem beständig bedeutende Furchen des Wiesbodens des Pokenei hinauf und hinab zurückzulegen und mancher Felsdurchbruch über ihnen zu überschreiten war, fiel uns besonders in der Mittagshitze recht beschwerlich. Wir kamen nach einiger Zeit hart am untersten Ende des Pokeneikeeses vorbei, fanden aber,

daß es mit einer flachen und schmalen Gletscherzunge an einer unbedeutenden Steinmoräne endet und wenig malerisch ist. Nur ein reicher
Flor von Rhododendron rings um das Eis gab ihm einen freilich nur
periodischen Reiz. Schöner sieht sich das in einiger Entfernung unter
dem Sandboden herabwallende Sandbodenkees an, indem ihm wenigstens
im obern Theile ein gewaltiger Gletscherbruch Interesse verleiht.

Wir waren es zuletzt sehr zufrieden, an dem Walde zunächst der
Fögalalpe wieder die Fläche des Fuscherthales zu betreten.

In der Hütte der Fögalalpe sprachen Graf Andrassy und ich
nicht zu, weil wir einige Sehnsucht nach dem guten Kaffee und dem
herrlichen Wasser der Ferleiten hatten. Unsere Führer dagegen konnten
es sich nicht versagen, schon hier das Gelingen der Ersteigung bekannt
zu machen.

Zunächst der Hütte erreichten wir die Straße, die gegen den
Schluß des Fuscherthales und auf die Trauner= und Judenalpe führt,
und auf ihr fortschlendernd sahen wir in einer kleinen halben Stunde das
Tauernhaus Ferleiten vor uns liegen.

Bereits jetzt erhielt ich den ersten Beweis der Theilnahme an
unserem Unternehmen. Ein hochgeachteter Badegast aus Wien hatte,
um uns sogleich hier zu begrüßen und Nachricht über den Erfolg zu
erlangen, sich vom Bad nach Ferleiten begeben, und als er uns vom
Tauernhause aus erblickte, kam er uns aufs Freundlichste entgegen.

Nicht blos in Bezug auf die politischen, auch bezüglich der Berg=
ereignisse gibt es falsche Gerüchte; und so war im Tauernhause kurz
vor unserer Ankunft erzählt worden, wir hätten unverrichteter Sache
umkehren müssen. Als wir den Bergfreund vom Gegentheile benach=
richtigten, äußerte er darüber aufrichtige Freude. Das Gerücht selbst
aber hatte seinen Ursprung darin, daß irgend ein „Ochsner" erklärte,
er habe auf eine gewisse Stelle auf dem Wiesbachhorn hinaufgesehen,
die wir hätten überschreiten müssen und habe uns daselbst nicht gesehen!

Bei unserer Ankunft in Ferleiten war es erst halb 3 Uhr, und
wir hatten demnach den Weg von der Spitze bis hieher in weniger
als vier Stunden zurückgelegt. Kurz vor uns waren auch die Bade=
gäste, welche gestern aus dem Bade nach der Traueralpe und auf die

Pfandlscharte aufgebrochen, von ihrem Ausfluge in die Ferleiten zurückgekehrt. Außerdem befanden sich gerade einige Norddeutsche hier. Sie
betrachteten uns, als wir uns um einen Tisch in der Gaststube mit
den Führern gesetzt hatten, Anfangs mit zweifelhaftem Erstaunen. Wir
hatten uns bisher noch nicht veranlaßt gefunden, uns das Gesicht von
dem Schießpulver zu reinigen. Doch hatte der Schweiß während des
Herabsteigens vom Berge einen Theil davon hinweggewaschen und auf
verschiedene Partien unserer Kleidung geführt, und so war jedenfalls
unser Aussehen ein höchst unregelmäßiges. Es scheint jedoch, daß den
Fremdlingen sogleich Aufklärung darüber wurde, was unser Aufzug
bedeutete. Denn bald suchte Einer aus ihnen ein Gespräch mit uns
anzuknüpfen, doch die Anwesenheit der Freunde aus dem Bade, die
nach der Leistung des Tages unvermeidliche Abspannung der Nerven
und die Ueberzeugung, daß es uns noch bevorstünde, die Geschichte von
der Ersteigung bis zum Ueberdruß oft zu wiederholen, machten uns für
Fremde nicht eben sehr mittheilsam.

Um halb fünf Uhr waren wir wieder in zahlreicher Gesellschaft
auf dem Wege in das Bad, und nach ein Paar weitern Stündchen
trat ich mit dem angenehmen Gefühle des vollbrachten großen Tage-
werkes in mein freundliches Zimmer im neuen Badhause.

Noch waren uns jedoch an diesem erfolgreichen Tage weitere
angenehme Eindrücke vorbehalten. Als wir nämlich nach etwa einer
Stunde mit reinem Gesichte und vollends umgekleidet aus dem neuen
Hause hinaustraten, um uns in das alte Badhaus zu begeben, überraschte uns ein Empfang, der eben so aufmerksam als geschmackvoll an-
geordnet war.

Das ohnehin höchst malerische alte hölzerne Badhaus war an
der Eingangsthüre, den Fenstern im Erdgeschoße und den Gallerien
in den obern Stockwerken mit Festons von Alpenblumen geschmückt,
die an der Hausthüre versammelte Badegesellschaft begrüßte uns auf
das Herzlichste und in dem Speisesaale fanden wir überdies auf unsern
Plätzen die netteste Spielerei in einer Anzahl zu Vasen umgewandelter
Mohnköpfe voll der zartesten Alpenblumen vor, ich aber noch einen
mit der größten Meisterschaft und dem besten Geschmacke gewundenen

Kranz aus lycopodium glabatum und Alpenrosen. Die Ueberraschung gelang, wie selten eine ähnliche, durch das Sinnige der ganzen Anordnung, und ich kann keinen bessern Beweis meiner Freude darüber geben, als indem ich die Gelegenheit benütze, jetzt nach geraumer Zeit den unbekannt gebliebenen Veranstaltern und Veranstalterinnen — denn daß hier, wo die Blumen die Hauptrolle spielten, die Hand der Frauen thätig war, ist wohl nicht zu bezweifeln — neuerlich meinen besten Dank auszusprechen.

Auch später trat keine Folge des Zuges ein, welche geeignet gewesen wäre, die angenehme Erinnerung an ihn zu trüben.

Der Badmeister hatte zwar durch ein paar Tage geröthete Augen und meine Gesichtshaut war noch eine Zeit lang vielfach roth und zersprungen, weil ich mich der Bemalung mit Pulver am wenigsten unterzogen hatte. Allein ein ernstes Unwohlsein stellte sich bei keinem Reisegefährten ein, und obgleich Graf A n d r a s s y und ich mitsammen nur e i n e blaue Brille hatten, in deren Gebrauche wir während der Wanderung über die Schneeflächen abwechselten, so waren unsere Augen doch durch den Schneeglanz durchaus nicht gereizt.

Ja, noch eine kleine Freude wurde uns dadurch gewährt, daß wir schon am ersten Tage, nachdem sich der bald nach der Ersteigung auf der Spitze gelagerte Nebel davon entfernt hatte, mit dem Fernrohre von der nächsten Höhe 10 Minuten oberhalb des Bades unser Fähnlein lustig auf dem Wiesbachhorn wehen sahen, und noch nach 14 Tagen, kurz bevor ich das Fuscherbad verließ, flatterte es muthig im Sturme auf seiner erhabenen Zinne.

Außerdem fiel uns durch das Fernrohr in den ersten Tagen nach der Ersteigung auf dem von diesem Punkte zu übersehenden Theile des Keeses unter der Kaprüner Einsattlung eine quer über seine ganze Breite laufende gerade Linie auf, und bei genauerer Besichtigung erkannten wir, daß es unsere eigenen Fußstapfen von dem Ende des von uns betretenen Vorsprunges der Bratschen an bis weit hinein in das Kees zur Rechten waren. Erst dem nächsten Neuschnee war es vorbehalten, diese Spuren menschlicher Anwesenheit auf den unwirthbaren Höhen zu vertilgen.

Ist die Wiesbachhorn-Ersteigung für den Freund der wundervollen Gletscherwelt im höchsten Grade lohnend, so läßt sich doch
voraussetzen, daß sie nicht oft wiederholt werden wird. Dazu sind die
Gefahren dabei zu groß und der Großglockner zu nahe. Die Mehrzahl derjenigen, welche Lust haben einen hohen Berg zu ersteigen, wird
den so allgemein bekannten Großglockner, selbst abgesehen von seiner
leichten Ersteigbarkeit, vorziehen. Und sie haben insoferne Recht, als
die Aussicht vom Glockner unbestreitbar diejenige vom Wiesbachhorn
an Schönheit übertrifft. Dafür hat das Wiesbachhorn einen Reiz
in sich selbst, in der Großartigkeit seiner einzelnen Theile und seiner
Umgebung, welche von dem Thalboden von Fusch bis zur äußersten
Spitze eine Reihe der entzückendsten Bilder entrollen, wie sie das öde
Gebiet der Leiter am Großglockner ebensowenig zu bieten vermag, als
der ganze übrige Weg bis hinauf zur Hohenwarte und Adlersruhe.

Möchte es aber allen künftigen Ersteigern des Wiesbachhorns
gegönnt sein, so treffliche Führer um sich zu haben, wie jene die uns
begleiteten. Jakob Ehrlinger bewährte eben so große Kühnheit als
Bergsteiger, als die Sorgfalt erfreulich war, mit welcher er auf jeden
Tritt derjenigen wachte, die sich ihm anvertraut hatten. Badmeister
Gregor Mayer, im Thale ohnehin als Gemsjäger und Bergsteiger
berühmt, machte den Weg mit Leichtigkeit und Sicherheit, als ginge
er auf einem Alpenpfade.

Als im Hinaufsteigen einem der Gefährten der Bergstock entfallen und in die Tiefe hinabgeglitten war, stand er keine Minute an,
ihm den seinigen abzutreten. Er selbst bediente sich dafür der Stange,
welche wir aus der Judenalpe zu dem Zwecke mitgenommen hatten,
um sie auf der Spitze als Fahnenstock aufzupflanzen; als sie dann in
der That auf der Höhe zurückgeblieben war, trat er ohne die so wichtige Hilfe eines Bergstocks den Herabweg an und holte später noch
den entfallenen Stock furchtlos aus der klüftereichen Tiefe herauf.

Die eigentliche Seele der Wiesbachhorn-Ersteigung des Jahres
1854 aber war Joseph Schweighofer, der vielfach bewährte, unter
dem Namen seines väterlichen Hauses als Röderer allgemein bekannte
Hauptführer. Die Sicherheit, mit welcher er uns die Wände des

Bratſchenkopfes hinaufführte, ſeine ſtets gleiche Ruhe und Gefälligkeit
gegen den Fremden ſind über alles Lob erhaben. Niemand mehr als
den drei Führern und unter ihnen wieder vorzüglich dem biedern
Röderer hatten wir das Gelingen unſerer Wiesbachhorn-Erſteigung zu
verdanken.

Auch ihnen ſende ich aus der Ferne meinen freundlichen Gruß.

———

Von ſpäteren Erſteigungen des Wiesbachhorns iſt nur jene con-
ſtatirt, welche Herr J. Peyritſch im Jahre 1861 unternommen hat.
Zwar hat auch im Jahre 1862 der als kühner Bergſteiger bekannte
Secretär des öſterreichiſchen Alpenvereines, Herr Paul Grohmann,
die Bergfahrt verſucht, ein heftiger Sturmwind nöthigte ihn aber zur
Umkehr, nachdem er ſchon auf der letzten Erhebung zum Horne ſelbſt
angelangt war.

———

Der Paſterzengletſcher.

———

Obſchon die eigentliche Veranlaſſung meiner Studien über die
Paſterze die zwei von mir am 3. September 1855 aus dem Kaprunner-
thale nach der Johannishütte auf der Paſterze und am 30. Auguſt
1856 von der Johannishütte nach dem Fuſcherthale unternommenen
Bergreiſen ſind, welche mich durch Gegenden geführt haben, die nur
höchſt ſelten der menſchliche Fuß betritt und welche thatſächlich ſeit
Menſchengedenken von Niemanden beſucht worden ſind, der durch eine
Schilderung oder Zeichnung des durchwanderten Gebietes zu ſeiner
Kenntniß in einem weiteren Kreiſe beizutragen vermocht hätte, ſo glaube
ich doch der Beſchreibung jener Bergfahrten ein Bild des Paſterzen-
gletſchers als ihres Ausgangs- und Endepunktes in den Hauptumriſſen
vorausſchicken zu ſollen, weil ohne daſſelbe ſpäter Wiederholungen
unvermeidlich ſein würden.

Die Pasterze, der prachtvollste Gletscher der Tauernkette, einer der herrlichsten im weiten Alpengebiete, wird am bequemsten von Heiligenblut in Kärnthen aus besucht.

So groß, ja fast unwiderstehlich für den Gebirgsfreund die Lockung ist, des obersten Möllthales, in welchem Heiligenblut liegt, dieses wundervoll schönen Winkels der Erde und des Weges von ihm auf die Pasterze nicht bloß vorübergehend zu erwähnen, sondern sie in allen ihren Reizen ausführlich zu schildern, so muß ihr doch wider= standen werden, zumal da es die Consequenz erheischt. Denn sonst könnten bei Mittheilung der obenerwähnten zwei Expeditionen noch zwei Gegenden von seltenem Reize, das Kapruner= und Fuscherthal, gleichfalls eine eingehende Besprechung nicht blos vom Ausgangspunkte der Gletscherwanderungen an beanspruchen; eine entsprechende Be= schreibung des also ausgedehnten reichhaltigen Stoffes aber würde zu viel Raum erfordern.

Wir übergehen daher die ersten drei Stunden des Weges von Heiligenblut mit Stillschweigen; die phantastische Scenerie von hundert und abermals hundert Pyramiden und Würfeln blendend weißen Eises, wie sie nach unten zu beiderseits von grünen Abhängen und von Fels= wänden eingefaßt und nur vom blauen Firmament überragt sich über der Schlucht thürmen, in welcher der junge Pasterzenbach oder die Möll tost, liegt hinter uns und wir stehen mit einem Schlage auf dem Brettbühel auf der linken Seite des Schartenthales. Jenseits auf einiger Höhe über dem von der Pfandlscharte zum Gletscher herab= eilenden Pfandlschartenbache ist die Wallnerhütte, an ein Felsstück ge= lehnt und selbst einem Steinhaufen ähnlich, sichtbar.

Ueber dem hohen Gletscherabsturze breitet sich bereits der wenig ansteigende mittlere Gletscherboden aus; über ihm strebt der Glockner= kamm mit dem Großglockner himmelan; auf der Nordseite des Glet= schers aber bauen sich die Wände des Freiwandecks auf und an ihnen ragt der hohe Sattel als der eigentliche Eckpfeiler zwischen dem Scharten= thal und dem Gletscherboden der Pasterze empor.

Doch noch ist das Bild der Pasterze nicht vollständig genug, um es von hier zu zeichnen. Wir eilen hinab zum Schartenbach,

überschreiten ihn auf schmalem Stege und sind bald bei der Wallner=
hütte angelangt.

Schien bisher die letzte Senkung am Ende des Gletschers mit
dem höheren Absturze in ununterbrochener Verbindung zu stehen, so
wird uns hier schon die Abtheilung des Gletschers in zwei Böden
verständlich, indem eine ziemlich ebene Eisfläche den Raum zwischen
jener Senkung und dem Absturze einnimmt.

Doch auch bei der Wallnerhütte ist unseres Bleibens nicht. Steil
führt der Weg aufwärts. Die buntesten und duftigsten Kinder der
Alpenflora winken uns von den Wiesenabhängen und den erhöhten
sonnigen Stellen auf einzelnen nach Oben zu mit dem Grasboden
vereinten Felsblöcken, von den letzteren besonders zahlreich das duft=
lose und doch so reizende Edelweiß in seinem weißen Sammtkleide.
Ihre Bewunderung macht uns auf das starke und lang andauernde
Bergansteigen vergessen; endlich wenden wir uns um ein mächtiges
Felsstück und der Führer verkündet, daß wir uns auf dem hohen
Sattel befinden.

Ein rüstiger Berggeher benöthigt von Heiligenblut bis hieher
vier Stunden, und hier am besten Punkte zum Ueberblicke des Pasterzen=
gletschers wollen wir vorerst Halt machen.

Bis zu dieser Stelle ist Se. Majestät der Kaiser Franz Josef
bei Seinem das Kronland Kärnthen hochbeglückenden Besuche der Pa=
sterze im September 1856 vorgedrungen, und seitdem wird der hohe
Sattel auch Franz Josefs = Höhe genannt, die Stelle an der Wallner=
hütte dagegen, wo Ihre Majestät die Kaiserin Elisabeth verweilte,
Elisens=Rast.

Wir wollen nun den Pasterzengletscher zuerst in seiner südlichen
und südwestlichen Umgrenzung in das Auge fassen. Als Hilfsmittel
dabei bedienen wir uns der betreffenden Specialblätter des k. k. öster=
reichischen Generalstabes von Salzburg und Kärnthen und des Werkes
„Untersuchungen über die physikalische Geographie der Alpen" von Her=
mann und Adolf Schlagintweit, nebst darin enthaltenen Abbildung, Plan
und Karte des Pasterzengletschers, und wir werden auf dieses Werk
besonders oft zurückkommen. So weit es sich um die Namen handelt,

werden wir jedoch vorzüglich die Bezeichnungen der Bewohner der Um=
gegend benützen, dort, wo sie übereinstimmen oder sonst durch glaub=
würdige Belege bestätigt werden, sicher die beste Quelle richtiger Ge=
birgsbenennungen.

Der hohe Sattel hat nach Schlagintweit eine Höhe von 7809
P. F., der Gletscher an seinem Fuße aber nur die Höhe von 7316
P. F. Wir stehen daher beiläufig 500 P. F. über dem Gletscher
und gerade unter uns beginnt der mit Recht so berühmte Absturz zu
dem untern Boden, der mit seinem höchst romantischen Labyrinth
blaukantiger Eisnadeln und Eisblöcke in der Richtung des schon zurück=
gelegten Weges, also links von uns, sich ausbreitet.

Von dem Punkte unter uns und dem Beginn des Absturzes
nach Rechts dehnt sich der zweite Gletscher=Boden 9947 P. F. lang
und an den gemessenen Stellen 3797—2480 P. F. breit, ein er=
starrter Eisstrom, hie und da von breiten Spalten durchfurcht, anfangs
mit einer Neigung von 2° 15′, also hier fast eben, später um 8°
steigend nach Nordwesten aus. In der Entfernung von 9947 P. F.
vom Fuße des hohen Sattels weg gewahren wir auf seinem linken
Ufer, der rechten Seite vom hohen Sattel gesehen, einen gewaltigen
Felsen und am rechten Ufer, dem ersteren fast gegenüber, einen kleineren.
Von diesen beiden Felsen nach rückwärts beginnt der Gletscher stärker
anzusteigen und geht bald in Abbrüchen und terrassenförmig übereinander
liegenden Mulden zum dritten Boden über.

In der Generalstabskarte von Salzburg werden der erste untere
und der zweite mittlere Boden zusammen mit dem Namen die „kleine
Pasterze," der höher gelegene dritte Boden dagegen mit „große
Pasterze" bezeichnet. Die Generalstabskarte für Kärnthen enthält beide
Namen gar nicht, sondern nennt den unteren und oberen Boden nur
den Pasterzen=Keesboden, den dritten dagegen oberstes Pasterzenkees;
Schlagintweit endlich unterscheidet zwischen dem Gletscher und dem
Firnmeer der Pasterze, und versteht unter dem ersteren die zwei tieferen
Böden und unter dem letzteren den dritten höchsten Boden. Die Namen
unterer und oberer Boden sind aber so local und sachgemäß für den
ersten und zweiten Boden und der dritte, der im Munde der An=

wohner blos das obere Kees, der obere Keesboden heißt, wird so passend durch die Worte oberstes Pasterzenkees bezeichnet, wogegen der Name Firnmeer als Vulgar= und Landkarten=Ausdruck zu unverständlich ist, daß es das Zweckmäßigste sein dürfte, die drei Böden durch den Namen unteres, oberes und oberstes Pasterzenkees zu unterscheiden, und ich werde mich stets derselben bedienen.

Die beiden Felsen, welche am Eingange des obersten Pasterzenkeeses Wache halten, bezeichnet die Generalstabskarte für Kärnthen, und zwar jenen am rechten Ufer als den unteren und jenen am linken Ufer als den oberen Burgstall, Schlagintweit nennt sie den kleinen und großen Burgstall. Die letzteren Benennungen sind in der Umgegend die gebräuchlicheren, zudem ist sich die absolute Höhe am Fuße beider Felsen nahezu gleich und daher sind die Beiwörter unterer und oberer nicht genügend motivirt. Ich glaube deshalb die Ausdrücke kleiner und großer Burgstall beibehalten zu sollen.

Wir wenden nun unsern Blick den höheren Punkten über der Fläche des oberen Pasterzengletschers und zwar zuerst seiner südlichen Umgebung zu. Hier überragt der Glocknerrücken im strengsten Sinne des Wortes den Keesboden seiner ganzen Länge nach.

Im Südosten beginnt er mit dem höchsten und westlichen der Drillinge von Heiligenblut, der Leiterköpfe, hart am Gletscherrande und tritt hierauf als Kellersberg etwas in den Gletscher herein. Dann folgen über den eisigen Abhängen des Glocknerkars die Hohenwarte und Adlersruhe und auf diese die beiden Glocknerspitzen selbst. Wenn die Höhe des Gletschers am Fuße des Großglockners nach Schlagintweit mit 7498 P. F., die zweite, höchste Spitze des Großglockners aber nach demselben mit 12.158 P. F. vorbehaltlich der gegen diese Höhenmessung bereits mehrfach gemachten Einwendungen angenommen wird, so überragt die Spitze den Gletscher um 4660 P. F., und so steil ist die Erhebung bis zur höchsten Zinne, daß das Eis theilweise an den Felsen sich anzusetzen nicht vermocht hat und daß bis heute eine Ersteigung des Glockners von der Pasterze aus, so ungleich bequemer und lohnender der Weg bis zu ihr gegenüber

jenem bis zur Salmshöhe wäre, meines Wissens nicht einmal ver=
sucht worden ist.

Ein einziges Bild bleibt aber — der schöne Doppelgipfel hoch
über dem weiten Eisstrome, den wilden Felsgruppen und Eismassen
an seinen Abhängen, und auch hier zeigen sich die beiden Spitzen so
fein geformt, daß man recht wohl versteht, warum in Pinzgau der
Glockner häufig mit dem Namen die Kalserglöckeln bezeichnet wird.

Von der zweiten Glocknerspitze setzt sich der Glocknerkamm über
jene Felszacken fort, welche nach ihrem westlichen Absturze aufragen.
Der Name Tscharec, den ich dafür auf einem Gaisberg=Panorama
gefunden habe, ist nirgends sonst zu hören. Schlagintweit gibt der
ersten Wand nach der großen Glocknerspitze die Benennung Tschidin=
horn, fügt jedoch bei, daß dieselbe jetzt fast unbekannt sei, aber einen
wohl charakterisirten Punkt bezeichne, und auch die Generalstabskarte
von Kärnthen enthält diesen Namen.

Ich habe von hohen Punkten, insbesonders vom Großglockner
selbst und vom Wiesbachhorn, immer westlich neben dem Glockner
eine Wand mit vielen Spitzen beobachtet und dafür stets den Namen
Romarischkenwand nennen gehört, und es wurde mir auch im Dorfer=
alpenthal eine ähnlich gestaltete Erhebung in der Glocknernähe als die
Romarischkenwand gezeigt.

Wenn also auch das Tschidinhorn nicht als eine der Spitzen
der Romarischkenwand betrachtet wird, so gebührt doch der nach ihm
sogleich westlich folgenden Felserhebung der Name Rosmarischkenwand
sicher mit mehr Recht, als der unmittelbar an diese letztere stoßenden
Eiskuppe, welche Schlagintweit Romarischkenkopf tauft.

Jedenfalls ist Schlagintweit's Erläuterung des Namens Roma=
rischkenkopf, S. 58 der „Untersuchungen", unrichtig, indem er sie als
einen Felsen über dem kleinen Burgstall, ungefähr wie der hohe Burg=
stall über dem großen Burgstall, erklärt. Denn die Romarischkenwand
ist unzweifelhaft nach allen Angaben kein bloßer Felsen, womit auch
der Ausdruck Rosmarischkenwandkopf der Generalstabskarte von Kärnthen
in Widerspruch stünde, sondern ein selbstständiger und zwar nicht nach
der Analogie der Erhebung des uns bisher noch nicht bekannten, aber

in der Folge noch wiederholt zu besprechenden hohen Burgstalls über
den großen Burgstall etwa über 9000 Fuß hoch, sondern sicher von
einer Höhe von oder über 11.000 Fuß.

Durch diese Namensbestimmung entfiele dann der Name Roma-
rischenwand für die erwähnte Eiskuppe, welcher ihr in der Schlagintweit'schen Zeichnung und in seinem Plane der Pasterze im Widerspruch
mit seiner Beschreibung, wonach der Romarischkenkopf ein Felsen sein
soll, beigelegt wird.

Diese Eiskuppe, so wie der ihr zunächst westlich stehende Eis-
berg, welchen Schlagintweit den Kastenberg nennt, scheinen überhaupt
nur untergeordnete Erhebungen des zum großen Kastenberge hinziehenden Eiskammes zu sein.

Ich konnte zwar für den Schlagintweit'schen Kastenberg an Ort
und Stelle den Namen „innerer Kasten" ermitteln. Sowohl von
dem Dorferalpenthale, das er beherrscht, also von Westen, als aus dem
Oedenwinkel in Stubach, also von NNW. gesehen, stellt sich jedoch
der eigentliche große Kasten, von dem sich als dem Knotenpunkte der
Glocknerkamm südöstlich und der Hauptrücken der Tauern nördlich über
den Johannisberg zur hohen Riffel zieht, als ein viel zu gewaltiger
und auch viel zu hoher Stock dar, als daß er sich mit der Rolle ab-
fertigen ließe, welche Schlagintweit's Kasten spielt.

Nun wir den Südrand der Pasterze kritisch beschaut haben,
wollen wir wieder nach Westen und zu den Burgställen zurückblicken.

Rückwärts von ihnen gewahren wir im weiten Halbrunde von
der südwestlichen Ecke bis zu dem Punkte, wo die Abhänge der Gamsgrube gegen Westen an dem Gletscher enden, ein theilweise aus Gletscherabstürzen bestehendes, terrassenförmig ansteigendes Terrain voll Eis-
mulden. So ziemlich in der Mitte zwischen den beiden Burgställen
thront darin der Johannisberg.

Dieß Gebiet gehört dem dritten Gletscherboden, dem obersten
Pasterzenkees an, der Firnmulde des Pasterzenkeeses mit dessen Firnmeeren. Der Reiz des Johannisberges aber und sein Ruf sind sicher
hauptsächlich auf seinen makellosen Eistalar und darauf gegründet, daß
er mit seiner östlichen Abdachung in die Pasterze vortritt und dadurch

viel gewaltiger erscheint, als er sich von andern Punkten zeigt, wo der
Hauptrücken der Tauern südlich von ihm im Zuge zum hohen Kasten
und nördlich in jenem zur hohen Riffel nicht wie von unserm bisherigen Standpunkte durch die Unebenheiten der tiefern Regionen gedeckt
ist, sondern neben ihm aufsteigt. Seine Gestalt dagegen hat weder
etwas Zierliches, wie der Glockner, noch etwas Imposantes, wie das
Wiesbachhorn, und hätte ihm allein seinen Ruf kaum verschafft. Von
Ferne blickt in dieser Richtung noch eine untergeordnete Spitze im
Eiskamme zwischen der hohen Riffel und dem Johannisberg rechts
vom letzteren in das Pasterzenbild herein.

Lassen wir schließlich das Auge über die schon berührte Fortsetzung der Abhänge der Freiwand hingleiten, so gewahren wir in der
Entfernung von 4273 P. F., diese nach der Länge des Gletschers
gerechnet, auf Wiesgrund die 7581 P. F. hoch, also tiefer als unser
hoher Sattel, gelegene Johannishütte in der Gamsgrube. Sie verdankt
ihr Entstehen der Munifizenz Sr. kaiserl. Hoheit des durchlauchtigsten
Herrn Erzherzogs Johann. Der hohe Alpenfreund hatte auf einer
Gletscherwanderung von der Pasterze aus, von welcher später die Rede
sein wird, in Ermanglung anderer Unterkunft, in einem Gaisstalle
übernachten müssen und ließ, vom humansten Geiste geleitet, um andern Bergfreunden eine ähnliche Nacht zu ersparen, die in der ersten
Anlage recht stattliche Hütte im Jahre 1833 erbauen.

So mancher Reisende hat die Wohlthat der in der Mitte der
großartigsten Gletscherwelt gelegenen Zuflucts- und Ruhestätte dankbar
genossen. Leider ist die Hütte seit Jahren des größten Theiles ihres
Daches und der Fenster beraubt und kann in diesem Zustande nicht
mehr zum Nachtquartier oder auch nur zum Schutze bei heftigem Unwetter dienen. Ich selbst habe ihre Unbenützbarkeit zum Nachtlager
auf meinen Zügen über die Pasterze wiederholt auf das Lebhafteste be-
dauert, als ich mich nicht entschließen konnte, in dem elenden Raume
der Wallnerhütte zu übernachten, und daher einmal nach fast neun-
stündigem Marsche über die Gletscher noch nach Heiligenblut wandern,
das andere Mal aber von Heiligenblut Morgens aufbrechen mußte,
wodurch mir vier, und zwar wegen des vor der Sonne noch festen

Schnees, gerade die vier günstigsten Stunden zur Gletscherfahrt ver=
loren gingen.

Der gegenwärtige Wirth zu Heiligenblut, Herr Schober, hat
mir jedoch die Versicherung gegeben, daß er die Johannishütte werde
in bewohnbaren Stand setzen lassen, und von der Thätigkeit dieses
Mannes, welcher schon im ersten Jahre seines Besitzes Wesentliches
zur Verbesserung des Wirthshauses in Heiligenblut gethan hat, steht
zu erwarten, daß er zum Frommen aller Gletscherreisenden sein Wort
treulich halten werde*).

Wir aber brechen endlich vom hohen Sattel nach der Johannis=
hütte auf. Wir gehen deßhalb zuerst auf den Gletscher hinab und
erreichen unser Ziel nach fast halbstündiger Wanderung über ihn, auf
welcher die Klüfte, besonders für jene, die noch keinen Gletscher kennen,
Gegenstand der höchsten Bewunderung, aber auch gewaltiger Angst sind,
eine hochinteressante Gletschermühle aber jedesmal von Fremden und
Einheimischen neu bewundert wird, und nachdem wir zuletzt vom
Gletscherweg 20 — 30 Klafter hoch auf dem Fels= und Grasgrunde
hinangestiegen sind, in einer starken halben Stunde. Dem Groß=
glockner fast gerade gegenüber können wir uns von hier aus so recht
am Anblick der zwei schmucken Eisspitzen ergötzen. Aber auch der
Johannisberg macht sein Recht geltend und erfreut uns durch das
Stillerhabene des Eisgebietes rings um seinen Fuß. Auch ist es an
der Zeit, unserer mitgebrachten Vorräthe zur leiblichen Stärkung zu
gedenken, allein was wir hier an Ort und Stelle vorfinden, die Luft
und das kalte Wasser der nahen Quelle, bleiben die köstlichste Erfrischung.

Mit dem Eintreffen am Ausgangspunkte der eigentlichen Gletscher=
reisen sind wir jedoch mit unserer Aufgabe auf der Pasterze noch nicht
zu Ende. Noch ist uns ein großer Theil des Pasterzengletschers, und
zwar gerade der für uns wichtigste, nämlich die nordwestliche und
nördliche Seite und überhaupt das oberste Pasterzenkees, gänzlich un=
bekannt.

---

*) Die Johannishütte wurde im Jahre 1856 restaurirt, ich fand sie jedoch
   im Jahre 1859 schon wieder in nicht bewohnbarem Zustande.

Zu seiner näheren Betrachtung müssen wir uns auf einen erhabenen Standpunkt versetzen und wir wählen dazu den höchsten, die Spitze des Großglockners selbst, weil sie uns den vollständigsten Ueberblick gewährt.

Auch jetzt nehmen wir wieder die Generalstabskarten zur Hand, finden sie aber, insbesondere das Salzburger Blatt, leider nicht ausreichend. So sind uns die Originalaufnahme, die sogenannten Sectionen des Generalstabes, die Catastralmappen, die Angaben der Thalbewohner und Schlagintweit's Werk von doppelter Wichtigkeit. Der Zufall will jedoch, das gerade in den Partien, welche zu beschauen wir eben im Begriffe stehen, in dem letztern Werke und in der demselben beigegebenen Karte des Pasterzengletschers auffallende Irrthümer bezüglich der Namensbezeichnungen vorkommen. Sie finden unschwer ihre Erklärung. Nur durch Vergleichung der Originalaufnahmen des k. k. Generalstabes mit den Catastralmappen, dann durch vielfache Nachforschungen bei den ältesten und verläßlichsten Einwohnern nicht bloß von Heiligenblut, sondern auch der benachbarten Thäler Fusch, Kaprun und Stubach, ist es mir mit großer Mühe gelungen, bezüglich der meisten Namen und der Grenzlinie an den meisten Stellen zu einem sicheren Resultate zu gelangen. Ueber Einiges bin ich heute noch nicht im Klaren. Die Herren Gebrüder Schlagintweit hielten sich zwar im Jahre 1848 etliche Wochen auf der Pasterze auf, damals waren sie aber auf die Angaben eines oder von ein paar Führern angewiesen. Später sind sie, glaube ich, nicht mehr in diese Gegend gekommen. Wenn sie auch die Generalstabs-Specialblätter benützten, so geht aus Manchem hervor, daß sie weder die Sectionen, noch die Catastralmappen berücksichtigten, und doch läßt sich ohne sie aus den Specialblättern hier nur wenig entnehmen. Dazu die wahrscheinliche Unkenntniß des Local-Dialectes, den Schlagintweit selbst als einen Grund unrichtiger Benennungen im Hochgebirge angibt, und es ist begreiflich, daß Irrthümer nicht zu vermeiden waren.

Diese Irrthümer glaube ich aber um so mehr wo möglich berichtigen zu sollen, als Schlagintweit's Karte die einzige, bisher *) be-

*) Der Artikel stammt aus dem Jahre 1857.

stehende Specialkarte vom Pasterzengletscher, auch schon in den Ewald'schen
Handatlas übergegangen ist und ihre Benennungen in Ermanglung
einer anderen ausführlichen Karte von den neueren Schriftstellern über
dies Gebiet, so in dem schätzbaren Werke des Herrn k. k. Majors von
Sonklar „Reisesskizzen aus den Alpen und Karpathen", angenommen
worden sind. Und doch kann es, wenn man nicht als richtig annimmt,
was in einem in dem Abendblatt der kaiserl. österr. Wiener Zeitung
aus der Carinthia abgedruckten Aufsatze „Drei Tage im Elend" ganz
gut gesagt, aber ganz unwahr behauptet wurde, daß nämlich in den
hohen Gebirgsgegenden der Landfahrer seine Erscheinungen wie auf
unbekannten Meeren der Seefahrer seine Inseln erst benennen muß,
um sie zählen zu können, sondern sich vielmehr zu dem Thatsächlichen
bekennt, daß fast jede Stelle selbst auf den höchsten Firnen ihren Namen
hat, nicht wohl angehen, daß im Glocknergebiete eine ganz irrige Terminologie gebräuchlich wird.

Die wissenschaftlichen Verdienste der Herren Gebrüder Schlagintweit sind natürlich in keiner Beziehung durch diese Bemerkungen berührt und ihre gelehrten Forschungen über das Pasterzenkees bleiben
eine höchst schätzens- und dankenswerthe Leistung, aber ihre Pasterzen-
karte ist einmal, so weit es sich um die Namen handelt, durch die
falschen Angaben der Führer eine ganz unrichtige geworden.

Wenden wir uns nach dieser polemisirenden Excursion vom
Johannisberge nördlich, so fällt uns zuerst die hohe Riffel auf, der
nordwestlich etwas vorgeschobene Eckpfeiler des ganzen Pasterzengebietes.
Der eisumpanzerte Berg mit dem kleinen Horn zu oberst mag weitaus
über 10.000 und bei 11.000 W. F. Höhe haben.

Zwischen der hohen Riffel und dem Johannisberg läuft der
oberste Kamm der Tauern und damit der Grenzrücken zwischen Kärnthen
und Salzburg ohne bemerkbare Erhebung hin.

Von der Riffel jedoch, welche der Eckpfeiler zwischen Mölltha,
Stubach und Kaprun ist, nimmt er einen östlichen Zug an.

Nach einer Senkung zunächst dem Riffelkopfe, von welcher der
großartige Abbruch des Riffelkeeses in das Kaprunerthal stürzt, steigt
er etwas an, um sich bald wieder unbedeutend zu senken. An dieser

Stelle betrat ich auf der Bergreise von Kaprun nach der Pasterze den Kamm. Von ihr hebt sich dann der Rücken sogleich mit allerlei Felswänden zur Spitze des vorderen Bärenkopfes. Ausgezeichnet hübsch ist von der Pasterze gesehen die aus dem Eise des Gletschers isolirt aufsteigende, nicht hohe aber sehr regelmäßig geformte Felspyramide dieses Berges.

Vom vorderen Bärenkopf läuft der Grenzrücken nach den Katastralmappen zum mittleren und hohen Bärenkopf und von dem letzteren zu den nördlich über der Gamsgrube stehenden Fuscherkarkopf. Doch ist der eigentliche Grenzzug nirgends unsicherer aus den vorhandenen Karten zu entnehmen, als auf dieser Strecke.

In der Kärnthner Generalstabskarte ist sein östlicher Lauf fast doppelt so lange gezeichnet als auf jener von Salzburg und von der östlichen Ecke würde er nach der Kärnthnerkarte gegen Salzburg convex, nach der Salzburger concav zum Fuscherkarkopf hinziehen. Bergspitzen sind am Grenzrande in den beiden Karten weder benannt, noch bestimmt zu erkennen. In der Salzburger Section ist aber ein nordöstlich laufender Höhenzug verzeichnet, in welchem, ohne darin benannt zu sein, der mittlere und hohe Bärenkopf liegen würde, und wenn ihre Lage auch nicht genau darin zu ermitteln ist, so würde darnach doch der hohe Bärenkopf unstreitig ganz zu Salzburg gehören. Die Kärnthner Aufnahme ist sowohl hinsichtlich der östlichen Länge als der Ausbiegung zum Fuscherkarkopf die richtigere. Im Zusammenhalte der Landkarten mit den Katastralmappen ergibt sich jedoch noch ein Anstand. Nach den Katastralmappen ist der hohe Bärenkopf der Eckberg zwischen Möllthal, Kaprun und Fusch, und zieht der Grenzrücken von der Riffel östlich bis zum mittlern Bärenkopf, von ihm aber nordöstlich zum hohen Bärenkopf und von diesem gerade zum Fuscherkarkopf, so daß eine Ecke zwischen dem mittleren und hohen Bärenkopf und dem Laufe der Grenze zwischen dem letzteren und dem Fuscherkarkopf entstünde. Diese Ausbiegung des Grenzzuges nach Nordosten halte ich nach der Lage des hohen Bärenkopfes, wenn man ihn in Kaprun und Fusch betrachtet, für die richtigere, nur scheint die Katastralmappe den Zug vom hohen Bärenkopf zum Fuscherkarkopf zu gerade anzugeben und die convexe

Biegung der Grenze in der Kärnthner Generalstabskarte sachgemäßer zu sein. Denn von der Einsattlung nach Fusch, der Bockkarscharte, steht der hohe Bärenkopf nordwestlich und von dieser Scharte weg läuft der Grenzzug über den Bockkarkopf oder Breitkopf, einen breiten Felsen= kopf, der seine Wände und Gletscher auf der Rückseite in das Käfer= thal von Fusch senkt, und über die tief eingeschnittene Fuscherkarscharte, welche im südwestlichen Winkel von Fusch gelegen ist, in südöstlicher Ausbiegung zum Fuscherkarkopf.

Wir haben zum Glück jetzt schon die größten Schwierigkeiten des Pasterzengebietes überwunden und nur noch zu bemerken, daß nördlich vom Fuscherkarkopf die jedenfalls ganz im Fuschergebiete ge= legene und aus dem unter der Bockkarscharte sich ausbreitenden Bock= karkees aufsteigende hohe Dock über diese Scharte nach der Pasterze herüberblickt.

Der Fuscherkarkopf, ein scharfkantiger und hoher Gletscherberg von über 10.000 W. F. Höhe, ragt als nordöstlicher Flügelmann der Pasterze nördlich von der Gamsgrube auf und seine westlichen und südlichen Wände vereinigen sich mit den Abhängen der letzteren. Sie schieben an die Ostgrenze des obersten Pasterzenbodens ihre Felsen= vorsprünge und Geröllhalden in einer von Norden nach Süden gezo= genen Linie bis zu dem oberen Pasterzenkees und zu der Ecke herab, deren Verlängerung nach Osten als Abhänge der Gamsgrube und Freiwand bis zum hohen Sattel reicht.

Es genügt, am Schlusse der Betrachtung der die Pasterze be= grenzenden Höhenpunkte zu erwähnen, daß nördlich von der Freiwand, jedoch durch ein mit Gletschern ausgefülltes Hochthal, in welches die Grubenscharte von der Gamsgrube aus führt, von ihr getrennt das Sinewelleck, welches Schlagintweit als den Eckberg anstatt des Fuscherkarkopfes an den von ihm Wasserfallgletscher genannten Paster= zentheil hinstellt, sich an diesen letzteren Berg, an das Sinewelleck, dann der Gamskarkopf, auf der Kärthnerseite Bärenkopf genannt, mit der Gamskar= oder obern Pfandlscharte anschließt, an seiner Ost= seite aber die Pfandlscharte, der erste und einzige gefahrlose Uebergang von der Pasterze nach Fusch gelegen ist, — ein Uebergang, der besonders seit einigen Jahren von Fremden häufig benützt wird.

Noch haben wir das oberste Pasterzenkees genauer kennen zu lernen. Den ansteigenden Raum von dem obern Pasterzenkees, und zwar von der westlichen Ecke der Gamsgrube und den beiden Burgställen an bis zur Höhe des West= und Nord=, dann Nordostrandes, nimmt tiefer unten mit Abstürzen, höher oben mit unregelmäßigen Eiskaren der oberste Pasterzenboden ein. Er enthält das Firnmeer der Pasterze.

Bei Schlagintweit wird mit Recht ein doppeltes Firnmeer, das eine nördlich, das andere südlich vom Johannisberge, unterschieden; denn unterhalb des Johannisberges, also vom hohen Sattel gesehen, rückwärts in der Höhe zwischen dem großen und kleinen Burgstall, ist ein eigentliches Firnmeer nicht anzunehmen, weil sich von dem vorspringenden Fuße des Berges bloß eine zerklüftete, stark geneigte Fläche zur Tiefe senkt.

Von den beiden Firnmeeren ist das südliche an Ausdehnung das kleinere. Das nördliche ist so gewaltig, daß Schlagintweit seine Länge vom Fuße des großen Burgstalls bis zur hohen Riffel mit 12.412 P. F. angibt, also fast mit der Hälfte der Längenachse des ganzen Gletschers von 28.937 P. F. *)

Nach Schlagintweit hätte das südliche Firnmeer an den Todtenlöchern eine Höhe von 10.340 P. F.

Wenn auch diese Höhe, als durch Barometermessung gefunden, nicht beanständet werden kann, so muß dieß doch umsomehr die Bezeichnung eines Todtenlöcherpasses auf dem südlichen Firnmeer werden.

Der Name Todtenlöcher kommt nur einmal im Glocknergebiete vor, und zwar als die Benennung einer Felsenpartie unter der Spitze der hohen Riffel auf der Stubach zugekehrten Nordwestseite dieses Berges, und in der Nähe findet sich auch auf der Katastralmappe ein Todten=

---

*) Nach der neuesten Messung des ausgezeichneten Orographen Karl von Sonklar, aus dessen Feder eben ein wissenschaftliches Werk über die Tauernkette sich unter der Presse befindet, hat die Pasterze von der hohen Riffel bis an ihr Ende eine Länge von nicht weniger als 32500 W. F.

kopf. Der Name Todtenlöcher soll aber daher rühren, daß den in diese
Felsschluchten geflüchteten Gemsen kein Ausweg daraus offen bleibt
und sie dem Schützen als sichere Beute fallen müssen.

Für die Scharte, welche Schlagintweit mit Todtenlöcherpaß bezeichnet, habe ich in einer zufällig in meinen Besitz gelangten, aus
Privatfleiß entstandenen Karte, welche niemals veröffentlicht wurde,
jedoch ohne Zweifel mit Benützung authentischer Daten gearbeitet ist,
den Namen Oedenwinkelscharte gefunden, und diesen Namen halte ich,
nachdem sie jedenfalls in den Oedenwinkel führen müßte, für den wahren.
Auch wurde mir von dem Schafbühel in Stubach die Oedenwinkelscharte gezeigt, und so weit dies von der entgegengesetzten Seite zu
beurtheilen ist, war es derselbe Uebergangspunkt, welchen Schlagintweit
Todtenlöcherpaß nennt.

Schlagintweit scheint leider niemals zur Klarheit über die benachbarten Thäler gekommen zu sein. Dieß leuchtet daraus hervor,
daß er in seiner Tabelle über die zweifelhaften Namen den Oedenwinkel „eine kleine Mulde im Kaprunerthale" heißt, während doch
dieser Oedenwinkel, weit davon entfernt im Kaprunerthale zu liegen,
vielmehr im Stubachthale gelegen, und zwar nicht eine kleine Mulde,
sondern der stattliche Schluß dieses Thales ist, über welchem sich die
hohe Riffel, der Johannisberg, der Kasten, der Medelzberg, endlich
der Schafbühel am Kalsertauern erheben, in dessen Tiefe aber ein gewaltiger Eisstrom von der Westseite des Johannisberges und vom
Kasten herabfließt und sie als breiter Gletscher ausfüllt.

Auch zeigt die Notiz in Schlagintweit's Tabelle der Höhenbestimmungen der Pasterze, S. 178, daß er Kaprun und Stubach ver-
wechselt, weil er dort zur Messung des Firnmeeres an den Todtenlöchern die Worte setzt: „es ist dieß der höchste Punkt desselben an
dem hintern Kamm, wo sich eine jähe Felsenmauer in das Kaprunerthal hinabsenkt."

Darnach sind dann alle Angaben zu berichtigen, wo bei Schlagintweit des Firnmeeres an den Todtenlöchern erwähnt wird, und es
ist damit eben nur das Firnmeer zwischen dem Johannisberg und
Kasten gemeint. Doch einer ähnlichen Berichtigung bedarf seine Be-

zeichnung des zweiten größeren Theiles des Firnmeeres, nördlich vom Johannisberge.

Dieser Theil ist ihm, S. 57, das Firnmeer der hohen Docke und in der beigegebenen Karte und im Plane wird der Hauptzufluß der Pasterze ein Zufluß von der hohen Docke genannt; endlich mißt er in der Tabelle über die Breiten=Dimensionen die größte Breite des Firnmeeres von den Todtenlöchern bis zur hohen Docke.

Die hohe Docke, oder nach dem Bulgarnamen hohe Dock, kommt aber ganz irrthümlich zu solcher Wichtigkeit für die Pasterze. Sie ist ein Berg, dessen Fuß eine halbe Stunde jenseits der Bockkarscharte im Bockkarkees im Fuscherthale wurzelt, und sie gehört nicht dem Pasterzen=Grenzkamme, ja nicht einmal dem Fuscher=Kapruner Scheiderücken an.

Nach Schlagintweit's eigenem Grundsatze, daß es irrig sei, zu glauben, ein Gletscher ziehe sich über ein Joch hinüber, und daß jede Firnmasse, je nachdem sie auf der einen oder der andern Seite liegt, einem andern Gletschergebiete mit demselben Rechte angehöre, mit welchem auch die Stromsysteme zweier Flüsse getrennt werden, die in einem einzigen Kamme zusammenstoßen, wäre es doppelt falsch, anzunehmen, daß die hohe Dock einen Gletscher über die Bockkarscharte nach der Pasterze schickt. Alles, was von Schlagintweit der Dock zugeschrieben wird, wird viel richtiger auf die Bärenköpfe zurückgeführt, von ihnen der größere Theil des Firnmeeres benannt und der Hauptzufluß der Pasterze abgeleitet werden müssen.

Noch bleibt ein Irrthum Schlagintweit's, zum Glücke der letzte, zu besprechen, und bei dieser Gelegenheit werden wir auch ein paar weitere, uns bisher noch nicht bekannte Gegenstände aus dem Firnmeere kennen lernen.

Schlagintweit nennt den nördlichen Theil des obersten Pasterzenkeeses den Wasserfallgletscher. Dieser Theil wird zwar von ihm mit vollstem Rechte als ein eigener Zufluß behandelt, und er ist auch genau so von dem Theile, welchen die Schlagintweit'sche Karte als den Zufluß von der hohen Dock angibt, abgegrenzt, wie es diese Karte zeigt.

Es steht nämlich beiläufig 200 Klafter oberhalb des großen Burgstalls auf dem Gletscher eine Felswand, welcher Schlagintweit den Namen hoher Burgstall gibt und welche in Heiligenblut allgemein bloß „die Wand“ genannt wird. Sie ist im Eise gleichsam eingeklemmt, denn die höhere Gletscherfläche läuft über sie und unmittelbar bis an ihren äußersten Rand hin, bricht sich aber auch mit einem Theile an den Felsen ihrer Westseite, so daß sie mit einem wahren Wirrwarr von Eisblöcken an ihrem Fuß anlangt.

Bis zu ihr nun zieht sich vom Nordrande eine Linie südwestlich herab, an welcher sich die Gletschermassen ziemlich steil gegen Osten senken. So entsteht — von Osten gesehen — ein Eisrücken, der auf der obersten Stelle am Nordrande als Eiswandbühel nicht unbeträchtlich hoch auf die Bockkarscharte absetzt. Er bildet durch seinen Abhang die östliche Grenze des Schlagintweit'schen Gletschers von der hohen Dock, und durch denselben Abhang wird der östlich von ihm gelegene Gletscher zum selbstständigen Keese, das westlich bis auf das obere Pasterzen= kees herab, und zwar höher oben von dem eben beschriebenen Eisrücken und später von einer es von seinem westlichen Nachbar scheidenden Moräne, nördlich von der Bockkarscharte, nordöstlich vom Breitkopf, dann östlich von der Fuscherkarscharte und dem Fuscherkarkopf mit seinen Wänden und, mit jenen der Gamsgrube vereinten, Abhängen bis wieder herab zur Ecke gegen den mittleren Gletscherboden begrenzt ist.

Es ist nun zwar allerdings richtig, daß sich ein Wasserfall trüber Keesmilch wenig über der Höhe des obern Pasterzenbodens zwischen der Ecke der Gamsgrube und dem großen Burgstall in der Nähe eines kleineren Felsens im Eise befindet, aber der Name Wasserfallkees für den in Frage stehenden Gletscher ist dennoch unrichtig, weil der letztere weder in der Umgegend so genannt, noch in Karten und Mappen so bezeichnet wird.

Ja, dieser Name ist gerade hier doppelt zu vermeiden, weil sonst eine Verwechslung mit dem Fuscher Wasserfallkees fast unvermeidlich wird, das ist mit jenem Keese, welches jenseits des Breitkopfes und der Fuscherkarscharte aus dem Zusammenflusse der von dem ersteren Berge und der Fuscherkarscharte, dann von dem Fuscherkarkopf und

Sinewelleck, endlich aus dem Bockkarkeese herabwallenden Eismassen
entstanden, die bekannten prächtigen Gletscherabstürze über dem Käfer=
thale von Fusch bildet und gewöhnlich mit dem Namen Fuschereiskar
bezeichnet wird.

An dieser Unterscheidung wird in Heiligenblut so strenge fest=
gehalten, daß mir aus Veranlassung meiner Nachforschungen eine Stelle
aus einer Beschreibung von Heiligenblut mitgetheilt wurde, worin es
wörtlich heißt: „Das Wasserfallkees kennt Heiligenblut nicht früher,
als bis man zum Wasserfallkees in das sogenannte Käferthal kommt,
und nennt Alles im Umfange bis zur Eisbüchelwand den Obernkees=
boden; das Fuscherkar nimmt erst von der Eisbüchelwand aus den
Anfang." Hierzu muß ich bemerken, daß ich in Heiligenblut die Auf=
klärung erhielt, daß unter der Eisbüchelwand gemeiniglich das Gebiet
an der Bockkarscharte und am Breitkopf verstanden werde, so daß
für das Kees diesseits und auf der westlichen Seite des Breitkopfs,
und davon ist eben die Sprache, die Benennung Wasserfallkees ent=
schieden als unrichtig angesehen werden muß.

Wie groß aber die Ausdehnung ist, welche das Firnmeer mit
allen seinen weiten Karen und Mulden einnimmt, lehrt uns Schlagint=
weit, indem er außer der schon angegebenen Längendimension desselben
von 12.412 P. F. auch seine Breitendimension von den Todtenlöchern
bis zur Docke, also von der Oedenwinkelscharte bis zum hohen Bären=
kopf, mit 12.650 P. F. und selbst für die geringste Breite noch mit
über 8000 P. F. bestimmt, und den Raum, welchen die Firnmulde
einnimmt, mit mehr als ¾ geographischen Meilen — ein wahres Reich
des Boreas voll Erstarrung und Todesschrecken, aber auch von eigen=
thümlicher Größe und Erhabenheit.

Nachdem wir jetzt die Pasterze genau genug kennen gelernt haben,
sei es mir erlaubt, zunächst auf die Eingangs erwähnten zwei von mir
unternommenen Reisen über ihr Firnmeer überzugehen. Ihrer Schil=
derung ist durch das vorangeschickte topographische Bild der Pasterze
wesentlich vorgearbeitet, und ich brauche mich darin großentheils nur
mehr auf schon Bekanntes zu berufen. Auch sind nicht weiter Berich=
tigungen von Irrthümern nothwendig, welche so unangenehm für den

Tabler wie für den Getadelten, wie früher bemerkt, nicht der Person, sondern nur der Sache halber im Vorausgehenden gemacht wurden, der Sache halber aber auch gemacht werden mußten, soll anders nicht eine wahre Anarchie in unseren Gebirgsbenennungen einreissen und die ohnehin schon jetzt so schwierige Aufgabe, im Hochgebirge richtige Bezeichnungen zu erfahren, zu einer ganz unlösbaren werden.

———

Um die Topographie und Kartographie des Glocknergebietes hat sich in neuester Zeit Herr Franz Keil in Salzburg durch seine Reliefkarten der Glocknergruppe, wovon die kleinere im Maßstabe von 1:72000, die größere in jenem von 1:48000 der Natur angefertigt ist, und durch seine Höhenschichtenkarte zum ersteren Relief die entschiedensten Verdienste erworben.

Die geoplastischen Arbeiten Keil's stützen sich auf vielfache eigene Anschauung und Durchwanderung des dargestellten Gebietes in allen Einzelheiten und verdanken nebstdem ihre Vortrefflichkeit einem ausgezeichneten Localgedächtnisse und Formensinn und einer seltenen Liebe zur Sache.

Insbesonders hat Keil bezüglich der Namen, welche er in seine, in Petermann's geographischen Mittheilungen Jahrgang 1860 veröffentliche, Höhenschichtenkarte aufnahm, die eingehendsten Forschungen angestellt und diese Karte ist gegenwärtig weitaus die beste über das Glocknergebiet. Ich habe darum Herrn Keil um Anfertigung einer Glocknerkarte auch für mein vorliegendes Werk gebeten und verdanke seiner Güte die demselben beigegebene.

Folgerichtig wurden auch von mir in der Regel die Bezeichnungen Keil's angenommen und wird, wenn ich glaube einmal aus besonderen Gründen davon abweichen zu sollen, dieß besonders bemerkt.

Nur eine Reform des vorangehenden Aufsatzes „der Pasterzengletscher," der früher als die Keil'schen Karten, nämlich im Jahre 1857, im Druck erschienen ist, im Sinne der Keil'schen Nomenclatur hielt ich nicht für zweckmäßig.

Hierbei leitete mich die Betrachtung, daß, nachdem alle früheren Schriften über das Glocknergebiet die alten Benennungen enthielten, manches in andern Büchern gegenüber dem meinigen nur bei Beibehaltung derselben mindestens in e i n e r meiner Arbeiten verständlich ist. Dann hat K e i l im Texte zu seiner Höhenschichtenkarte in den Petermann'schen Mittheilungen ausdrücklich erklärt, in meinen Schriften über den Pasterzengletscher brauchbares Materiale für seine Karte gefunden zu haben. Ich glaubte daher das alte Haus, das den Umriß zum neuen geliefert, den Lesern noch vorführen zu sollen, weil sich nur daraus erklärt, warum so manches so und nicht anders umgestaltet worden ist, und gerade aus dieser letztern Rücksicht habe ich insbesonders die Zweifel, welche rücksichtlich einzelner Punkte und Namen im Jahre 1857 bestanden, aus den Aufsätzen über die Pasterze nicht weggelassen.

Um aber keine Verwirrung im Leser durch die Verschiedenheit der Namen für dasselbe Object der Landkarte und meiner übrigen Arbeiten einerseits, mit den in diesem Aufsatze vorkommenden andererseits hervorzurufen, will ich hier jene Punkte besprechen, in welchen K e i l von der Nomenclatur meines Aufsatzes abweicht oder in demselben ausgesprochene Zweifel löst.

Diese Fälle treten vornehmlich beim eigentlichen Glocknerkamme ein.

So heißt nach K e i l die fächerförmige Wand, welche im Glocknerkamme unmittelbar westlich auf die Glocknerspitzen folgt und früher immer die Romarischkenwand genannt wurde, die Glocknerwand, unter dem Tschidinhorn aber ist die nordwestliche Spitze derselben zu verstehen.

Die wahre Romarischkenwand, oder richtiger der Romariswandkopf, steht dort, wo ihn Schlagintweit's Karte hingesetzt hat, während K e i l für die in der Mitte zwischen der Glocknerwand und dem Romariswandkopf gelegene Eiskuppe einen Namen zu ermitteln nicht vermocht hat.

Schlagintweit's Kasten ist durch K e i l zum Schneewinkelkopf geworden, so daß jetzt der Schneewinkelkopf als der Knotenpunkt anzunehmen ist, an welchem sich der Glocknerkamm vom Centralkamm der hohen Tauern in südöstlicher Richtung abzweigt.

Die von mir ausgesprochenen Zweifel über den Lauf des Nord=
randes der Pasterze und damit der Landesgrenze zwischen Kärnthen
und Salzburg lösen sich dagegen nach Keil in der Art, daß diese Grenze
vom vorderen auf den mittleren Bärenkopf, von diesem auf den westlich
an der Bockkarscharte stehenden Eiswandbühel, dann über diese Scharte
auf den Breitkopf und von ihm über die Fuscherkarscharte auf den
Fuscherkarkopf läuft. Darnach befindet sich der hohe Bärenkopf in dem
Scheidezuge zwischen Fusch und Kaprun und damit ganz auf salz=
burg'schem Boden.

Die Todtenlöcher endlich hat Keil auf die Südwestseite der
Riffel, also zwischen dem Johannisberg und der Riffel gegen den Oeden=
winkel zu gesetzt und ist, wie mich spätere Forschungen belehrt haben,
mit dieser Annahme ganz im Rechte.

Von Kaprun nach der Johannishütte auf der Pasterze.

Wenn man durch die Pinzgauer Hohlwege in die Nähe des
Marktes Saalfelden kommt, so tauchen im fernen Süden die Gletscher
von Kaprun als ein tiefbeeistes Gebirge um eine nach Norden gezo=
gene Thalfurche auf. Frägt man um die Namen der einzelnen Berge,
so haben die Anwohner sogleich die ihnen überhaupt geläufigsten, Groß=
glockner und Wiesbachhorn, zur Hand, außerdem nennen sie höchstens
noch das Kitzsteinhorn und den hohen Tenn. Davon sieht man aber
den Großglockner gar nicht und vom Wiesbachhorn ragt nur die oberste
Spitze über den breiten Eismassen des Hochtenn hervor. Die Namen
der übrigen Berge kennt Niemand.

Und doch ist der Boden von Saalfelden bis gegen Zell am See
die einzige Thalgegend zum Ueberblicke der Kapruner Gletscher, und
auch dort, wo man sich nächst Piesendorf auf der Straße von Zell
nach Mittersill der Mündung des Kapruner Thales gegenüber befindet,
stehen sich die Eckberge auf beiden Thalseiten zu nahe, um mehr als

eine oder ein Paar weiter hinten liegende Firnspitzen zugleich zum Vorschein kommen zu lassen.

Es erübrigen also nur die Höhenpunkte zur Uebersicht dieser erhabenen Eiswüste. Aus ihnen sind wieder die Thonschieferberge im
Norden des Salzachthales vorzüglich dazu geeignet, wie wir denn
wirklich von unserm um das österreichische Gebirge hochverdienten
k. k. Professor Simony eine ausgezeichnete Radirung der Gruppe
des Großglockners mit dem ganzen Kapruner Eisgebiete, gezeichnet von
dem Südabhange der Schmittenhöhe bei Zell am See, besitzen.

Aber die Verwirrung bezüglich der Benennungen der einzelnen
Berge vermindert sich mit der größeren Annäherung an sie nur wenig,
und in Piesendorf, auf den Thonschieferbergen über der Salzach, ja
im Kapruner Thale selbst werden wir über diesen Punkt nur schwer
zu einiger Klarheit gelangen.

Beweis von der Schwierigkeit entsprechender Aufklärungen über
Kaprun sind gleichmäßig der unermüdliche und durch seine gediegenen
Bergschilderungen rühmlich bekannte Weidmann und der treffliche
Schriftsteller der deutschen Alpen, Schaubach, dessen Leistungen für
die österreichischen Alpenländer noch lange nicht genug gewürdigt werden.

Des Ersteren sehr brauchbares Touristenhandbuch für Salzburg,
Wien 1845, reicht nämlich für Kaprun nicht aus, aus des Letzteren
Schilderung des Thales Kaprun, „Deutsche Alpen" III. Band, spricht
aber eine wahre, durch kartographische Bedenken noch vermehrte, Ver-
zweiflung über die Kapruner Namensconfusion.

Ich war bei früheren Ausflügen nach Pinzgau niemals nach
Kaprun gekommen, und betrachtete daher, weil mir von mehreren Seiten
die Naturschönheiten des Kapruner Thales auf das Höchste gepriesen
wurden, im Jahre 1852, als ich meine Schritte nach längerer Zeit
wieder nach Pinzgau lenkte, den Besuch desselben als eine meiner ersten
Aufgaben. Jedoch schon damals hatte ich den Entschluß gefaßt, den
Uebergang über seine südliche Eismauer nach der Pasterze zu versuchen.

Kaprun ist das einzige größere Thal auf dem Nordabfalle der
Glocknergruppe, aus welchem kein Tauernweg nach Kärnthen und Tirol
führt, weil jenseits des Tauernrückens die Pasterze mit ihrem weiten

Gletschergebiete quer über der gewöhnlichen Richtung der Tauernpässe von Norden nach Süden lagert.

Doch gerade der Gedanke, durch eine Uebersteigung des Kammes in die Mitte des gewaltigsten Eisstockes der Tauern und in den Hintergrund ihres großartigsten Gletschers zu kommen, hatte für mich einen eigenen Reiz. Welch herrliche Gletscher-Erscheinungen mußten sich mir auf diesem Wege erschließen, wie überraschend der Anblick des Eisstromes der Pasterze, überragt vom Glocknerkamme mit der länderbeherrschenden Doppelnadel des Großglockners von seinem Ursprunge sein! Auch hoffte ich, durch emsige Nachforschungen und durch die mir sonst zu Gebote stehenden Hilfsmittel einiges Licht in das Dunkel der Namen, welches leider die bestehenden Landkarten allein nicht beseitigen können, zn bringen.

Nirgends wird jedoch das veni, vici seltener erreicht als bei Gletscherreisen. Nur wer in der Nähe wohnt und sogleich am ersten günstigen Tage die Gletscherfahrt beginnen kann, ist in der Lage, sie mit Sicherheit auch bloß für ein bestimmtes Jahr festzusetzen, nicht aber wer nur einige Wochen des Herbstes dem Gebirge widmen kann und in ihnen sich doch nicht auf eine einzige Ersteigung oder Gletscherreise beschränken will. So kam auch die Wanderung von Kaprun nach der Pasterze in dem Jahre 1852 so wenig als 1853 und 1854 zu Stande.

Im Jahre 1852 war zwar einmal schon der Tag bestimmt, an welchem ich mit meinem vielerprobten und ausgezeichneten Bergführer Josef Schweighofer aus Ferleiten, bekannter unter dem Namen seines Vaterhauses Röderer, den ich mir zum Hauptführer auch auf diesem Zuge ausersehen hatte, von Fusch nach Kaprun aufbrechen sollte. Da wurde Röderer durch ein unvorhergesehenes Hinderniß abgehalten, sich von Fusch zu entfernen. Wenige Tage später nahm ich allerdings von der höchsten Spitze des Großglockners das oberste Pasterzenkees in Augenschein. Allein es lagen theilweise Nebelmassen darauf und ich gewann kein rechtes Bild von ihm. Am folgenden Tage aber, an welchem ich in entgegengesetzter Richtung von der Pasterze nach Kaprun mit Röderer ziehen wollte, machte es dichter Regen geradezu unmöglich, und ich kam durchnäßt über den Tauern nach Ferleiten zurück.

Im Jahre 1853 nahmen mir die wiederholten Versuche einer Wiesbachhorn-Ersteigung und ein Ausflug nach den Thälern auf dem Südabhange der Tauernkette zu viel Zeit weg, um noch zu einem zweiten großen Unternehmen zu kommen.

Erst das Jahr 1854 brachte mich in das Kapruner Thal. Die Recognoscirung des Gletschergebietes, über das wir ziehen sollten, von der Spitze des großen Wiesbachhorns, welches ich mit Röderer am 13. August 1854 bestieg, hatte unser Urtheil über den besten Uebergangspunkt festgestellt, und so gingen wir voll Hoffnung auf das Gelingen am 24. August nach Kaprun. Wir übernachteten auf den Wasserfall-Alpen. Aber wie vor zwei Jahren in Heiligenblut, trat an dem zur Expedition bestimmten nächsten Tage Unwetter ein. Ich wurde zwar auch wie damals bis auf die Haut naß, aber was war jene Tauern-Wanderung gegen das Kapruner Mißgeschick! Denn der Schnee und Regen überfiel uns diesmal erst, als wir das letzte Thalbecken, den Moserboden, schon hinter uns hatten und uns schutzlos auf dem großen Karlingerkeese befanden. Bei der niedrigen Temperatur, welche auf den gletscherumgebenen Wasserfall-Alpen sogleich eintrat, schüttelte mich in meinen nassen Kleidern der Frost selbst am Feuer der Bauern-Alpe, und ich suchte nur so bald als möglich aus dem kalten Thale zu kommen und eilte noch an demselben Tage bis Hundsdorf, wo ich mich in Trauners gastlichem Hause bald wieder in behaglicher Stimmung fühlte.

Desto verpichter durch den verunglückten ersten Versuch hielt ich den Plan im Jahre 1855 mehr als jemals fest.

Der Zufall wollte, daß ich, von den östlichen Tauernthälern am 26. August in Heiligenblut angelangt, dort Röderer traf, der eben Fremde über den Fuschertauern geleitet hatte. Ich nahm ihn daher sogleich als Führer auf die Pasterze mit, und diese Gelegenheit wurde, nachdem aus mehreren Gründen die Unternehmung diesmal nicht von Heiligenblut aus gemacht werden konnte, zu einer letzten Recognoscirung des vom hohen Sattel und der Johannshütte aus sichtbaren Theiles des Firnmeeres benützt.

Am 31. August jedoch brach ich mit ihm von Fusch nach Mitter=sill zu einer Gaisstein=Ersteigung auf, mit der Absicht, von Mittersill nach Stubach, dann über die Kapruner Thore nach den Kapruner Wasser=fall=Alpen und von hier über die Pasterze nach Heiligenblut zu gehen.

Am Morgen des 1. September wurde die Gaisstein=Partie durch Nebel vereitelt; am Morgen des 2. September trieb mich der Nebel vom Vellerer in Stubach wieder in das Salzachthal heraus, und auch für dieses Jahr schien das so schwer durchzusetzende Unter=nehmen nicht zu Stande zu kommen. Doch diesmal siegte die Ausdauer.

Während wir am 2. September von Uttendorf nach Fürth fuhren, hatte sich das Wetter einigermaßen gebessert und ich beschloß, nach Kaprun zu gehen. Auf den Keesen im Hintergrunde des Thales lagen immerhin bedenkliche Nebel, und dies war noch ebenso der Fall, als wir im Dorfe Kaprun angekommen waren. Röderer war nun dafür, daß wir hier abwarten sollten, wie sich das Wetter am folgenden Tage gestalten werde. Nach einigem Schwanken sprach ich jedoch meinen Willen aus, jedenfalls sogleich nach den Wasserfall=Alpen zu gehen, um nach der Witterung des nächsten Morgens entweder die Bergfahrt antreten zu können oder für heuer darauf ganz zu verzichten.

Auch bei Kaprun soll der Grundsatz eingehalten werden, die Gegenden erst vom eigentlichen Ausgangspunkte der Gletscherreise an genau zu schildern. Einige Worte nur kann ich mir über dasjenige, dem wir früher begegnen, nicht versagen.

Wer immer kann, wandere nach dem Dorfe Kaprun auf dem Fußwege von Bruck auf dem rechten Ufer der Salzach. Er gehört zu den reizendsten Spaziergängen in dem Hochgebirge.

Ueber saftgrüne Wiesen wandelt man hart am Flusse. Links in der Nähe steigen prachtvoll bemattet und hie und da im Schmucke schöner Baumgruppen prangend die Vorberge der Tauernkette aus ihnen auf. Auf ihren Abhängen blicken stattliche Bauernhäuser unter den Bäumen hervor. Darüber baut sich zuerst die regelmäßige Pyra=

mide des Yenbachhorn auf, vor uns dagegen thront in der Ecke links
als Schluß eines rechtwinkelig mit den erwähnten Vorbergen an der
westlichen Ausmündung des Kapruner Thales gestellten Rückens über
dem breiten Schmidingerkeese die stolze Pyramide des Kitzsteinhorns.
Dazu der stete Ausblick nach Westen auf den weiten Thalkessel des
Salzachthales von Oberpinzgau, nach Norden aber auf den über dem
Ausschnitte des Zeller Sees ferne schimmernden Kalkstock des steinernen
Meeres und auf die Thonschieferberge am Nordufer der Salzach.

Die Schönheit des Bildes wird bald erhöht durch die Staffage
der weitläufigen Burg Kaprun mit der Burgkapelle daneben, und sind
wir vollends nach dem Dorfe Kaprun selbst gelangt, so ist zwar das
Landschaftsgemälde in der Hauptsache dasselbe geblieben, nur daß jetzt
die Kirche und Schule auf dem Felsenhügel, dann dies= und jenseits
der Kapruner Ache hübsch gruppirte Häuser als neue pittoreske Ge=
genstände in dasselbe getreten sind und daß der Blick in das eigentliche
Kapruner Thal und auf den es versperrenden Querriegel, den Kessel=
bühel, freier geworden ist.

Ueber das Kapruner Thal selbst genüge die Bemerkung, daß es
mit Gastein, Fusch und Stubach um den Ruhm des prächtigsten aus
den zahlreichen Thälern der Tauern streitet.

Ueber der Erhebung des Kesselbühels folgt die erste Thalstufe,
in welcher noch Gehöfte auf grünen Matten mit Waldsäumen liegen.
Hierauf leitet der Weg durch die Waldregion, und man wandelt auf
ihm lange durch uralte Fichtenhaine. Die schön geformten Berge auf
beiden Seiten, darunter das Kampeck, ein Pinzgauer Blocksberg, auf
welchem sich die Hexen ihr Rendezvous geben, und am Schlusse rechts
das Kitzsteinhorn, alle aber wie Coulissen nach der Schmalseite auf
das Thal gestellt, haben sich dem Wege genähert, doch auch fortan
einzelne Gletscherbilder, welche im Hintergrunde erscheinen und wieder
verschwinden, das Auge gefesselt.

Nicht minder pittoresk ist die nächste Region, die der Wasser=
fälle. An der Stegfelderbrücke, ihrem Schlußpunkte, überraschen uns
vier neben einander befindliche Wasserfälle, jeder in seiner Art groß
und doch alle unter sich ganz verschieden. Im kugelartigen Falle braust

die Ache unterhalb der Brücke über ein mächtiges Felsstück, nachdem sie oberhalb wenig Schritte entfernt donnernd von der höhern Wasser= fallstufe in einen tiefen Felskessel gestürzt war. Unmittelbar links, diesem gewaltigen Absturze zur Seite, fließt das Naß in vielen durch die Hindernisse gekrümmten Silberfäden über die Felsen, als wäre es oben gestaut und käme nur der den Rand der Schwelle überschreitende Ueberfluß hier herunter. Von diesem zierlichen Falle wieder links endlich eilt in wildem Laufe und von großer Höhe ein Bach aus einer Klamm zwischen den Felsschluchten der ausgedehnten Bauernbrache herab. Wahrlich, die Abwechslung der einzelnen Theile des Kapruner Thales bis zur Stegfeldbrücke ist so eigenthümlich, jeder Theil aber so malerisch, daß der Besuch von Kaprun schon bis zu diesem Punkte die darauf verwendete Zeit und Mühe reichlich abgezahlt hat. Und doch folgen die großartigen Thalstufen erst jetzt.

Von der Stegfeldbrücke erreicht man, etwa ⁵/₄ Stunden steil ansteigend und nach einem Marsche von drei starken Stunden vom Dorfe Kaprun das Thalbecken „im Wasserfall" mit seinen Alpen. Auch heuer dienten mir diese Alpen zum Nachtquartier und mit dem Wasser= falle beginne sofort die eigentliche Schilderung meiner Kapruner=Paster= zenfahrt.

Der Boden der Wasserfall=Alpen wird den Maler nicht entzücken, denn dazu ist er zu kahl. Nicht ein Baum wurzelt in ihm, nur Weiden nehmen die Thalfläche und die unteren Abhänge ein, und nicht ein frisches Grün, sondern das Braungrün solcher Bergmahden ist der Ton, in den sie getaucht sind. Vielfach durchziehen Gletscherwässer mit ihrem mit Steinen und Felsblöcken gepflasterten Bette die Thalsohle. Andere Steindämme bezeichnen die Grenze des Weidegebietes der ein= zelnen Alphütten, und diese ragen in dem weiten Grunde nur wenig auf und scheinen selbst bloß Steinhaufen zu sein. Höher oben an den Thalwänden beginnt dann die Region der Felsen und des ewigen Eises.

Doch wird diese Landschaft nicht den Eindruck des Bildschönen, so wird sie desto mehr jenen der Erhabenheit hervorbringen und vollends auf den Gletscherfreund begeisternd wirken.

Die Einsicht der Katastralmappen und der ursprünglichen Auf=
nahme des k. k. General=Quartiermeisterstabes, welche mir hinsichtlich
dieses und der benachbarten Thäler gütigst zugestanden wurde, und der
Zusammenhalt der daraus entnommenen Daten mit den Namen, die
mir bei meinen beiden Besuchen des Thales genannt wurden, hat es
mir ermöglicht, glücklicher als Schaubach mit den Benennungen im
Kapruner Gebirge so ziemlich in's Reine zu kommen. Auch verdanke
ich dem Ueberblicke von oben nach unten, vom Wiesbachhorn über
Kaprun eine bessere Orientirung, als ich von unten allein gewonnen hätte.

So schreite ich mit meinem freundlichen Leser an der dem Ein=
gange des Wasserfalles zunächst gelegenen Alpenhütte, der Limburgalpe
vorbei und nehme, um die Berge ringsum kennen zu lernen, den Stand=
punkt an der tiefer innen gelegenen Bauernalpe.

Blicken wir nun nach Links, so erhebt sich östlich über der Schlucht,
an deren Westseite wir von der Stegfeldbrücke auf den Wasserfall
heraufsteigen, zuerst der hohe Tenn. Man würde hier den Gletscher=
berg mit dem breiten Eisrücken nicht erkennen, denn bis zur obersten
sichtbaren Höhe starrt er mit mächtigen Felswänden.

Der Gletscher südlich von ihm, doch etwas zurück, ist das kleine
Wiesbachhorn. Von ihm wieder südlich steigt nach einer Senkung des
Eiskammes das große Wiesbachhorn empor. Es hat von Kaprun
nicht die aus dem Fuscherthale bekannte Form des trotzig überragenden
Horns, sondern jene einer breiten Pyramide, und es wird dadurch
erklärbar, daß, als sich vor einigen Jahren in der Wiener Kunstaus=
stellung ein Bild des Wiesbachhorns, von Kaprun aus gesehen, von
unserem ausgezeichneten Landschaftsmaler Hantsch befand, so mancher
Bergfreund, der nicht in Kaprun gewesen, den Berg nicht wieder er=
kannte.

Unter der Spitze und dem Abhange des Wiesbachhorns gegen
den Kapruner Boden entsteigt dem letztern selbst massenhaft der Fochez=
kopf mit wild zerrissenen Felsschluchten und starren Gletschern dazwischen.
Dadurch, daß sein Fuß im Thale steht, bildet er mit dem hohen Tenn
einen Rahmen für das rückwärts gelagerte kleine und große Wiesbach=
horn, und den also geöffneten Raum nimmt tiefer unten ein großer

Gletscher ein, der furchtbar zerklüftet im Absturze zur Thalsohle herab-
drängt und wenig über ihr endet.

Ich habe erst in der neuesten Zeit in der betreffenden Section
der Generalstabskarte den Namen Wielinger beiläufig an der Stelle,
wo er herabfließt, gefunden, und obgleich ich diesen Namen im Thale
nicht hörte, so bringen mich doch die ganz ähnlichen Benennungen der
nächsten Gletscher: Schmidinger Kees, Karlinger Kees, auf den Glauben,
daß Wielinger der Name eines Gletschers und der eben besprochene
das Wielinger Kees sei.

So wie das große Wiesbachhorn schon theilweise durch den tieferen Fochezkopf dem Blicke entzogen ist, so geht es wieder diesem durch
die Hochenburg. So nämlich heißt jener Rücken, der südlich aus dem
Wasserfallboden selbst als Mittelrücken zwischen ihm und der höheren
Thalstufe „in den Mosen," deren Fläche er mit seinen Abhängen nur
wenig überragt, aufsteigt. Der Widerstand, welchen er beim Durch-
bruche der Thäler zu leisten vermochte, scheint verhindert zu haben,
daß der Moserboden und der Boden der Wasserfall-Alpen zu einer
einzigen Thalstufe zusammenfielen.

Die Hochenburg gibt für die Wasserfall-Alpen einen sehr hübschen
Mittel-, für die südlichen hohen Gletscherspitzen aber einen schönen
Vordergrund. Bei einer Höhe von vielleicht 1500 — 2000 W. F.
zeigt sie bis zu ihrem feinen höchsten Horne großentheils übergrünte
Wände. Sie hängt nach Links mit dem Fußgestelle des Fochezkopfes
zusammen und biegt sich, allmälig ansteigend, aus dem Wasserfalle
zu der Verbindung mit ihm. In der zwischen den zwei Bergen offen
bleibenden Schlucht stürmt der Moosbach, ein Theil des Abflusses der
Gletscher über dem Moserboden, zum tieferen Wasserfallbecken herab.
Da auch die der Krümmung der Hochenburg an ihrer linken Seite
nächsten, von ihr nördlich gelegenen Hügel über dem Wasserfallboden
hier abbrechen, so sehen wir entsprechend jener zwischen dem hohen
Tenn und Fochezkopf, nur in der unmittelbaren Nähe des Thalbodens,
eine schiefe Ebene bis zu dem schon besprochenen Gletscher vom Wiesbachhorn ansteigen. Zwischen ihren Felstrümmern kommt der Moosbach
vollends zum Wasserfallbecken herab, auf welchem er erst zunächst der

Bauern-Alpe seinen bisherigen nordwestlichen Lauf in einen streng nördlichen umwandelt. Immer diesem Gletscherbache entgegen aufwärts und um die linke Ecke der Hochenburg herum führt von der Bauern-Alpe der beste Weg auf den Moserboden.

Kehren wir nun zum Hochgebirge im Süden zurück, so sehen wir über der Hochenburg im reinsten Weiß des Firns die Spitze der Glockerin schimmern und neben ihr als Beherrscher weiter Eisflächen rings um ihn den hohen Bärenkopf.

Auf der rechten Seite des Thales dagegen treffen wir den Griestogel an, merkwürdig durch seinen ausgesprochenen Abfall in Terrassen, auf welchen jedesmal ein schön abstürzender Gletscher lagert; nördlich von ihm endlich ragt das Kitzsteinhorn auf; doch zeigt es sich hier nicht so kühn geformt wie im Salzach-Thale.

In der Ecke zwischen den untersten Ausläufern des Grieskogels und den westlichen Hängen der Hochenburg stürzt ein anderer Theil des Keeswassers vom Moserboden herab und in der Nähe auf dem Raume zwischen den beiden Hauptgletscherbächen liegen die Fürther Alpenhütten. Die drei Hütten, eben so vielen Bauern von Fürth gehörig, scheinen von Außen nur eine einzige Hütte zu sein, weil sich ein gemeinschaftliches Dach über sie hinzieht; je eine steinerne Mauer scheidet jedoch im Innern das Eigen jedes einzelnen Besitzers.

Wir wählten diesmal eine aus ihnen, die Jetzbachhütte, anstatt der Bauern-Alpe zum Nachtlager; erstlich weil ich die Nacht, welche ich im vorigen Jahre auf dem Heuboden über dem Geisstalle der Bauern-Alpe wegen des scharfen Geruches und der Lebhaftigkeit der Thiere sehr unangenehm verlebte, noch nicht vergessen hatte, dann weil ich den Melker der Alpe, einen Vorreiter- oder Vorräther-Sohn aus Kaprun, als zweiten Führer zur Gletscherwanderung zu werben beabsichtigte.

Der Abend war nichts weniger als günstig, denn die Nebel zogen rund um uns über die Höhen. Wir meinten jedoch, darum nicht verzagen zu müssen, und unterhielten uns so gut es eben anging.

In dem Stoff durfte man da freilich nicht wählig sein. Ich kannte den Melker schon vom Jahre 1853 her, wo er als Melker auf der Judenalpe in Fusch bedienstet war, und bei einem Besuche der Alpe mit einem Herrn aus Wien erkannte letzterer damals in ihm jenen Aelpler aus Kaprun, der einige Jahre früher seine Mutter, Schwester und ihn auf die Kapruner Thore geführt hatte.

Heute mußte denn die damals zur Sprache gekommene Galanterie unseres Melkers vielfach als Stoff herhalten, mit welcher er, als ihm sein Führerlohn ausbezahlt wurde, sich noch etwas ausbat — einen Kuß von der schönen Schwester meines Begleiters. Auch kam ein Mann aus der Jetzbachhütte noch spät Abends vom Niedersiller Kirchweihfest zurück und wußte allerlei davon zu erzählen. Das Fest ist eines der besuchtesten in Pinzgau, und es wurde früher und wird noch jetzt auf demselben am meisten gerankelt, d. h. gerungen. Unser neuester Freund, beiläufig gesagt 6 Schuh, eher mehr als weniger, lang, hochblond, etwa 18- bis 20jährig und nur durch eine bedeutende Halsunregel= mäßigkeit entstellt, brauchte es, um Glauben zu finden, nicht oft zu wiederholen, daß er in allen Kämpfen Sieger geblieben war. Endlich ging uns der Faden des Gespräches aus, ich hatte ein Gemisch von unverhältnißmäßig viel gesottener Milch und wenig mitgenommener Chocolade längst genossen und begab mich nun auf den nur wenig Schritte entfernten Heuboden.

Doch auch diese Nacht im Wasserfall sollte nicht die angenehmste sein, denn in unserer Schlucht unterhalb der Gletscher und zwischen ihren Bächen war mir bei den vielen absichtlichen und unabsichtlichen Oeffnungen des Daches empfindlich kalt, wie tief ich mich auch im Heu einzugraben suchte. Eine Zeit lang hörte ich nebstdem zu meinem großen Verdrusse das Rauschen des Regens auf dem Dache. Zuletzt, als ich mich gegen Morgen einmal nach dem Wetter umsehen wollte und mich aufrichtete, stieß ich mir noch, weil ich im Schlafe gegen die aus unbehauenen Steinen gebildete Wand gerückt war, die Stirne so heftig an einen vorstehenden Mauerstein, daß ich durch einige Zeit ein Zeichen der incorrecten Bauart der Kapruner Alpen mit mir herumtrug.

Endlich kam der Morgen, aber nicht der gehoffte schöne, sondern ein unfreundlicher voll Nebel.

Zuerst war ich unschlüßig, dann beschloß ich, wie im vorigen Jahre, mindestens auf die Mosen zu gehen und das Weitere der Entwicklung des Wetters zu überlassen. Aber meine Hoffnung war so tief gesunken, daß ich selbst jetzt mit dem Aufbruche nicht eilte. Wir verließen daher die Jetzbachhütte erst um 8 Uhr. In einer kleinen Stunde erreichten wir steiglos auf den südwestlichen Abhängen die Hochenburg und stets über der Schlucht des vom Moserboden herabtosenden Baches emporkletternd, dieses Thalbecken.

Auf ihm wollen wir noch einmal länger verweilen, dann ununterbrochen auf die Pasterze hinansteigen.

Der Moserboden oder die Thalstufe in den Mosen ist die höchste Terrasse des Kapruner Thales. Der Anblick, der sich hier darbietet, überragt an Großartigkeit das Bild von den Wasserfall-Alpen noch bei Weitem. Die Natur hat aus den zwei Bestandtheilen, Felsen und Eis, ein Meisterstück geschaffen, und nur ein im Dienste der Hochgebirgsnatur so geübter und für sie so begeisterter Maler, wie Professor Thomas Ender, welcher eine köstliche Studie vom Moserboden besitzt, konnte es würdig mit dem Pinsel wiedergeben.

Ueberblicken wir es von den Abhängen der Hochenburg, die, wie erwähnt, nur als ein lang gestreckter Felsenhügel am Rande des Moserbodens gelegen ist.

Der ebene Boden dehnt sich von Südwest nach Nordost aus. In die moosgrüne Fläche haben außer dem Hauptabflusse des südwestlichen Karlinger Keeses, dessen breites sandiges Bett auf der rechten Seite gezogen ist, zahlreiche Bäche von den Gletschern des Ostrandes ihre oft tiefen Rinnsale eingeschnitten.

Im Hintergrunde steigt das gewaltige Karlingerkees mit gerundeter Endfläche auf die Thalsohle herab.

Aber noch stürzen fünf Gletscher gegen den Thalgrund und einige aus ihnen erreichen mit ihrer Gletscherzunge vollends die Moosfläche.

Zum besseren Verständnisse wollen wir uns zuerst um die Berge umsehen, von denen sie herabkommen. Gegenüber der Wasserfallstufe hat sich im Bergpanorama Manches geändert. Beginnend im Nordosten finden wir neben der Bauernbrache den Hochtenn, dann das kleine

Wiesbachhorn. Ueber dem Fochezkopf thront das große Wiesbachhorn, die Glockerin steht rechts zurück. An sie schließt sich der hohe Bären= kopf an, während gegen Südwesten ein anderer Schneeberg= auffällt. Seinen Namen in Kaprun verläßlich zu erfahren war unmöglich; nach den Catastralmappen ist es jedoch der vordere Bärenkopf. In der südwestlichen Ecke schließt ein Grat, der zur hohen Riffel hinanzieht, das Bild.

Auf der rechten Seite folgen sich von rückwärts nach vorne erst der zweispitzige hohe Eiser, dann herwärts der Grieskogel mit seinen auf die Mosen reichenden Abhängen, endlich das nördliche Kitzsteinhorn. Von diesen Bergen nun schickt der Fochezkopf und die Glockerin einen Gletscher auf die Mosen herab. Ein anderes Kees vom hohen Bären= kopf wird durch einen großen schwarzen Felsen, den Schwarzkopf, auf einer bedeutenden Höhe des südlichen Eisabhanges in zwei Theile ge= theilt, die in ungezähmter Ueberstürzung zur Tiefe fallen.

Der weiter rückwärts zwischen dem hohen Bärenkopf und dem vordern Bärenkopf thalabwärts fließende Gletscher war mir darum von doppelter Wichtigkeit, weil wir darüber unsern Weg auf den Tauern= rücken nehmen sollten. Ein letztes Kees endlich stürzt vom Riffelkamme und der Riffel in das hinterste Kapruner Thal.

Hier werde erwähnt, daß nach Weidmann die Wasserfall=Alpen eine Höhe von 4092, der Moserboden aber von 5389 W. F. haben.

Auch scheint hier der Ort zu sein, um die Landkarten über Kaprun zur Sprache zu bringen.

Nichts ist auf allen, auch den Generalstabskarten, so sehr ver= nachläßigt, wie der freilich zu keinem besonderen Zwecke brauchbare Eis= winkel zwischen Kaprun, Fusch und Möllthal. Wir haben uns bei der Beschreibung der Pasterze bezüglich des Grenzzuges zunächst an die Catastralmappen gehalten und darnach die Kärnthnergrenze gegen Kaprun von der hohen Riffel über den vordern und mittlern Bärenkopf auf den hohen Bärenkopf gezogen. Die Grenze zwischen Fusch und Kaprun aber läuft nach den Catastralmappen vom hohen Bärenkopf über den kleinen Bärenkopf zur Glockerin, dann über den Hinterbratschenkopf zum großen Wiesbachhorn. In den Generalstabskarten fehlen die Namen aller vier Bärenköpfe, dann der Hinterbratschenkopf. So weit diese Berge an der Landesgrenze gegen Kärnthen liegen, wurde über ihre muthmaßliche Stellung bereits gesprochen. In Kaprun kannte man davon weder den mittleren noch den vordern Bärenkopf, und ersterer dürfte auch als zurückstehend aus dem Thale nicht sichtbar sein.

Von jenen Spitzen dagegen, welche im Fuscher-Kapruner Scheiderücken befindlich sind, ist der kleine Bärenkopf vermuthlich südlich von der Glockerin in dem schon bei der Pasterze berührten, auf der Salzburger Karte erscheinenden Höhenzug, doch konnte ich ihn in Kaprun eben so wenig erfragen, als den Hinterbratschenkopf. Hinsichtlich des Letzteren ist mir von der Wiesbachhornersteigung her wahrscheinlich, daß er die höchste und westlichste der vielen Erhebungen des in Fusch die linke Ecke des großen Wiesbachhorns bildenden Bratschenkopfes ist.

Damit wenigstens stünde der Lauf des damals von uns betretenen höchsten Kammes zwischen Kaprun und Fusch von dieser Erhebung zum großen Wiesbachhorn in vollem Einklange nnd ist die Generalstabskarte, welche den Kaprun=Fuscher Scheiderücken zwischen der Glockerin und dem großen Wiesbachhorn gar nicht fortsetzt, mindestens nicht im Widerspruch. Es bliebe dann nur die Frage übrig, ob nicht der Fochezkopf eine unmittelbare Verbindung und welche mit der Glockerin hat? *)

*) In so ferne der Lauf der Grenze zwischen Kaprun und Kärnthen hier als zweifelhaft angeregt wird, zieht diese Grenze nach Keils Karte des Glocknergebietes, wie dieß schon an anderem Orte bemerkt wurde, von der hohen Riffel über den vorderen zum mittleren Bärenkopf. Die Salzburger=Kärnthner Grenze aber zwischen Fusch und Möllthal geht von da zum Fuscherkarkopf. Der Zug vom mittleren zum hohen Bärenkopf ist darnach schon ein Theil des Kapruner=Fuscher Scheiderückens und damit ganz zu Salzburg gehörig. Eben so löst Keil den Zweifel hinsichtlich der Verbindung der Glockerin mit dem Fochezkopf, indem er diesen mit jener durch einen von ihr nordwärts streichenden Seitenast des Kapruner=Fuscher Rückens verbunden darstellt.

Dagegen weise ich noch heute dem kleinen Bärenkopf den ihm oben von mir zugemutheten Platz an, obgleich ihn Keil in den vom Kapruner= Fuscher Scheidekamm gegen Südosten auf die hohe Dock verlaufenden Zweigrücken verlegt, und stütze mich hiebei auf die Catastralmappen, denen zu Folge er allerdings nordwestlich von der hohen Dock, aber im Kapruner=Fuscher Hauptkamme selbst gelegen ist.

Wir verlassen jetzt unsern Sitz auf den Abhängen der Hochen=
burg und schlagen den Weg über den Moserboden zum Karlinger
Keese ein.

Die Aufgabe ist keine angenehme, denn so schön der Boden
scheint, so sumpfig ist er, und bei manchem Einschnitte eines Seiten=
baches mußten wir an der mindest steilen Stelle hinab= und jenseits
wieder hinaufzukommen suchen, ja ein paar Mal handelte es sich sogar
darum, eine Stelle aufzufinden, schmal genug, um über einen solchen
breiten Bach selbst mit Hilfe des Bergstockes springen zu können.
Wohl halten wir uns an den Uferrand des Hauptbaches, aber auch
er ist uneben und alle Augenblicke durch die Zulaufsrinne eines Seiten-
baches unterbrochen.

Die Unannehmlichkeit vermindert sich erst dann, wenn wir so
ziemlich gegen den Schluß des Bodens auf dessen linker Seite angelangt
sind. Hier sind die Abhänge der Südostseite näher getreten und an
ihnen, freilich wieder über allerlei Rinnsale und Schluchten und über so
manches Gerölle und Felsstück, steigen wir schon allmälig aufwärts.

Doch jetzt stehen wir auch am Beginn des Gletschers. Die Ter=
minalhöhle aus welcher die Kaprunerache kömmt, läßt, obgleich nicht
bedeutend, doch durch ihre mehr breite als hohe und unregelmäßig
ausgewaschene Form erkennen, daß hier Eis sei, die Oberfläche des
steilen Hügels, den wir ersteigen, würde es nicht verrathen. Denn wir
gehen über Gerölle und Sand und müssen um manch großen Felsen=
block ausbeugen. Noch glauben wir auf Felsengrund einherzuschreiten,
da gähnt eine breite Eiskluft oder wir rutschen auf einer glatten Stelle
bloßliegenden Eises.

Dieser Steinwall ist eben nur die Endmoräne des großen Kar=
linger Keeses. Ganz verschieden tritt uns der westlichere Theil des Glet=
schers als ein schöner ziemlich flacher Eisboden mit blauen Klüften
entgegen, und er ist es auch, der seine von der Hochenburg her uns
bekannte Senkung zum Moserboden hat.

Auf alle Fälle ist das Karlinger Kees ein höchst interessanter pri=
märer Gletscher. Seine Hauptzuflüsse erhält er von Westen von dem
großen und kleinen Eiskogel oder Eiser und von Süden von der hohen

Riffel. Doch außerdem nimmt er noch einen mächtigen Zufluß aus der Schlucht links von den Bärenköpfen und einen andern vom vorderen Bärenkopf auf.

Wir waren nach einem ziemlich mühsamen Steigen an jener Stelle angekommen, wo sich unser Weg, der von nun an eine südwestliche Richtung nach aufwärts zur Höhe des Scheidekammes auf der Pasterze nehmen muß, von dem weitern westlichen Zuge des Karlinger Keeses in die Wintergasse und zu den Kapruner Thoren trennt. Noch einmal Berathung, ob die gefährliche Wanderung in die, von hier an ungekannte und vor uns noch von Niemanden besuchte Eiswelt, trotz des zweifelhaften Wetters und des auf dem Wiesbachhorn und Riffelkopf fortan ruhenden und bisweilen selbst bis auf den Scheiderücken herabziehenden Nebels unternommen werden solle. Aber diesmal gab Röderer den Ausschlag und wie ich gestern gegen seine Meinung den Aufbruch vom Dorfe Kaprun nach den Wasserfall=Alpen beschlossen hatte, so sprach er sich jetzt am Entschiedensten für den Zug nach der Pasterze aus. Und so traten wir denn das eigentliche Wagestück an.

Die Abhänge der linken Seite weichen von der Stelle, an welcher wir den Schuttwall des Karlinger Keeses erreicht hatten, mehr und mehr gegen Südwesten zurück und zwischen dem Gletscher und ihnen bildet sich eine merkwürdig wilde und tiefe Schlucht.

Das Eis erfüllt sie nicht ganz, ihr Vorhandensein wirkt aber auf die linke Seite des Keeses zurück und dasselbe läuft in sie mit riesigen Klüften aus.

Wir waren nun auf dem Gletscher so weit vorgedrungen, daß wir uns schon in gleicher Linie mit der Stelle befanden, wo die linkseitigen Felsen um eine Ecke biegend, fast eine südliche Richtung annehmen, und unsere Aufgabe war, zu ihnen zu gelangen. Denn durch diese Biegung gewannen wir den vollständigen Anblick des von Süden herabwallenden Gletschers, über welchen wir ziehen mußten, und wir konnten jetzt nicht länger zweifeln, daß sein unterer Theil umgangen werden mußte, weil er nicht mit einem unübersteiglichen Absturz endete. Wir beschlossen also an den Wänden so lange in der südlichen Richtung allmälig hinanzuklettern, bis wir die Höhe der obersten Linie dieses

Absturzes erreicht haben würden. Da hieß es jedoch zuerst vorsichtig sich durch das furchtbare Labyrinth von Spalten zunächst der Schlucht hinausarbeiten, und so gewaltige Randspalten gähnten rings, daß es uns kaum gelungen wäre, die Wände nach unserem Plane zu erreichen, wenn uns nicht einige Schneefelder, wahrscheinlich die Reste abgestürzter Lawinen, als willkommene Brücke zu ihnen gedient hätten.

Diese Wände gelten als die untersten Abhänge des hohen Bären= kopfs und auf ihnen ging es jetzt längere Zeit hinan.

Zwar bestehen sie aus brüchigem Schiefer, in Pinzgau Bratschen genannt, daher sich auch der Name Bratschenkopf in den Thälern Pinzgau's stets wiederholt. Aber oft mußten wir uns, über Abgründen hängend, auf den kleinsten Vorsprüngen den Tritt mühsam suchen, so daß ich endlich, obwohl Röderer noch ein weiteres Hinansteigen auf den Felsen wünschte, vorzog, an der ersten Stelle, wo es in Folge einer näher heran= und höher heraufreichenden Schneefläche thunlich war, durch einen Sprung auf den Schnee und von ihm auf den Gletscher überzugehen. Meine Begleiter folgten mir bald nach.

Wir hatten zwar den eigentlichen Absturz bereits unter uns, doch war der Gletscher noch sehr steil geneigt und es gähnten dann bis= weilen Klüfte von der Breite mehrerer Klafter und von unergründlicher Tiefe gerade unterhalb der zu überschreitenden Eiswände. Aber Vorsicht, Bergstock und Steigeisen schützten vor dem Sturze. Auf dem Gletscher angelangt, hatten wir sogleich die Richtung nach Südwest aufwärts ge= nommen. Wie gewöhnlich bei so beschwerlicher Aufgabe wählten wir uns immer wieder einen neuen Punkt aus, auf den wir zunächst los= steuerten und von dem wir meinten, daß nach seiner Erreichung schon viel gewonnen sei. Zuerst traf dieses Loos einen Eishügel, an welchem wir mindestens die stärkste Steigung überwunden zu haben ·wähnten. Als wir bei ihm ankamen trat uns jedoch unerwartet eine neue Schwierig= keit entgegen. Allerdings lag er am Rande einer Art von Gletscherkar, es war aber so zerklüftet, daß wir lieber auf den nächsten Abhang zur Rechten hinaufzuklimmen beschlossen, als uns mit seiner trügerischen Fläche einlassen wollten.

Diese Zerklüftung mag daher rühren, daß sich nach Links zu, südöstlich gegen den mittleren und hohen Bärenkopf, ein Gletscher=Thal zurückzieht und durch dasselbe ein Gletscher = Zufluß, vermuthlich von den Bärenköpfen, herabgelangt. Hier stößt er mit dem Keese vom vordern Bärenkopf, dessen Wände nicht mehr ferne von uns in der von uns einzuhaltenden Richtung aufragen, zusammen, und durch das Zu= sammentreffen der Eismassen der in verschiedener Richtung sich bewe= genden Gletscher nimmt begreiflicherweise die Zerklüftung zu.

Von diesem Punkte aus glaubte ich auch, und zwar zum ersten Male in unsern Alpen, eine Partie rothen Schnees zu erblicken, doch lag der Fleck ziemlich hoch unter den nordwestlichen Felsen des vordern Bärenkopfs und zu sehr von unserm Wege ab, um mir Gewißheit darüber verschaffen zu können.

In der nächsten Zeit waren wir keineswegs von Spalten ver= schont. Wir befanden uns bald unterhalb des vorderen Bärenkopfes, und sicher zogen die unter der Eisfläche fortlaufenden Felsen das Zer= rissensein derselben in ungemein große Spalten nach sich. Am bedenk= lichsten wurde es, wenn zwei breite Klüfte sich nahe rückten und zwischen ihnen nur der Weg über trügerische Schneebrücken übrig blieb. Glück= licherweise lief auch hier alles so ziemlich gut ab und das Einbrechen Eines oder des Andern bloß mit einem Fuße wurde nicht viel beachtet.

Wir waren inzwischen schon auf den Firn gekommen. Eine je größere Höhe wir erreichten, desto weicher wurden die Firnmassen, weil in diesen Regionen der Nebel heute sein Werk der Erweichung zu oft geübt hatte. Obgleich das schuhtiefe Einsinken unerquicklich und auch der Druck der feinern Luft merkbar wurde, waren wir doch im Ganzen in der besten Stimmung. Nur der Kapruner Melker klagte einmal über Unwohlsein, es wurde jedoch durch einige kräftige Züge aus Rö= derer's Feldflasche mit dem Pinzgauer Cabinetswein, dem im Lande berühmten Stubacher Enzian=Branntwein, bald wieder gehoben. Erst als die Zeit, in welcher wir auf den Kamm zu gelangen gehofft hatten, schon lange überschritten war und über der scheinbar obersten Kante immer wieder eine weitere Erhebung aufstieg, verminderte sich die gute Laune doch um etwas.

Endlich schien mir eine Scharte an den Felsen des vorderen
Bärenkopfes zu unserer Linken der wahre Punkt, um durch sie den
Pasterzen=Gletscher zu erreichen, und ich schlug vor, zu ihr hinanzu=
klettern. Röderer blieb jedoch dabei, daß wir ganz rechts vom vorderen
Bärenkopfe auf den Kamm kommen müßten. Und er hatte Recht.

Noch einige höhere Mulden mit starker Zerklüftung, welche die
Nähe jener Felsen veranlaßt und welcher ich durch ein Betreten des
zu unserer Rechten sichtbar gewordenen und sich nordöstlich als Grenze
unseres Gletschers gegen Kaprun hinabstürzenden Kammes ausweichen
wollte, ohne es gegen Röderer's Rath wirklich zu thun, und der Boden
senkte sich gegen Süden. Wir standen auf der Kammhöhe, auf welche
wir 4½ Stunden von den Fürther Alpen benöthigt hatten. Röderer
glaubte zwar beim Anblick des hohen Tenn, wir befänden uns auf
gleicher Höhe mit seiner Spitze. Ich widersprach ihm jedoch sogleich
und glaube die Höhe des Tauernrückens auf der Stelle, wo wir ihn
betraten, mit 9500—9800 W. F. annehmen zu sollen.

Das Bild, das sich uns hier darbot, war nichts weniger als
ermunternd. In Kärnthen lag der Nebel dichter als in Salzburg und
hüllte besonders den Glocknerkamm vollständig ein. Die Frage über
den wahren Kastenberg und die echte Romarischkenwand, die ich von
hier aus zu lösen glaubte, blieb daher für's Erste ungelöst. Selbst
auf das oberste Pasterzen=Kees drangen die Nebel vor und umschwärmten
uns zu wiederholten Malen, als wollten sie sich die neue Erscheinung
eines Besuches aus Kaprun in der Nähe besehen. In geringer Ent=
fernung von uns stand gegen Süden gewaltig, doch mit verhülltem
Haupte, der Johannisberg in Mitte der weiten Firnen. Ganz rein
ragte dagegen, bloß durch eine kleine westliche Erhebung des Kammes
von uns getrennt, die seine oberste Spitze der hohen Riffel auf, wie
überhaupt der westliche Horizont bei Weitem klarer als jener der übrigen
Seiten war. Von der Riffel zog ein scharfer Grat nach Norden
und aus ihm stiegen die zwei Spitzen Todtenkopf und Thorkopf auf.
Zunächst nördlich dem Thorkopf war der tiefere Uebergangspunkt von
Kaprun nach Stubach, die Kapruner Thore, zu erkennen. Zwischen
dem erwähnten Grat, der von der Riffel nordwärts streicht, und dem

uns gleichfalls schon bekannten schwarzen Kamm, welcher sich von ihr nordöstlich nach Kaprun senkt, drängt der prachtvolle Absturz des Gletschers von der Riffel, uns wieder vom Moserboden her nicht fremd, in das Kapruner Thal. Jenseits der Kapruner Thore erkannten wir nord= westlich die Pyramide des kleinen Eisers, dann etwas zurück den hohen Eiser und das Kitzsteinhorn. Sichtlich übertrafen die letztern zwei Berge an Höhe unsern Standpunkt und da das Kitzsteinhorn trigono= metrisch mit einer Höhe von 10.100 W. F. gemessen ist, so war ich desto mehr überzeugt, daß wir uns nicht volle 10.000 W. F. hoch befanden.

Der Grenz= und Scheiderücken zwischen Möllthal, Kaprun und Fusch endlich über die Bärenköpfe, zu deren westlichsten, dem vorderen, unmittelbar von unserm Standpunkte aus ein Felsendurchbruch hinanzog, und über das Wiesbachhorn zum hohen Tenn thürmte sich, durch die Verkürzung als ein mehr breiter als langer Eisstock, zu überraschender Höhe in die Wolken, welche seine höchsten Spitzen bedeckten.

Eine Fernsicht konnte bei der Höhe der Berge ringsumher nicht erwartet werden, doch sahen wir über dem Thalausschnitt von Kaprun den Markt Saalfelden und über die Einsenkung der Kapruner Thore waren noch Gebirge über dem Stubach= und Velber=Thale und darüber noch entferntere Spitzen in NNW. Richtung zu erkennen.

Wir blieben nur ganz kurze Zeit auf dem Kamme, denn wir zweifelten nicht, daß uns noch eine tüchtige Arbeit übrig bleibe und hofften zwar, hatten aber, da uns der Weg allen fremd war, keine Sicherheit darüber, daß wir sie glücklich vollenden würden.

Röberer und ich wollten früher unter dem Johannisberg vorbei, auf den von ihm südlich liegenden Theil des Firnmeeres, dann über den kleinen Burgstall auf das rechte Ufer des obern Pasterzenkeeses gehen. Doch hatten wir schon bei der letzten Rekognoszirung der Johannis= hütte diesen Plan aufgegeben und beschlossen längs der Ostseite des großen Burgstalls auf den oberen Pasterzenboden herabzusteigen, was uns von der Johannishütte ganz thunlich schien. Heute sahen wir sogleich, daß der erstere Plan durchaus unausführbar sei, denn die

Zerklüftung unter dem Johannisberge zeigte sich als eine wahrhaft gräuliche.

Wir schlugen also die Richtung gegen den großen Burgstall ein, dessen Felsenplateau wir bald im Eise gewahr wurden. Weil wir ab=wärts rascher schritten, banden wir uns jetzt mit dem Seile zusammen. Es ging nun über allerlei Firnkare, wobei uns das Einbrechen in den Firn weniger als auf der Salzburger Seite belästigte.

Wir waren 1½ bis 2 Stunden gewandert, als wir am großen Burgstall ankamen, ohne auf diesem Wege andere Gegenstände von Interesse bemerkt zu haben, als eine nicht hohe, aber wie mit dem Zirkel gebildete Felspyramide am obern Rande des Keeses, welche an der südöstlichen Seite des vorderen Bärenkopfes gelegen, sicher ihm an=gehört.

Auch die Wand im Gletscher, der hohe Burgstall, fiel uns zu unserer Linken nordöstlich oberhalb des großen Burgstalls auf, ohne daß wir dachten, daß wir sobald ihre genauere Bekanntschaft machen würden.

Als wir eine Zeit lang längs der höchsten Fläche des großen Burgstalls hinabgeschritten waren, that sich uns ein Bild auf, das zu den schönsten gehört, die ich jemals gesehen.

Unter uns lag der breite Strom der Pasterze in seiner ganzen Länge vom Austritt aus dem Firnmeere bis zum Absturze.

Auf dem scheinbar ziemlich dunklen Boden war jeder Riß sichtbar. An seinem Schlusse aber senkte er sich gegen den großen Burgstall mit einem weiten Krater, in welchem die Klüfte eben so ausgebildet waren, wie auf dem flacheren Boden oberhalb. Unmittelbar vor uns und unter uns, und soweit das Auge reichte bis an die gegenüber=liegenden Wände des Fuscherkarkopfs und der Gamsgrube breitete sich eine wahre Welt aus von Eisnadeln und blauen Klüften.

Wie erhaben müßte dies Bild erst dann sein, wenn es sich dar=stellen würde, überragt und abgeschlossen von dem himmelanstrebenden prächtig gestalteten Glocknerkamm, den Gößnitzbergen und dem Fuscher=karkopf mit seinem Gewände! Sie alle aber waren heute in Nebel gehüllt. Und nichts destoweniger war der Anblick sogar in seiner Unvoll=kommenheit so groß, daß ich ihn nie vergessen werde, und daß mir sein Genuß selbst durch die bedenkliche Lage, in der wir waren und die uns bald klar werden sollte, nicht verdorben werden konnte.

Wir standen etwa 6 — 800 Fuß über dem obern Pasterzen= Gletscher an jenem Punkte, wo der große Burgstall zuhöchst mit zwei Spitzen über die Eismassen hinausragt. Hatten wir, wie vorher er= innert wurde, östlich längs des Burgstalls am Eise hinabsteigen wollen, so zeigte sich dies jetzt als unthunlich. Klaftertiefe Risse trennten das Eis vom Felsen und die Eisflächen selbst waren auch in einiger Ent= fernung vom Burgstall ungemein zerrissen.

Ich sandte zuerst Röderer ab, um zu untersuchen, ob nicht über die Wände des Burgstalls hinabzukommen sei. Doch brachte er die Nachricht zurück, das sei positiv unmöglich, denn der Burgstall habe in der Klamm zwischen den zwei Spitzen bloß senkrechte Wände, so daß man schon beim Hinabblicken Schwindel fühle.

Wir lösten uns denn vom Seile los, der Kapruner wurde auf unserm Standpunkte am Burgstall zurückgelassen, damit wir nöthigen= falls wenigstens die Stelle, von welcher wir den Rückzug anzutreten hätten, genau zu finden wüßten, und nun drangen Röderer und ich nach Links und etwas aufwärts zwischen den zerklüfteten und über= einander geworfenen Eismassen nicht ohne Gefahr vor, um zu spähen, ob sich kein Punkt finden lasse, wo ein Hinabsteigen möglich wäre. Aber Alles war vergebens und mit jeder Klafter nach unten zu wurde die Zerrissenheit größer. Nur einmal sahen wir einige Klafter tiefer eine weniger geneigte Schneefläche und meinten, wenn wir erst auf ihr wären, ließe sich wahrscheinlich bis auf den oberen Keesboden hinab= gelangen. Zwischen uns und jener Stelle jedoch lag zunächst ein breiter Eisschrund von unabsehbarer Tiefe, und das Resultat unserer genauen Besichtigung des Terrains war, daß den Sprung von dem glatten und abschüssigen diesseitigen auf den ebenso geformten jenseitigen Rand zu wagen eine wahre Tollkühnheit genannt werden müßte.

Wir kehrten also zu unserem Begleiter zurück. Meine kurze Frage an Röderer war, was jetzt zu thun sei? Röderer antwortete, daß wir erst eine Stunde weit zurück aufwärts zu dem hohen Burg= stall und dann über ihn auf die höhere Fläche des Gletschers steigen

müßten. Von ihr sei hoffentlich zu dem Punkte hinüberzukommen, wo
der Fuscherkarkopf an den Gletscher stößt, und von da könnten wir
in die Gamsgrube hinab.

Mich überraschte der Vorschlag, eine Stunde weit zurück und
aufwärts zu gehen, denn es war 3 Uhr vorüber und der Eintritt
der Dämmerung war am 3. September schon um halb 7 Uhr zu
erwarten.

Ich sah aber, daß ein anderer Weg nicht offen sei, und fragte
Röderer nur, wodurch er auf den Gedanken komme, an den Fuscherkarkopf zu gehen, und was wir thun würden, wenn wir keinen Ausweg
über den höhern Gletscher fänden. Darauf erklärte Röderer, der Jäger
Plattl von Heiligenblut habe ihm gesagt, daß er einmal vom Fuscherkarkopf nach der Gamsgrube hinabgestiegen sei, und „dort, wo ein
Anderer durchkomme, würden wir sicher auch durchkommen." Sollten
wir aber vom höheren Gletscher nicht hinab können, dann wisse er nicht,
was weiter anzufangen sei. Ich erkannte, daß wir uns in einer kritischen
Lage befanden, und machte, um keine Entmuthigung eintreten zu lassen,
schnell die Bemerkung, ich wüßte es wohl, was dann zu machen sei,
wir müßten, um uns möglichst vor der Kälte zu schützen, eine Schlucht
zwischen den Wänden des großen Burgstalls, als des einzigen größeren
Felsens weit herum auf dem Eise, zum Uebernachten aufsuchen, uns
während der Nacht wach erhalten und mit dem ersten Lichte in unseren
eigenen Fußstapfen nach Kaprun zurückgehen. Freilich ein verzweifeltes
letztes Mittel, aber für den Augenblick war es doch besser, dies zu
bezeichnen, als gar keines!

Allein die Wendung der Dinge zum Bessern trat schneller ein,
als wir erwarteten. Wir stiegen rasch zum hohen Burgstall und kamen
schon in einer halben Stunde an seinem Fuße an.

Ich wollte ihn zuerst nach Links umgehen, aber offenbar war
wieder mindestens eine halbe Stunde dadurch verloren, weil wir wegen
der Zerklüftung des sich an seiner linken Seite brechenden Gletschers
nur in einem weiten Außenbogen auf seine Höhe und auf die dort
oben liegende Gletscherfläche gelangen konnten. Es erübrigte also nichts
Anderes, als nach Röderers Vorschlag über die Wand selbst hinauf-

zusteigen. Als der Vorschlag ausgesprochen wurde, sah ich wohl zuerst
Röderer, dann noch einmal die Wand an und fragte: „Kann denn
da ein Mensch hinaufsteigen?" Als aber Röderer auf eine kleine Klamm,
die das herabrieselnde Gletscherwasser von oben bis unten gebildet
hatte, deutete und beifügte: „Sie und ich steigen leicht über die Wand
und der Melker wird schon schauen, daß er auch hinaufkommt," sprach
ich bloß das Commandowort „vorwärts" und bald kletterten wir alle
drei, Röderer voran, dann ich, dann der Melker, die Wand hinan.
Es war eine originelle Ersteigung, Hände und Füße dienten gleich=
mäßig, um aufwärts zu kommen. Auch hier begünstigte die brüchige
Schieferart die Ersteigung, und wenn sie die unangenehme Folge hatte,
daß durch die Tritte des Voransteigenden beständig Steine auf den
wegen der ungewöhnlichen Neigung, gewiß bei 60°, unmittelbar unter
ihm Stehenden herabkollerten, so griffen doch die Steigeisen wacker ein,
und in weniger als 10 Minuten waren wir auf dem schneefreien
Plateau von kaum sechs Schuh Breite angelangt, das sich durch das
Abschmelzen des Eises in Folge der Wärme des Felsens zwischen dem
Rande des Gletschers und jenem des Abgrundes, aus dem wir eben
aufgetaucht waren, gebildet hat.

Das Gletscherwasser rieselt wohl allerorts darüber, unserer Klamm
zu. Aber das zwar kurze, doch rasche Hinaufsteigen über die steile Wand
hatte mich für den Augenblick erschöpft, und ich warf mich mit Befrie=
digung auf die nasse Schieferfläche hin.

Der höhere Gletscher, an den wir unsern Rücken anlehnten, sah
auch ganz gut aus, und es schien in der That bereits viel gewonnen
zu sein. Ich fand es daher, nachdem ich seit unserem Aufbruche von
der Jetzbach=Alpe nichts anderes als ein Stückchen Brod und einen
Schluck Branntwein zu mir genommen hatte, an der Zeit, jetzt auch
dem Körper sein Recht zu geben, und zerfleischte mit kannibalischer Gier
ein kaltes Huhn und netzte nach der nothwendigsten Abkühlung meine
ausgetrocknete Kehle mit einem erklecklichen Quantum des abfließenden
Keeswassers.

Doch zu lange durften wir auch hier nicht bleiben, und ich gab
deßhalb nach kaum viertelstündigem Aufenthalte das Zeichen zum Auf=
bruche.

Röderer's Bergtact bewährte sich in Bälde wieder auf das Glän=
zendste. Ueber eine Neigung gegen Osten der höheren Gletscherfläche
kamen wir in Kurzem auf das Kees, welches Schlagintweit fälschlich
das Wasserfall=Kees nennt. Von ihm aus gewahrten wir zuerst die
drei im Fuscherthale wohlbekannten Berge, den hohen Bärenkopf, den
Breitkopf und die hohe Dock, und Röderer zeigte mir die Richtung der
Bockfarscharte, des Uebergangspunktes auf das Fuscher Bockfarkees.

Wir hatten bisher die Linie gegen den Fuscherkarkopf einge=
halten, — da sahen wir plötzlich unsern Gletscher mit seiner Eis=,
dann mit einer Schneefläche sich gemach gegen seinen Ostrand senken.
Zugleich zeigte sich ein breites Gerölle von den Westabhängen des
Fuscherkarkopfes, das sich andererseits gleichfalls senkte, und bald waren
wir in der so gebildeten, gegen den oberen Pasterzenboden geneigten
Rinne.

Gefahrlos und des Erfolges sicher, schritten wir in ihr hinab.

Neu war mir die recht hübsche Erscheinung einer beträchtlichen
Zahl, gewiß bei hundert, 1 — 2 Fuß hoher kleiner Schuttkegel, die
an einer Stelle hart über und neben einander gestellt, eine Zeitlang
das Rinnsal einnahmen. Die Phantasie ließ sie mir als einen Spiel=
platz der kleinen Gnomen erkennen, ich sah diese allnächtlich vom Fu=
scherkarkopf herabkommen und sich im Labyrinthe unserer Schuttkegel
herumtummeln.

In Kurzem hatten wir auch den grünen Boden der Gamsgrube
unter unseren Füßen. Wir betraten nur diese Abhänge etwas zu weit
unten gegen den zweiten Gletscherboden zu, und dies zog die unan=
genehme Folge nach sich, daß wir ihre verschiedenen Schluchten an
den breitesten und tiefsten Stellen überschreiten mußten.

Vom großen Burgstall an war unsere Wanderung so unverhofft
günstig vor sich gegangen, daß wir schon wenige Minuten vor $^3/_4 5$ Uhr
in der Johannishütte anlangten.

Nach kurzer Rast vor derselben schlugen wir den gewöhnlichen
Weg zum hohen Sattel und nach der Wallnerhütte ein.

Wir waren alle Drei froh, wieder auf sicherem Wege zu wandeln,
und Röderer fing jetzt sogar gegen seine sonstige Gewohnheit an, ge=

sprächig zu werden. Die Erklärung dieses außerordentlichen Ereignisses gab mir jedoch erst Herr Mathias Trauner in Hundsdorf im Jahre 1856 durch die Mittheilung, daß Röderer ihm erzählte, er habe sich damals, als wir uns im Nebel auf der Höhe des Firnmeeres befanden, und dann wieder, als wir keinen Weg zum tieferen Gletscher fanden, schon gefaßt gemacht, auf dem Eise übernachten zu müssen, und da sei ihm unheimlicher geworden, als jemals früher in seinem Jäger- und Bergführerleben.

Ein nicht lange andauernder, doch dichter Regen, der uns auf dem Gletscher unterhalb des hohen Sattels überraschte, trug dazu bei, daß ich noch nach Heiligenblut zu gehen beschloß. Denn war ich wegen des oft fußhohen Schnee's schon früher bis fast zum Knie herauf ganz durchnäßt, so waren jetzt auch meine Kleider naß geworden, und es schien mir am allerwenigsten in diesem Zustande wünschenswerth, in der kalten Höhle, Wallnerhütte genannt, auf nur zu sehr belebtem Heu und nach einem Abendmahle, bestehend aus primitiven „Maunken,“ eine Nacht zuzubringen.

Wir eilten sofort im raschesten Schritte nach Heiligenblut, wo wir beiläufig um ³/₄8 Uhr eintrafen. Die Heiligenbluter Führer hatten die Möglichkeit des Gelingens der eben beendigten Bergreise in Abrede gestellt; ich theilte jetzt mindestens dem Wirthe die Thatsache des gelungenen Ueberganges mit und schrieb auch eine kurze Andeutung darüber in das Glocknerbuch.

Den eigentlichen Unglückspropheten konnte ich sie diesmal nicht bekannt geben, weil meine Zeit für das Gebirge in diesem Jahre bereits zu Ende war. Ich trat deshalb am frühesten Morgen des folgenden Tages ganz wohl und selbst von dem Gefühle einer durch die verdünnte Luft gereizten Gesichtshaut und vom Schneeglanze empfindlich gewordener Augen, welches mich in der Nacht einigermaßen belästigt hatte, befreit, mit meinen zwei wackeren Führern den Rückweg über den Fuschertauern nach dem Pinzgau an, und saß Abends schon im Hause des sehr ehrenwerthen Bräuers Poschacher zu Zell am See.

Von der Johannishütte auf der Pasterze über die Bockkar-scharte und den hohen Gang nach Ferleiten.

Durch einen wiederholten längeren Aufenthalt im Fuscherthale hatte ich für sein Gebirge besonderes Interesse gewonnen und allerlei Pläne zu Bergfahrten darauf wurden gemacht. Manche sind in den früheren Jahren ausgeführt worden, einer davon kam erst im Herbste 1856 zur Ausführung.

Mein vorzüglicher Führer, Josef Schweighofer, Röderer aus Ferleiten, erzählte mir öfters von einem stundenlangen flachen Keese über dem Käserthale, dem Bockfarkees, von welchem man über die Bock-farscharte auf die Pasterze gelange, und bald war in mir der Wunsch rege, dies Kees kennen zu lernen, weil ein großer und flacher Gletscher auf solcher Höhe als eine Seltenheit betrachtet werden muß. Dazu kam, daß in Fusch nicht bekannt ist, daß irgendwann Jemand anderer als ein Gemsjäger das Bockfarkees besucht hat, von einem Uebergange von ihm auf die Pasterze aber selbst nur durch einen Schützen Niemand etwas weiß. Da es auch auf den Landkarten nicht erscheint, so mußte daher seine Schilderung als eine wahre Eroberung für die Landeskunde angesehen werden.

Anfangs gedachte ich den Besuch des Bockfarkeeses mit dem Marsche von Kaprun nach der Pasterze zu verbinden, doch die Aus-führung des letztern Unternehmens im Jahre 1855 belehrte mich eines Bessern und zeigte mir, daß das Bockfarkees einen eigenen Ausflug erfordert.

Ich beschloß also, von Fusch nach Heiligenblut, oder umgekehrt, je nachdem ich durch das Wetter in Salzburg oder Kärnthen zuerst würde begünstigt werden, zu ziehen.

Auch bei dieser Bergreise bedarf es der Skizzirung eines Theiles des Fuscherthales, doch, da es sich um allgemein Bekanntes handelt, bloß einer ganz kurzen.

Die oberste prachtvolle Thalstufe von Fusch heißt die Ferleiten. Ihren großen Ruf verdankt sie vorzüglich dem Fuschereiskar. Denn ist der schöne, breite Thalkessel und sind seine Abhänge auch an sich reizend, einzig in seiner Art ist doch nur das Fuschereiskar.

Die Bezeichnung Fuschereiskar wird aber in einem weitern und engern Sinne gebraucht. Im ersteren begreift es die Berge vom Brennkogel im Südosten des Thales über den tiefern Einschnitt der Pfandlscharte in dessen Süden bis zum hohen Tenn im Nordwesten, und es gehören dann dazu, und zwar auf dem Hauptrücken der Tauern, östlich von der Pfandlscharte der Brennkogel, Kloben und Spielmann, dann westlich jenseits der nun folgenden Pfandlscharte der Gamskarkopf, das schmucke Sinewelleck mit der ostwärts geneigten Spitze, und wieder westlich von ihm der breite und hohe Fuscherkarkopf. Ueber der Ecke in dem rechtwinkelig auf den Tauernrücken gestellten Scheidezuge zwischen Fusch und Kaprun dagegen sind dann zum Fuschereiskar zu rechnen: zuerst der Breitkopf oder Bockkarkopf über dem südwestlichen Winkel von Fusch, dem Käferthale, ferner gegen das Thal vortretend die abgeplattete viereckige hohe Dock, an deren rechter Seite der ganz weiße hohe Bärenkopf aus dem Hintergrunde hervorblickt, nördlich von der Dock das große und kleine Wiesbachhorn, endlich der hohe Tenn.

Im engern Sinne versteht man unter dem Fuschereiskar nur die Gletscherabstürze über dem Käferthale. Vom Sinewelleck und Fuscherkarkopf kommen, vielfach gebrochen und durchfurcht, die Gletscher nach Norden über mehrere Stufen in dies kleine Hochthal herab. Noch pittoresker ist die Gletschervereinigung jenseits der Ecke der beiden Gebirgszüge ganz im Hintergrunde des Käferthales.

Dort lagert hoch oben ein breiter Felsenkopf, der Breit= oder Bockkarkopf. Die Eismassen fließen unmittelbar von ihm dann von der auf seiner linken Seite zwischen ihm und dem Fuscherkarkopf tief eingeschnittenen Fuscherkarscharte, jenseits deren die Pasterze gelegen ist, und vom Bockkarkees auf seiner rechten Seite, zusammen, bilden unter ihm die prächtigsten Abstürze von Terrasse zu Terrasse, bis sie endlich an den tiefen Felswänden des Käferthales abbrechen und über sie nach der Stärke der Abschmelzung jene 10 bis 15 Wasserfälle in die Thal=

tiefe entsenden, welche den malerischen Reiz des Käferthales wesentlich erhöhen. Von diesen Wasserfällen wird auch das ganze Kees über dem Käferthale, wie wir bereits von der Pasterze her wissen, das Wasserfallkees genannt.

Wir müssen aber noch einiger Gegenstände aus dem Fuscherthale erwähnen. Ueber dem Käferthale rechts bauen sich die Wände der hohen Dock auf, der steile Abhang unter ihnen auf der rechten Seite des Käferthales ist das Bockkar.

Blicken wir vorwärts gegen den Fuscher Thalboden, so gewahren wir eine Felsenspitze unter der hohen Dock, gleichsam als den Eckpfeiler des Käferthales nach Außen, das ist das Remsköpfl. Unter ihm noch weiter vorwärts und in geringer Höhe über der Thalsohle liegt die Judenalpe. Darüber zur Rechten steigen Abhänge an, auf denen Fels und Weidegrund abwechseln, und je höher das Auge hinanblickt, desto mehr werden die Weiden von dem Felsen verdrängt. Eine Felsenwand aus ihrer Zahl, über welche ein mächtiger Wasserfall herabfällt, ist der Weitstein. Er liegt etwas rechts von der hohen Dock. Höher oben zwischen der hohen Dock und der südlichen linken Ecke des Wiesbach=horns, dem Bratschenkopf, nimmt unsere Aufmerksamkeit der wilde Absturz des Gletschers Hochgruber in Anspruch.

Am Wiesbachhorn endlich finden wir wieder nach der Reihe von Links nach Rechts die drei bekannten Gletscher, und zwar zu oberst die Teufelsmühle mit der hohen blau abbrechenden Eiswand, dann das tief herabreichende Pockeneikees, das größte Kees des Wiesbachhorns, schließlich das Sandbodenkees mit der halbrunden Krümmung vom nordöstlichen Kamme des Wiesbachhorns herab unter dem Sandboden bis in die Nähe des Pockeneikeeses.

Als ich Röderer zur Excursion nach Heiligenblut über das Bock=karkees gewonnen hatte und ihn hinsichtlich der Beschaffenheit des Weges befragte, meinte er, wir würden nicht weniger Zeit als zur Kapruner Pasterzenreise brauchen, und die Gefahren der einen und der andern Gletscherfahrt würden sich ziemlich gleich sein. Ich konnte ihm hin=sichtlich der Zeit nicht beistimmen. Denn wir hatten offenbar von der Judenalpe bis zur Johanneshütte einen weit kleineren Bogen zu machen als von dem Moserboden, und der Uebergangspunkt lag, wie ich von höheren Punkten mehrfach gesehen hatte, nicht so hoch wie jener Kamm, auf dem wir von Kaprun die Pasterze erreichten.

Der Erfolg hat auch thatsächlich meine Meinung als die richtige herausgestellt. Die Fuscher aber riethen mir alle ab, den Weg über das Bockkarkees zu nehmen, weil ich dabei den verrufenen hohen Gang zu überschreiten hätte. Nur Röderer und der Badmeister von Fusch, meine zwei Begleiter auf das Wiesbachhorn, welche beide bis auf das Bockkarkees gekommen waren, versicherten mich, daß mir, da ich schwindelfrei sei, der hohe Gang keine Schwierigkeit machen werde, und dies genügte vollkommen, jedes Bedenken in mir zu beseitigen.

So begab ich mich denn am 27. August 1856 in die Ferleiten, um am 28. Früh mit meinem Generalstäbler Röderer die Bergfahrt anzutreten.

Aber am Morgen dieses Tages bedeckte wieder Nebel die Gletscher. Ich entschloß mich also, über den Tauern nach Heiligenblut zu gehen und die Gletscherreise auf dem Rückwege von Kärnthen aus zu unternehmen.

Das Wetter besserte sich bald. Als wir am Fuscherthörl angelangt waren, lag das Fuschereiskar ganz rein uns gegenüber und ich konnte den über das Bockkarkees zu machenden Weg so vollständig in den Hauptumrissen erkennen, daß ich nahe daran war, den beabsichtigten Uebergang als überflüssig aufzugeben. Hier zeigt es sich besser als sonst wo, daß die Pasterze über die Linie des Tauernrückens am Fuscherkarkopf nach Norden in das salzburgische Gebiet hereintritt. Die Umrisse des Bockkarkeeses aber waren, und zwar nach vorne, durch die höchste Linie von der hohen Dock über den Breitkopf und im Hintergrunde durch den von der hohen Dock und dem hohen Bärenkopf nach Süden ziehenden Kamm gezeichnet. Den letzteren schloß der jetzt gerade hinter dem Breitkopf aufragende Eisabhang des Eiswandbühels, von dem dann nach Röderers Angabe die Schneide mit der Bockkarscharte als südlicher Rand des Bockkarkeeses zum Breitkopf hervorgehen sollte. Bloß der Umstand, daß ich das tief gelegene Bockkarkees selbst vom Thörl nicht sehen konnte und es jedenfalls kennen lernen wollte, machte, daß ich meinen Plan nicht fahren ließ.

So traf mich der 30. August wieder auf dem Wege von Heiligen= blut auf die Pasterze an.

Meine Absicht ging dahin, an diesem Tage den Johannisberg zu ersteigen, um einen genauen Ueberblick seiner Verbindung mit dem Kasten und Schneewinkelkopf und, wo möglich, auch der Senkungen des Glocknerkammes zum Dorferalpenthal und gegen die von mir kaum acht Tage früher besuchten Kalser Gletscher in der Kenitz und Teischnitz zu erhalten. Tags darauf wollte ich dann von der Wallnerhütte, in welcher ich wegen Unbewohnbarkeit der Johannishütte hätte übernachten müssen, den Weg über das Bockkarkees unternehmen.

Allein der Nebel, welcher, wie der freundliche Leser schon erkannt haben wird, im Hochgebirge eine unglaublich große Rolle spielt, hing auf der Höhe des Johannisberges und ein bedenklicher Wind blies von der Riffel her und konnte ebenso gut volle Verbesserung als ent= schiedene Verschlimmerung des Wetters mit sich bringen. Ich wollte mich aber der Gefahr nicht aussetzen, durch die letztere Alternative die Reise auf das Bockkarkees noch einmal vereitelt zu sehen, und verzichtete deßhalb für dieses Jahr auf den Johannisberg.

Ich hatte in Heiligenblut zwei Professoren des Benedictinerstiftes Kremsmünster getroffen, und in ihrer schätzbaren Gesellschaft wurde mir der Weg auf die Pasterze viel zu kurz, zumal, da die Jugenderinne= rungen an den einstigen Kremsmünsterer Convictisten in Mitte der herrlichsten Naturscenen einen noch größeren Zauber als sonst übten. Wir kamen deshalb für mich unverhofft schnell bei der Wallnerhütte an.

Ich hatte bisher vor, hier noch einen zweiten Führer zu ge= winnen. Doch als wir Alles mit dem Mähen beschäftigt fanden, meinte Röderer, wir Zwei würden schon allein nach Fusch kommen, und ich stimmte ihm bei.

Wir versprachen uns zu allem Ueberflusse, einander im Falle eines Unglücks alle erdenkliche Hilfe zu leisten, Röderer requirirte von Wallner ein Seil zur Gletscherwanderung, und dann ging es weiter. Auf dem hohen Sattel schied ich von den beiden Herren aus Krems=

münster, jedoch nur für kurze Zeit, denn schon Nachmittags wollten wir uns im Tauernhause Ferleiten treffen. Etwas vor 10 Uhr kam ich mit Röderer an der Johannshütte an, Punkt 10 Uhr aber brachen wir von ihr zur neuen Gletscherreise auf.

Wir stiegen heute an den Abhängen der Gamsgrube in schräger Richtung gegen den obersten Keesboden höher als im vorigen Jahre hinan und überschritten so die Schluchten näher ihrem Anfange, wo sie nicht so tief eingeschnitten sind. Der Glocknerkamm lag wolkenlos am Südrande des Gletschers. Auch die Berge der Gößnitz standen in ihren stolzen Formen da, und ich erkannte daraus den Seekamp und das Petzeck. Nur der Johannisberg wollte seine Mütze nicht ablegen, und hob er sie etwas in die Höhe, so zog er sie bald wieder tiefer herab.

Meine größte Aufmerksamkeit erregte der Fuscherkarkopf, der eigentliche Angelpunkt dieses Gletscherausfluges. Ueber einer größeren Schlucht erblickt man seine ganze Abdachung gegen Süden, und so wirr sind die horizontalen Schichten derselben übereinander geschoben, daß es nicht möglich scheint, ihn von Süden zu ersteigen.

Als wir die Ecke der Gamsgrube gegen den Gletscher erreicht hatten, sahen wir bald auch das viele Gerölle, das er auf seiner süd= westlichen und westlichen Seite auf den Keesboden herabgeschüttelt hat. So lange es ging, stiegen wir auf diesen Schuttmassen längs dem Gletscher, oft recht steil, empor. Ein an manchen Stellen sehr hoher Wall von Eis und Schutt trennte uns von der eigentlichen Keesfläche.

Als wir endlich auf diese selbst übergingen, hatten wir anfangs viel von den großen Randklüften zu leiden.

Vor uns links lagen der große und der hohe Burgstall, ganz links und scheinbar tiefer der kleine Burgstall. An und über ihnen dehnte sich das Firnmeer in seinen unteren, die oberen deckenden, Firn= karen aus. Vom hohen Burgstall zog sich gegen Nordosten jener schon bei Beschreibung des Pasterzengletschers erwähnte Kamm, von dem die westliche höhere Fläche des Firnmeeres auf den östlichen Theil, das Schlagintweit'sche Wasserfallkees, herabsteigt. Zu unserer Rechten ragte der Fuscherkarkopf auf. Auf den höheren Firnpartien vor uns endlich

erblickten wir von NNW. nach SSO. gelagert die dem Fuscherthale
abgewandte Rückwand des Breitkopfs.

Wir hatten in Kurzem gleiche Höhe mit dem Plateau des großen
Burgstalls erreicht und schritten muthig vorwärts. Bald waren wir auf
den alten Schnee, dann auf Lagen Neuschnees gekommen.

Wir hatten uns durch ein um unseren linken Arm geschlungenes
Seil verbunden, ließen aber dessenungeachtet stets einen Raum von
mindestens einer Klafter zwischen uns, damit nicht bei dem Einbrechen
des Einen in eine Spalte der zu nahe hinter ihm gehende Gefährte
auch mitgerissen werde. Abwechselnd schritt bald ich, bald Röderer voran.

Wider Erwarten klüftig trafen wir das Kees in dem flachen Theile
des Gletschers an, der etwa auf halber Höhe zwischen der Senkung
zum zweiten Pasterzenboden und der Erhebung zu dem nördlichen Grenz=
kamme sich ausbreitet, und hier brach ich einmal in eine mit Schnee
bedeckte Kluft bis auf den halben Leib ein. Ich war gerade voran, fand
jedoch mit den Händen bald den Rand der Spalte und kroch über den
Schnee wieder auf das feste Land. Als ich eben diese Manipulation
begann und mich dazu umgewandt hatte, sah ich Röderer sich in Positur
setzen, um, wie ein Schiffmann ein Boot, mich an das Ufer zu ziehen.
Obgleich meine Lage nicht die angenehmste war, so machte mich doch
Röderer's Stellung lachen, und ich rief ihm zu, das Seil zu lassen,
sein Anziehen würde mich nur irren, und er möge erst, wenn ich noch
tiefer sänke, nachhelfen. Natürlich war das ganze Intermezzo in wenig
Secunden abgespielt. Der sich in der Mitte mehrenden Klüfte halber
zogen wir uns jedoch bald darauf gegen die linke Seite unseres Gletschers.

Mit dem Vordringen gegen Norden waren wir auf die West=
seite des Fuscherkarkopfes gekommen, und ich beobachtete die scharfe
unersteigliche Kante, durch welche er hier mit dem Gletscher in Verbin=
dung steht. Später hatten wir noch Gelegenheit, seine Nordseite zu
betrachten, eine steilgeneigte glatte Eisfläche, so daß der Berg vielleicht von
Osten vom Sinewelleck aus, aber sicher von keiner andern Seite
erstiegen werden kann. Seine Höhe jedoch ist, wie ich genau entnahm,
sehr bedeutend und wäre mit weniger als 10.200—10.500 W. F.
jedenfalls unterschätzt.

Nach und nach kamen wir hierauf zur Höhe, wo rechts von uns die Fuscherkarscharte zwischen dem Fuscherkarkopf und dem Breitkopf gegen Fusch eingeschnitten ist. Wegen der Zerrissenheit des jenseitigen Wasserfallkeeses dürfte es kaum möglich sein, durch sie, dann unter dem Fuscherkarkopf und Sinewelleck vorbei an den Pfandlschartenbach und in die Trauneralpe zu gelangen.

In dem Maße, als wir uns den Wänden des Bockkarkopfs oder Breitkopfs näherten, wurden sie zu unserer Rechten immer gewaltiger. Da der Berg schräge gestellt ist und das Kees sich seiner Länge nach gegen seine linke Ecke hinzieht, wo dann die Bockkarscharte zwischen dieser Ecke und dem an unserem Gletscher links vom hohen Burgstall weg nordöstlich streichenden Eiskamm liegt, so haben diese Wände begreiflicherweise in ihrem untern Theile zunächst der Fuscherkarscharte die größte Höhe.

Inzwischen befanden wir uns schon auf steileren Firnfeldern und arbeiteten uns offenbar auf der Erhebung zur Scharte selbst aufwärts. Hatten wir noch so manche Kluft vor der Trennung der flächeren und steilen Partie zu überwinden gehabt, so waren wir jetzt so ziemlich mit Klüften verschont.

Bereits sahen wir die Scharte an der Ecke links unter dem linken Eisrücken, welcher steiler als unser Kees nach aufwärts steigt, zuletzt als Eiswandbühel nach Keil 10.023 W. F. hoch ist und mit stark geneigter Eiswand auf die Scharte absetzt.

Jenseits der Scharte und über ihr tauchte nun auch die im Fuscherthale gelegene hohe Dock auf. Wir aber hielten uns jetzt mehr gegen die rechte Seite, stiegen zu dem letzten linken Felsenhügel des Breitkopfs empor, und als wir auf ihm angelangt waren, erblickten wir das Bockkarkees zu unsern Füßen. Wir hatten die Kammhöhe überwunden, denn die Bockkarscharte lag links, etwas unterhalb unseres Standpunktes.

Unserem rastlosen und raschen Steigen verdankten wir es, daß wir in zwei Stunden von der Johannishütte heraufgekommen waren.

10*

Von einer Fernsicht war hier am Wenigsten eine Rede. Der Bockkarkopf und die hohe Dock, dann der Rücken von ihr zur Pasterze und der Eiskamm auf dieser gestatten keinen Ausblick. Höchstens zwischen dem Bockkarkopf und der hohen Dock hätte der Blick über das Fuscher-Seidelwinklergebirge schweifen können, wenn nicht auch dort Alles voll Nebel gewesen wäre. Ich hatte jedoch ohnehin keine Aussicht erwartet, und mir lag nur daran, das Bockkarkees und seine Umgebung genau kennen zu lernen. Dazu war natürlich hier die beste Gelegenheit geboten. Unter uns in geringer Tiefe breitete sich der Hauptboden dieses Gletschers aus, doch nicht, wie Röderer gesagt, flach zum Kegelschieben, sondern nußschalenartig gebildet.

Uns gegenüber auf der Nordseite ist unser Boden von der hohen Dock geschlossen, welche von Nordwesten nach Südosten gelagert, die Wände der dem Fuscherthale abgewendeten Breitseite aus dem Bockkarkees erhebt. Ihr höchster Punkt liegt etwas zurück nordwestlich.

Von der hohen Dock biegt sich ein Felsgrat Anfangs nord-, dann südwestlich, und seine Verlängerung erhebt sich zuerst zu bedeutender Höhe, senkt sich dann etwas und geht hierauf in einen Eiskamm über, welcher mit der mehrerwähnten, auf die Bockkarscharte absetzenden, Eiswand zusammenhängt. Dieser Grat von der hohen Dock schließt die Westseite des Bockkarkees vollkommen ab. Seine Südumgrenzung wird durch die Eiswand bis zur Scharte, dann durch die Scharte und die unteren nordwestlichen Abhänge des Breitkopfes gebildet. *) Dagegen begrenzen die Ostseite zwar von der Scharte weg

------

*) Nach Keils Karte vom Glocknergebiete läge der kleine Bärenkopf nordwestlich von der hohen Dock und durch eine Scharte von ihr geschieden unmittelbar über dem Bockkarkees. Mag nun diese nordwestlich von der hohen Dock stehende Bergspitze der kleine Bärenkopf sein oder erst der von ihr wieder nordwestlich liegende nächste Berg, so ist es sicher, daß erst an letzterem die Umwallung des Bockkarkees die Wendung nach Südwesten macht, mit welcher sie rasch zum hohen Bärenkopf emporsteigt, der so ziemlich in der nordwestlichen Ecke gleichfalls unmittelbar über dem Bockkarkees anfragt. Von ihm zieht dann der Rücken südsüdwestlich zum mittleren Bärenkopfe und von diesem westlichstem Punkte über dem Bockkarkees südöstlich zum Eiswandbühel und zur Bockkarscharte.

gegen Norden anfangs auch noch die Felsenwände des Breitkopfs, jedoch weiter vorwärts gegen die hohe Dock zu ist sie ohne Eindämmung, und von diesem Theile stürzt dann die Fortsetzung des Bockkarkeeses gegen das Käferthal hinab. Jenseits der offenen Strecke endlich steigen beeiste Abhänge vom Gletscherboden zur hohen Dock hinan. Bis an sie zieht sich das Bockkar in steilen Bergwiesen und Felsen aus der nordwestlichen Ecke des Käferthales herauf. Allerwärts aber reicht das Kees aus der tiefern Mitte des Eisfeldes in Wölbungen zu einiger Höhe der Felsen hinan.

Erinnert man sich der vorangeschickten Schilderung des Käfer= thales, so ist es unzweifelhaft, daß wir auf unserem Bratschenhügel fast senkrecht über diesem Thale und über dem Wasserfallkees saßen, das unter dem Breitkopf von dem Fuscherkarkopf, der Fuscherkarscharte und dem Bockkarkees zusammenfließt.

Nur eine Frage blieb ungelöst. Röderer glaubte, der hohe Bärenkopf liege dort, wo der Felskamm auf der linken Seite des Bockkarkeeses sich am höchsten erhebt und wir könnten seine Spitze über diesen Kamm in einer Stunde ersteigen. Ich hielt aber diese Zeitangabe nach der Höhe der sichtbaren hohen Dock über die Scharte, im Entgegenhalte mit jener des hohen Bärenkopfes, wovon die erstere etwa 9900, der letztere mindestens 10.500 W. F. hoch ist, für zu gering und meine überhaupt, daß der hohe Bärenkopf, wenn auch mit dem Kamme in Verbindung, doch noch ziemlich weit gegen Nordwesten zurückstehen müsse. Jedenfalls war die höchste Spitze auf der Scharte nicht sichtbar. *)

Mit diesem Zweifel hängt der schon wiederholt angeregte über den Lauf der Grenze an der nordöstlichen Ecke des Pasterzenkeeses zusammen. Nach den Catastralmappen muß noch ein Rücken hinter dem

---

*) Röderer hat in dieser Controverse das Richtige behauptet. Der hohe Bärenkopf war von der Bockkarscharte allerdings nicht sichtbar, allein nur wegen des auf ihm lagernden Nebels, während er sonst, als aus dem Bockkarkeese selbst sich erhebend, sich kaum auf einem anderen Stand= punkte günstiger zeigen müßte, als auf der Bockkarscharte.

das Bockkarkees westlich begrenzenden Kamme vom mittleren Bärenkopf
zum hohen Bärenkopf ziehen, wodurch sich dann erst jener noch zu
Kärnthen gehörige nordöstliche Winkel im Grenzzuge bildet. Die General=
stabskarte von Salzburg deutet diesen zweiten Rücken an, enthält aber
weder die Namen der Bärenköpfe, noch jenen der hohen Dock, und die
Verbindung des letzteren Berges mit dem Kapruner=Fuscher=Grenzrücken
ist darin ganz unbeachtet geblieben. *)

Den Grenzzug von der Bockkarscharte zum Fuscherkarkopf dafür
lernte ich auf dem Wege zur Bockkarscharte so ziemlich kennen, und er
scheint mir in seiner Ausbiegung auf der Kärnthner Generalstabskarte
richtiger gezeichnet zu sein, als in den Catastralmappen mit der
schnurgeraden Grenze von Norden nach Süden, vom hohen Bärenkopf
zum Fuscherkarkopf. Vielleicht liegt auch hier die Wahrheit in der Mitte.
Die Salzburger Generalstabskarte hat dagegen zweifelsohne, abgesehen
von der irrigen concaven Biegung der Landesgrenze, den Fehler, daß
sie die nordöstliche Ecke des Pasterzenkeeses mit dem Fuscher=Kapruner=
Rücken viel zu weit westlich stellt, wodurch dem in ihr Fuschereiskar
genannten Gletschergebiete, in welches die nicht vorkommenden Namen
Bockkarkees und Breitkopf gehören, eine ungleich größere Breite einge=
räumt wird, als es in der Natur hat.

Die Höhe der Bockkarscharte selbst würde ich auf beiläufig 9000
W. F. schätzen **) und der Breitkopf mag sie um 4—500, die hohe
Dock dagegen um 8—900 W. F. überragen.

Wir hatten die Fläche unseres Felsenhügels, welche nur Erde und
kleine Schieferstücke bedeckten, besonders da sie die Sonne warm beschien,

---

*) Von der Grenze zwischen Kaprun=Fusch einerseits und dem Mölltale
andererseits ist bereits in den vorangehenden Aufsätzen: „Der Pasterzen=
gletscher" und „Von Kaprun nach der Johannishütte auf der Pasterze"
die Sprache gewesen. Es besteht thatsächlich eben so wenig ein noch
nördlich über den mittleren Bärenkopf hinaufreichender zu Kärnthen ge=
höriger Winkel der Pasterze, als ein zweiter Rücken, der östlich oder
westlich vom Fuscher=Kapruner=Rücken in dessen Zuge vom mittleren
zum hohen Bärenkopfe parallel mit demselben läuft.

**) Nach Keil ist die Scharte 9440 W. F. hoch.

so angenehm gefunden, daß wir uns auf ihr hinstreckten und mit Muße Einiges aus dem mitgebrachten Mundvorrathe verzehrten.

Erst nach einer halben Stunde Rast brachen wir wieder auf. Anfangs wurde über den Abhang vorsichtig auf den eigentlichen Boden des Bockkarkeeses hinabgestiegen. Röderer schritt voran und stieß mit seinem 7 Schuh langen Bergstock prüfend nach vorne in den Schnee, um verborgene Spalten zu entdecken. In der That waren Klüfte in Menge vorhanden und da die Mitte des Gletschers am meisten zerrissen schien, so glaubte ich, wir sollten in gerader Linie auf die vor uns etwas rechts liegenden Abhänge unter der hohen Dock lossteuern. Röderer verwahrte sich jedoch feierlich dagegen, und sein Beweggrund, daß das Kees in Bewegung kommen und wir mit ihm in das Käferthal stürzen könnten, war zu komisch, denn wir waren vom Rande des Absturzes reichlich 50 Klafter entfernt. Doch folgte ich ihm und wir gingen auf den Eisabhängen unter dem Rücken links nach seiner ganzen Ausbiegung zur hohen Dock und hierauf unter ihren Wänden an ihre rechte Ecke.

Gerade der letzte Theil dieser Aufgabe, nämlich über die Abhänge der Dock zu dem Punkte zu kommen, wo wir uns um die Ecke zu wenden und nun den verrufenen „hohen Gang" zu betreten hatten, war wegen der gräßlichen Zerrissenheit des Eises, welches hier in der Nähe des Beginnes des Absturzes gegen das Käferthal, wie ein Fluß in der Nähe eines Wasserfalles, unruhige Wogen treibt, dann wegen der Schründe, die der Gletscher an seinem Ausgange auf den Felsboden hinab macht, mit vieler Mühe verbunden.

Endlich langten wir auf den Halden voll Schutt und Fels= trümmern und am Beginne des hohen Ganges an. Wir hatten von der hohen Scharte eine halbe Stunde über das Kees benöthigt.

Der hohe Gang besteht in einer schutterfüllten Rinne, welche etwa 900 Fuß unter dem höchsten Sattel der hohen Dock, eine halbe Stunde lang und nur wenig nach Osten geneigt hinläuft. Von der obersten Linie der hohen Dock neigen sich die schroffen Wände dieses Berges steil und unersteigbar zum hohen Gang herab. Von ihm aber setzen sie sich weiters nach abwärts fort, und ihr Abfall soll einige tausend Fuß betragen und so steil sein, daß man das etwa 4000 Fuß tiefer

gelegene Thal fast senkrecht unter sich erblickt. In diesem Blick in die
Tiefe oder wie die Pinzgauer sagen: „schiechen Absehen" liegt die Gefahr
für Jene, welche dem Schwindel unterworfen sind, und für sie soll
namentlich eine Stelle furchtbar sein, wo eine Felsplatte bis mitten in
den Schutt des hohen Ganges heraufreicht. Für den Schwindelfreien
hat der Weg jedoch keine Gefahr, denn der Tritt auf dem ziemlich
großen Schutt ist, vollends mit Steigeisen, ganz sicher.

Wir hatten die Steigeisen am Beginn des hohen Ganges an den
Füßen befestigt und schritten schnell über ihn fort. Ich habe hier das
Eigenthümliche erlebt, daß ich das wahrhaft Schreckliche des hohen
Ganges gar nicht kennen lernte, weßhalb ich auch bei Erwähnung seines
Abfalles in die Tiefe das Wörtchen „soll" gebraucht habe.

Der dichte Nebel hatte sich in der Tiefe gelagert und er begann
nur wenig unterhalb des hohen Ganges, und so sah ich zwar, daß ich
über einem furchtbaren Abgrunde wandelte, aber wie tief derselbe eigentlich
sei, ist mir bis heute ein Geheimniß geblieben.

Als ich später, nachdem wir etwa eine Viertelstunde auf dem
verrufenen Wege gegangen waren, an Röderer die Frage stellte, ob wir
schon über jene Platte gekommen seien, bedeutete er mir, daß wir gerade
über ihr seien. Doch auch das machte keinen Eindruck auf mich, weil
ich heute einen Unterschied zwischen dieser Stelle und dem übrigen Wege
zu finden nicht vermochte. Nur ganz zuletzt stutzte ich einen Augenblick.
Der Nebel war zu uns heraufgestiegen und kam jetzt in solcher Dichtigkeit herangeflogen, daß wir kaum ein paar Klafter weit sehen konnten.
Da sprach mein trefflicher Pilot das Bedenken aus, er meine, wir seien
schon etwas zu tief gestiegen, er könne aber das Wahrzeichen des Endes
des hohen Ganges, das Remsschartel, wegen des Nebels nicht finden.
Allein noch war ich mit meiner Bemerkung darauf, daß hier nicht zu
scherzen sei und wir lieber zuwarten sollten, bis sich der Nebel wieder
etwas zertheilt hätte, nicht zu Ende, so tauchte unmittelbar über uns
ein spitziges Felsstück aus dem Nebel auf. Röderer begrüßte es mit
einem Freudenschrei, denn es war das Remsschartel und der hohe Gang
war überstanden. Wir hatten auch über ihn eine halbe Stunde gebraucht.

Vom Remsschartel senkt sich eine Wiese, das Remserbrett, so steil zur Tiefe, daß sie nicht einmal von den Schafen, diesen Bergsteigern par excellence, zur Weide benützt werden kann.

Um sich von unserem weiteren Wege nach der Judenalpe eine Vorstellung machen zu können, muß hier vorerst eine flüchtige Skizze des tieferen Gebietes gegeben werden.

In der Nähe des Remsschartels löst sich ein kleiner Kamm nach Osten von der hohen Dock ab. Seine aufragende Spitze heißt das Remsköpfl oder der Remskopf, und als solchen kennen wir sie schon aus der einleitenden Schilderung des Fuscherthales. Die südliche Seite dieses kurzen Grates begrenzt das Käferthal gegen Norden. Auf seiner entgegengesetzten nördlichen Seite, in der Ecke zwischen ihm und der hohen Dock, hat sich ein Gletscher gebildet, der von unserem Standpunkte, dem Remsschartl, gesehen, nach Links herabzieht, und den nur ein geringer Zwischenraum von dem uns gleichfalls in seinem Absturze bereits von früher her bekannten Gletscher Hochgruber trennt. So wie der Abfluß des Hochgruber höher oben, so bildet der Abfluß des ersteren Gletschers einen großartigen Wasserfall über die rückwärts von der Judenalpe gelegene uns ebenfalls nicht mehr fremde Wand, den Weitstein. Bis zu diesem Wasserfall biegt sich wieder vom Remskopfe ein Grat herab und schließt dadurch die Räume vom Ende des Gletschers der hohen Dock bis auf den Weitstein, Felskare mit spärlichem Graswuchs, ab. Unterhalb des Remskopfes und des Grates zum Weitstein beginnt dann der Weideboden, doch ist er zu oberst noch oft durch Felsenwände durchbrochen und vielfach mit Steinen und Schutt bedeckt.

Entsprechend der Form des oberen Raumes, scheidet auch auf diesen Gründen ein Wiesenkamm die Abdachungen zum Käferthal und zur Judenalpe, und endet erst in geringer Entfernung von der Judenalpe über der Schlucht des Baches, welchen wir vom Weitstein herabstürzen sahen.

Und nun ziehen wir über das uns eben bekannt gewordene Terrain weiter.

Von dem Remsschartel an eilten wir zuerst auf den Gletscher der Dock herab und wollten ihn bis zur tiefsten Stelle überschreiten und dann erst den Kamm zum Weitstein betreten. Bald jedoch hinderten uns die nach allen Richtungen sich kreuzenden Klüfte und die steile Neigung des Eisfeldes daran, diese Bahn weiter zu verfolgen. Wir kehrten daher auf den Kamm zwischen dem Remsschartel und Remsköpfl zurück.

Auch er besteht aus schiefrigem Gestein, und wir hatten deßhalb auf seiner ein paar Klafter breiten obersten Fläche recht gut gehen. Von hier zeigte mir Röderer eine Klamm, welche eine der tiefsten des Landes sein soll und sicher einen so senkrechten Absturz in eine Ecke des Käfer= thales hat, wie nicht leicht eine zweite. Später kamen wir aber auf dem Abhange der Nordseite auf Stellen an den Felsen, über die zu kommen Muth und Schwindellosigkeit gleich nothwendig waren. Röderer, welcher Entschlossenheit mit Vorsicht vereint, ließ mich auch bald etwas auf ihn warten, da er suchen werde, die Stelle zu finden, an welcher die Gemsjäger hier heraufsteigen. In Kürze kam er wieder zu mir. Er hatte das Merkmal des Weges, ein Felsenloch, gefunden, durch welches die Schützen erst ihre Büchsen schieben, dann selbst kriechen, um nicht um den Felsen außen herum über eine schlechte Stelle steigen zu müssen. Um das Kriechen zu vermeiden, stiegen wir aber nichts destoweniger um den Felsen herum und fanden diese Stelle auch wieder besser als ihr Ruf ist. Nochmal hüllte uns der Nebel ein, jetzt aber vermochte er uns noch weniger als auf der Höhe zu schrecken.

Wir gingen nun auf dem Kamme zum Theil schon auf grünen Flecken gegen den Wasserfall am Weitstein und ich glaubte, wir würden irgendwo an den Felsen des Weitstein in die Tiefe des Baches hinab= klettern, als Röderer plötzlich die entgegengesetzte Richtung nach Rechts einschlug. So gelangten wir unter das Remsköpfl, das wir dadurch umgangen hatten. Unerwartet stießen wir bald darauf auf eine schwierige Stelle, indem eine scharfgeneigte Felswand auf halber Höhe ohne sichern Tritt quer überschritten werden mußte. Dann folgten jedoch schon kleineres Gerölle und Grasplätze dazwischen. Wir befanden uns bereits auf dem Juden=Schafgebirge oder, nach Pinzgauer Redeweise, auf dem Judenschaffelbirg.

Schon wollte ich den kürzesten Weg wählen und gerade hinab= steigen, allein der Abhang war doch noch zu steil und noch ragten zu oft Felsen empor. Als jedoch später das Gras weitaus die Oberhand gewonnen hatte, lief ich mittelst des Bergstockes in Sätzen in der von dem Kamme zur Rechten und den Vorsprüngen zunächst dem Weitstein gebildeten Wiesenmulde abwärts, bis eine große Zahl von Schwarz= beersträuchen meinen Lauf als mechanisches Hemmniß aber noch mehr durch das Gelüste des Hungrigen und Erhitzten nach ihren Früchten hinderte. Wir waren en debandade, Röderer Anfangs noch oben auf dem Kamme, ich unten in den Schwarzbeeren in der Plünderung begriffen. Aber auch Röderer konnte der Lockung nicht lange widerstehen, und ich sah ihn bald auf den Grashängen mit den Schwarzbeeren beschäftigt.

Ich hatte inzwischen die Bilder, welche sich auf dem Wege in das Thal darboten, nicht übersehen. Erst war über dem Hochgruben= keese die weiße Spitze der Glockerin eine Zeit lang sichtbar, bei der eigenthümlich schönen Form dieses schlanken Berges stets ein angenehmer Anblick.

Vorzüglich günstig aber nahm sich das Sandbodenkees am Wies= bachhorn aus und besiegte die Teufelsmühle vollkommen, die zu hoch oben gelegen und im Profil gesehen von hier wenig Eindruck machte.

Auf die Berge über dem Ferleitenthale, welche wir schon bis zu ihrem Fuße herab sahen, achteten wir dafür um so weniger, als der Nebel ihre Spitzen bedeckte.

Gerade um $1/_2 3$ Uhr, also $4 1/_2$ Stunden nach unserem Aufbruche von der Johannishütte, saßen wir an einer Stelle nur wenig Minuten von der Judenalpe entfernt an dem von Weitstein herabkommenden Bache.

Der warme Sonnenschein, das frische Wasser und eine duftige Havanna waren mir für den Augenblick lieber, als jede andere Nah= rung, und ich überließ es Röderer, unsern Proviant aufzuzehren, was er sich wenigstens hinsichtlich des Schnapses nicht zweimal sagen ließ.

Wir mochten eine Stunde gelagert haben, als ich zum Aufbruche mahnte, denn ich wünschte Ferleiten nicht zu spät zu erreichen, um wo möglich noch in das Fuscherbad zu gehen.

Wir langten auch wirklich schon um $1/_2 5$ Uhr im Tauernhause an. Meine Reisegefährten auf die Pasterze waren zwar noch nicht an= gekommen, trafen aber, noch bevor mein Kaffee fertig war, ein. Wir verweilten nun eine Zeit lang unter dem gastlichen Dache der Ferleiten und gingen dann gemeinschaftlich nach dem Fuscherbade, wo wir als eine erwünschte Vermehrung der eben nicht zahlreichen Badegesellschaft von den anwesenden Badegästen auf das Freundlichste empfangen wurden.

Frühere Züge über das oberste Pasterzenkees und Uebergangspunkte auf dasselbe.

Das oberste Pasterzenkees bietet als das Firnmeer eines der ausgedehntesten Gletscher der Alpen dem Forscher im Dienste der Wissenschaft eine eben so reiche Ausbeute für seine Zwecke, als es den Freund der Hochgebirgsscenen durch die herrlichsten Gletscherbilder entzückt. Ich erinnere nur an uns schon Bekanntes: die Aussicht von der Höhe des großen Burgstalls und an den Anblick des bisher ganz unbekannten und doch so originellen Bockfarkeeses. Für so reiche Ausbeute in dieser oder jener Richtung ist es noch viel zu wenig besucht worden.

Das Interesse, zu erfahren, welche Wege auf das Firnmeer allenfalls eingeschlagen werden könnten, veranlaßte mich in Heiligenblut im Glocknerbuche und bei den älteren Führern nachzuforschen, welche Wege bisher wirklich eingeschlagen worden sind.

Trotz der sorgfältigsten Erkundigungen konnte ich aber nur von vier früheren Zügen über das oberste Pasterzenkees Nachricht erhalten.

Der älteste bekannte ist jene Expedition, welche Se. kaif. Hoheit der Herr Erzherzog Johann von Oesterreich im Jahre 1832 unternommen hat. Es handelte sich um eine Wanderung von der Gamsgrube nach Kaprun. Se. kaif. Hoheit soll auf die Höhe des Tauernrückens gelangt sein, hier aber sollen sich die im Abwärtssteigen zu überschreitenden Gletscher von Kaprun so furchtbar zerklüftet gezeigt haben, daß der Herr Erzherzog auf Abrathen aller Führer den Rückweg antrat.

Ich konnte nicht ermitteln, ob bei dieser Expedition derselbe Uebergangspunkt gewählt wurde, auf welchem ich 23 Jahre später von Kaprun auf die Höhe gekommen bin; es ist aber wahrscheinlich, da er sicher die günstigste Stelle zur Ueberschreitung des Grenzkammes ist.

Aus der Schilderung meines Zuges leuchtet hervor, daß der Weg auf der Kapruner Seite wegen der großen Zerklüftung des Keeses sehr gefährlich war. Waren vielleicht im Jahre 1832 die Gletscher= spalten noch zahlreicher und schneefrei, so ist es, besonders da von oben gesehen ein derart zerrissener Gletscher noch viel schauerlicher aussieht, leicht verständlich, daß jener Rath gegeben und befolgt wurde.

Wie wir von der Pasterze her wissen, verdankt die Johannis= hütte jener Gletscherreise ihr Entstehen, und so hat sie jedenfalls eine bleibende wohlthätige Folge gehabt.

Die Daten über eine zweite Gletscherfahrt entnahm ich dem Glocknerbuche. Darnach haben vier Herren am 11. September 1844 den Johannisberg erstiegen. Sie sind von der Johannishütte um 5¾ Uhr Morgens fort, dann links vom kleinen Burgstall auf die Höhe gegangen und vom Fuße des Johannisberges zur rechten Seite des= selben und so auf der scharf ansteigenden Kante hinangestiegen. Um 10 Uhr waren sie auf der Spitze.

Ich erfuhr später, daß Bäuerle und Wirthsbauer ihre Führer waren, konnte aber bei meinem wiederholten Aufenthalte in Heiligen= blut keinen der beiden Männer sprechen. Sonst wußte Niemand Nä= heres über diese Johannisberg=Ersteigung. Nur ein zufällig in Hei= ligenblut anwesender Forstbeamter versicherte mich, aus dem Munde eines jener vier Herren gehört zu haben, daß er und seine Gefährten wegen zu großer Brüchigkeit des Eises nicht auf die höchste Spitze gekommen sind. Sei es, wie ihm wolle, so ist zu bedauern, daß die Ersteiger so wenig über ihr Unternehmen, wenn auch nur im Glockner= buche, veröffentlichten, indem namentlich die Fernsicht vom Johannis= berge und seine Stellung zu den Bergspitzen im Dorferalpen= und Stubachthale von großem Interesse wäre.

Einen längeren Aufenthalt haben die Gebrüder Schlagintweit im Jahre 1848 in der Johannishütte genommen.

Ihre barometrische Messung des Todtenlöcherpasses, d. h. der Oedenwinkelscharte, beweist, daß sie auf dem Firnmeere südlich vom Johannisberge waren. Ihr Führer, Pius Kronegger, gewöhnlich Plattl genannt, erzählte mir, daß auch sie links vom kleinen Burgstall zur Höhe gelangt sind. Er sagte mir weiter, er hätte damals mit ihnen nach Kals hinabsteigen wollen, doch sei dieß unterblieben. Vermuthlich war es eben an der Oedenwinkelscharte, deren Namen er nicht kannte und durch welche die Bergreisenden nicht nach Kals, sondern in den obersten Theil von Stubach, den Oedenwinkel, gekommen wären.

Endlich behauptete er, daß er die Herren auf dem nördlichen Theile des Firnmeeres bis zur hohen Riffel geführt habe.

Es wird mir gewiß nicht verargt werden, wenn ich diesen Besuch des nördlichen Firnmeeres bezweifle, denn hat er stattgefunden, warum machten dann die sonst so fleißigen Gebrüder Schlagintweit keine Messung des Kammes an der Riffel, warum maßen sie vom großen Burgstall nur die Höhe der Moräne an seinem Fuße und nicht, wie beim kleinen Burgstall, auch jene seines Gipfels? Im ganzen Werke kommen keine Beobachtungen aus diesem Theile des Firnmeeres vor, und doch ist er der größere und interessantere Theil!

Plattl trägt sicher an der unrichtigen Terminologie des Schlagintweit'schen Werkes großentheils die Schuld, und so liegt den angeführten Thatsachen gegenüber die Vermuthung nahe, er nehme es auch mit seiner Angabe über den Ausflug bis zur Riffel nicht so genau.

Eine vierte Reise über das Firnmeer ist jene des Thomas Enzinger, Bellerersohnes aus Stubach, welcher ich, obgleich sie der Zeit nach vor der Ersteigung des Johannisberges und vor dem Besuche der Gebrüder Schlagintweit gemacht wurde, als der interessantesten zuletzt erwähne.

Als im Jahre 1841 eine zahlreiche Gesellschaft von Neukirchen im Oberpinzgau zur ersten Ersteigung des Großvenedigers aufbrach, befand sich darunter Thomas Enzinger, ein junger Mann, welcher sich durch seine hohe und stattliche Figur, aber auch durch einen mindestens 8 Schuh langen Bergstock auszeichnete. Er wurde damals als einer der kühnsten Bergsteiger Pinzgau's bezeichnet, der den Großglockner von Norden

bestiegen habe. Im Gedränge jenes Benedigerzuges konnte ich mich mit
ihm über seine Bergfahrt nicht weiter unterhalten. Seitdem ist er gestorben,
ohne daß ich noch einmal mit ihm zusammentraf. Nach demjenigen, was ich
in Stubach von seinen Verwandten erfahren habe, hat er nicht den
Großglockner, wohl aber das oberste Pasterzenkees von Norden erstiegen,
und zwar hat er seine Höhe bei der hohen Riffel, wahrscheinlich über die
Todtenlöcher, erreicht, ist dann östlich über das Firnmeer gegangen, hat
über die Bockkarscharte das Gebiet von Fusch betreten, aber nicht um
gleich uns im Jahre 1856 nur über den hohen Gang in die Judenalpe, sondern um noch unter der hohen Dock vorbei über deren unwirth-
samen Gletscher oder über das wildzerrissene Hochgruberkees zu schreiten,
jenseits dessen, am Bratschenkopf, er erst thalabwärts gestiegen und bei
der Vögerl- oder Vögalalpe auf den Thalgrund der Ferleiten gelangt
sein soll.

Wenn man diese Angaben für wahr hält, und in der Hauptsache sind sie es sicher, so findet man es fast unbegreiflich, daß Thomas
Enzinger diesen Weg in e i n e m Tage zurücklegen konnte. Jedenfalls
aber ist dieser Spaziergang, von einem Pinzgauer Bauern allein über
die ihm unbekannten größten Gletscher des Landes und über gefährliche
Felswände unternommen, ein Beweis von seltenem Muth, wie er sich
aus anderer Veranlassung wohl in einer andern Gestalt, aber kaum
jemals in größerem Maße wird finden lassen.

Ruft man sich zu diesen Zügen noch die meinigen in das Gedächtniß
zurück, so sind damit auch alle Punkte berührt, über welche, außer vom
tieferen Pasterzengletscher und der Gamsgrube aus, ein Zugang auf
das oberste Pasterzenkees offen steht: von Fusch über die Bockkarscharte
kaum über die Fuscherkarscharte; von Kaprun zwischen dem vordern
Bärenkopf und der hohen Riffel; von Stubach an der Riffel bei den
Todtenlöchern. Möglich, daß noch am mittleren oder hohen Bärenkopf
ein Uebergangspunkt aufzufinden wäre; diese Strecke kenne ich zu wenig,
um mich hierüber bestimmt aussprechen zu können.

Es ist mir jedoch nicht wahrscheinlich, daß dieß der Fall sei, weil
ich niemals von der Benützung eines derlei Passes etwas gehört habe,
während ich doch sogar erzählen hörte, daß ein Kapruner Schütze vor ein

paar Jahren in Verfolgung einer Gemse, die er auf dem Kapruner-
gletscher am Schwarzkopf angeschossen hatte, den Rücken zwischen Kaprun
und Fusch überstiegen habe, und auf das Bockkarkees gelangt sei.

Die Oedenwinkelscharte wurde mir im Jahre 1856 vom Schafbühel in Stubach gezeigt. Ich muß gestehen, daß es mir nicht einladend
schien, sie zu passiren, und ich konnte auch Niemanden ermitteln, der durch
sie aus dem Oedenwinkel auf die Pasterze oder umgekehrt gestiegen wäre.

Plattl wäre nur bald über sie hinabgestiegen, und der Kalser
Forstwart versicherte mich zwar allerdings gehört zu haben, daß die
Kalser Schützen, wenn sie von den Jägern auf der Gemsenjagd im Oeden-
winkel überrascht werden, sich auf die Pasterze flüchten. Allein auch er
wußte keinen Fall der Art, der wirklich vorgekommen wäre, und das
Gerücht von diesem Weg zur Flucht mag durch einen einzelnen kühnen
Flüchtling entstanden sein; dazu jedoch, um als ein öfter benützter
Steig zu dienen, ist die Oedenwinkelscharte selbst für fliehende Gems-
jäger zu gefährlich.

Vielleicht wäre noch ein Uebergang aus dem Dorferalpenthale
nach der Pasterze in der Nähe des Schneewinkelkopfes möglich; aber
das Dorferalpenthal ist noch mehr ein unbekanntes Land als selbst
Stubach und Kaprun.

Ganz unthunlich dagegen scheint es mir, von den südlichen Glockner-
gletschern auf die Pasterze zu gelangen, weil sie, wie ich dieß vom Groß-
glockner und im Jahre 1856 in der Nähe auf dem Teischnitz- und
Kenitzkeese gesehen, ungemein steile Neigungswinkel haben, so daß die
Kalser auch nur den Versuch, ohne in das Leiterthal hinüberzugehen,
auf die Hohenwartshöhe und Adlersruhe vorzudringen, in einem frühern
Jahre aufgeben mußten und erst in letzter Zeit unter mannigfaltigen
Gefahren damit zu Stande gekommen sind.

Endlich müßte man noch ganz zuletzt erst von der Höhe des
Glocknerkammes entweder auf den südlichen Theil des Firnmeeres oder
unmittelbar auf das obere Pasterzenkees herabsteigen, und wenn auch
die letzte, wäre dieß doch nicht die leichteste Aufgabe einer derlei Kalser-
Pasterzenreise. *)

---

*) Spätere Forschungen des Verfassers über die Pässe auf der Pasterze
 enthält der Artikel: „Ersteigung des Johannisberges auf der Pasterze."

Aus dem Tauernhause Ferleiten auf den Kloben.

Wir befinden uns an klassischer Stelle, auf dem höheren Thalboden von Fusch im Tauernhause Ferleiten.

Nicht auf geschichtlichen Daten beruht die Klassicität des Ortes. Wohl reicht das Goldgebiet der Tauern herein in das Fuscherthal, in dessen Seitenthale des Hirzbachs man noch heute, wenn auch nicht mehr mit dem alten Bergsegen, nach dem gefährlichen Metalle wühlt. Nun haben aber die Römer das Gold der Taurisker gekannt und gewürdigt und sicher hat es da an Zusammenstößen zwischen den Urbewohnern und den Weltbeherrschern zur Zeit, als sich diese der Bergwerke bemächtigten, nicht gefehlt. Allein von kleinen Balgereien nimmt die Geschichte keine Notiz und von großen Kämpfen in dieser Gegend weiß nicht einmal, wie dies bei der blutigen Alpe im Bundschuhthale in Lungau der Fall ist, die leichtgläubige Sage zu erzählen. Auch der späteren Geschichte ist das Fuscherthal ein unbekannter Name. Dafür sind ihm alle Naturschönheiten so verschwenderisch zugefallen, daß die Fusch ein wahrhaft klassischer Boden für den Naturfreund und Maler genannt werden muß.

Von Jahr zu Jahr nimmt der Besuch des Thales zu und übersteigt eine größere Zahl von Fremden auf der Wanderung nach Heiligenblut, dem Mekka der Touristen, der Bergsteiger und Botaniker, aus seinem Hintergrunde den Fuschertauern und die Pfandlscharte. Dadurch ist eine weitläufige Schilderung des Gebietes, in dem sich diese Skizze zunächst bewegt, überflüssig, und es genügt vollkommen, die Hauptumrisse desselben dem Leser vorzuführen.

Dem oberen Fuscherthale gab die Mutter Natur nicht blos üppige Matten und reichen Baumwuchs auf den Abhängen und in der Niederung, nicht blos prachtvolle Gletscher, welche in zahllosen Wasserfällen ihren Abfluß zu Thal senden, und kühngeformte Bergspitzen, und zwar alles dies in trefflicher Zusammenstellung, sondern sie gab ihm auch dasjenige, worin sonst das österreichische Gebirge gegenüber der Schweiz zum größten Nachtheile für seine Würdigung in weiten Kreisen stiefmütterlich bedacht wurde — einen Standpunkt, diese Herrlich= keiten zu beschauen, und dieser Standpunkt ist eben der weite Thal= boden von Ferleiten.

Vergegenwärtigen wir uns vor allem das Gerippe des Thales. Seine Südwand bildet der Hauptkamm der Tauern, die Westseite nimmt der Kapruner Fuscher Scheiderücken ein, die östliche jener Berg= zug, welcher sich zwischen dem eigentlichen Fuscherthale, dem Weichsel= bachthale, das als Längenthal in das Querthal Fusch von Osten herab= steigt, und dem Seidelwinkel, dem südwestlichen Thalaste von Rauris, aufbaut. Am Fuße dieses letzteren Bergzuges geht der Weg auf den Heiligenbluter Tauern in Schlangenwindungen in der südöstlichen Ecke des Thales hinan. Die ausgezeichneten Bergformen haben wir jedoch nur im südlichen und im westlichen Höhenzuge zu suchen.

Folgen wir zuerst dem südlichen, so fesselt unsere Aufmerksamkeit dort, wo er an der südwestlichen Ecke des Thales in seine Umgren= zung eintritt, das breite Gletscherhaupt des Fuscherkarkopfes, der höchsten Spitze aus dem Tauern = Hauptkamme. An ihn reiht sich östlich das nach Osten geneigte feine Horn des etwas niedrigeren Sinewellecks, auf dieses folgt im Zuge gegen Osten, zu oberst mit Felsgräten wieder= holt sich hebend und senkend, der Gamskarkopf, der einzige nicht be= gletscherte Berg aus dem südlichen Zuge. Auf seiner Ostseite entsendet er einen schmalen Grat in nördlicher Richtung, der steil abfallend zu= letzt auf dem hintersten Thalboden endigt. Dieser Grat stürzt von der obersten Höhe an bis herab zur Tiefe des Thales in mächtigen Wänden ostwärts ab. Da nebenan auch die zunächst östlich folgenden Hochspitzen auf ihrer Westseite von der höchsten Kammlinie bis in die Thaltiefe in hohen Wänden abbrechen, so ist dadurch im Haupt= zuge eine Schlucht gebildet, welche in der ganzen Erhebung des süd= lichen Zuges offen vor uns daliegt. Das runde Berghaupt, das über ihr zu oberst rechts sich scheinbar an den Gamskarkopf anlehnt, in Wirk= lichkeit ist es durch die obere Pfandlscharte von ihm getrennt, ist der Bären= oder Pfandlschartenkopf, der Gletscher, dessen weiße Fläche an der linken Seite dieses Berges als der tiefste Einschnitt im südlichen

Höhenzuge unmittelbar mit dem Blau des Firmamentes zusammenstößt, dann wie eine Zunge unter ihm tief in die Schlucht herabhängt, das Pfandlschartenkees, der Bach endlich, dessen weiße Schaumlinie im untersten Theile der Schlucht sich so hübsch vom Grün der Wiesen abhebt, der Pfandlschartenbach. Unsere Schlucht endet auf einer Kammhöhe von 8400 Wiener Fuß mit der eigentlichen Pfandlscharte, und über diesen in neuerer Zeit von Fremden vielbetretenen Paß gelangt man unmittelbar zum Pasterzengletscher.

Wir haben bemerkt, daß die Wände auf der Ostseite der Pfandlscharten-Schlucht steil aufsteigen. Höher oben gehören sie dem Spielmann an, dessen schmucke Pyramide als erste Erhebung im Hauptrücken östlich von der Pfandlscharte emporragt, weiter unten aber dem Kloben.

Aus der Tiefe des Thales gesehen, überrascht der letztere Berg durch seinen eigenthümlichen Bau. Wir erblicken seinen Doppelgipfel als östlichen etwas nach vorwärts gegen das Fuscherthal stehenden Nachbarn des Spielmanns. Von dem westlichen Gipfel weg zieht sich als oberste Kante des Berges unterhalb der zurückstehenden Spitze des Spielmanns ein langer Rücken nach Westen bis zu dem Punkte, wo der Abfall in steilen Wänden gleichfalls westwärts in die Schlucht der Pfandlscharte erfolgt.

Von demselben Punkte zweigt aber auch hier wie jenseits der Schlucht vom Gamskarkopf ein scharfer Grat nordwärts und endet erst im südöstlichen Hintergrunde des Fuscherthales. Der in diesem Rahmen liegende nach Norden geneigte Körper des Kloben besteht jedoch aus zwei verschiedenen Theilen. Denn während auf der Ostseite unterhalb der Spitze ein gewaltiger Gletscher lagert, ist der westliche felsige Theil auffallend wannenförmig zwischen den Wänden, welche den östlichen Gletscher zu tragen scheinen, und dem nordwärts laufenden Grat, der, wie erwähnt, seine Wände westlich in die Pfandlscharten-Schlucht hinabsenkt, eingeschnitten. Das dergestalt gebildete mächtige Kar endigt steil geneigt erst an den Wänden, welche in den obersten Mulden des südöstlichen Winkels des Fuscherthales wurzeln.

Der letzte aus dem Fuscherthale, insbesondere am Eingange in dasselbe, gegen Osten sichtbare Berg aus dem Hauptkamme der Tauern ist der Brennkogel. Auch er hat wie der Kloben seine Spitze auf der linken Seite und verlängert sich nach steilem Abfalle seines Hornes noch nach Rechts.

Sowohl von der östlichen Spitze als an dem nordwestlichen End= punkte des Kammes senkt sich je ein Grat steil abwärts nach Norden, als die Grenzen des zwischen der Spitze und ihnen eingebetteten Gletscherfeldes.

Allein alle diese Gletscherpracht, alle diese kühnen Berggestalten verschwinden gegen die Wunder des Fuscher Kapruner Rückens. Ueber dem tiefen Einschnitte an der Nordwestecke des Fuscherkarkopfes lagert unter einem rechten Winkel mit dem Hauptkamme der nach seiner mehr breiten als hohen Form richtig benannte Felsenkopf des Breitkopfes.

Die vom Fuscherkarkopf und Sinewelleck bei der Steilheit dieser Bahn in zahllosen Krystall=Pyramiden nordwärts herabsteigenden Gletscher vereinigen sich mit dem von der Nordseite des Breitkopfes gegen Südost herabströmenden Bockkarkeese, und der gewaltige Eisstrom fällt nun von Stufe zu Stufe in prächtigem Absturze gegen das Thal herab, bis er an den höchsten Felsenwänden des in der südwestlichen Ecke des Fuscherthales eingeschnittenen Käferthales angelangt innehält. Fortan poltern aber wenigstens einige Eistrümmer und häufig donnern auch Lawinen frisch gefallenen Schnee's über die schief geneigte Bahn bis in den obersten Grund des Käferthales, und in ihn stürzen nach der Stärke der Abschmelzung des Eises auf den Keesen beständig zehn bis vierzehn Wasserfälle über die Felsenwände hinab. Auf der Nordseite steigt die phantastisch geformte hohe Dock mit ihrer abgeplatteten Kuppe im Hintergrunde über dem Käferthale auf, während dasselbe mehr nach vorne gegen die Ausmündung zu von unbedeutenderen Höhen wie der Pyramide des Remsköpfels nördlich begrenzt wird. Die Vereinigung der Gletscherabstürze über dem Käferthale sammt diesem und den Hoch= spitzen darüber begreift man gewöhnlich unter der Bezeichnung „das Fuschereiskar“. Doch wird sie bisweilen auch für den ganzen Gletscher= kranz des Fuscherthales vom Brennkogel bis zum hohen Tenn gebraucht.

Noch sind aber die Herrlichkeiten des Kapruner Fuscher Scheide=
rückens nicht zu Ende. Die Kapitalstücke folgen erst jetzt.

An der Nordseite der hohen Dock, im Zwischenraume zwischen
ihr und den Wänden der nächsten nördlichen Hochspitze, des Bratschen=
kopfes, blickt in bedeutender Höhe das wild sich thürmende Gewürfel
des mächtigen Gletschers Hochgruber zu Thal. Ueber ihn schaut an
manchen Stellen im Fuscherthale das Geheimniß des Glocknergebietes,
die tief beeiste bei 11.000 Fuß hohe Pyramide des hohen Bären=
kopfes als Zierde des Bildes in dasselbe herein.

Obgleich durch seine Höhe zur Selbstständigkeit geschaffen, bildet
der schon genannte Bratschenkopf doch nur einen Theil eines Gewal=
tigeren, als er selbst ist, nämlich die südliche Abtheilung des großen
Wiesbachhorns.

Nach Norden über eine mit einem Gletscher ausgefüllte hohe
Einsattlung blickend, sehen wir jetzt auch schon den Bergriesen selbst
sein gedrungenes nach Links geneigtes Horn, dessen Theilung in zwei
Spitzen nur ein scharfes Auge zu erkennen vermag, trotzig in die
Lüfte erheben. Es bricht gegen Norden zu oberst steil ab, senkt sich
jedoch bald sanfter auf den Kamm, hinter welchem das kleine Wies=
bachhorn seine südwärts geneigten Zackenspitzen aufbaut. Noch folgt
im Zuge nach Norden als Schlußstein des Gletscher = Amphitheaters
der hohe Tenn. Da er jedoch von Ferleiten nicht mehr sichtbar ist,
so schenken wir jene Augenblicke, welche uns noch zur Betrachtung des
Kapruner Scheiderückens gegönnt sind, dem Wiesbachhorn.

So vollkommen in ihrer ganzen Erhebung wie dieses, ist kaum
eine andere der vorzüglichsten Gletscherspitzen in den österreichischen
Alpen sichtbar. Es liegt mit seiner vom Thalwege an bis zur höchsten
Spitze 7000 Fuß betragenden Steigung vor uns da.

Im tiefern Theile herrschen noch die Hochweiden vor, höher oben
wechseln grüne Flecke mit den Felsen ab, bis auch sie von gewaltigen Wän=
den und dem Gletschereise verdrängt sind. Drei Gletscher fließen ostwärts
gegen das Fuscherthal. Der südlichste davon ist die Teufelsmühle, welche
den hohen Raum zwischen dem Bratschenkopf und der Hauptspitze ein=
nimmt und deren Abbruch mit blauer Eiswand an den Felswänden

zum vorzüglichen Schmuck des Bildes dient; in der Mitte hängt das Pockeneikees tief in das Thal herab, nördlich fließt das Sandboden- kees unterhalb des kleinen Wiesbachhorns in östlicher Richtung gegen das Thal, wird jedoch dadurch, daß sich hier ein Rücken in östlicher Richtung loslöst, der bald in der Pyramide des Sandbodenkopfes über der Fögalalpe endet, zu einer Wendung gegen Südosten gezwungen, welche es in seinem mächtigen Absturze einhält, bis es in geringer Entfernung vom Pockeneikeese endigt.

Allein nicht allerorten im Thale sind alle diese Prachtscenen dem staunenden Beschauer zugleich geboten, und insbesondere am Tauern- hause verhindert ein niedriger Rücken, das unterste Fußgestelle des Wiesbachhorns, die Aussicht auf den Kapruner Fuscher Rücken, und die Höhen der östlichen Thalwand machen den Anblick des Brenn- kogels unmöglich, und dennoch ist auch hier das Bild, das der Süd- rand mit den östlichen Vorbergen und dem grünen Thalboden gewährt, ein entzückend schönes.

Als ich im Jahre 1859 auf dem Wege nach Heiligenblut im Tauernhause Ferleiten eintraf, hatte ich den Tauern bereits fünfmal, die Pfandlscharte zweimal überschritten und war außerdem noch auf dem ungewöhnlichen Wege über das Bockkarkees auf die Pasterze ge- wandert. Es war daher eben so begreiflich, daß ich keine Lust hatte, den Weg über die gewöhnlich benützten Pässe einzuschlagen, als es seine Schwierigkeiten hatte, einen neuen Uebergangspunkt nach Kärn- then zu finden.

Eine Berathung mit meinem vielbewährten Führer auf dem Glocknergebiete, Joseph Schweighofer, der mit anderen Größen das Schicksal theilt, daß über seinem für die Oeffentlichkeit angenommenen Namen — als Führer kennt man ihn nur unter dem Namen Röderer — sein Tauf- und Zuname in Vergessenheit gerathen, lieferte das Resultat, daß wir über den Kloben auf den Brennkogel und von da durch das Gutthal nach Heiligenblut gehen sollten. Außer der Neu- heit des Weges hatte diese Bergreise für mich noch ein mehrfaches Interesse. Die Ersteigung zweier Hochspitzen in dieser Gegend ergänzte meine Kenntniß des Glocknergebietes, ich lernte das verlassene Berg-

werk auf dem Kloben kennen, das erst die Hitze des Jahres 1857
wieder vom Eise blosgelegt hatte, nachdem bis dahin nicht einmal die
frühere Existenz dieses Baues in den benachbarten Thälern bekannt
gewesen war; endlich kam ich wieder auf den Brennkogel, dessen in
neuester Zeit zu immer größerem Rufe gelangende Fernsicht ich schon
im Jahre 1836 genossen, jedoch seitdem so ziemlich aus der Erinnerung verloren hatte.

Zum Verständnisse des Lesers wollen wir aber, ehe wir die
Bergreise wirklich antreten, noch einen Blick auf das Gebiet im Süden
der Tauern in ihrem Zuge vom Fuscherkarkopf bis zum Brennkogel
und ihrer Ausästungen werfen. Dort liegt das oberste Möllthal und
der untere und mittlere Boden des Pasterzengletschers. Der westliche
Eckpfeiler des Hauptkammes der Tauern, so weit dieser in seinem
Zuge über dem Fuscherthale auf unsere Skizze Bezug hat, der Fuscherkarkopf, erhebt sich so ziemlich nördlich von der Johanneshütte auf
der Pasterze, Heiligenblut dagegen liegt südsüdöstlich vom Brennkogel,
an dessen Ostwänden der Tauernweg mit einer geringen östlichen Ausbiegung vom nördlichen Fuscherthörl zum südlichen Hochthor hinzieht.
Die gerade Linie gegen Süden vom Brennkogel endlich nimmt das
Gutthal ein, das ist jene Schlucht, welche nördlich am Brennkogel
und Spielmann entspringt, dann westlich von dem Zuge vom Spielmann über die Racherin zum Kaserockkopf und seiner südlichen Verlängerung, östlich aber von dem vom Brennkogel über den Gratten
südlich streichenden Kamme begrenzt gegen Süden zieht, bis sie in das
oberste Möllthal ausmündet.

Auf dem Wege von Heiligenblut auf die Pasterze überschreitet
man, schon an das linke Ufer der Möll gelangt, bei den malerischen
Häusern, oberhalb derer der Weg zum niedrigen Sattel eine steilere
Steigung nimmt, einen von Norden aus einer Schlucht herausbrau-
senden mächtigen Bach, und dies ist der Bach und die Schlucht des
Gutthales, durch das wir diesmal aus dem Salzburgischen nach Heiligenblut wandern werden.

Meine Verabredung mit Röderer ging dahin, daß er, sobald
es schönes Wetter zu werden verspreche, nicht mit Fremden über den

Tauern gehen, sondern mich in Ferleiten erwarten solle, wohin ich sicher gegen Abend aus dem Fuscherbade kommen würde. Als sich der 24. August schön anließ, traf ich daher Abends, ausgerüstet zu einer größeren Alpenreise, in Ferleiten ein. Allein Sepp, dem eine tief berechnende Weisheit nicht abgesprochen werden kann, hatte sich, als ihm am Vorabende die Versuchung einer Führung über den Tauern nahe getreten war, wahrscheinlich gedacht, daß ich auf ihn warten müsse, weil er allein den beabsichtigten Weg kenne, und daß zwei Fremdenführungen einträglicher seien als eine, und war trotz aller Anzeichen des schönen Wetters am Morgen mit Reisenden über den Tauern nach Heiligenblut gegangen. Noch blieb die Möglichkeit übrig, daß er in der Nacht nach Hause komme, und so ging ich in ganz guter Laune zu Bette. Als aber der nächste Morgen schön wie kaum ein zweiter in den letzten Wochen und Röderer nicht zurückgekehrt war, ärgerte ich mich weidlich über den alten Tauernläufer.

Ich wollte das herrliche Wetter nicht unbenützt lassen, und da ich mit Kennern unserer Gletscher wiederholt besprochen hatte, daß die Keese des Wiesbachhorns zu den am tiefsten herabreichenden Gletschern in den österreichischen Alpen gehören dürften, so machte ich mich mit dem Barometer auf, um bis zum Ende des Pockeneikeeses hinaufzusteigen und seine Höhe zu messen. Der Weg führte mich über die Fögalalpe und über jene Grasmulden, über welche ich auch nach der Ersteigung des Wiesbachhorns den Rückweg nach dem Tauernhause genommen hatte. Ich mußte so manche Mulde durch= und überschreiten, bis ich an den Felstrümmern der Randmoräne und bald darauf an der sechs bis acht Klafter hohen in der Mitte geschründeten und nach vorne geneigten Eiswand angelangt war, mit welcher das Kees auf seiner Nordostseite endigt. Ich fand hier die Seehöhe mit 5494 W. F., mehr südlich, dort wo der Gletscher flach endet und sein mächtigster Wasserabfluß zwischen Felsen zur Tiefe schießt, mit 5531 W. F. Wenn auch tief herabreichend, ist darnach selbst dieses am weitesten zu Thal steigende Kees des Wiesbachhorns nicht unter die tiefsten Gletscher unseres Gebirges zu rechnen, und der Irrthum, daß man vom Thal= wege in ganz kurzer Zeit das sichtbare Gletscherende zu erreichen meint,

erklärt sich eben durch den Umstand, daß viele der zu übersteigenden
Mulden durch andere gedeckt sind, theils durch die optische Täuschung,
der zu Folge in der reinen Luft des Hochgebirges die Objecte durchaus näher erscheinen als sie wirklich sind.

Mit einigem Aufenthalte in der Fögalalpe wurde es Mittag,
bis ich wieder in das Tauernhaus zurückkam. Röderer war inzwischen
heimgekehrt, jedoch zu spät für mich, um heute noch etwas Größeres
unternehmen zu können. Nachmittags ging ich dann gegen den Hintergrund
des Thales, der auch hier das Naßfeld heißt, bis zu jener Stelle auf
dem Thalwege, von welcher man den schönsten Anblick des Wiesbachhorns hat. Sie befindet sich jenseits des malerischen Fögalwaldes über
der Brücke über den vom Wiesbachhorn, das die Thalbewohner selbst
das Bieschbachhorn nennen, herabpolternden Bieschbach, dort, wo der
Tauernweg vom Thalwege ablenkt, um zuerst über den Thalbach, dann
die östlichen Abhänge hinan zu ziehen. Der Rücken, welcher als östliche
Vorlage des Wiesbachhorns weiter außen den Anblick desselben hinderte, ist am Sandboden plötzlich abgebrochen, und nun steigt der nahe
kolossale Berg in allen seinen Theilen uns erschlossen in überraschender
Großartigkeit vor uns auf.

Ich kehrte erst spät in das Tauernhaus zurück und mußte mir
sagen, daß ich den Tag angenehm, wenn auch ohne einen namhaften
Erfolg, verlebt hatte. Auch der Abend sollte mir jedoch heute noch auf
die erfreulichste Weise verkürzt werden.

Ich saß in dem kleinen Anban an die Stube des Tauernhauses,
als ich durch die Ankunft eines alten Bekannten aus Wien überrascht
wurde, der an diesem Tage von Heiligenblut aus den Brennkogel erstiegen hatte und jetzt über den Tauern hierher gekommen war.

Wir plauderten noch lange über dies und jenes, bis endlich dem
Tauernwanderer die Augen allmälig zufielen und wir schieden.

Zum Glück für Röderer war der Morgen des 26. August nicht
minder reizend als jener seines Vormannes im Kalender.

Wir brachen um 5 Uhr auf. Man muß das Schauspiel des an
den Firnspitzen im Fuscherthale anschlagenden ersten rosigen Morgen-
lichtes und seines allmäligen Ueberganges in den vollen Sonnenschein

erlebt haben, um zu begreifen, wie es mich auch heute wieder entzückte. Es stieg sich in der Morgenkühle köstlich hinan bis zur Trauneralpe, welche wir in fünf Viertelstunden erreichten. Für den Maler gruppirt sich das Käferthal, dessen Sohle in ihrem steilen Ansteigen erst mit Matten, dann Gerölle offen da liegt, mit den darüber aufragenden Gletscherabbrüchen und Firnspitzen, das Fuschereiskar im engeren Sinne, am günstigsten auf dem Wege etwa eine starke Viertelstunde unterhalb der Alpe, indem hier die vorspringenden Wände des Gamskarkopfes seine linke Seite noch nicht wie an der Trauneralpe überschneiden. Aber immer ist der Anblick des Thalschlusses auch hier an der Alpe noch prächtig. Und wenn dem Maler nicht gestattet ist, das Käferthal und das Wiesbachhorn in einem Bilde zu vereinigen, weil es zu aus= gedehnt werden würde, so fliegt dafür das Auge des Naturfreundes desto ungehemmter von den Prachtgestalten des Fuscherkarkopfs und Sinewellecks zu jenen der hohen Dock und des Wiesbachhorns, von den wundervollen Abbrüchen blauen Eises im Käferthale zu der Gletscher= wand der Teufelsmühle, des Pockenei= und Sandbodenkeeses.

Für mich hatte vollends alles den doppelten Reiz der Erinnerung. Hier konnte ich den Weg verfolgen, den ich über die Wände des Wiesbachhorns genommen, dort gab mir die scheinbare Unmöglichkeit, an der hohen Dock vorbei auf das Bockkarkees zu gelangen, Veran= lassung, die Rinne in den Wänden dieses Berges, den sogenannten hohen Gang, mit dem Fernrohr aufzusuchen, in welcher Röderer und ich und vor uns schon so mancher Schütze dies und zwar ohne große Gefahr bewerkstelligt hatte.

Rasch verfloß die Zeit mit Schauen und Plaudern mit den Sennen, die mich zum Theil schon von früher her kannten, und als ich noch die Barometermessung gemacht hatte, sah ich, daß wir schon eine volle halbe Stunde hier verweilten. Ich fand die Höhe der Trauneralpe mit 4783 W. F. und glaube, da diese Alpe gewöhnlich das letzte Ziel der Besucher des Fuscherthales ist, auch noch zur Be= ruhigung aller steigunlustigen Reisenden veröffentlichen zu sollen, daß ich als Mittel zweier Messungen die Höhe des Tauernhauses mit 3498 W. F. erhalten habe. Denn aus dieser Notiz entnehmen sie, daß, wenn man ihnen in Ferleiten räth bis zur Trauneralpe zu gehen, ihnen damit nur zugemuthet wird, 1285 Fuß und nicht höher aufwärts zu steigen.

Bald hinter der Trauneralpe zieht in der südöstlichsten Ecke des Fuscherthales jener Winkel mit Grasmulden und Felsen aufwärts bis zu den Keesen des Brennkogels und Kloben, der dem Tauernwanderer als Trauner Futtererkar zur Rechten in der Tiefe liegen bleibt und in welchem die eben genannten beiden Hochspitzen fußen.

Der Gletscherabfluß dieser Berge hat unmittelbar rückwärts von der Alpe den Grund mit einer tiefen Furche durchschnitten und ist bei reichlicher Speisung aus den Keesen nicht ohne Mühe zu überschreiten. Ist letzteres geschehen, so beginnt sogleich das Aufwärtssteigen auf dem Pfandlschartenwege.

Es geht von Stufe zu Stufe des steilen Wiesgrundes unterhalb der nordwestlichen Ecke des Untergestelles des Kloben. Hat man diese Ecke endlich überwunden und befindet man sich in der eigentlichen Schlucht zwischen dem Kloben und Gamskarkopf, so hat sich auch die Beschaffenheit des Weges bald wesentlich geändert. Statt auf Wiesboden steigen wir jetzt auf steinigem Pfade von einer steilen Erhebung zur andern oft im Zickzack auf. Die Herrlichkeiten des Fuschergebirges sind hinter den Wänden rechts und links verschwunden, nur gegen Norden blicken noch ferne Kalkriesen aus dem Berchtesgadener Gebirge zu dem einsamen Wanderer herüber.

Wir waren anderthalb Stunden rasch aufwärts gegangen und hatten schon eine bedeutende Höhe gewonnen, als Röderer Halt machte und die Wände des Kloben auf der Ostseite der Schlucht genau in das Auge faßte, um einen Weg über sie auszuspähen. Denn über sie, welche hier die sogenannte schwarze Leiten bilden, mußten wir auf die Höhe des schon erwähnten Grates steigen, der von dem westlichen Ende des von Westen nach Osten gegen die Spitze des Kloben ziehenden obersten Kammes mit steilem Abfalle nach Westen in die Schlucht der Pfandlscharte gegen Norden abbiegt.

Bald waren wir auf den Wänden. Anfangs ging es erträglich gut. Allein nachdem wir eine Weile aufwärts geklettert waren, wurde der Weg bedenklich. Die Felsen bestehen aus jenem Kalkglimmerschiefer, der im Pinzgau mit dem Ausdrucke Bratschen bezeichnet wird und mir von der Ersteigung des Wiesbachhorns her gut bekannt war, indem die am gefährlichsten zu übersteigenden Klippen auch dieses Berges derselben Gesteinsart angehören.

Er bildet auf der schwarzen Leiten nicht mächtige Wände, vielmehr zahllose kleinere von mehreren Fuß Höhe. Da sich jedoch unmittelbar Wand über Wand in steiler Steigung mit einer Gesammterhebung von mehreren hundert, ja von tausend und mehr Fuß aufbaut, so würde ein Abstürzen hier nicht minder tödtlich sein als über die höchste Kalkgebirgswand.

Jetzt fehlte uns aber jeder sichere Tritt und wir standen in Mitte der Wände, ohne zu wissen, ob und wann es besser werde. Röderer suchte sich einen Ueberblick zu verschaffen und hatte sein Augenmerk vorzüglich auf die schräge Richtung nach außen gegen das Fuscherthal geworfen. Da jedoch der Grat im Laufe von Süden nach Norden stark geneigt ist, so hätte ich es vorgezogen, auf der sich über uns hoch aufbauenden Gesammtwand gerade aufzusteigen, um den Grat in größerer Höhe zu erreichen und nicht durch die schräge Richtung gegen seinen tieferen nördlichen Theil genöthigt zu sein, später auf ihm oder auf seinem jenseitigen Abhange erst wieder emporklettern zu müssen.

Auch schien mir in meiner Richtung nicht mehr und nicht weniger Gefahr zu drohen, als in der bisher eingehaltenen und von Röderer fortan einzuhalten beabsichtigten. Allein mein Alter wollte von seiner Linie nicht abweichen. Bald folgten neue, höchst gefährliche Stellen, und ich kam eben auf meinen Vorschlag zurück, mehr gerade aufzusteigen, da zeigte mir Röderer auf dem aus Erde und Schutt gemischten Boden die Spur eines Schafes, die ich, selbst wenn ich darauf geblickt hätte, nicht bemerkt haben würde, die er jedoch mit dem Verständnisse einer Rothhaut sogleich erkannt hatte, und fügte mit seinem unbesiegbaren Phlegma die Worte bei: „Da ist ein Schaffel gangen und wo ein Schaffel geht, können wir auch gehen." Ohne gerade den Satz für unanfechtbar zu halten, folgte ich. Noch kamen einige unangenehme Stellen, doch schließlich war ein kleiner Einschnitt in dem nahen Kamme für Röderer ein Merkmal der glücklich getroffenen Richtung, und nach einer starken halben Stunde Kletterns betraten wir den Grat.

Im hohen Maße interessant ist das schon bei der Schilderung der Gestalt des Kloben, wie sie sich aus dem Fuscherthale darstellt, erwähnte weite Kar auf der Nord-Westseite dieses Berges, das wir nun in seiner gewaltigen Ausdehnung überblickten. Unser Grat läuft im Halbrund mit steiler Steigung nach Süden und dann ostwärts als rückwärtiger Kamm gegen die Spitzen des Kloben zu, welche jedoch für unseren Standpunkt noch durch andere Erhebungen des Kammes gedeckt werden. Der ganzen Länge nach ziehen sich von ihm weite Geröllfelder zur Tiefe des Kares hinab, dessen Ende nach vorne gegen das Fuscherthal nicht sichtbar ist. Die entgegengesetzte Seite des wannen= artigen Einschnittes wird dagegen in weit schärferer Erhebung von Felsen geformt, welche den etwas unterhalb der Spitze des Kloben beginnenden und nordwärts herabfließenden Gletscher auf der Westseite stützen. Erst tief unten erleiden diese Felsen einen gewaltigen Druck und dadurch ist es dem Gletscher ermöglicht, in das Steinkar selbst hineinzutreten.

Der Marsch an der Lehne des Grates, über den wir in das weite Schuttgebiet gelangt waren, gegen den bis jetzt sichtbaren süd= östlichen Höhenpunkt des Kammes kann durchaus nicht angenehm ge= nannt werden. Trotz aller Vorliebe für die gerade Richtung sah ich doch bald ein, daß hier mit der Durchschnittslinie wenig gewonnen sei. Man wäre tief in den Geröllhalden hinabgestiegen, um jenseits eben so hoch in ihnen wieder hinaufzusteigen. Ich schritt daher allerdings noch in mehr gerader Linie als Röderer, der, zunächst der Höhe des Grates gehend, sich so ziemlich alle Ausbiegungen desselben gefallen ließ, doch gleichfalls in der Hauptsache dem Kamm folgend, vor.

Das Gestein wechselte auf die eigenthümlichste Weise, indem wiederholt zwischen den dunklen Schuttfeldern des Kalkglimmerschiefers und Thonglimmerschiefers weiße Geröll=Streifen lichten Centralgneises scharf begrenzt vom Kamme an in die Tiefe hinablaufen. Manchmal, besonders gegen die Höhe des Grates zu, traf ich auf eine kompaktere Felsmasse mitten im Schuttmeere, die dann umgangen werden mußte.

Als ich endlich an den hintersten bis nun zu sichtbaren Felsen im
Hintergrunde des Kars angelangt war, an denen offenbar der Anstieg
zur Spitze begann, wartete ich auf Röderer, welcher noch nicht mit
allen Krümmungen des Grates fertig war. Rasch erreichten wir dann
über den Kamm, dessen Schiefergestein uns jeder besonderen Beschwerde
und aller Gefahr enthob, die kleine und bald darauf auch die höhere
östliche Spitze des Kloben, nachdem wir vom Grat über der schwarzen
Leiten bis auf sie sieben Viertelstunden zugebracht hatten. Der geringen
Mühe folgten genußreiche Augenblicke.

Der Kloben hat zu oberst ein reizendes übergrüntes Plateau, auf
welchem es sich köstlich lagern ließ. Dazu keine Wolke am tiefblauen
Firmament und ein prachtvolles Bergpanorama, aus dem heute nicht
ein einziger Punkt vom neidischen Nebel eingehüllt war, und ich konnte
wahrlich ganz zufrieden sein. Ich versparte mir die Notirung der Aussicht, bis ich auf die Spitze des Brennkogels gelangt sein würde, und
will dasselbe auch bei der Veröffentlichung thun. Dazu veranlaßt mich die
Thatsache, daß die beiden hart neben einander liegenden Berge beinahe
dieselbe Fernsicht haben, ich nicht zweimal dasselbe niederschreiben, sondern
lieber die Abweichungen in der Rundschau hier und dort bemerken will,
wenn ich aber das Panorama nur einmal schildere, dies am zweckmäßigsten beim Brennkogel geschieht, der viel besucht wird, wogegen den
Kloben höchst selten der Fuß eines Reisenden betritt.

Dafür möge hier eine geographische Notiz ihren Platz finden.

Ich hatte schon, als ich auf die Höhe des rückwärtigen Kammes
über dem großen Steinkare gelangt war, bemerkt, daß sich südlich vom
Kloben zwischen ihm und der ihm südwestlich gegenüber liegenden Spitze
des Spielmanns ein Kees, das hart unterhalb seiner Spitzen den Anfang nimmt, in einer Schlucht steil zur Pfandlscharte hinabzieht. Röderer
nannte die Schlucht das Nebelkar, und mir selbst war ihr Ausgang
auf das Pfandlschartenkees von früher her ganz gut im Gedächtnisse.
Da nun die Grenze zwischen Salzburg und Kärnthen von dem höchsten
Punkte auf der Pfandlscharte zum Gipfel des Spielmanns hinansteigt,
der die Spitzen des Kloben um einige hundert Fuß an Höhe übertrifft, und da selbst die Gletschererhebung, welche von der höchsten

Spitze des Spielmanns ostwärts und zwar als Südostrand über dem Nebelkar zum Brennkogel hinzieht, höher als der Kloben, entgegen der durch das Nebelkar zwischen den Spitzen des Spielmanns und Kloben gebildete Einschnitt ein sehr tiefer ist, so halte ich es für richtiger, die Grenze vom Spielmann unmittelbar nach der höchsten Linie des dazwischen lagernden Keeses hin auf den Brennkogel, als sie auf diesen Berg mit der Ausbiegung über den Kloben zu ziehen. Dadurch würde der Kloben allerdings aus der Reihe der Grenzberge ausgeschieden werden und ganz zu Salzburg gehören. Wirklich hat auch erst die Generalstabskarte von Kärnthen unseren Berg bestimmt in die Zahl der Grenzberge versetzt, während seine Eigenschaft als solcher auf der Salzburger Karte, auf welcher sein Name fehlt, zweifelhaft bleibt. In den Katastralmappen findet sich gleichfalls der Name Kloben unter den an der Grenze stehenden Bergen nicht vor, vielmehr erscheint auf ihnen als der nächste benannte Berg östlich nach dem Spielmann der Brennkogel; und doch würde der Kloben als bedeutende Spitze, hätten ihn diese Karten als hier liegend betrachtet, nicht leicht unbenannt haben bleiben können.

Als Mittel zweier Messungen, die ich auf dem Kloben gemacht habe, fand ich die höhere Spitze 9365 W. F. hoch.

So angenehm der Aufenthalt war, so gab ich doch nach einer Stunde das Zeichen zum Aufbruche. Erstlich war ich begierig, den alten Bergbau zu sehen, dann blickte das nahe Horn des Brennkogels so geringschätzig auf uns herab, als wollte es sagen: „ja auf den Kloben zu kommen ist etwas Leichtes, aber versucht es nur mit mir," und ich wünschte bald auch diese stolze Höhe überwunden zu haben.

Als ich die ersten Schritte nach abwärts machte, geschah es mit den Worten: „Also jetzt zum Bergwerk", worauf Röderer kurz erwiederte: „Gleich werden wir dort sein."

Das zerstörte Goldbergwerk auf dem Kloben.

Es kam wie Röderer gesagt hatte. In kaum einer Viertelstunde von der Spitze des Kloben standen wir, nachdem wir zuerst ein Stück gegen Südost hinabgestiegen, dann auf der Neigung des Berges gegen das Nebelkar östlich fortgeschritten waren, an dem zerstörten Bergbaue.

Schon aus dem Fuscherthale erblickt man östlich von den Hauptspitzen des Kloben auf der Höhenkante dieses Berges eine Felspyramide. Hart unter ihr auf der Südseite, und zwar in der obersten nordöstlichen Ecke des Nebelkares, dessen Gletscher von ihnen westlich hinabzieht, in dem Winkel, den die nordwestliche Abdachung des Keeses, welches sich vom Spielmann gegen den Brennkogel hin ausbreitet, mit dem Kloben und der von ihm gleichfalls zum Brennkogel laufenden Schneide bildet, liegen die Reste dieses Bergwerkes.

Ich fand hier die etwa zwei Fuß hohen Ruinen einer Knappenstube, bestehend aus mehreren im länglichten Vierecke in derselben Art, welche man in den Alpen bei den Sennhütten und Heustadeln in Anwendung bringt, über einander gezimmerten Baumstämmen. Ich fand nebenan die Latten, welche zur Bedachung gedient hatten, gebleicht von der Zeit, dann Lodensetzen und größere Gebeine, fand einige Klafter tiefer unten am heutigen Anfange des Gletschers einen mächtigen Hügel aus dem Berge herausgeförderten Erzes, endlich die Mundlöcher zweier Stollen, deren einer hart an der Knappenstube, der andere etwas höher oben an der Wand in das Gestein getrieben ist.

Die Sache verdient in mehrfacher Beziehung das vollste Interesse. Vor allem ist die Höhe, in welcher sich der Bergbau befand, eine außergewöhnliche. Schaubach bezeichnet den Bau in der kleinen Fleiß als den höchsten in Europa nach jenem am Monte Rosa und gibt die Höhe der obersten Gruben mit 9033 W. F. an. Meine Barometermessung ergab für das zerstörte Berghaus am Kloben die Höhe von 9237 W. F., und darnach würde diesem Bergbaue der Rang als der zweithöchste in Europa und als der höchste in Oesterreich gebühren.

Dann ist die Unzugänglichkeit des Bergwerkes von allen be= wohnten Orten eine auffallende. Daß der Zugang über den Kloben benützt wurde, ist bei der Unwegsamkeit dieses Berges eben so unwahr= scheinlich, als die Voraussetzung, daß der steile Gletscher des Nebel= kars zum Wege auf das Bergwerk gedient hat. Auch kann unmöglich angenommen werden, daß zur Zeit des Betriebes des Baues die Keese auf der Nord= und Westseite des Klobens eine so wesentlich verschiedene Gestaltung hatten, daß sie leicht überschritten werden konnten. Endlich beträgt die Entfernung des Bergwerkes von Ferleiten fünf und vom Dorfe Fusch, von woher denn doch zuletzt die Lebensmittel hätten be= zogen werden müssen, sieben Stunden. Es erübrigt also nur die An= nahme, daß die Knappen auf dem Kloben mit Heiligenblut auf dem Wege durch das Gutthal und über den Gletscher zwischen dem Brenn= kogel und Spielmann in Verbindung gestanden sind. Doch welch be= schwerliche und selbst gefährliche Verbindungslinie ist selbst diese, und Heiligenblut ist vom Bau immer noch mindestens vier Stunden entfernt!

Die interessanteste Frage bleibt aber die, wann und wie das Bergwerk zerstört worden ist. Ich habe schon früher bemerkt, daß die Reste des Baues erst im Jahre 1857, dessen heißer Sommer überall ein außerordentliches Zusammenschmelzen der Gletscher mit sich brachte, vom Eise, unter welchem sie begraben lagen, befreit worden sind. Die Hitze des Jahres 1859 war dann der weiteren Bloßlegung günstig. Wie lange aber lagen sie unter dem Eise? Man hat nur zu schnell, wenn es sich um ein altes Ereigniß handelt, die Römer, Kelten oder Taurisker, oder mindestens das Mittelalter bei der Hand. Davon kann in unserem Falle keine Rede sein, und selbst die vorhandenen Reste würden eine ähnliche Anschauung als Aberwitz erscheinen lassen. Sicher jedoch muß die Zerstörung des Baues mindestens in die erste Hälfte des vorigen Jahrhunderts zurückreichen, denn sonst würde sich doch irgend eine Tradition über den einstigen Bestand desselben er= halten haben. Die Erzählungen des Urgroßvaters gehen selten auf den Urenkel über, jene des Großvaters verpflanzen sich aber in der Regel durch die Mittheilungen des Vaters noch auf den Enkel. So dauert es gewiß ein Jahrhundert, bis die Kunde von einem wichtigen

Ereignisse, und ein solches ist in einem Alpenthale der Bestand eines Bergwerkes in seiner Nähe, spurlos verloren geht. Allein selbst die ältesten Männer in Fusch und Heiligenblut konnten sich nicht erinnern, jemals von dem Bergwerke auf dem Kloben gehört zu haben.

Vollends zweifelhaft ist es, aus welcher Veranlassung der Bau aufgehört hat und auf welche Weise die Knappenstube zerstört worden ist. Ein einfaches Auflassen des Bergbaues und eine Zerstörung des Berghauses durch den Zahn der Zeit anzunehmen, liegt wohl am nächsten.

Erwägt man jedoch, daß in einem solchen Falle kaum die ge= sammten Erzvorräthe in Stich gelassen worden wären, bedenkt man, wie schwer sich der Gebirgler entschließt, seine Kleidung, selbst wenn sie alt ist, zurückzulassen und dazu noch, daß man die Lodenfetzen in oder zunächst dem Umfange der alten Knappenstube findet, und berück= sichtigt man das Vorkommen von großen Gebeinen auf einer solchen Höhe und in solcher Umgebung, in welcher größere Thiere ihre Exi= stenz nicht fristen können, so erscheint es nicht als ein bloßes Phan= tasiestück anzunehmen, daß die Knappenstube durch irgend ein Natur= ereigniß und zwar am ersten durch einen Schneesturm oder eine Lawine plötzlich zerstört worden ist, und daß die über ihr gethürmten Schnee= massen allmälig in die Vereisung übergegangen sind. Die Möglichkeit, daß dies der Fall gewesen, wird auch dadurch nicht ausgeschlossen, daß man bisher noch keine Ueberreste wie z. B. Schädel fand, welche selbst der Laie unzweifelhaft als menschliche erkennt. Denn es können, da ringsum größeres Gerölle den stark abschüssigen Boden bedeckt, leicht solche noch irgendwo an den Ruinen oder tiefer unten unter den Stein= trümmern liegen, oder aber vom Gletscher nach abwärts zu fortgeschoben worden sein.

Vom Jahre 1857 bis zum Jahre 1859 war außer einigen wenigen Hirten Niemand zu unserem alten Baue gekommen, und ich war daher der erste Mensch, der durch ihn die Anregung zur For= schung in einem weiteren Kreise erhielt. Allein meine Bemühungen, den Schleier zu lüften, welcher über dem Orte liegt, hat bisher nur ein geringer Erfolg belohnt.

Allerdings erwähnen alte Werke über den Bergbau in den Tauern des Goldbaues auf dem Kloben und ist das Bergwerk in den ältesten Atlanten, wie im Homann'schen, auf den Landkarten an= gezeigt. Auch habe ich zufälliger Weise in einer Schulkarte aus dem gegenwärtigen Jahrhunderte den Kloben „Goldkloben" genannt gefunden. Damit ist jedoch nur das erwiesen, woran ich nach demjenigen, was ich gesehen, nicht zweifeln kann, daß auf dem Kloben ein Goldbau betrieben worden ist, während die früher angeregten Fragen, wann und wie er sein Ende erreicht hat, in allen Büchern unbeantwortet bleiben.

Auf meine Anfrage bei verschiedenen Bergmännern im Salz= burgischen erhielt ich die Mittheilung, daß ihnen nie etwas von diesem Baue bekannt geworden sei, und doch hoffte ich gerade, weil nach meiner Ansicht der Kloben und das Nebelkar sich auf salzburgischem Boden befinden, also der Bau ein salzburgischer gewesen wäre, von ihnen am ersten eine Auskunft zu erhalten.

Ganz in der neuesten Zeit hat der k. k. Bergverwalter Reissacher zu Böckstein in dem Jahresberichte des Salzburger Museums Carolino= Augusteum für das Jahr 1860 eine höchst gediegene Abhandlung unter dem Titel „Bruchstücke aus der Geschichte des Salzburger Gold= bergbaues an den Tauern" veröffentlicht. Jedoch auch in ihr fand ich den gesuchten Aufschluß nicht.

Als ich schließlich ein sehr vermorschtes größeres Bein, das ich an der Knappenstube aufgelesen und, da ich selbst ein Urtheil hierüber abzugeben nicht vermag, zur Untersuchung, ob es ein Menschengebein sei, nach Heiligenblut mitgetragen hatte, getraute sich auch dort Niemand mit Sicherheit zu entscheiden, ob es einem Menschen oder einem grö= ßeren Thiere angehört habe.

Möglich, daß in den alten Akten des einstigen Oberbergamtes zu Döllach, welches auch auf die Salzburger Bergwerke Einfluß ge= nommen haben soll, sich etwas über die Auflassung oder Zerstörung des Goldbaues auf dem Kloben vorfindet. Ich war bis jetzt noch nicht in der Lage, dieselben durchzusehen. So wie ich jedoch, sobald sich mir eine Gelegenheit dazu darbietet, diese Arbeit nicht unterlassen werde,

so glaube ich im Interesse der Forschung über eine so räthselhafte Er=
scheinung, wie unser altes Bergwerk ist, auch den Wunsch aussprechen
zu dürfen, daß alle, welche in die Lage kommen, das Dunkel zu er=
hellen, das bisher um diesen Ort herrscht, es nach Kräften thun und
die gewonnenen Resultate der Oeffentlichkeit nicht vorenthalten mögen.

Auf den Brennkogel und durch das Gutthal nach Heiligenblut.

Als wir das alte Bergwerk verlassen hatten, stiegen wir zuerst
zur Schneide zwischen dem Kloben und Brennkogel hinan, welche nach
Norden steil abfällt, gegen Süden dagegen mit dem Gletscher zwischen dem
Spielmann und Brennkogel in ziemlich horizontaler Verbindung steht.

Auf diesem Gletscher schritten wir an ihr gefahrlos einige Zeit
fort, sahen uns jedoch später genöthigt, das Kees, das auf der Nord=
seite zwischen den durch die Schneide verbundenen Bergen hinabfließt,
zu oberst zu betreten.

Schon lag die Pyramide des Brennkogels als eine Ueberein=
anderhäufung zahlloser Steintrümmer unmittelbar vor uns und wir
glaubten in wenig Minuten ihre Ersteigung zu beginnen, als wir
gewahr wurden, daß wir an ihren Fuß auf dem bisherigen Wege an
der Schneide nicht gelangen könnten. Diese letztere ist nämlich plötzlich
scharf eingeschnitten und dadurch gerade an der Wurzel des eigentlichen
Hornes des Brennkogels auf dessen Westseite eine kleine Scharte ge=
formt. Wir gingen daher auf dem südlichen Gletscher, der sich hier
etwas über die Scharte erhebt, in mehr südlicher Richtung vor. Allein
auch er fällt der ganzen Länge nach steil nach Osten etliche Klafter
tief gegen den Brennkogel ab, so daß wir erst nach einiger Mühe den
Einschnitt am Brennkogel gewannen. Nun begann ein zwar nicht lange
dauerndes aber ziemlich beschwerliches Klettern von Stein zu Stein
auf die Spitze.

Wir erreichten sie in etwas mehr als einer Stunde nach unserem Aufbruche vom alten Bau.

Sie ist aus einem Wirrwarr von Felsstücken gebildet und eben so unkomfortabel, wie jene des Kloben wirklich ist. Einige auf ein= ander gelegte Steintrümmer bilden auf dem höchsten Punkte eine Stein= Pyramide; die Regellosigkeit der Trümmer gestattet jedoch nicht sie zum Sitze zu benützen. Ohne Fläche zu oberst und scharfgrätig von Westen nach Osten laufend, fällt die Spitze nach Norden so steil ab wie nach Süden. Ich konnte mir mit genauer Noth einen Sitz auf der Nordseite zurecht richten. Und nun begann ich von ihm aus die Rundschau zu betrachten. Es war jetzt 1 Uhr vorüber, allein noch war keine Wolke am Himmel, kein Nebelstreifen über den Bergen und ich hatte dieselbe vollkommen reine Fernsicht wie auf dem Kloben.

Wir wollen sie nun näher kennen lernen und dabei die wesent= lichen Unterschiede des Panoramas der beiden heute von uns bestiegenen Nachbarberge hervorheben.

Zuerst müssen wir der Aussicht vom Brennkogel vor jener vom Kloben den Vorzug einräumen, daß sie dem Beschauer, der, ermüdet durch die Betrachtung des Heeres von Bergspitzen und angestrengt durch die Bemühung sie richtig zu benennen, einen Ruhepunkt sucht, einen allerliebsten im Anblick des Dorfes Bruck im Pinzgau und eines Ausschnittes des Zellersees bietet. Schon viele Fremde haben aus dem Gasthause des Lukashanselwirthes in Bruck den Brennkogel bewundert, der von dort gesehen mit dem Gletscher unter seiner Spitze und dem von ihr nördlich gegen das Fuscherthörl steil herabziehenden Grate höchst wirkungsreich den Hintergrund des Fuscherthales einnimmt.

Heute überrascht uns entgegen das stattliche Gasthaus, das mit dem Fernrohr in allen seinen Einzelnheiten gerade über dem Ausgange des Fuscherthales sichtbar ist. Von Thalböden sehen wir noch einen Theil des Fuscherthales und den freilich mehr schluchtenartigen obersten Grund des Gutthales. Diesem Thalblicke vom Brennkogel vermag der Kloben nur die Einsicht in ein Stück des oberen Fuscherthales entgegen zu setzen.

Um in das Bergpanorama einige Ordnung zu bringen, wählen wir als Ausgangspunkt den nördlichsten Firnberg im Kapruner = Fuscher Rücken, den hohen Tenn, dessen schöne Doppelspitze wir nordwestlich vom Brennkogel erblicken, und gehen von ihm beständig nach Rechts vor, also allmälig über den Norden und Osten zum Süden und an die Glocknergruppe, bis wir auch über sie wieder bei ihm angelangt die Rundschau vollkommen besichtiget haben.

Die Berge sind natürlich nicht in regelmäßigen Reihen vor uns aufgestellt. Dennoch werden wir des besseren Verständnisses halber in der Nordausicht eine dreifache Gliederung annehmen, weil dieselbe auch gewissermaßen durch die Lage der nördlichen Kalkalpen in der Ferne, dann näher herwärts des Thonschiefergebirges im Norden der Salzach, endlich zunächst der Tauern mit ihren nordwärts dringenden Ausläufern wirklich gegeben ist.

So werden wir zuerst rechts vom hohen Tenn in der letzten Reihe des kahlen Loferergebirges mit seinen Hochspitzen den Ochsen= hörnern und dem Flachhorn gewahr und etwas herwärts von ihnen des Birnhorns bei Leogang. Strenge nördlich vom Brennkogel folgen ganz zurückstehend die Höhenpunkte aus der Berchtesgadner Gruppe: die Mühlsturzhörner, der Hocheiser und Hochkalter, der abgestumpfte Hundstod und der Wazmann mit der scharfen Doppelspitze. Sie ragen über dem Steinernen Meere auf, dessen Südrand sich von dem west= lichen Breithorn bis zum Kulminationspunkt der Gruppe, der Schön= feldspitze, vor uns ausbreitet. Nahe dem Westabfalle des Steinernen Meeres blickt ein Stück des Salfeldner Bodens, dann näher unserem Aussichtspunkte zuerst der Zellersee, dann das Dorf Bruck, endlich das äußere Fuscherthal freundlich zu uns herauf. Noch etwas entfernter als der Wazmann steigt in der letzten Reihe der hohe Göll auf, rechts von ihm erglänzt näher dem Salzachthale der schöne Gletscher die „übergossene Alpe“ bei Werfen mit ihrer höchsten Erhebung, dem Hochkönig.

In der mittleren Reihe der Thonschieferberge erkennen wir den Hundsstein, uns zunächst aber in der ersten Linie in den nördlichen Abzweigungen des Hauptrückens der Tauern die freundlichen bis zur

Spitze grünen Berge im Norden des Weichselbachthales: die Lang=
weide, den Liebling der Fuscherbadgäste, das Kühkarköpfl, den Kreuz=
kopf und Großkopf, dann aus dem Zuge zwischen Fusch, Weichselbach und
Seidelwinkel den Durchnerspitz, den Beherrscher dieses Zuges, den
Schwarzkopf und das zackige Königsstuhlhorn, endlich als einen unserer
nächsten Nachbarn das nördlich vom Fuscherthörl liegende Thoreck.

Aus den nordwärts vorspringenden Aesten der Tauern fällt uns
zwischen dem Wolfsbachthale und Rauris der Hirschkopf auf, zwischen
Rauris und Gastein aber der mächtige Bernkogel.

Wenden wir uns wieder der fernen Kette der Kalkalpen zu, so
sehen wir zunächst die Riesenmauer des Tännengebirges sich aufbauen
und nach einer rascheren Wendung unseres Blickes nach Rechts das
zackige Gosauer Steingebirge und die Dachsteingruppe.

Ich habe durch diese Wendung eine große Anzahl von Bergen
übersprungen, weil ich ihrer Aufzählung die Bemerkung vorausschicken
wollte, daß sie weit im Hintergrunde in dem Ausschnitte zwischen dem
Tännengebirge und dem Dachsteingebirge zu suchen sind. Ich werde
sie nun nach bestem Wissen nennen. Ich glaube in ihnen die Berge
um Rußbach, das Haberfeld und den Jäger und das Kallengebirge
erkannt zu haben, das am nordwestlichen Ufer des Hallstättersee's im
Erzherzogthume Oesterreich liegt. Im fernsten Hintergrunde dämmern
noch zwei Bergzüge, ich hielt den westlicheren davon für das Höllen=
gebirge zwischen dem Gmundner= und Attersee, den östlichen für den
westlichen Beginn des Todtengebirges bei Aussee.

In der Dachsteingruppe, welche nach der Ordnung unserer Rund=
schau erst jetzt an die Reihe käme, finden wir alle bekannten Spitzen
wieder: den hohen Dachstein, den Thorstein, den Mitterberg, Gjaid=
stein, Scheichenspitz und Koppenkarstein. Vom Kloben erblickte ich den
Grimming im steierischen Ennsthale, angeschmiegt an den Ostrand der
Dachsteingruppe: vom Bremkogel konnte ich ihn nicht auffinden. Er
ist hier durch die Züge aus den nördlichen Tauernthälern gedeckt,
welche nordöstlich bis östlich theilweise den Horizont abschließen.

Aus ihnen hat der Schuhflicker zwischen Gastein und Großarl
und das Saukar zwischen Großarl und Kleinarl gegründeten Anspruch

auf unsere Beachtung. Immer nach Rechts vordringend treffen wir
nun in unserer Nähe den Edlenkopf im sogenannten Mitterberg, dem
Bergrücken zwischen den zwei Thalästen von Rauris, dem Seidelwinkel
und Hüttwinkel, an, in größerer Ferne bemerken wir den Draugstein
im Scheiderücken zwischen Großarl und Kleinarl, dann die Ennskraxen
zwischen Kleinarl und Flachau und sie an Höhe noch überragend die
mächtige Erhebung im Osten des Tappenkarsee's, das Rothhorn, das
Wildkar, den Tappenkarspitz, den verwitterten Faulkogel und das hohe
Mosermandl, über welchen wieder Berge aus der Umgebung des Rad=
städter Tauern, das Weißeck und der Seekarspitz auftauchen.

Nun folgen die Lungauer Berge. Die fernsten von ihnen be=
finden sich an der steierischen Grenze, und wir begrüßen aus ihnen als
alte Bekannte den Hochstein und Hochgolling und gerade über dem
imposanten anderen Weißeck zwischen Zedernhaus und Murwinkel und
mindestens noch einmal so weit als dieser vom Brennkogel entfernt,
den Preber bei Tamsweg.

Unser Blick schweift schon nahezu ostwärts und ist bereits fast
an dem Hauptrücken der Tauern angelangt. Jetzt fesselt ihn noch die
dunkle Pyramide des nahen prächtigen Ritterkopfes, er wendet sich um
ein Geringes nach Rechts und der Hauptkamm der Tauern liegt vor
ihm. Seine Berge sind erst nur theilweise in Eis gekleidet, so die
Höhen über dem Elend, dem nördlichen Theile des Maltathales: der
Kolm, Arkogel, Weinschabel, der Peterrücken und Hafnerspitz. Bald
jedoch treten gewaltigere Gletscherberge auf: der Ankogel bei Gastein,
der unserer Aussichtswarte so nahe hohe Narr mit den Weißenbach=
bänken an der Ostseite des Hochthores, das tief niedergedrückt erscheint,
und entfernter das Schareck, der Goldberg und die Goldzeche im
Hintergrunde des Raurifer Thales.

Schade, daß die bedeutendste Spitze östlich vom Großglockner,
der Hochalpenspitz, durch die breiten Massen des hohen Narren ge=
deckt war; der Anblick der von mir vor vierzehn Tagen bestiegenen
Firnspitze hätte für mich damals noch doppeltes Interesse gehabt, weil
ich meine auf ihr gemachte Barometermessung noch nicht berechnet hatte,

und daher die Frage, ob sie oder der Ankogel höher sei, noch eine offene war.

Sobald wir die Rauriser Gruppe verlassen haben, liegen die Höhen aus den südlichen Tauernthälern, zwischen der Möll und dem Hauptkamme der Tauern vor uns da. Wir heben aus ihnen den Sadnig und den Leitenkopf als bedeutend hervor, dann das Kreuzeck, dessen Gruppe den Raum zwischen der Möll und der Drau, soweit dies Gebiet zu Kärnthen gehört, einnimmt.

Aber auch das Gebirge auf dem rechten Ufer der Drau stellt sein Contingent in dem fernen Jauken und Reiskofel, welche zur Nordwand des Gailthales gehören, und in den näheren Spitzen, dem Hochstadl und Laserzkopf, die in ihren kühnen Formen dem südlichen Thalboden von Lienz entsteigen.

Wir befanden uns zuletzt schon in südlicher Richtung, die nächste Bewegung nach Rechts führt uns in die Petzek= und Schobergruppe und nach einer weiteren Wendung, bei der wir den tiefen Einschnitt des Möllthales und die Berge über diesem Thale in der Redschitz und zunächst bei Heiligenblut bemerken, in das eigentliche Glocknergebiet.

Die große Nähe der Glocknergruppe, zu welcher der Brennkogel und Kloben selbst gehören, würde allein den vortrefflichen Ueberblick derselben, welchen man von unseren Spitzen hat, nicht erklären können; dazu gehört noch die günstige Lage der letzteren schräg zwischen dem Glocknerkamme und dem Fuscher=Kapruner Rücken, in Folge deren sie in alle Winkel des Glocknergebietes hineinzublicken vermögen.

Halten wir zunächst den Brennkogel als Aussichtspunkt fest, so erheben sich uns zunächst der Kaserockkopf in Verbindung mit der Racherin und dem Spielmann. Hinter dem Kloben erkennen wir den Bären= oder Pfandlschartenkopf, das Sinewelleck und den Fuscherkarkopf. Links etwas zurück von ihnen hängt das Gruben= oder Freiwandkees auf der Freiwand, einem gegen die Gamsgrube und Johanneshütte gerichteten Ausläufer des Hauptkammes.

Wir müssen nochmal einen Rückschritt machen, denn wir wollten den Glocknerkamm bei der Einhaltung unserer Ordnung von Links nach

Rechts nicht mit den Bergen um die Pfandlscharte herum in die Rei=
henfolge eintheilen, sondern ihn allein in seiner ganzen Ausdehnung
betrachten.

Wir blicken also zurück zum nahen Zuge vom Spielmann zum
Kaserockkopf und gewahren nun als südöstliche Eckpfeiler des Glockner=
kammes die kärnthnerischen Drillinge, die drei Leiterköpfe und so fort
gegen Nordwesten in Eis gehüllt alle jene Häupter, deren bloße Nen=
nung das Herz des Bergsteigers erfreut, das Schwerteck, den Kellers=
berg, die Hohenwartshöhe, die Adlersruhe, die beiden Glocknerspitzen,
die fächerförmige Glocknerwand, welche früher, bis Franz Keil den
Knäuel entwirrt hat, immer, jedoch fälschlich, als die Romarischken=
wand bezeichnet worden ist, dann den wahren Romariswandkopf und
den hohen Eckberg an der Wendung des Tauern=Hauptrückens gegen
Norden, früher Kasten, jetzt Schneewinkelkopf genannt.

Auch die Firnspitzen auf dem West= und Nordrande der Pasterze
steigen vor uns auf. Links vom Fuscherkarkopf blickt der Johannisberg
aus dem Hintergrunde der Pasterze hervor. Seinen Fuß umgibt das
weite Eisgebiet des obersten Pasterzenbodens, das wir zum großen
Theile überblicken können. In der südwestlichen Ecke von Fusch fließen
die Firnströme des Wasserfallkeeses, das Fuscherkarkees und Bockkar=
kees dem Käferthale zu. Unmittelbar über ihnen lagert der ungeschlachte
Breitkopf und ragt der spitze Eiswandbühel und der mittlere Bären=
kopf empor, während wir in der entfernteren Gletscherspitze den vor=
deren Bärenkopf erkennen.

Wir nähern uns wieder unserm Ausgangspunkte, dem hohen
Tenn. Wir haben, als wir ihn dazu gewählt, nicht beabsichtigt, uns
das Beste der Fernsicht zum Schlusse aufzusparen; es hat sich eben
selbst so gefügt. Denn so prächtig einzelne der bereits beobachteten
Gletscherberge sind, eine so große Anzahl der stolzesten Firnspitzen, wie
sie nun nacheinander folgen, fanden wir früher nirgends vereinigt. Fast
drohend hebt der hohe Bärenkopf sein eisiges, noch nie besiegtes Haupt
in die blauen Lüfte, neben ihm überrascht uns das groteske Gebilde der
hohen Dock, deren breites Haupt eine solche Abplattung erlitten hat,
daß sie nahezu als Viereck aufragt; auf die schmucke Nadel der Glockerin

folgt im Reigen der Bratschenkopf als der Vorläufer der unübertreff=
lichen Hochspitze des großen Wiesbachhorns.

Haben wir uns auch von seinem Anblicke losgerissen, so sind
wir im nächsten Augenblicke wieder über das kleine Wiesbachhorn beim
hohen Tenn angelangt und haben so auf's würdigste unsere Rundschau
beendigt.

Zur Ergänzung erwähne ich einiger Abweichungen in den beiden
Fernsichten vom Brennkogel und Kloben. Da der Brennkogel östlich
sehr nahe vom Kloben aufsteigt, so nimmt er als der höhere demselben
einen Theil seiner Fernsicht nach Osten. Entgegen hemmt der Kloben
die Westansicht des Brennkogels in keiner Weise, weil man vom letz=
teren Berge über ihn hinwegsieht.

Dafür gönnten mir auf dem Kloben ein Paar Ausschnitte im
Glocknergebiete einen Blick in südwestlicher Richtung auf einige vom
Brennkogel nicht sichtbare Hochspitzen im Süden des Pusterthales,
welche ich der Lage und Höhe nach für den Gant= und Birkenkofel
im Thale Serten hielt, ohne es jedoch sicher behaupten zu wollen, weil
diese Berge in den Ausschnitten nur ganz allein ohne Verbindung mit
einer Gruppe sichtbar waren, in solchen Fällen aber ein Berg sehr
selten mit Gewißheit erkannt werden kann.

Auch sah ich vom Kloben noch rückwärts vom Reißkofel und
Jauken einige Spitzen, die ich vom Brennkogel nicht auffinden konnte
und in denen ich nach ihrer Lage und Entfernung Berge an der ita=
lienischen Grenze bei Tarvis und Ponteba und insbesondere in einem
der Gestalt nach den Wischberg bei Raibl vermuthete.

Zum Schlusse sei mir erlaubt, noch dasjenige in das Auge zu
fassen, was buchstäblich zu unseren Füßen lag. Oestlich erblicken wir in
der Tiefe unter uns das Gebiet des Tauern, durch welches der Tauern=
weg geht, vom Fuscherthörl bis zum Hochthor und sind überrascht durch
den ernsten Eindruck, den der dunkle, rings von kahlen Felsen umstellte
Krater auf uns macht.

Von den Keesen unserer zwei Berge reicht das südliche, das
Gutthalkees, dessen Hauptstock den Raum zwischen dem Spielmann,

Kloben und Brennkogel einnimmt, noch eine Strecke weit auf den höchsten Theil des Gutthales, den sogenannten obersten Brettboden hinab.

Die Gletscher, die sich von beiden Bergen auf der Nordseite hinabziehen, vereinigen sich in der Tiefe und enden, wie erwähnt wurde, in dem obersten Theile des Trauner Futtererkars. Schon auf dem Kamme zwischen dem Kloben und Brennkogel, vorzüglich aber vom Brennkogel, zeigt es sich deutlich, daß der stärkere Eisstrom vom Kloben und der minder starke Zufluß vom Brennkogel kömmt, und es wird daher der Name Klobenkees die richtigere Bezeichnung für den ganzen Gletscher sein. Dieses Kees wird östlich von jenem Grate gedämmt, der von der Spitze des Brennkogels sich nordwärts steil gegen das Fuscherthörl hinabsenkt. Er hat wiederholt muthigen Bergsteigern als Weg gedient, und ich betrachtete ihn jetzt mit persönlichem Interesse, weil auch ich im Jahre 1836 mit dem Führer Plattl von Heiligenblut über ihn vom Brennkogel auf das Fuscherthörl hinabgestiegen war.

Namentlich für den Ungeübten gibt es dort bedenkliche Stellen, wo der Grat, der ohnehin oft nur ein Paar Schuh breit gegen Osten fortan mit den steilsten Wänden auf den Tauern abfällt, auf seiner Höhe nicht weiter gangbar ist und es dann nothwendig wird, von ihm auf den obersten Rand des steilen Eisfeldes über schroffe Klippen nicht ohne Gefahr des Abstürzens hinabzuklettern. Dieser Weg war mein erstes Unternehmen, bei welchem ich wenigstens einiger Gefahr in das Auge geblickt habe, so daß ich mir recht eigentlich auf ihm die Sporen als Bergsteiger verdient habe.

In der Regel aber geht man auf den Brennkogel von Heiligenblut aus durch das Gutthal und kehrt entweder auf demselben Wege zurück oder steigt von der Spitze unmittelbar zum Mitterthörl auf den Tauern hinab. Auf diesen Wegen ist die Ersteigung überall vollkommen gefahrlos, wenn auch ihr letzter Theil über die Steintrümmer zur Spitze für Jedermann mühsam sein wird.

Nebst der prachtvollen Rundschau wird es gewiß gerade dem Abgang jeder Gefahr bei seiner Ersteigung zuzuschreiben sein, daß der Brennkogel in letzter Zeit förmlich ein moderner Berg geworden ist. Wer nach Heiligenblut kömmt mit dem Wunsche eine Hochspitze zu besteigen und es nicht mit dem Großglockner selbst aufnehmen kann oder will, geht jetzt sicher auf den Brennkogel. Insbesondere im Jahre 1859 soll er zehnmal von Fremden besucht worden sein. Auch mineralogisch verdient der Berg Beachtung. Er besteht aus Chloritschiefer, in welchem sich schöner Serpentin vorfindet, und fällt auch wirklich aus seiner Umgebung durch seine grünliche Farbe auf. Vorzüglich auf dem Tauernwege verräth er seine Nähe durch weite Halden grünlichen Ge-rölles, welche sich von ihm gegen das Mitterthörl herabziehen.

Der Aufenthalt auf der Spitze verfloß mir sehr schnell. Ich mochte schon eine Stunde oben verweilt haben und war mit der Unter-suchung der Aussicht fast zu Ende gelangt, als ich plötzlich Röderer mit Jemanden sprechen hörte und bald darauf einen Knaben auf der Spitze anlangen sah. Das Zusammentreffen war auf beiden Seiten ein unerwartetes. Wegen der Steilheit der letzten Erhebung zur Spitze und der argen Verschiebung der Steintrümmer, über welche man von Süden, und daher kam unser Junge, heraufkömmt, hatte auch Röderer von seinem Sitze auf der Schneide denselben nicht früher bemerkt, als bis er über die letzte Steinplatte heraufkletterte.

Mir fiel im ersten Augenblicke nur das wahrhaft primitive Kostüme des Knaben auf, das in einem Hemde und in sonst gar Nichts bestand. Weniger ruhig nahm unser Junge die unerwartete Begegnung auf. Ich habe nicht leicht eine größere Ueberraschung in einem Gesichte ausgedrückt gesehen, als in jenem unseres improvisirten Gesellschafters auf dem Brennkogel, jedoch auch nicht bald hat mich ein Bauernknabe in so kurzer Zeit für sich eingenommen als eben er. Auf meine Fragen um den Zweck seiner Besteigung des Brennkogels antwortete er, er sei ein Sohn des Glocknerführers Kramser in Heiligenblut, dieser sei gestern mit Fremden auf dem Brennkogel gewesen, habe bei dieser Gelegen-heit ein Perspectiv oben vergessen und ihm den Auftrag gegeben, es zu holen.

Wirklich hatte Röderer das Fernglas (eines jener Perspective, welche im unteren Theile mit rothem Papiere überzogen, worauf nebst verschiedenen Ornamenten der Name des Verfertigers Leonardo Semi-tecoli oder ein ähnlich klingender mit Silberlettern gedruckt ist, jedoch

im Vorbeigehen gesagt, bisweilen ganz gut sind) schon vorher entdeckt
und es zu sich genommen, um es in Heiligenblut dem Eigenthümer
zurückzustellen.

Der Zweck der Mission des Kramser jun. war also bald und
glücklich erreicht. Allein jetzt hieß ich ihn bleiben und Röderer ihn aus
dem mitgenommenen Proviante bewirthen. Nun erzählte mir mein Gast,
daß er nicht geglaubt habe, Jemanden auf dem Brennkogel anzutreffen,
weil er vom obersten Brettboden aus, wo er die Schafe hüte, am
ganzen Tage Niemanden auf den Berg habe steigen gesehen. Er habe
darum seine Kleider ausgezogen, was er gewiß nicht gethan haben
würde, wenn er gewußt hätte, daß Leute oben seien. Deshalb sei er
so erschrocken, als er uns erblickt habe. Als er sich vollends wegen
seines Anzuges oder besser gesagt Nichtanzuges zu entschuldigen be=
gann, mußte ich bei mir selbst recht sehr lachen und dachte mir dabei,
daß unsere Stadtjungen in einem ähnlichen Falle sicher weniger Cere=
monien machen würden. Endlich schied er, nachdem er sich ganz artig
für die Bewirthung bedankt hatte.

Als auch ich später den Abzug von der Spitze für geboten hielt,
zeigte es sich, daß wir schon zwei Stunden darauf verweilten. Bevor
wir uns von ihr entfernen, bemerke ich, daß sie trigonometrisch mit
9540 W. F. gemessen ist, meine Barometermessung dagegen eine Höhe
von 9576 W. F. ergeben hat. Endlich brachen wir auf.

Röderer schlug eine Richtung ein, welche uns, wie mir schien
und mir auch von meinem ersten Besuche her erinnerlich war, zu weit
rechts führte.

Wir kamen wohl glücklich über den Trümmerabhang der Spitze
und über einen Theil des Gutthalkeeses fort. Dann hatten wir jedoch
sehr mühsam über weite Geröllhalden zu klettern, ehe wir den obersten
Grasboden erreichten, welche unliebsame Aufgabe uns erspart geblieben
sein würde, wenn wir von der Spitze mehr links gegen den Brettersee
hinabgestiegen wären. Auch blieb uns dieser See weit links liegen,
während ich vor Jahren mit Plattl hart an ihm vorbeigegangen war.

Ich hatte mich eben am ersten klaren Bache niedergesetzt, um
mich zu einem Trunke frischen Wassers abzukühlen, als sich Kramser jun.
unverhofft wieder bei uns einfand.

Er war jetzt in vollem Staate und hatte nach der Ansicht Röde= rers den Umweg zu uns nur gemacht, um sich in dieser Gestalt zu zeigen. Bald sprang er wieder weiter, weil er noch in eine tiefere Alpe und dann nach Hause mußte.

Das Gutthal kann nur geringe landschaftliche Reize aufweisen.

Sein oberstes Gebiet beherrscht östlich der Brennkogel, westwärts der Spielmann. Von ersterem zieht sich der Rücken, welcher die Ost= begrenzung des Gutthals bildet, anfangs über die Brennkogel=Scharte, den Bretterkopf und die Bretterscharte südöstlich zum Gratten, der höheren Erhebung westlich unmittelbar neben dem Hochthor, dann von ihm südlich, bis er über dem Tauernbache abbricht. Vom Spielmann dagegen löst sich jener hohe und scharfgrätige Kamm los, der in einem zuerst südlichen, dann südwestlichen Laufe sich mit der Spitze der Ra= cherin bis zu 10.361 P. F. und in der weiteren südöstlichen Fort= setzung mit dem Kaserockkopf noch bis 9822 P. F., beide Höhen nach Schlagintweit, erhebt und das Gutthal westwärts begrenzt. Die beiden Bergzüge stehen sich in ihrem Parallellaufe so nahe, daß das Gutthal häufig zu einer bloßen Schlucht wird. In der obersten nordöstlichen Ecke des Thales erblicken wir ein tiefernstes Hochgebirgsbild an dem Brettersee, einem nicht ganz unbedeutenden Alpensee von gesättigter dunkelgrüner Farbe, um welchen rundherum braungrüne Hügel sich erheben, während ihn im Hintergrunde die dunklen Wände des Brenn= kogels und Bretterkogels überragen.

Aus dem nordwestlichen Winkel unter dem Spielmann aber zieht noch ein Felsrücken unterhalb des zwischen dem Spielmann und Brenn= kogel lagernden Keeses in ostsüdöstlicher Richtung gegen die Mitte des Thales. In ihm fiel mir eine Felserhebung von der überraschendsten Form auf, da sie einer zum Sturze geneigten riesigen Mauerzinne gleicht. Wenn man thalabwärts geht, genießt man noch durch einige Zeit den Anblick des Brennkogels, welcher gerade über dem Thalschlusse anragt.

Es geht über den mittleren auf den unteren Brettboden. Da der westliche Höhenzug sehr steil abfällt und der Thalbach an seinem Fuße fließt, so läuft der Weg immer an dem linken Ufer desselben

fort. Wir waren nahe daran, daß wir uns, als wir aus der weglosen
Region zu ihm zu kommen suchten, zu weit links an den Wänden des
östlichen Bergzuges gehalten hätten. Erst als wir ganz an den Bach
hinabgestiegen waren, trafen wir ihn dort an. An einer Wendung
kamen wir später zu den ersten Hütten und Bäumen, bald lag die
alpenartige Ansiedlung am Gipper mit ihren etlichen Hütten und ihrer
gemauerten Kapelle auf grüner Matte unter uns, kurze Zeit darauf
überschritten wir den Tauernbach, das Sammelwasser des Gebietes
südlich um das Hochthor herum, der hier in südwestlichem Laufe dem
Gutthalbache zueilt, und nun waren wir auch sogleich an der Kapelle
selbst angekommen.

Kaum hatte ich hier einen ganz angenehmen Sitz gefunden, als
sich einer meiner unbekannten Bekannten im Gebirge, das heißt einer
derer, die mich kennen, ohne daß auch ich sie kenne, einfand und mir
allerlei vom Großglockner und von seinen Privatangelegenheiten erzählte.
Vorzugsweise von seinen Privatangelegenheiten zu sprechen, ist allge=
meiner Menschengebrauch, allein als eine ganz besondere Eigenschaft
der Heiligenbluter muß es angesehen werden, daß ihr zweites Wort
der Glockner ist, der ihnen freilich neben der Ehre auch Geld einbringt,
daher alles Lob verdient, da er das Nützliche mit dem Angenehmen
vereint. Nach meiner Messung beträgt die Höhe der Gipperkapelle
5137 W. F.

Die kurze Wanderung von einer halben Stunde oder dreiviertel
Stunden von hier nach Heiligenblut bildete den würdigen Schluß der
so erfolgreichen Tagreise. Die Kühle des Abends im Hochthale an
einem der letzten Augusttage wirkte nach der Hitze der Mittagsstunden
im hohen Grade erfrischend.

Der Ausblick auf die Berge auf dem rechten Ufer der Möll und
hinab in das tiefe Thal, die schönen Lärchbäume, die sich rings um
unseren Weg erheben, endlich die treffliche Beschaffenheit dieses Weges
selbst, des eigentlichen Tauern=Saumpfades, mit dem sich der von
Heiligenblut der Wegabkürzung halber gewöhnlich benützte Steig bei
der zweiten höheren Kapelle am Kasereck wieder vereinigt, gestalteten
diesen letzten Theil meiner Bergfahrt zu einem angenehmen Spazier=

gange. In der Tiefe zu unseren Füßen erblickten wir jetzt die schöne gothische Kirche von Heiligenblut, rasch hinab die steilen Berghalden, und wir waren an dem Pfarrhofe und nun auch schon am Gasthause angelangt. Herr Schober stand eben an der Thüre seines Hauses, ich schritt auf ihn mit den Worten „Heiligenblut für immer" zu und wurde trotz der ihm etwas ungewöhnlich klingenden Begrüßungsformel als alter Bekannter auf's freundlichste willkommen geheißen.

Ersteigung des Johannisberges auf der Pasterze.

Das Glocknerbuch zu Heiligenblut enthält eine einzige Notiz über eine Ersteigung des Johannisberges, welche ich, um nicht etwa beschuldigt zu werden ihren Styl durch Abänderungen verdorben zu haben, hier wörtlich niederschreibe. Sie lautet: „11. September 1844. Nachstehende Gesellschaft ging mit dem Vorsatz den Johannisberg zu besteigen nach Heiligenblut, übernachtete in der Johannishütte, wo sie Morgens bei Sonnenaufgang die äußerst entzückende Ansicht genoß, den Großglockner und die übrigen Schneeberge nach einer in der Hütte durchwachten stürmischen Nacht wie von leiser Karminfarbe angehaucht zu beschauen. Sie ging um 5¾ Uhr fort und hatte auf ihrer Reise den schönsten heitersten Himmel, richtete dieselbe links des unteren Burg= stalls vorüber und am Fuße des Johannisberges angelangt zur rech= ten Seite desselben hin, wo sie ihn an der östlichen scharf ansteigen= den Kante um 10 Uhr bestieg.

„Was die Aus= und Fernsicht des Berges, der früher von keines Menschen Fuß berührt wurde, betrifft, so glaubt sie, daß dieselbe in vieler Hinsicht interessanter und schöner sei, als selbst jene von der höchsten Spitze des Glockners, aus der Ursache, weil sich die Gebirge und Gletscher, ihre Vertiefungen und Verbindungen, in so lange im Dunstkreise nicht alles undeutlich wird, dem Auge nicht in der Vogel=

perspective, sondern mehr in einer Seitenansicht darstellen und die grotesken Formen derselben sich deutlicher und deßwegen interessanter hervorheben. Sie möchte jedem, der die Gefahren des Glockners fürchtet, anrathen, den Johannisberg zu besteigen, der, obgleich wegen der vielen tiefen und oft auch sehr breiten Schneeklüfte und wegen seiner scharf ansteigenden Spitze nicht gefahrlos ist, eine gleich interessante, wenn auch nicht so ferne Aussicht bietet als der Glockner."

Nun folgen die Unterschriften eines Revierförsters, eines Curaten, eines Steuereinnehmers und eines vierten Herrn, der sich ohne Beisetzung eines Charakters unterzeichnet hat.

Später versicherte mir zwar ein Förster, welchen ich in Heiligenblut traf, sein College, der an der Ersteigung im Jahre 1844 Theil nahm, habe ihm selbst erklärt, daß damals die höchste Spitze des Johannisberges nicht erstiegen worden sei. Andere Theilnehmer an der Bergfahrt bestehen jedoch auf der Thatsache der erfolgten Ersteigung der Spitze, und ich halte es daher, um beiden Theilen gerecht zu sein, für das Beste anzunehmen, daß im Jahre 1844 einige, jedoch nicht alle, Bergfahrer die Spitze des Johannisberges erreicht haben.

Seit 1844 hat nicht einmal ein Versuch einer Bergreise auf den Johannisberg stattgefunden. Damit ist nur ein Beweis mehr geliefert, wie sehr das österreichische Hochgebirge gegenüber der Schweiz von den Bergsteigern vernachlässigt wird.

Allerdings macht dem Johannisberge der Nachbar Großglockner eine gefährliche Concurrenz. Denn wer eine großartige Gletscherwanderung unternehmen will, wählt sich dazu den Berg mit dem berühmten Namen und der in Folge seiner alles beherrschenden Höhe voraussichtlich auch unübertrefflichen Fernsicht. Läge jedoch der Johannisberg in der Schweiz oder in Savoyen, so würde er, so wie die neben dem Montblanc aufragenden Aiguilles ziemlich oft bestiegen werden, trotz der Nachbarschaft des Großglockners sicher schon eine ziemliche Zahl von Ersteigern gefunden haben.

Der Mangel von Expeditionen auf den Johannisberg muß um so mehr überraschen, wenn man den Eindruck beobachtet, welchen der Berg auf die Pasterzen-Wanderer hervorbringt, wozu mir ein mehrmaliger Besuch der Pasterze mit Fremden die Gelegenheit geboten hat. Der Glockner wird bewundert, vom Johannisberg ist man entzückt; dort ein succès d'estime, hier ein vollständiger Erfolg. Und dieser Erfolg ist begreiflich. Mit kunstkritischem Auge besehen ließe sich allerdings an der Form des Berges so manches ausstellen. Dafür verleiht ihm seine Lage mitten im Hintergrunde des prachtvollen Pasterzengletschers, über dessen oberen Abstürzen er, rings umgeben von weiten, durch keinen Felsdurchbruch in ihrer Ruhe gestörten Eisflächen, in seinem selbst wieder auch nicht durch einen einzigen dunklen Punkt befleckten Eistalare aufsteigt, eine eigenthümliche Weihe feierlicher Erhabenheit.

Auch ich hatte schon bei meinem ersten Besuche der Pasterze im Jahre 1836 eine Zuneigung zu der geheimnißvollen Spitze gefaßt, und als ich mich später angelegentlicher mit dem Pasterzengletscher beschäftigte, erwachte bald in mir der Gedanke sie zu besteigen, weil ich auf ihr über die Verbindung des Firnmeeres mit den nächsten Thälern und seine Zugänglichkeit aus ihnen am vollständigsten belehrt zu werden hoffte.

Bei dem Uebergange von Kaprun auf die Pasterze im Jahre 1855 war ich zwar dem nordöstlichen Fuße des Johannisberges nahe gekommen, von einer Besteigung konnte jedoch damals, abgesehen davon, daß die Witterung zu einem solchen Unternehmen nicht geeignet gewesen wäre, keine Rede sein, weil die Aufgabe, in einem Tage von der Wasserfallalpe in Kaprun nach Heiligenblut zu gelangen, ohnehin schon die Zeit vom frühen Morgen bis zum späten Abende in Anspruch nahm. In den nächsten Jahren trat bald dies bald jenes Hinderniß der Expedition entgegen.

Mein Besuch Heiligenbluts im Jahre 1859 galt vornehmlich dem Johannisberge, und um nicht die Bergreise noch einmal vereitelt zu sehen, war ich diesmal fest entschlossen, mich durch zweifelhaftes Wetter von der Ersteigung nicht abhalten zu lassen und im schlimmsten Falle mich mit der Lösung der geographischen Fragen über den Pasterzengletscher als Ersteigungsresultat zu begnügen.

13*

Ich war am 26. August Abends aus dem Fuscherthale über den Kloben und Brennkogel gekommen. Mein weiterer Plan ging dahin, am folgenden Tage Nachmittags bis zur Wallnerhütte an der Pasterze zu gehen, um von dort am frühesten Morgen des 28. August zur Ersteigung aufbrechen zu können.

Die Hauptaufgabe am Vormittag des 27. August war außer den nöthigen Anordnungen hinsichtlich des mitzunehmenden Proviants die Anwerbung eines Mannes, der mich und meinen Führer Röderer aus Fusch auf der Bergfahrt begleiten sollte. Bei der Expedition im Jahre 1844 hatten zwei Heiligenbluter, Wirthsbauer und Bäuerle, die Führung übernommen. Ich hatte sie in Heiligenblut, obgleich ich mich wiederholt nach ihnen erkundigt habe, nie früher durch Zufall kennen gelernt und war nie dazu gekommen, sie in ihren entfernten Wohnungen aufzusuchen. Da ich kaum über die Notizen des Glockner= buches hinausreichende wichtige Daten über ihre Bergreise von ihnen zu erfahren hoffte, der gletscherkundige Röderer mit von der Partie war und ich selbst mit ihm die Pasterze und den Johannisberg wieder= holt genau rekognoscirt hatte, so hielt ich mich auch heute nicht gerade an sie angewiesen. Ich gab dafür Röderer den Auftrag, unter den anerkannt besten Bergsteigern ohne Rücksicht auf ihre allfälligen Ter= rainkenntnisse Umfrage zu halten, wer mit uns zu gehen Lust habe. Vielleicht nahm bei diesem Auftrage meine Anschauung über die Hei= ligenbluter Führer im Allgemeinen Einfluß.

Es ist etwas Eigenes um diese Heiligenbluter Führer. Man hat mir in Heiligenblut drei Bergreisen, welche ich in der Folge ge= macht habe, den Uebergang aus der kleinen Fleiß zwischen dem hohen Narren einerseits und dem Goldzechkogel und dem hinteren Sonnblick andererseits, jenen von der Pasterze über die Bockfarscharte nach Fer= leiten, endlich jenen von Kaprun über den Nordrand der Pasterze nach Heiligenblut, geradezu als unausführbar erklärt. Und doch leisten die Heiligenbluter als Führer bei der Ersteigung des Großglockners Außerordentliches, und ich habe bei meiner Ersteigung dieses Berges selbst gesehen, wie sie an den gefährlichsten Stellen die größte Bra= vour an den Tag legten. Es kann also nur Mangel an Lust und

Energie zu neuen Unternehmungen Schuld sein, daß man in Heiligenblut immer nur vom Glockner und wieder vom Glockner, allenfalls
vom hohen Narren und in neuester Zeit noch vom Brennkogel als den
zu ersteigenden Bergspitzen hört, andere Bergfahrten aber gleich als
unmöglich bezeichnet werden. Durch den Röderer gegebenen allgemeinen Auftrag vermied ich es heute wieder die alten Bedenken zu
hören, was leicht der Fall hätte sein können, wenn ich ihm die Anwerbung einer bestimmten Person zur Pflicht gemacht haben würde.
Den einen oder den anderen Begleiter aber fand er, daran zweifelte
ich nicht, doch gewiß.

Röderer hatte seinen Mann sogar bald gefunden. Ich stutzte
allerdings im ersten Augenblicke, als er mir die Nachricht brachte, der
unter dem Namen Plattl bekannte Pius Kronegger sei bereit mitzu-
gehen. Ich kannte seit mehr als zwanzig Jahren Plattl als ausgezeichneten Bergsteiger und ich konnte, was Kenntniß des Gebietes
und Energie betrifft, mir keinen besseren Führer denken als gerade
ihn, aber — —

Um mich kurz zu fassen, wiederhole ich hier meine Antwort auf
Röderers Nachricht. „Nun da kommen die zwei rechten zusammen,
Du und Plattl, prächtige Leute, aber weißt Du was, Sepp, Ihr könnt
um eine Maß Wein mehr mitnehmen, dafür nicht mehr als ein Seitel
Schnaps mitsammen.“ Bald kam Plattl selbst zu mir.

So mancher Gebirgler ist schon durch den Pinsel, den Bleistift
oder die Feder mindestens in seinen Umrissen der Welt vorgeführt
worden.

Es scheint nicht, daß diese Ehre jemals dem Gemeindemitglied
Plattl von Seite der Gemeinde Heiligenblut wiederfahren werde, es
wäre denn, daß er einmal plötzlich in Verlust gerathen würde. Der
Führer Plattl verdient jedoch so gut als einer dieses Berufes, daß
das Lesepublikum durch einige Federstriche eines „dankbaren Geführten“
in die Lage gesetzt werde, sich wenigstens einigermaßen darüber klar
zu werden, was für eine Gestalt es sich unter dem Begriffe Plattl
vorzustellen habe.

Unser Held aus Kärnthen ist ein Fünfziger, eher klein als mittel-

groß, von einem nicht etwa gedrungenen, sondern kräftigen und doch
dabei höchst elastischen Körperbau. Seine blonden Haare und unge=
meine Beweglichkeit lassen ihn jünger erscheinen als er ist, und wer
seine Biographie nicht kennt, würde ihm eben so wenig seine etliche
und fünfzig Jahre als die vielen Campagnen anmerken, die er auf
den Bergen gegen Gemsen, aber nicht minder mannhaft im Heiligen=
bluter Gasthause schon zu Zeiten Pichler des Großvaters, dann her=
wärts des Sohnes und Enkels bis zu denen des gegenwärtigen Be=
sitzers, des Herrn Franz Schober, welcher ihn unter die fleißigsten
und insbesondere unter die am längsten ausdauernden Besucher seines
Hauses zählt, durchgemacht hat und noch durchmacht. Ich füge noch
bei, daß Plattl in der gewöhnlichen braunen Jacke und in dem niedri=
gen runden Hute der Heiligenbluter angerückt kam, und habe nun
mein Möglichstes gethan, um ihn der lesenden Welt nahe zu rücken.

Als er den die Schnapsfrage betreffenden Theil der Wahlcapi=
tulation angenommen hatte, verabredeten wir, um 3 Uhr Nachmittags
nach der Wallnerhütte aufzubrechen.

Genau um diese Stunde erfolgte unser Ausmarsch. Der Weg
auf die Pasterze ist so oft beschrieben worden, daß ich ihn füglich als
bekannt voraussetzen kann. Erst am rechten Ufer der Möll fortschreitend
geht man bei einer Häusergruppe auf das linke Ufer über. An ihr
braust der Bach aus dem Gutthal zur Möll hinab. Bald steigt der
Weg an der nördlichen Thalwand steiler zum niedern Sattel.

Der schöne Gößnitzfall auf der südlichen Thalwand bleibt uns
verdeckt, dafür sehen wir zu unseren Füßen die Kette von nicht unbe=
deutenden Fällen, welche die Möll macht, um aus der Schlucht, in
deren Tiefe sie, seit sie am Ende des Pasterzengletschers an das Tages=
licht getreten ist, fortan fließt, auf den Thalboden von Heiligenblut zu
gelangen. Haben wir mit dem niederen Sattel die stärkste Steigung
auf die Pasterze überwunden, so kommen wir zu der im Walde gele=
genen alten Briccius=Kapelle. Ihr Bau ist verfallen, aber ewig jung
spendet die Quelle an ihr köstliches klares Wasser zur Labung der
Wanderer.

Wenige Schritte von der Kapelle gewinnen wir den besten Stand=
punkt zum Anblicke des gegenüber auf der südlichen Wand befindlichen
herrlichen Leiterfalles. Ich fand die Seehöhe der Briccius=Kapelle mit
5102 W. F.

Eine neue Steigung des Weges folgt und bald tritt jetzt die
Region der Bergweiden an die Stelle des Waldes. Stufe auf Stufe
führt uns hinan, immer am linken Ufer der Möll, hier Pasterzenbach
genannt, und hart am Rande der tiefen Schlucht, in der wir sie don=
nern hören. Schon nehmen die hie und da blau oder grün schimmernden
Eispyramiden des großen Absturzes der Pasterze zu oberst den Ausschnitt
zwischen den Wänden der Schlucht des Pasterzenbaches für uns ein.
Wir haben die ganz zahm gemachte böse Platte und einige ober ihr
liegende Grashügel überschritten und sind nun am Brettboden angelangt.

Jetzt überblicken wir den ganzen großen Absturz, den die Pasterze
von ihrem mittleren zum tiefsten Boden an der Margaritzen macht,
und einen großen Theil des Glocknerkammes, unter welcher Bezeichnung
wir, wie es allgemein angenommen ist, alle Spitzen des am Schnee=
winkelkopf von dem Tauern=Hauptkamme sich loslösenden und an der
Ecke zwischen der Möll und dem Leiterbache endenden Zweigrückens
verstehen. Der unterste Boden der Pasterze und ihr Ende liegt sogar
schon tief unter uns.

Etwas von der gewonnenen Höhe verlieren wir freilich wieder,
indem wir nun in die Tiefe bis an jenen Bach und den Steg über
ihn hinabsteigen müssen, welcher von der Pfandlscharte und aus dem
vor uns in seinem kurzen Laufe nach Norden aufgeschlossenen Schar=
tenthale als Schartenbach herabstürmt, nicht um in ein anderes offenes
Wasser, sondern um in die Eishallen der Pasterze zu münden, aus
deren äußerstem Ende er mit dem gesammten Schmelzwasser des rie=
sigen Gletschers vereinigt als die Möll wieder zu Tage tritt. Sind
wir einmal über dem Stege, so stehen wir auch in ein paar Minuten
vor der Wallnerhütte.

„Doch das soll unser Nachtlager sein?!" rufen wir beim Anblicke
der Hütte aus. Ja, sie muß es sein, sonst hätten wir sie nicht dazu
gewählt. Ich habe meine Scheu vor dem elenden, theilweise unter ein

großes Felsstück hineingezimmerten Pferch bereits ein anderes Mal
bewährt. Ich war bei dem Uebergange von Kaprun über die Pasterze
nach zehnstündiger Gletscherwanderung am 2. September 1855 schon
gegen Abend an der Hütte eingetroffen, entschloß mich aber, als ich in
das Innere getreten war, lieber noch zwei bis drei Stunden weit nach
Heiligenblut zu gehen, als hier eine Leidensnacht zuzubringen. Für
eine Johannisberg=Expedition ist sie jedoch, weil die Johannishütte
nicht gut bewohnbar ist, das unvermeidliche Nachtlager, indem durch
ein Uebernachten in ihr gegenüber dem Aufbruche erst am Tage der
Expedition aus der einzigen anständigen Nachtstation in der Gegend,
aus Heiligenblut, drei kostbare Stunden erspart werden.

Ich verweilte wenigstens so lange als möglich im Freien vor
der Hütte. Doch hielt mich hier vor Allem das Prachtbild des ganz
nahen Absturzes des oberen oder mittleren Pasterzen=Bodens auf den
unteren oder tiefsten gefesselt. Jeder Versuch, das Naturschauspiel zu
schildern, ist in vornhinein ein verunglückter. Genug, wenn wir bemer=
ken, daß der Absturz, dessen oberster Theil freilich durch die Vorsprünge
der Felsen unterhalb des hohen Sattels verdeckt hier nicht sichtbar ist,
nach Franz Keil eine Höhe von beiläufig 800 W. F. hat, und daß
diesen Raum Tausende und Tausende von Eiskörpern von den ver=
schiedensten Gestalten: Vierecke, Pyramiden, Kegel, Vielecke, einnehmen,
welche an den Kanten und in den Zwischenräumen in der Regel im
herrlichsten Blau oder Grün schimmern, stellenweise in wahrhaft ge=
nialer Unordnung sich über einander thürmen, alle zusammen aber eine
stark geneigte schiefe Ebene bilden und in ihrer Gesammtverbindung
im hohen Grade einem im wilden Sturze nach abwärts in Eis ver=
wandelten riesigen Wasserfalle gleichen. Ja, dadurch, daß der Beginn
des Absturzes und die unmittelbar daran stoßende Fläche des mittleren
Pasterzenbodens nicht sichtbar ist, erscheint der Absturz sogar noch höher,
als er in Wirklichkeit ist, und wir halten ihn leicht für 1000 F. hoch.

Als es dunkel geworden, suchte auch ich die Hütte auf, in der
meine Führer schon lange um ein Feuer saßen. Ich würde mich in
der dann folgenden Nacht für den glücklichsten Menschen gehalten haben,
wenn ich hätte bewirken können, daß sie nicht länger währe als die

Zeit, welche ich jetzt dazu benöthige, meiner in ihr ausgestandenen Leiden zu erwähnen. Eine Anzahl kleiner Insekten, Bewohner des Alpenheues, auf dem ich im Hintergrunde des niedrigen Raumes lag, kroch und hüpfte fortan auf meinem Körper herum. Hatte ich es aber dennoch einmal dahin gebracht die Augen zu schließen, so weckte mich sicher in einigen Minuten das hohle Husten des Sennen der Alpe, eines Hektikers erster Klasse trotz irgend eines Residenzbewohners. Die Marter schien mir endlich nicht länger erträglich und ich verließ um halb 2 Uhr Morgens mein Lager.

Auch die Führer waren, vermuthlich aus ähnlichen Gründen, schon wach und in Kurzem brannte wieder ein lustiges Feuer. Ich hatte mir bald auf die einfachste Weise Holländerthee bereitet und ihn getrunken, die Führer waren gleichfalls bald mit ihrem Frühstück fertig, und dennoch saßen wir noch zwei Stunden später um das Feuer, fast beständig schweigend, theils aus Schläfrigkeit, theils aus übler Laune über die Verzögerung unseres Aufbruches, die mir doppelt unangenehm dadurch wurde, daß sie mich gerade in dieser Höhle zurückhielt. Diese Verzögerung wurde aber dadurch veranlaßt, daß die Nacht zu dunkel war, um die Hütte verlassen zu können, bevor sich das Tageslicht bemerkbar machte.

Erst um 4 Uhr war die Dämmerung so weit vorgeschritten, daß der Aufbruch möglich wurde. Um dreiviertel 5 Uhr standen wir auf dem hohen Sattel, auf dem wir einige Minuten verweilten, weil unmittelbar von seinem Fuße weg die Gletscherwanderung beginnen sollte.

Auch heute wollen wir auf dieser Stelle etwas verweilen, um von ihr die Süd- und Westseite des Pasterzenkeeses und ihre Höhenbegrenzung zu besichtigen. Wir werden dort, wo sich in Franz Keils orographisch-physikalischer Karte des Großglockner und seiner Umgebung, welche in Petermanns geographischen Mittheilungen im Jahrgang 1860 als Tafel 4 veröffentlicht worden ist, von den früheren abweichende Benennungen finden, die Namen Keils annehmen. Denn seine Karte ist die einzige brauchbare vom Glocknergebiet und stützt sich auf so viele und gründliche Forschungen, daß es gewiß besser ist, einen oder den anderen Irrthum, den sie allenfalls noch enthält, mit in den

Kauf zu nehmen, als durch theilweise Annahme und theilweise Ver=
werfung ihrer Bezeichnungen eine neue Verwirrung in das durch die
Nomenklatur der Gebrüder Schlagintweit hinlänglich verworrene Ge=
biet des Pasterzengletschers zu bringen.

Wir überblicken vom hohen Sattel mindestens der Hauptsache
nach die Länge des Pasterzenkeeses, welche von seinem Ursprunge rechts
vom Johannisberg an der Riffel bis an sein Ende nach Schlagint=
weit 28.937 P. F. beträgt.

Wir wollen nun dem Laufe des Gletschers entgegen in unserer
Betrachtung von seinem Vordergrund gegen seinen Hintergrund vor=
gehen. Der hohe Sattel, seitdem ihn Kaiser Franz Joseph besucht hat,
auch die Franz Josephs Höhe genannt, ist ein vorspringender Theil
der Freiwand. Diese zieht sich auf der Nordseite des Gletschers theils
mit kahlen Wänden, besonders in ihrer oberen Hälfte, theils mit über=
grünten Abhängen nach rückwärts. Auf einem der letzteren gewahren
wir die Johanneshütte in der Gamsgrube. Auf dem gegenüber liegen=
den rechten, südlichen Ufer des Gletschers ragt der Glocknerkamm in
die Lüfte. In der Richtung gegen den Hintergrund des Gletschers
reihen sich an die kleineren Spitzen die Hohenwartshöhe, die Adlers=
ruhe und die beiden Glocknerspitzen an. Die fächerförmige Wand, die
auf sie folgt und die bisher die Romariskenwand hieß, hat Keil die
Glocknerwand genannt. Nun kömmt im Südzuge eine unbenannte
Kuppe, dann Keils Romariswandkopf und am Schlusse jene hohe
Spitze, welche früher als der Kasten galt, aber nunmehr als der
Schneewinkelkopf festgestellt ist.

An ihm nimmt der Hauptkamm der Tauern nach langem Laufe
von Westen nach Osten eine Wendung von Süden nach Norden, und
dadurch erhält die Pasterze ihre westliche Begrenzung. In der durch
diese Wendung gebildeten Ecke ist jene Scharte eingeschnitten, welcher
die Herren Schlagintweit fälschlich den Namen Todtenlöcherpaß gege=
ben haben, die jedoch in Wirklichkeit die Oedenwinkelscharte ist.

Zunächst ihr baut sich nördlich der Alleinherrscher im rückwärti=
gen Pasterzengebiete, der Johannisberg oder Herzogshut, auf. Beide
Namen führt er erst seit neuester Zeit; den ersteren allgemein gang=

baren hat er zu Ehren des Erzherzogs Johann von Oesterreich erhal=
ten, den zweiten wenig gebräuchlichen hat ihm vermuthlich in Folge
seiner Form irgend ein schwunghafter Auffinder von Aehnlichkeiten
gegeben. Früher hieß er nach Plattls Angabe wegen seiner Lage in
Mitte der weiten Keese viel weniger schwunghaft, aber viel zutreffender
einfach der Keeserkogel.

Gehen wir in die Einzelnheiten des Gebietes ein, das mehr
weniger zum Johannisberge gehört, so finden wir, daß sich der Tauern=
kamm in seinem Laufe von Süden nach Norden sogleich von der
Oedenwinkelscharte weg zu einem Kopfe erhebt, der gleichsam die erste
Terrasse des Grats in seiner Steigung hinan zur Spitze des Johan=
nisberges bildet. Nach einer nicht bedeutenden Senkung von der Höhe
dieser Kuppe zieht der Kamm lange und ziemlich steil gegen Norden
und erreicht auf der obersten Stelle dieser weit bedeutenderen Erhebung
die Höhe der zweiten Terrasse unseres Berges. Diese ganze Erhebung
mit ihrem Höhenpunkt bildet unstreitig schon einen Theil des Johan=
nisberges selbst. Auch hier erfolgt eine nur geringe Senkung nach
Norden und von ihrem tiefsten Punkte steigt der eigentliche Rücken
des Johannisberges auf, erst ausgebaucht und sanft, dann höher oben
ziemlich steil, bis er in der höchsten Spitze des ganzen Berges endigt.

Von da an läuft die oberste Kante mit so wenig Senkung nach
Norden bis zu einer Stelle, wo sie schnell abfällt, daß durch diese
schiefe Ebene zwischen der höchsten Spitze und dem erwähnten Ab=
fallspunkte, da sie von Osten nach Westen gleichfalls einige Schritte
Breite hat, ein kleines zur Spitze gehöriges Plateau geformt ist. Auch
der weitere Abfall des Berges auf der Nordseite ist sanfter als jener
auf der Südseite. Lange zieht er ohne eine eigentliche Erhebung zuerst
in allmäliger gerader, dann in etwas stärkerer nach außen gebogener
Neigung abwärts, bis er etwa in gleicher Höhe mit der Oedenwinkel=
scharte angelangt ist, wo dann nach einem kurzen flachen Laufe des
Kammes wieder eine unbenannte eisige Höhe aufragt.

Rechnet man die Ausdehnung des Johannisberges von der ersten
Terrasse im Süden bis zu dem an Höhe der Oedenwinkelscharte etwa
gleichkommenden Punkte im Norden, so fällt seine höchste Spitze fast

genau in die Mitte seiner Breite. Sehen wir uns die West= und
Ostseite an, so stürzt jene mit Eis und steilen Felswänden in den
Stubacher Oedenwinkel ab, diese dagegen neigt sich anfangs sehr steil,
dann ziemlich gleichmäßig und weit sanfter als zu oberst gegen das
Pasterzenkees. Noch wissen wir aus der Notiz des Großglocknerbuches
über die Ersteigung aus dem Jahre 1844, daß südöstlich ein Kamm
des Johannisberges in die Pasterze vorspringt, und diesen Kamm werden
wir bald näher kennen lernen.

Um den Fuß unseres Eiskolosses herum erblicken wir dann die
ausgedehnten Firnfelder des obersten Pasterzenkeeses und den Absturz,
mit welchem es auf den oberen oder mittleren Boden gelangt. Er
endet erst dort, wo am rechten Ufer der kleine, am linken der große
Burgstall, beides Felserhebungen im Eise, und unter ihnen seinem
Namen entsprechend der große Burgstall, die bei weitem mächtigere,
als die Marksteine des Endes des obersten und Anfanges des oberen
Keesbodens mitten aus dem weiten Eismeere aufragen. Von ihnen
fließt dann der obere Boden, der eigentliche flache Gletscher, welcher
nach Schlagintweit 9947 P. F. lang und durchschnittlich 3000 P. F.
breit ist, mit geringer Neigung zu Thal, bis er etwas außerhalb
unseres Standpunktes am hohen Sattel, der ihn etwa um 500 Fuß
überragt und nach Schlagintweit 7809 P. F., nach meiner Messung
jedoch nur 7591 W. F. hoch ist, an dem uns schon bekannten großen
Absturze sein Ende erreicht.

Es war gerade 5 Uhr, als wir den Gletscher unterhalb des
hohen Sattels betraten. Und nun begann die eigentliche Gletscher=
fahrt. Zuerst überschritten wir den oberen Keesboden schräg in nord=
westlicher Richtung, wobei wir uns einen Punkt etwas links vom
kleinen Burgstall zum Ziele setzten. Der Gletscher war hier ungemein
zerschründet, aber alle Spalten lagen blos, und so konnten wir wenig=
stens vor dem Einbrechen in Klüfte sicher sein. Vorsicht war jedoch auf
dieser Strecke deßhalb geboten, weil wir häufig auf der schmalen
obersten Kante des Eises, das beiderseits stark geneigt in tiefe Spalten
abdachte, hinschritten.

Wir hatten jetzt den kleinen Burgstall in einiger Entfernung zur Rechten und begannen im Raume zwischen ihm und der untersten Erhebung des Glocknerkammes auf den letzten Senkungen des obersten Bodens auf das obere Pasterzenkees aufwärts zu steigen. Eine steile Partie nöthigte uns die Fußeisen anzuschnallen. Während wir damit beschäftigt waren, bemerkten Plattl und Röderer eine Gemse, die Anfangs auf den Wänden des kleinen Burgstalls herumkletterte und sich dann gegen den Gletscher wandte, auf welchem sie für uns verschwand.

Die beträchtliche Steigung und die nächstfolgenden Abhänge zwischen den beiden Keesböden waren überwunden und nun rollte sich allmälig eine Reihe von Gletscherscenerien der eigenthümlichsten Art vor uns auf, alle einander höchst ähnlich den Hauptbestandtheilen nach und doch unter sich himmelhoch verschieden, ohne Ausnahme aber ungemein wirksam durch ihren Charakter ernster Größe.

Zur Linken erhoben sich die Glocknerspitzen und später die Glocknerwand von unserem Wege an in der bizarrsten Gestaltung ihrer Felswände und ihrer Gletscherabbrüche zu ungeheurer Höhe.

Plattl hat mir für die Felszacken, mit welchen der Glocknerkamm auf die Pasterze herabsteigt, und besonders für jene unterhalb der Glocknerwand den bezeichnenden Namen Teufelskamp genannt. Dort, wo sie aus Chloritschiefer bestehen und ihr grüner Staub die Eismassen bedeckt, gibt es, wenn noch blaue Gletscheranbrüche dazu kommen, ganz originelle Bilder.

Anders war die Ausschau nach Norden. Dort sahen wir im Halbbogen vom großen Burgstalle bis unterhalb des Johannisberges den Absturz des obersten auf den mittleren Pasterzenboden. Nicht so wild wie der tiefere Absturz auf den unteren Boden, gleicht er in seiner Ausdehnung über ein ungleich weiteres Gebiet vielmehr den erstarrten Wogen einer vom Sturme gepeitschten See.

Von benannten Objecten ragt in der Eiswüste auf dem Nordrande des Keeses der Breitkopf, dann der Eiswandbühel und mächtiger als sie der mittlere Bärenkopf auf, über dem uns schon bekannten großen Burgstall aber der im Firnmeere selbst liegende hohe Burgstall, welcher in Heiligenblut die Wand genannt wird. Zu ihnen ge-

sellt sich später die vom jenseitigen Abfalle des nördlichen Pasterzen-
randes aus dem Fuscher Thale herüberblickende hohe Dock mit ihrem
abgeplatteten Haupte und ihrem Spiegelbilde, dem westlich an sie ge-
reihten, ihr in den Formen ähnlichen Kopfe. Keil hat geglaubt, ihn
als den kleinen Bärenkopf bezeichnen zu sollen. Ich würde jedoch für
ihn den Namen hintere Dock vorziehen, wo dann der gewöhnlich hohe
Dock benannte Berg die vordere hohe Dock sein würde. Dieser Meinung bin ich deßhalb, weil nordwestlich von Keils kleinem Bärenkopf
ein um etwa 100 Klafter niedrigerer Berg, den Keil unbenannt läßt,
auf dem Grenzkamme zwischen Fusch und Kaprun steht, welcher der
wahre kleine Bärenkopf zu sein scheint, indem nach der Katastralmappe
von Kaprun der kleine Bärenkopf sich in diesem Grenzkamme erhebt,
während Keils kleiner Bärenkopf nicht ihm, sondern einem von ihm
nach Südosten in das Fuscher Thal vorspringenden Aste angehören
würde.

Noch westlicher macht sich endlich der auf dem Nordrande der
Pasterze selbst aufsitzende vordere Bärenkopf bemerkbar, an dessen Westseite zwischen ihm und der hohen Riffel ich im Jahre 1855 von Kaprun
die Höhe der Pasterze betreten habe.

Allein so originell diese Ansichten sind, so waren wir doch bald
genöthigt, unsere Aufmerksamkeit von ihnen weg und ausschließend
unserem Wege zuzuwenden. Wir waren über dem kleinen Burgstall
auf ganze Felder festen alten Schnee's gekommen, der das Eis mehrere
Zoll hoch bedeckte, und da ging es freilich gut. Später jedoch ge-
riethen wir in ein wahres Labyrinth von Klüften. Am ärgsten war
es dort, wo die Seitengletscher vom Glocknerkamm auf unserem Wege
mit dem Hauptgletscher zusammentrafen. Hier wurde die Zerschrün-
dung stellenweise ganz abscheulich.

Randspalten, Querspalten, Längenspalten, in keine Kategorie ein-
zuschachtelnde Spalten wechselten mit einander ohne Ende ab. Die
Strecke unter der Glocknerwand zeichnete sich in dieser Hinsicht besonders aus. Wir befanden uns noch auf ihr und hatten, weil die Klüfte
überall blos lagen, uns nicht mit dem Seile zusammengebunden, als
eine Schneebrücke, welche schräg zwischen zwei Spalten hinlief, unter

meinen Füßen einsank. Zum Glück hatte die Brücke eine tiefere Stufe, auf welcher ich einen Halt fand. Aber der Boden war so trügerisch und die Kluft zu meiner Linken so tief, daß ich, ohne selbst Versuche zu machen, wieder auf die Höhe zu kommen, Röderer, der nicht weit vor mir ging, zu Hilfe rief, und erst, als er mir vom festen Ufer seine kolossale Hand reichte, mich wieder in die Höhe schwang. Es besserte sich endlich, als wir im Gebiet des Neuschnee's angelangt waren.

Neue Bilder auf dem Firnmeere hatten sich inzwischen vor uns aufgethan. Die Vereinigung des obersten mit dem mittleren Keesboden erfolgt auf der Südseite des Keeses, auf der wir wanderten, zwischen dem kleinen Burgstall und dem Johannisberg, nicht so gewaltsam wie jenseits zwischen dem Johannisberg und dem großen Burgstall, wo sich besonders der Zufluß von der hohen Riffel am Johannisberg ungeberdig in die Tiefe drängt.

Die diesseitigen Scenen waren also mehr die Darstellung einer schief geneigten Eisebene, mit den verschiedensten Formen ihrer Thäler, Hügel und Kämme aus Eis. Große Klüfte im Firn bewiesen, daß auch hier der Boden trügerisch sei, und lagen ihrer mehrere neben einander, so konnte man gewiß sein, daß sie derselben Höhle angehören, über welcher nur hie und da Eismassen ausgespannt sind.

Die eigenthümlichste Erscheinung bildet eine mächtige Eiserhebung, welche, wenn man eine gerade Linie vom kleinen Burgstall auf den Johannisberg zieht, etwa in halber Entfernung zwischen beiden, auf der Ostseite scharf abgeschnitten aus den Firnfeldern wie ein gewaltiges Kastell aufragt und von ihrem Fuße weg eine ungemein breite und sehr lange Spalte in südöstlicher Richtung entsendet. Zuerst schien sie mir eine selbständige Spitze zu sein, aber welche? Der Johannisberg war es sicher nicht und andere Kuppen gibt es in dieser Gegend nicht. Der Zweifel behob sich, als wir noch ein Stück höher gekommen waren und nun erkannten, daß wir nur den senkrechten Abfall eines nach rückwärts zu ganz regelmäßig mit dem höheren Firnfelde verbundenen Eiskörpers früher vor uns gehabt hatten.

Je höher wir kamen, desto tiefer wurde der Neuschnee und desto mühsamer die Wanderung. Wir befanden uns in einem Thale. Denn zur rechten Hand stieg jener Kamm des Johannisberges, welcher von dem Höhenpunkte der zweiten Terrasse auf seiner Südseite sich südöstlich auf die Pasterze herabzieht und über den die Expedition im Jahre 1844 ihren Weg genommen hat, in einer gegen seine Wurzel zu begreiflicherweise immer größeren Höhe auf, links erhob sich noch fortwährend der Glocknerkamm über uns. Wir wateten fort und fort im Neuschnee und hielten uns, weil mehr nach Rechts das Schneethal seine größte Tiefe und sicher auch den meisten Schnee hatte, um nicht noch tiefer waten zu müssen, möglichst nahe an den Abhängen der linken Seite und des Schneewinkelkopfes, welcher in der Höhe manche kecke Felsenpartie trägt.

Die Landschaft war die denkbar winterlichste. Wir sahen jetzt schon die Oedenwinkelscharte mit dem Felsen, der nach Plattls Angabe hart an ihrem Abfalle gegen den Oedenwinkel liegen sollte, hielten sie, wie fast jedesmal auf Schneefeldern, auf welchen kein Zwischenpunkt dem Auge zum Maßstabe der Entfernung dient und die reinere Luft unser gewöhnliches Augenmaß irre führt, für näher als sie in Wirklichkeit war, langten jedoch endlich um halb neun Uhr an ihr an.

Der höchste Punkt der Scharte befindet sich auf dem Keese, das sich von ihm noch einige Klafter weit gegen den Oedenwinkel allmälig senkt, bis es theils in südwestlicher Richtung mit einer Schneeschlucht steil abfällt, theils höher oben an dem schon erwähnten Felsen endigt, von dem der scharfe Absturz auf den Oedenwinkel thatsächlich beginnt.

Ich pflanzte auf der höchsten Stelle mein Barometer auf und folgte Plattl mit nicht geringem Interesse zu dem Felsen, von welchem man nach seiner Behauptung in das Stubachthal sehen sollte. Ich hatte nämlich in meiner, in den Jahrbüchern der k. k. geographischen Gesellschaft in Wien, Jahrgang 1857, abgedruckten Abhandlung „Wanderungen auf dem Glocknergebiete", blos auf die Autorität einer alten Karte und der Aussicht vom Schafbühel in Stubach hin die Ansicht ausgesprochen, Schlagintweits Todtenlöcherpaß müsse die Oedenwinkelscharte sein, und war jetzt begierig zu erfahren, ob ich mich nicht doch geirrt habe.

Ich war jedoch sogleich beruhigt, denn der erste Gegenstand, der mir von dem Felsen in nordwestlicher Richtung in das Auge fiel, war der isolirt stehende kleine Kegel des Schafbühels, von dem ich früher in südöstlicher Linie unsere Scharte gesehen hatte.

Hier muß ich bemerken, daß ich bereits im Heraufsteigen zur Scharte wiederholt das Bedenken geäußert hatte, daß der mehrfach besprochene südöstliche Kamm des Johannisberges wirklich der beste Weg auf die Spitze dieses Berges sei, und obgleich Plattl behauptete, man könne von unserer Scharte unmittelbar auf dem Hauptkamme nördlich ansteigend seine Höhe erreichen, blos darum bis in die südwestliche Ecke des Firnmeeres vorgedrungen war, weil ich die Identität des Schlagintweit'schen Tottenlöcherpasses mit der Oedenwinkelscharte konstatiren und außerdem hier als an dem dazu geeignetsten Orte die Wendung der Tauernkette nach Norden und den westlichen Beginn des Glocknerkammes kennen lernen wollte.

Eben so wie die erstere Frage gelöst wurde, erlangte ich auch den gewünschten Einblick in die Verbindung des Glocknerkammes mit dem Tauernkamme.

Denn alle jene Hochspitzen, welche über dem tiefgelegenen Oedenwinkel von Osten bis Westen im Dreiecke, dessen Spitze sich im Süden befindet, aufragen, lagen in der Nähe vor mir da; auf der anderen Seite der Scharte fast südlich von ihr der Knotenpunkt der beiden Kämme, der Schneewinkelkopf, von ihm nordwestlich schon im Tauernzuge das hohe und schlanke Eiskögele und wieder nordwestlich von ihm der hohe Kasten.

Ich erkannte nun vollständig, daß es ein Irrthum ist, wenn der letztere Berg bisher immer als Markstein an der Trennung des Glocknerkammes angenommen worden ist, indem diese Abzweigung am Schneewinkelkopf stattfindet und der hohe Kasten entschieden im Tauernzuge und, wie gesagt, nicht einmal unmittelbar, sondern erst als die zweite Spitze neben dem Schneewinkelkopf sich erhebt. Noch weiter gegen Nordwesten hinausgeschoben steigt der Medelzberg empor, auf welchen nordwestlich die Höhe des Kalser Tauern folgt; die man jedoch von der Scharte nicht sehen konnte.

Im ferneren Nordwesten von der Scharte bauten sich dann in=
mitten ihrer weiten Eisfelder die Gletscherberge über dem südwestlichen
Hintergrunde des Stubachthales auf, der Granatkogel, Bärenkopf,
Sonnblick, der Landeckkogel und der Bärenkogel in der nordwestlichen
Ecke des Dorferalpenthales, dessen auf dem Tauernwege sichtbarer Glet=
scher das schönste blaue Eis unter allen mir bekannten österreichischen
Gletschern hat. Selbst ferne Gletscher gegen den Venediger zu, und
wie Röderer behauptete, der Venediger selbst, waren sichtbar. Da aber
auf allen diesen fernen Bergen dichter Nebel lag, konnte sie Röderer
eben so wenig als ich mit Sicherheit erkennen.

Das Barometer gab mir die Höhe der Scharte mit 10.050
W. F., wogegen die Gebrüder Schlagintweit für ihr Firnmeer des
Pasterzengletschers an den Todtenlöchern, worunter jedoch nach der Karte
und der Tafel II. des Werkes „Untersuchungen über die physikalische
Geographie der Alpen" nur die Oedenwinkelscharte verstanden sein
kann, die Höhe mit 10.340 P. F. fanden.

Um 9 Uhr wurde dann zur eigentlichen Ersteigung des Johannis=
berges aufgebrochen. Plattl hatte sich hinlänglich überzeugt, daß man
von der Scharte nicht gerade auf die Spitze steigen könne. Wir er=
kannten jetzt alle den alten Weg vom Jahre 1844 als den besten an
und als unsere Aufgabe, irgendwo auf den uns bis zum Ueberdrusse
bekannten südöstlichen Kamm hinaufzukommen. Das konnte nur über
die etwas nach vorne gegen die Pasterze zu liegenden Abhänge auf
der nördlichen Seite des Schneethales, durch welches wir zur Scharte
gewandert waren, geschehen. Denn der Abfall des Hauptkammes nach
Süden unmittelbar auf die Scharte und selbst jener in das Schnee=
thal des südöstlichen Kammes an seiner Wurzel ist zu steil, um hier
die Abhänge betreten zu können. Deßhalb konnten wir auch nicht
einmal von der Scharte weg schräg über sie zu den gangbaren Par=
tien der Neigung des Kammes nach Süden gehen. Wir mußten also,
um zu den letzteren zu gelangen, eine Strecke weit der Tiefe des
Schneethales folgen, und die dadurch gebotene Leistung gehörte wegen
der Höhe des hier liegenden Neuschnees zu den allermühsamsten.

Als wir die Abhänge betreten hatten, fanden wir auch dort reichlichen Schnee. Es handelte sich nun darum, ob wir die Höhe des Kammes weiter nach auswärts, wo er niedriger ist, natürlich mit größerem Umwege, oder mehr rückwärts, also näher der Scharte, wo er sich noch nicht so sehr gesenkt hat, begreiflicherweise nach einem stärkeren Aufwärtssteigen, zu erreichen suchen sollten. Wir entschlossen uns für die zweite Alternative, weil wir uns blos um nicht etwas mehr aufwärts steigen zu müssen die Unannehmlichkeit des Schneewatens durch einen Umweg nicht noch verlängern wollten.

Wir arbeiteten uns so rasch empor als es der Schnee gestattete. Auf der Kammhöhe angelangt erblickten wir sogleich vor uns die breite östliche und die südliche Ausdehnung des Johannisberges, links aber die Fortsetzung unseres Kammes bis zu seinem Ursprunge an der zweiten Terrasse der südlichen Erhebung.

Offenbar begann nun der letzte Theil unserer Aufgabe: wir hatten auf dem Johannisberge selbst zu seiner Spitze emporzuwaten und zu klettern. Das gab freilich noch ein tüchtiges Stück Arbeit! Wir trafen ungemein große Klüfte an, die umgangen werden mußten. Oft liefen sie in solcher Nähe und in einer solchen Stellung zu einander zusammen, daß es unmöglich schien zwischen ihnen einen Ausweg zu finden. Röderer fing an vom Nichthinaufkommen zu sprechen: Plattl und ich protestirten gegen derlei Aeußerungen. Aber auch der entschlossene Theil der Gesellschaft erlebte wiederholt Täuschungen. Wir sahen hinauf bis zu dem Punkte, wo sich über einer breiten Kluft, gleichsam als letzter Aufsatz des Berges, seine oberste Pyramide erhebt, zählten bis dort hin drei große Klüfte und meinten, „die werden uns auch nicht aufhalten können"; kaum waren wir jedoch wieder ein Stück aufwärts gekommen, so gewahrten wir eine neue höhere Mulde des Firnbodens, die uns früher eine tiefer unten liegende verdeckt hatte, und in ihr eine oder mehrere ungezählte riesige Spalten. Ein paar Klüfte waren so breit, daß die ganze Länge unseres Seiles von etwa 10 Klafter nicht von einem Ufer zum andern zu reichen schien.

Auch das Einbrechen in den Schnee war, obgleich nicht so arg wie tiefer unten, doch immerhin noch lästig. Zu allem Ueberflusse

11*

wurde ich im gewohnten Bergschritte auf eigenthümliche Weise beirrt. Wir waren am Seile, Plattl vorne, ich in der Mitte, Röderer rück= wärts. Nun stieg Plattl ungemein rasch und ich wurde deßhalb durch das Seil häufig vorwärts gezogen, Röderer ging viel langsamer als ich, und so war das Seil zwischen uns stets gespannt und ich war bisweilen förmlich im Gehen aufgehalten. Dieses Paralysiren meiner Muskelthätigkeit wurde mir endlich geradezu unangenehm und jetzt brachte ich freilich durch ein entschiedenes Kommandowort einen gleichen Schritt in die Kolonne.

Ueber jene Kluft vor der letzten Erhebung, die eigentliche Firn= kluft, kamen wir ohne Schwierigkeit, weil sie sich ganz gut nach Links umgehen ließ. Allein in seinem obersten Theile, der nun so ziemlich von Südosten erstiegen werden mußte, überraschte uns der Johannis= berg durch eine Steilheit, die man ihm von der Ferne gar nicht an= sieht. Ich glaube, daß das letzte Stück zur Spitze eben so gut einen Neigungswinkel zwischen 30 bis 40 Grad hat wie die kleine Glockner= spitze, nur daß die steile Erhebung auf dem Johannisberge nicht so hoch ist wie auf dem Glockner.

Um 11 Uhr betraten wir nach glücklicher Besiegung aller Hinder= nisse die höchste Spitze. Wir kennen sie von der Schilderung der Physiognomie unseres Berges her als ein Plateau, das sich sanft nach Norden neigt, wo es dann plötzlich steil abbricht.

Jedem, der nicht so specielle Zwecke verfolgt haben würde wie ich, hätte der Blick von der Spitze trostlos gemacht. Die Befürchtungen, die der ringsum ziehende Nebel und der verdächtige Wind schon auf dem hohen Sattel in uns erweckt hatten, waren gegründet. Ueberall auf den Höhen lagerten Wolkenmassen und ein Unwetter war bevor= stehend. Wir hatten gar keine Fernsicht, sogar das nahe Wiesbach= horn war nicht einmal auf Augenblicke sichtbar und der Großglockner hatte sich in dichte Nebel gehüllt.

Selbst aus der Umrahmung der Pasterze sah ich nur die hohe Riffel, dann den Nordrand im Zuge vom vorderen Bärenkopf über die schöne Pyramide des mittleren Bärenkopfes, über welcher die schwarze Wand des großen Bärenkopfes sich erhob, während auch seine Spitze

in Wolken lag, bis zum Fuscherkarkopf und Sinewelleck. Vom Glockner=
kamm waren nur der Schneewinkelkopf und die unmittelbar an ihn
grenzenden Eishöhen zu sehen. Im hohen Grade interessant war der
Ueberblick des obersten Pasterzenkeeses, des Firnmeeres der Pasterze,
das in seiner ganzen Breite, nach Schlagintweit von 8000 bis 12.500
Pariser Fuß, den Raum um den Fuß des Johannisberges herum
einnahm.

Dafür war der obere Pasterzenboden und das Möllthal nur in
unsicheren Umrissen zu unterscheiden.

Ich bedauerte um den Genuß der Fernsicht zu kommen, machte
mich jedoch unverdrossen an die übrigen Aufgaben. Zuerst wurde die
Barometermessung vorgenommen, meines Wissens die erste des Jo=
hannisberges, der auch trigonometrisch nicht gemessen ist. Ihr Resultat
ist eine Höhe von 11.166 W. F. Dann suchte ich die Frage zu lösen,
ob ein Uebergang auf die Pasterze aus den südlich vom Glocknerkamme
liegenden Thälern möglich sei, und gewann die feste Ueberzeugung, daß
diese Frage verneint werden müsse. Denn der Glocknerkamm fällt auch
vom Glockner westlich bis zum Schneewinkelkopfe so steil auf die
Pasterze ab, daß von ihm auf sie herabzusteigen nirgends räthlich wäre.

Die Zweifel über den Knotenpunkt des Tauernkammes und
Glocknerkammes waren glücklicherweise schon auf der Oedenwinkelscharte
behoben worden. Hier hätte ich sie nicht mehr beseitigen können, denn
es gab jetzt für mich eben so wenig einen Kasten als ein Eiskögele,
auch auf sie hatte sich der Nebel gelegt.

Rücksichtlich des Höhenverhältnisses der Spitzen auf der Pasterze
dagegen erkannte ich unzweifelhaft, daß der Schneewinkelkopf den Jo=
hannisberg noch um ein geringes überragt; dafür sinkt die Riffel und
der Nordrand im Vergleiche mit unserem Standpunkte tief herab, mit
Ausnahme des Fuscherkarkopfs, welcher, wenn auch demselben nicht
ebenbürtig, sich doch ihm gegenüber ehrenvoll behauptet. Der hohe
Bärenkopf würde, da er noch höher ist als der Fuscherkarkopf, eine
zweite Ausnahme gemacht haben; wie ich schon bemerkt habe, war
jedoch seine Spitze nicht nebelfrei und ich konnte also über ihn nicht
urtheilen.

Um noch darüber in das Klare zu kommen, an welchen Stellen außer über die Bockfarscharte, dann zwischen dem vorderen Bärenkopf und der Riffel und allenfalls über die Oedenwinkelscharte das oberste Pasterzenkees von den jenseitigen Thälern aus erreicht werden könne, musterte ich den Kamm so genau als möglich. In diesem Punkte hat mich denn die Betrachtung der Neigung gegen Stubach und den Oeden= winkel auf die Meinung gebracht, daß aus ihnen und zwar zwischen der Riffel und dem Johannisberg an den hier gelegenen Todtenlöchern auf den Kamm zu gelangen sei. Einen weiteren gangbaren Paß auf die Pasterze konnte ich jedoch nirgends ausfindig machen.

Schließlich untersuchte ich die Ersteigbarkeit des Johannisberges von der Nordseite und bin zu dem Resultate gekommen, daß er von der Riffel weg ohne zu große Gefahren wegen der Klüfte erstiegen werden könne, wenn man sich nur immer thunlichst an den westlichen Rand der Pasterze hält.

Während ich diese Beobachtungen machte, verwandelte sich der feine eisige Regen, welcher begonnen hatte, als wir noch über die oberste Erhebung aufwärts stiegen, in ein gelindes Schneien. Als es dazu auch zu donnern anfing, meinte Röderer, zuletzt könne es uns noch wie dem Führer gehen, der vor kurzem auf einer Glocknerfahrt vom Blitze getroffen wurde. Da dieser Führer nur betäubt worden war ohne weiteren Schaden zu nehmen, so erwiderte ihm der ent= schlossenere Plattl sogleich, wenn ihm nicht mehr als dem geschehe, so läge ihm nicht viel an einem solchen Streifschuß, und fügte bei, er sei übrigens der Ansicht, daß, wenn Jemanden schon der Blitz treffen soll, er ihn überall, nicht nur auf dem Johannisberg treffe. Wir plauderten so und tafelten noch eine Zeitlang auf dem Johannisberg, wobei uns das Schneeplateau der Spitze als Sitz und als Tisch für unsere Vorräthe diente. Nur der Umstand, daß kein Wind ging, ließ es zu, daß wir trotz einer Temperatur von nur $+ 0$ R° und trotz des Schneiens eine volle halbe Stunde auf der Spitze aushalten konnten. Und selbst nach einer halben Stunde trieb uns hauptsächlich blos die Sorge vor stärkerem Regen fort.

Ich hatte den Führern eingeschärft, auf dem Rückwege wo möglich unsere alten Fußstapfen vom Heraufsteigen nicht zu verlassen, um bei dem Unwetter thunlichst schnell vom Gletscher hinwegzukommen, was nur geschehen konnte, wenn wir die Klüfte an demselben Orte übersetzten, wie auf dem Heraufwege, und nicht genöthigt waren erst die Uebergangspunkte zu suchen. Von dort an, wo wir von der Oedenwinkelscharte auf den oftgenannten vom Johannisberg südöstlich auf das Pasterzenkees hinablaufenden Rücken heraufgelangt waren, mußte eine neue Bahn gebrochen werden, weil wir nun diesem Kamme in der Richtung gegen Heiligenblut bis zu seinem untersten Ende folgten. Da brachen wir denn auch wieder viel im Neuschnee ein, besonders im tieferen Theile und als wir das Schneethal quer überschritten, um an die Abhänge des Glocknerkammes und zu unseren alten Spuren zu kommen. Plattl leistete als Vordermann das Außerordentlichste und schritt so rasch und sorglos, ohne auch nur ein einzigesmal mit dem Bergstock zu untersuchen, ob nicht Klüfte unter dem Schnee verborgen lägen, abwärts, daß ich ihn endlich ermahnte vorsichtiger zu sein. Er meinte aber, er gehe allein und ohne Seil auch nicht viel anders, um so mehr könne er es mit dem Seile und in Gesellschaft thun.

Wir waren schon ziemlich lange stets in unseren Fußstapfen fortgegangen, als der Regen, der eine zeitlang ganz aufgehört hatte, mit einiger Heftigkeit wieder begann. Besonders für mich war diese Witterungsverschlimmerung sehr unerfreulich. Wir befanden uns eben zwischen den schlimmsten Klüften, hatten auf dem schneefreien Gletscher unsere Spuren wiederholt verloren und mußten, wie mir vorkam, häufiger als auf dem Heraufwege über breite Klüfte springen. Ich konnte aber mit einem langen und schweren Plaid und dem Barometer auf dem Rücken unmöglich einen gewagten Sprung machen, und gab daher, so oft ein solcher nothwendig war, das Plaid jedesmal dem Führer. In Folge dieser Manipulation fühlte ich bei meiner im übrigen sehr leichten Kleidung bald die Nässe auf der Haut. Das war jedoch auch die größte Unannehmlichkeit auf unserer Heimfahrt, und um ¾ auf zwei Uhr, also in neun Viertelstunden von der Spitze des Johannis=

berges, langten wir bei der Johannishütte an, nachdem wir durch 10 Stunden nicht vom Eise weggekommen waren.

Als sich bald darauf die Nebelschichten hoben, welche seit ein paar Stunden über der Heiligenbluter Gegend gelegen waren, erkannte ich, daß ich auch diesmal, wie 14 Tage früher auf dem Hochalpenspitz, Glück im Unglück gehabt hatte.

Denn das ganze Gebirge nördlich von Heiligenblut war bis tief herab gegen das Thal weiß von dicht gefallenem Schnee und Hagel. Wie wir später erfuhren, hatte sich insbesonders ein tüchtiges Ungewitter über die Pfandlscharte nach Pinzgau hinüber gezogen, während wir auf dem Keese nur mit einem, wenn auch ausgiebigen Streifregen bedacht wurden. Obgleich nicht lebensgefährlich, wäre es doch höchst beunruhigend für uns gewesen, inmitten der weiten arg zerklüfteten Eisfelder des obersten Pasterzenbodens in ein starkes Hochgewitter zu gerathen.

An der Johannishütte freute ich mich wie immer über das köstliche Wasser der dortigen Quelle, von dem ich reichlich genoß. Um 4 Uhr waren wir wieder bei der Wallnerhütte und trafen nach 6 Uhr in Heiligenblut ein. Ich habe nie recht erfahren, wie lange Plattl und Röderer in der nun folgenden Nacht beim Schnaps beisammen geblieben sind. Sie verdienten aber auch eine ausgiebige Ergötzung, nicht blos wegen der Entbehrung, die ich ihnen auferlegt hatte, und der Anstrengungen des Tages, sondern noch viel mehr wegen ihrer Haltung auf der Bergreise, welche bei beiden, vorzüglich aber bei Plattl, eine ausgezeichnete war.

Ich füge hier bei, daß die auf dem Rückwege gemachten Barometermessungen für die Johannishütte eine Höhe von 7768 W. F., für die Wallnerhütte von 6672 W. F. ergaben, und daß nach einer Messung, die ich am folgenden Tage vornahm, Heiligenblut, der Ausgangs- und Endpunkt unserer Bergreise, 4035 W. F. hoch liegt.

Zum Schlusse aber muß ich noch einmal auf die Notiz des Glocknerbuches zurückkommen, mit der ich diese Skizze begonnen habe.

Es ist mir nicht bekannt geworden, daß einer der Ersteiger des Johannisberges vom 11. September 1844 auch den Großglockner bestiegen hat, ja ich muß, nachdem das Glocknerbuch keine Nachricht über eine Glocknerreise eines dieser Herren enthält, annehmen, daß dies in der That nicht der Fall ist. Sie kannten daher insgesammt die Aussicht vom Glockner nicht.

Hätten sie dieselbe gekannt, so hätten sie die Rundschau vom Johannisberg auch sicher nicht mit ihr verglichen. Ich habe das Panorama von der Spitze des Großglockners nur unvollständig, jenes vom Johannisberg so viel als gar nicht genossen. Wenn man aber, wie ich, die Fernsicht des Großglockners auch nur in den Hauptumrissen kennt und weiß, welche Partien aus ihr man vom Johannisberge wegen der Höhe des Glocknerkammes und theilweise auch der Berge auf dem Nordrande der Pasterze nicht sehen kann, so fühlt man sich verpflichtet, trotz der richtigen Bemerkung in jener Notiz, daß manche Gegenstände vom Johannisberg, weil nicht so sehr aus der Vogelperspektive wie vom Großglockner gesehen, sich besser ausnehmen, jedem, der blos der Aussicht halber eine große Bergexpedition machen will, anzurathen, den Großglockner und nicht den Johannisberg zu ersteigen.

Hat dagegen Jemand Interesse für eine eigentliche Gletscherwanderung, so wähle er den Johannisberg vor dem Großglockner. Er trifft auf der Gletscherfahrt vom hohen Sattel bis auf die Spitze des Johannisberges weit mehr als bei einer Glocknerbesteigung im reichsten Maße jene Erscheinungen der Gletscherwelt an, welche den wissenschaftlichen Forscher zu belehren, jeden aber, der einen offenen Sinn und ein Verständniß für die Größe der Natur hat, durch ihre in den Mitteln so einfache, in der Wirkung so großartige Erhabenheit zur Bewunderung hinzureißen vermögen.

Aus der Gruppe des Ankogels und Hochalpenspitzes.

———

Ersteigung des Ankogels bei Gastein.

Mochten immerhin die Kalender auch im Jahre 1843 wie in anderen Jahren den Anfang des Sommers im Monate Juni angeben, die Natur spottete mehr als jemals dieser ihr ertheilten Vorschrift, und es verfloß nicht nur der „Sommermonat", sondern auch der Juli, ohne daß wir uns in Wirklichkeit eines Sommers zu erfreuen gehabt hätten.

Mittlerweile betrachtete die große Zahl derjenigen, die, sei es in einem Landaufenthalte, sei es in bedeutenderen oder kleinen Reise-ausflügen sich Erholung und neue Kraft für die übrige Zeit des Jahres suchen, mißmuthig und gewiß oft daran verzweifelnd, daß sich die Witterungs-Verhältnisse in diesem Jahre noch zum Guten gestalten werden, den Zug der Wolken und die so systematisch fallenden Regen-ströme.

Vorzüglich unangenehm mußte jedoch dieser Anblick dem Freunde der Hochalpenwelt und insbesondere dem Liebhaber großer Gebirgs-Expeditionen sein.

Tritt später im August oder September schönes Wetter ein, so kann, wer nur einen Landaufenthalt oder Reisen im Flachlande und dem Mittelgebirge beabsichtiget, sie noch immer vollführen. Die frü-heren Monate sind ihm wohl verdorben; der spätere Genuß aber wird nichts destoweniger vollständig sein, ja vielleicht macht ihn das frischere Grün der Matten nach einem nassen Sommer sogar noch größer als in andern Jahren.

Im Hochgebirge dagegen ist durch eine schlechte Witterung im Juli viel, sehr viel verloren. Allerdings ist die Zeit von Mitte August bis Mitte September die beste zur Ersteigung hoher Berge, weil dann

die Beständigkeit des Wetters überhaupt und vorzüglich die verminderte Gefahr plötzlicher Hochgebirgs-Gewitter, die geringere Dichtigkeit
der Atmosphäre, endlich das, durch die vorhergegangenen Sommermonate
bewirkte, Freisein der Höhen von Schnee diese Unternehmungen begünstigen.

Aber um derlei Züge vollführen zu können, müssen, wie dies
aus dem eben Gesagten hervorgeht, der Juli und wohl auch die erste
Hälfte des Augusts schon vorgearbeitet haben. Sie haben das Geschäft
den Weg zu bahnen. Nur ihre längeren Tage mit der kräftigeren
Sonne sind geeignet, den im letzten Winter gefallenen Schnee zu zer-
stören. Ist im Juli ungünstiges Wetter mit häufigem Regen — im
Hochgebirge eben so oft Neuschnee — so darf die Augustsonne sehr
thätig sein, um auch nur die erst vor Kurzem gefallenen Schneelagen
zu beseitigen, der Winterschnee bleibt dann jedenfalls unangefochten,
und durch ihn sind alle großen Gebirgsstiege dem minder Kühnen
unmöglich gemacht, dem Muthigen aber mindestens bedeutend erschwert.

Als ich daher in den letzten Tagen des Juli Wien zu einem
Besuche der Alpenwelt auf einige Wochen verließ, that ich es mit nur
geringer Hoffnung, daß dieser Ausflug durch eine bedeutende Gletscher-
Expedition gekrönt werde.

Ja ich wählte mir Gastein als das Ziel meiner Excursion nicht
nur wegen des Reizes seiner friedlichen Alpenthäler, sondern zum Theile
wohl auch aus dem Grunde, weil ich wußte, für den Fall, daß Jupiter
Pluvius noch nicht müde wäre, sein regentriefendes Scepter zu schwin-
gen, in der angenehmen Geselligkeit des Badeortes einen Ersatz für
die Unannehmlichkeiten schlechter Witterung im Hochgebirge zu finden,
wie ihn kein anderes Hochalpenthal zu bieten vermag.

Sollten aber das Glück und die Himmelszeichen mir günstig
sein, so ließe sich, dachte ich, ja auch von Gastein aus Großes unternehmen: es ließe sich dann allenfalls der Ankogel, auf den ich schon
lange ein Auge geworfen, besteigen.

In Salzburg und überall, wo ich auf der Fahrt nach Gastein
meinen Plan einer Ankogel-Ersteigung laut werden ließ, erklärte man
mir rund heraus, daß ich bei der Masse Schnees, der heuer die Höhen bedecke, mein Ziel durchaus nicht erreichen würde.

Ich muß bekennen, daß ich wirklich, als ich am 30. Juli im Thale von Gastein anlangte, im ersten Augenblicke selbst neuerlich zweifelte, ob es heuer überhaupt möglich sei, einen der höchsten Gebirgsfürsten zu ersteigen. — Ich hatte mir wohl erwartet vielen Schnee auf den Höhen anzutreffen, aber nicht, daß er selbst auf unbedeutenden Rücken ausgebreitet liege und fast bis zur Thaltiefe herabreiche.

Deßungeachtet war für mich das schöne Wetter dieses Tages, der Anblick des Ankogels, der trotzig auf Hofgastein herabstarrt, endlich meine Ueberzeugung, daß der Mensch durch Muth und Beharrlichkeit auch der Elementar-Hindernisse bis zu einem hohen Grade Herr werden könne, mehr als Gegengewicht des üblen Eindruckes, welchen die erste Betrachtung der Schneegefilde rings auf den Bergen auf mich gemacht hatte. Ich theilte daher mein Vorhaben meinen Bekannten in Hofgastein sogleich mit, und begab mich, als sie mich an die Knappen von Böckstein, als die geübtesten Bergsteiger, die auch bei allen bisherigen Ankogel-Expeditionen als Führer gedient hatten, gewiesen, um nicht die schöne Witterung — in Gastein schon an und für sich und um so mehr in diesem Jahre nur eine seltene Erscheinung — müßig vorüber gehen zu lassen, noch am nämlichen Tage nach Böckstein.

Hier wurde mir durch die Güte des Herrn Bergverwalters von Helmreich auch bald ein alter Knappe, Namens Pflaum, vorgestellt, der wiederholt und zwar zuerst bei Gelegenheit der trigonometrischen Höhenvermessung, das zweite Mal aber bei der vorletzten, durch den berühmten Reisenden Rußegger, damals noch Bergverwalter in Böckstein, vor etwa sechs Jahren stattgefundenen Ersteigung auf dem Ankogel gewesen, sich nun auch mir als Führer anbot, und von mir sofort mit der Weisung als solcher angenommen wurde, noch einen zweiten als Bergsteiger verläßlichen Begleiter aufzutreiben.

Es wurde zugleich festgesetzt, daß die Bergfahrt am 1. August vom Wildbade aus angetreten werden sollte, weßhalb ich, um in größerer Nähe die nöthigen Vorbereitungen leichter treffen zu können, noch am 31. Juli Vormittags mein Hauptquartier von Hofgastein dahin verlegte.

Als aber noch an demselben Tage, am 31. Abends, ein tüchtiger

Regen fiel, welcher den ganzen Vormittag des 1. Auguſt hindurch
anhielt, da waren meine Hoffnungen noch einmal tief geſunken und
es gab ſogar einen Augenblick, nämlich, als ich den erſt vor einigen
Stunden auf den Bergen gefallenen Neuſchnee ſah, in welchem ich
das Unternehmen ſchon gänzlich aufgegeben hatte. Doch anders hatte
es mir das Schickſal beſtimmt. Noch ſchöner als der bereits angenehme
Nachmittag des 1. Auguſt geſtaltete ſich der Morgen des 2., und als
Pflaum an demſelben um 8 Uhr Früh zu mir kam, beſchloſſen wir,
noch an dieſem Tage bis in die letzte Alpe im Anlaufthale, das
nahe dem Fuße des Ankogels gelegene Rothegg, zu gehen, um am
Morgen des 3. die Bergſpitze ſelbſt zu erſteigen. Um dem Manne
den nochmaligen Weg von Böckſtein, wohin er ſogleich zurückkehren
mußte, nach Badgaſtein zu erſparen, übergab ich ihm das wenige mitzunehmende Gepäcke ſchon jetzt und hieß ihn, nachdem ich ihm meine
Aufträge wegen der Herbeiſchaffung von Seilen, einer Hacke und des
Mundvorrathes erneuert hatte, mich mit dem zweiten Begleiter, als
welchen er mir den Zimmermann Haidacher nannte, um 3 Uhr in
Böckſtein erwarten.

Dieſer Stunde der Zuſammenkunft halber brach ich ſogleich nach
der Mittagstafel bei Straubinger, wo ich nochmals die beſten Wünſche
meiner älteren, hier in Gaſtein wiedergefundenen, und ſo mancher erſt
neu gewonnenen Bekannten empfing, um 2 Uhr vom Wildbade auf.
Ich traf pünktlich um 3 Uhr in Böckſtein ein, das ich, als ich mich
von der Befolgung meiner Anordnungen rückſichtlich des Mitzunehmenden überzeugt hatte, auch bald wieder mit Pflaum, denn Haidacher
konnte ſeines Dienſtes halber erſt ſpäter nachkommen, verließ.

Wer die Gaſteiner Gegend kennt weiß, daß ſich das Anlaufthal
faſt von den Häuſern von Böckſtein an gegen Südoſten zieht. Am
letzten Schluſſe dieſes Thales nun, dort, wo es ſich faſt nur mehr
von Weſten gegen Oſten ausdehnt, thürmt ſich, eben wegen ſeiner
Lage in dem durch weiter nach vorne ſtehende Berge gedeckten ſüdöſt-
lichen Thalwinkel, von Böckſtein aus nicht ſichtbar, der Ankogel.

Wir hatten deßhalb zuerſt die Aufgabe, das genannte Thal
ſeiner ganzen Länge nach zu durchwandern.

Wenn sich in derlei Thälern nicht charakteristische Unterscheidungs=
merkmale: Seen, Wasserfälle zc. befinden, so ist es die unlohnendste
Aufgabe, sie zu beschreiben.

Schildere ich nämlich das Anlaufthal als ein Thal, im Hinter=
grunde quer von mächtigen, zum Theile schneebedeckten, Kuppen ge=
schlossen, mit hohen Wänden an beiden Thalseiten, die häufig in Ge=
rölle, welches bis zur Thalsohle reicht, abgestürzt sind, an andern
Stellen dagegen wieder auf ihren Abstufungen dünn stehende Tannen=
wälder tragen, während sich näher der Thalsohle zu und auf dieser
selbst dichtere Forste, hie und da von Matten unterbrochen, ausdehnen,
und erwähne ich noch, daß die Mitte der Thalfläche ein tosender,
zwischen und über Felstrümmern sich Bahn brechender Wildbach durch=
stürmt, so habe ich nicht nur das Anlaufthal, sondern zugleich auch so
ziemlich alle, nur Sennhütten, nicht auch andere menschliche Wohnungen
bergenden, Hochalpenthäler skizzirt.

Zum Glücke hat denn doch das Anlaufthal wenigstens in seinen
zwei Wasserfällen Naturerscheinungen, die ihm eigenthümlich sind.

Der erste derselben, der Fall des Höhkarbaches, befindet sich
dort, wo ein Ast des Anlaufthales sich westlich zieht am Ende dieser
Thalbucht. Von dem Steige, der an ihren Wänden hinan über das
Höhenkar und den Woigsten nach Kärnthen führt, muß sein Anblick
sehr schön sein, weil man sich dann der wasserreichen und von bedeu=
tender Höhe herabstürzenden Cascade, deren Wirkung der sie rings
umgebende dunkle Forst erhöht, gegenüber befindet, während man sie
vom Anlaufthale aus nur aus beträchtlicher Entfernung und von der
Seite beschauen kann.

Nach einer Wegstrecke, auf welcher bereits der hohe Plattenkogel,
der nächste Nachbar des Ankogels gegen Westen, östlich neben dem
schon in Böckstein sichtbaren Konallkopfe, quer über dem Thale hervor=
getreten, wird man nahe der Stelle, wo bei einer zweiten westlichen
Thalästung der Weg über den Hochtauern nach dem Kärnthner'schen
Seethale einlenkt, den Tauernfall gewahr. Diesem Wasserfalle kann
ein origineller Charakter nicht abgesprochen werden, der dadurch ent=
steht, daß der Tauernbach von der Höhe des Bergrückens, von welchem

er kömmt, daher unmittelbar vom Firmamente überwölbt, zuerst mit
Einem Strahle, bald aber getrennt in zwei Armen, zwischen welchen
ein Eiland mit Bäumen erzittert, herabstürmt, hierauf wieder vereint
auf eine nach Norden geneigte Abstufung des Gesteins, das dergestalt
ausgewaschen zu haben wahrscheinlich sein Werk ist, auffällt, von welcher
er sich wie ein dünner Schleier auf den nächstfolgenden ähnlichen
Absatz der Felswand herabbreitet, dann aber noch durch mehrere solche
Felsstufen gebrochen, oft vereint, oft in getrennten, jedoch mindestens
durch ihren Staubregen verbundenen Hauptstrahlen in das Thal braust.

Bald nach dieser Scene zeigt sich auf der östlichen Thalseite das
Höllthor mit seinen zackigen Spitzen und der Ankogel selbst, als der
Letzte des Thales seiner Lage, der Erste seiner Größe nach; — noch
eine kurze Zeit und die Rothegger Alpen, zuerst die weiter Außen
gelegene, dann die nur im Hochsommer bewirthschafteten drei hintern
Hütten am Fuße der Steinmassen des Konallkopfes, blicken dem Wanderer gastlich entgegen.

Ich hatte von Böckstein bis zur letzten Alpe, unserm Nachtlager,
nur $2\frac{1}{4}$ Stunden benöthigt und daher noch Muße den Ankogel, den
man vom Rothegg von der Spitze bis zum Fuße sieht, recht ins Auge
zu fassen. Er ist ein wahrer Kogel; ein breites, trotziges, abgerun-
detes Berghaupt, blickt er mit seinen, häufig durch dunkle Steinwände durchbrochenen und bis in die Thalschlucht hängenden Eismassen und Schneegefilden ernst auf seine ernste Umgebung; denn die
ganze Schlucht, aus welcher er emporsteigt, hat einen, wahrscheinlich
im heurigen Jahre durch die zahlreichen Schneefelder noch erhöhten,
düstern Charakter.

Während ich so den Ankogel, die nächste Umgebung der Alpe
und das Anlaufthal mir ruhig betrachtete, und meine barometrische
Messung machte, hatte sich die Sonne allmälig zum Untergange geneigt. Bald war sie wirklich unter dem Horizonte des Thales, und
dieß lag jetzt durch die dunkleren Tinten, in welchen Höhen, Matten
und Waldgründe, letztere nur hie und da in der Thalfläche vom silbernen Anlaufbache durchschimmert, erglänzten, in noch feierlicherer,
ergreifender Stille gebreitet. Da vom Ankogel ein kalter Schneewind

blies, gingen zuerst meine Führer, denn Haidacher war unterdessen eingetroffen, hierauf, nachdem ich mein Tagebuch geendet, auch ich in die Sennhütte, in der sich nun Sennerin, Kuhhirt und Schafbube, als Autochthonen des Thales, wir aber, als die Fremdlinge, friedlich zur Alpenkost um ein lustiges Feuer gruppirten.

Als wir uns endlich um 9 Uhr auf unser Lager, den nur wenige Schritte von der Alpe entfernten Heustadel derselben begaben, erfreute uns noch die herrlichste Sternennacht, welche uns im Vereine mit einem kühlen, von den Firnen durch das Thal streichenden Winde, Gewähr eines schönen Morgens zu sein schien.

Diese unsere Hoffnung ward uns bereits fast zur Gewißheit, als wir am 3. um 2 Uhr Nachts — meine Gefährten schlaftrunken und übellaunig, ihr köstliches Lager verlassen zu müssen, ich sehr zufrieden, dadurch den Wunsch verwirklicht zu sehen, den ich die ganze, bei feuchtem Heu und der rings eindringenden Kälte für mich schlaflose, Nacht hindurch gehegt hatte — troglodytenartig Einer nach dem Andern aus unserer Hütte herausgekrochen, dasselbe prächtige Sternenzelt noch fortan über uns ausgespannt sahen.

Weil uns kein Mondlicht begünstigte, ließ ich, während das Frühstück bereitet wurde, Späne zurecht machen. Bei ihrem Scheine brachen wir um 3 Uhr auf. Die jetzt stärker gewordene Nachtluft brachte sie jedoch oft dem Erlöschen nahe, und wir hätten diese Beleuchtung kaum benützen können, wenn nicht der mit ihrer Hilfe zurückzulegende Theil des Weges gefahrlos gewesen wäre, so daß ein Fehltritt höchstens ein Abrutschen von den, hier rings die Alpweiden bedeckenden Steinen, zwischen und auf welchen wir uns die Bahn suchten, zur Folge hatte.

Doch waren mir diese, weithin Rauch verbreitenden, stets dem Ersterben nahen, irdischen Lichter um so widerwärtiger, je greller der Kontrast zwischen ihnen und den Millionen himmlischer Leuchten war, die in ihrem Silberglanze auf dem Grunde des dunklen Nachthimmels, unter ihnen gerade über der Spitze des Ankogels in vollster Pracht der Morgenstern, eine günstige Vorbedeutung für das Gelingen meines Zuges, wie ich es deutete, lieblich flimmerten.

Ich ließ sie daher, sobald man nur einigermaßen die Dämmerung gewahr wurde, etwa um ¼ 4 Uhr beseitigen.

Wir waren von der Alpe an, immer östlich gehend, zuerst in die Schlucht, mit welcher das Anlaufthal beim Ankogel endet, gekommen. Jetzt drangen wir in derselben Richtung gegen Osten auf der südlichen Seite dieser Schlucht über die letzten Abfälle des Plattenkogels bereits immer aufwärtssteigend vor. Es wurde auch bald licht genug, um die Umrisse der Berge und den Charakter der Gegend vollständig unterscheiden zu können. Ich sah nun, daß das Höllthorgebirge die nördliche und nordöstliche Seite dieses Winkels der Erde einnimmt. Es sendet von seinen zackigen höchsten Spitzen Gletscher auf das Grubenkar herab, die dort in einem Absturze enden, wo eine steile Felswand den bis in die Tiefe und an den Anlaufbach, der in den Eishalden geboren, dieselbe einnimmt, reichenden Fuß dieses Gebirges bildet. Hier sollen die Gemsen einen Lieblingsaufenthalt haben, und wirklich zeigte auch uns ein wiederholtes Abrollen von Steinen ihr Vorhandensein an, ohne daß wir jedoch die flüchtigen Thiere selbst gewahr werden konnten.

Die gegenüber liegende südliche Seite der Schlucht jenseits des Anlaufbaches und der Oeffnung, durch welche er zu den Rothegger Alpen hinaus eilt, nimmt der Plattenkogel ein, ein zerklüfteter Berg voll Gerölle und wenigstens heuer bis fast zum Bache herabhängenden Schneefeldern.

Zwischen diesen beiden Bergen in der äußersten südöstlichen Ecke lagert der Ankogel. Er hängt durch eine Einsattlung mit dem hintern Ankogel zusammen, der ein steiler Felsrücken mit Schnee in seinen Vertiefungen sich vom Höllthore allmälig zu größerer Höhe erhebt, bis er dort, wo er an der erwähnten Einsattlung des eigentlichen Ankogels in einem von oben bis unten reichenden fast senkrechten Abschnitte plötzlich endet, höher als der Koloß selbst zu sein scheint.

Mit dem Plattenkogel dagegen verbindet unsern Berg ein tieferer Sattel, welcher, da sich der Bergriese von seinem Berührungspunkte mit ihm an nordöstlich zieht, der Sattel aber als Fortsetzung des Plattenkogels sich strenge von Osten nach Westen ausdehnt, unter einem stumpfen Winkel an den Ankogel stößt. Dieser Rücken soll in andern Jahren bis zu etwa zwei Dritttheilen seiner Höhe schneefrei sein und nur auf seiner östlichen Seite, wo sich durch seinen Zusammenstoß mit dem Ankogel eine Schlucht bildet, mit dem hier befindlichen Gletscher des Bergfürsten in Verbindung stehendes ewiges Eis haben. Heuer zeigte sich die ganze Ausdehnung von der sichtbaren Höhe des Sattels bis zur Tiefe der Thalschlucht als ein einziges, nur an wenigen Stellen von einzelnen Steinblöcken überragtes Schneefeld.

Ueber diesen Rücken nun führt der Weg auf den Ankogel.

Nach der Angabe Pflaums pflegt man, wenn man am Fuße desselben angekommen, gewöhnlich von der Tiefe aus nach Rechts gegen die westliche Höhe des Sattels in entgegengesetzter Richtung des Ankogels, der an seiner östlichen liegt, bis dorthin hinanzusteigen, wo man hart unter den Wänden des Plattenkogels die Schneide erreicht, dann aber auf ihr die ganze Breite des Sattels von Westen nach Osten zurück zu legen. Dieser Weg soll sonst aus dem Grunde gewählt werden, um dadurch die Gletscherklüfte zu vermeiden, welche bei dem Vordringen auf dem nächsten Wege, von der Tiefe sogleich auf das östliche Ende der Schneide des Rückens, zunächst dem Ankogel drohen.

Die Festigkeit des Schnee's und seine Menge, durch welche die kleineren Eisklüfte, die ich allein einigermaßen scheue, weil sich ja die größeren, selbst wenn sie Schnee verbirgt, durch Unebenheiten der Oberfläche verrathen, genügend, um sie überschreiten zu können, bedeckt sein mußten, veranlaßten mich jedoch diesen nächsten Weg zu wählen. Auf ihm gelangten wir nach vieler Anstrengung auf die Schneide.

Ich rathe Niemanden diesen Weg zu wählen. Auch ein tüchtiger Bergsteiger wird klug thun, die Schneide mindestens in der Mitte zwischen dem Punkte, auf dem sie gewöhnlich betreten wird, und demjenigen, auf welchem ich auf sie kam, zu erreichen zu suchen.

Nicht die Gletscherklüfte, deren uns freilich sogar bei der heurigen Tiefe des Schnees viele entgegengähnten, sind die Gefahr dieses Weges. Sie entspringt vielmehr aus der ungemein steilen Neigung des Rückens, besonders in seinem obersten Theile, wo sie wohl fünfzig Percent betragen mag. Dadurch ist bei festem Schnee — und hier

auf einer Höhe von 8000 — 8800 Fuß, die zudem der Sonne, welche
der östliche Ankogel lange hierher zu bringen verhindert, erst später zu=
gänglich ist, dürfte an Ersteigungs=, d. h. reinen Tagen der Schnee
wohl am Morgen immer gefroren sein — auch mit Steigeisen, ohne
welche der Stieg ohnehin nicht zu machen wäre, — die größte Vorsicht
bei jedem Tritte nöthig, um nicht über die ganze ungeheure Höhe von
2000 — 3000 Fuß hinabzurutschen und dadurch entweder das Leben
zu verlieren oder mindestens die Expedition vereitelt zu sehen; — denn
ich würde wenigstens keine Lust haben, selbst unverletzt diesen Bergrücken
zweimal nach einander hinanzuklimmen.

Bereits beim Aufsteigen über die Wand stand uns eine weite
Fernsicht gegen Westen und Norden bis zum Tännengebirge offen.
Hier auf der Schneide öffnete sich uns auch das Panorama gegen
Süden und Südosten. Nur den strengen Osten und Nordosten deckte
uns noch der Ankogel. Die Rundsicht schon jetzt genau zu studiren, hatten
wir auch Zeit genug. Denn Pflaum war schon im Anfange des Auf=
steigens über die Schneefläche des Rückens hinter mir und Haidacher
zurückgeblieben, und da ich die sichtbare Bemühung des ältern Mannes
gewahrte, der allein gerade so viele Lebensjahre zählte als wir beide
zusammen, so rief ich ihm zu, „er möge nach seinen Kräften, ohne sich
zu sehr anzustrengen, nachfolgen, ich wolle ihn auf der Höhe erwarten.“
So geschah es, daß er erst ³/₄ Stunden nach uns auf der Schneide
anlangte. Diese Zeit nun war mir eben dazu nützlich, mich mit Zu=
ratheziehung meiner Landkarten, meines Compasses und Fernrohres in
dem Heere der sichtbaren Gebirge einiger Maßen zu recht zu finden.

Nichts destoweniger war ich sehr froh den Erwarteten endlich
bei uns ankommen zu sehen. Als wir nämlich oben anlangten, war es
etwa ¹/₂6 Uhr, die Sonne noch hinter dem Ankogel, der Wind aber
so schneidend, daß ich trotz meines Mantels und der Zuflucht hinter
einem großen Steinblocke vor Kälte zitterte. Warten mußten wir aber,
denn wir Beide, die wir nie auf dem Ankogel gewesen, bedurften zwar
nicht der physischen, doch ganz der Natur gemäß, welche die Jugend
zum kräftigen Handeln, das Alter zum Rathe berufen hat, der geisti=

gen Hilfe Pflaums, der uns sagen sollte, in welcher Richtung dem
Feinde am Besten beizukommen wäre.

Unser oft erwähnter Rücken, den wir nun bereits erstiegen haben,
tritt zum Zusammenstoße mit dem Ankogel etwas gegen Süden und
zwar mit einem sich über die Höhe der übrigen Schneide erhebenden
Kamme von Steinen zurück. Dieser Kamm, der wie die ganze
Schneide nördlich gegen die Schlucht des Anlaufthales und den An=
kogelgletscher, südlich aber gegen die Kärnthnerischen Gletscher über dem
Seethale abfällt, hat Anfangs einige Breite. An welcher Stelle er am
Besten überschritten werde, um bald am Ankogel zu sein, dieß eben
mußte uns Pflaum sagen. Nachdem er bei uns eingetroffen und wir
seinen Rath vernommen, hieß ich ihn, weil ich ihm die Erschöpfung
ansah, mich hier auf dem Rücken, wohin jetzt auch allmälig die Sonne
vom Ankogel herabstieg, erwarten, Haidacher und ich dagegen brachen
zum Werke auf.

Die Höhe des gerade besprochenen Kammes war bald gewonnen
und mit ihr waren wir an den Ankogel selbst gelangt, von welchem
uns nur mehr die berüchtigte Stelle trennte, die den Zusammenstoß
des Rückens und des Bergfürsten vervollkommnend als Brücke zu letz=
terem dient.

Nun folgte ein wahrhaft kritischer Augenblick. Als ich nicht sowohl
die schmale Schneide, denn solche Plätze scheue ich nicht, sondern die
Jähe sah, mit welcher sich der Ankogel zur Spitze erhebt, und wie der
Felsgrat, auf welchem wir uns zum Gipfel emporarbeiten mußten, oft
nur Einen Fuß breit aus den Gletschern emporrage, die rechts und
links unmittelbar an dieser schmalen Steinlehne ihren bei 2000—3000
Fuß hohen Abfall beginnen, wohl auch bei dem Gedanken, diesen ge=
fährlichen Stieg mit einem Führer wagen zu sollen, der ihn noch nie
gemacht, daher den Berg nicht besser kenne als ich — da zweifelte ich
in meinem Innern, ob solche Schwierigkeiten zu besiegen seien? In
demselben Augenblicke sprach Haidacher die Worte: „Da sollen wir
aufwärts, da kommen wir nicht hinauf." Diese Worte waren entschei=
dend. Ich sah ein, daß jetzt Alles auf mir beruhe, und daß ich schnell
handeln müsse. Hätte ich meine eigene Besorgniß laut werden lassen,

ſo wäre Haibacher noch mehr entmuthigt worden, und mit muthloſen
Führern kann ſelbſt ein kühnerer Bergſteiger als ich bin, nur ſchwer
ein gefährliches Ziel erreichen. Ich trat daher ſchweigend auf die
ſchmale Schneide und ſchritt raſch auf derſelben vor, Haibacher folgte
gleichfalls ſchweigend, und bald waren die 10—12 Klafter, welche ſie
an Länge haben mag, zurückgelegt. Ich glaube, daß der viele Schnee
dieſes Jahres die Stelle heuer der Phantaſie minder ſchauerlich er-
ſcheinen ließ als ſonſt, denn ich fand ſie 1½ — 2½ Fuß breit. In
Wirklichkeit aber war ſie eben durch ihre größere Breite ſehr gefährlich, weil ein unvorſichtiger Tritt auf den ſüdlichen Theil, der nur aus
angefrornem, über dem Kärnthneriſchen Gletſcher überhängenden Schnee
beſtand, die Ablöſung dieſer hohlen Maſſen und ſohin den Abſturz mit
denſelben in die ungeheure Tiefe nach ſich gezogen hätte.

Jenſeits angelangt, begannen wir ſogleich auf dem erwähnten
Grate und zwar auf der ſüdlichen Seite, nun ſchon auf dem Ankogel
ſelbſt hinanzuklimmen. Da das Geſtein, Gneiß und Glimmerſchiefer,
letzterer häufig im Uebergange zum Chloritſchiefer, vielfach zerriſſen iſt,
ſo ging es oft leicht empor, bisweilen jedoch und zwar vorzüglich dann
ſehr ſchwer, wenn man ſich auf das einzige vorhandene, ſteil über
tieferen, liegende Felsſtück wie auf eine hohe Stufe hinanſchwingen
oder den Anfang des Gletſchers in ſeiner ſtarken Neigung betreten mußte.
Beſonders hinderlich war mir hier mein Höhen=Barometer, das ich nie
einem Führer zu tragen überlaſſe, indem ich weiß, daß es bei mir
mehr Rückſicht findet als bei Führern. Auch der Eindruck der verdünnten Luft nöthigte uns öfters, wenn auch nur auf Augenblicke,
Halt zu machen. Da erblickte ich plötzlich kaum einige zwanzig Schritte
über mir auf dem Kamme eine Stange aus dem Schnee emporragen.
Dies, der Ueberreſt des bei der Landesvermeſſung hier errichteten Sig-
nales, zeigte mir die Nähe der Spitze an. Ich eilte daher ſo viel es
möglich war aufwärts, und betrat, nachdem ich von der Stange weg
nur noch eine ſanfte Erhebung des hier ganz mit Schnee bedeckten
Kammes hinangeſtiegen war, einige Minuten nach ½ 8 Uhr glücklich
die höchſte Spitze.

Da staunte ich hinaus in die Fernen, die hier nach allen Him=
melsrichtungen vor mir gebreitet lagen, mit Gefühlen, die, weil sie
unaussprechlich sind, durch Worte und Schilderung nur entweiht würden.

Nachdem ich den ersten Eindruck ungestört genossen, recognos=
cirte ich die Spitze.

Sie zieht ganz in Schnee gehüllt nach einer unbedeutenden Sen=
kung nochmals und zwar im Ganzen bis zur Länge von etwa 12
Klafter von Westen nach Osten fort. Dagegen ist sie nur schmal und
mag auch an den breitesten Stellen eine Breite von nur 4 — 5 Fuß
haben. An ihrem östlichen Ende, wo man Hofgastein sieht, wurde mein
Bergstock aufgepflanzt, und an ihm das Höhen=Barometer und ein
Thermometer befestiget. Haidacher rückte mit dem mitgenommenen
Mundvorrathe, Brod und kaltem Braten und einer Flasche Wein,
aus der Tasche heraus, und jetzt folgten die Brindisi. Man braucht
kein allzugroßer Verehrer der Trinksprüche zu sein, aber in einem
Augenblicke, wie derjenige ist, den man über der Behausung der
Gemse und dem Horste des Aars, und hoch, hoch über dem Treiben
der Menschen zubringt, kann man nur Allen Gutes wünschen, und die
Brust drängt uns dann diesen Wunsch selbst bei der sonst nicht zu
sehr geachteten Weinflasche auszusprechen. Aber auch der Führer, der
die Lebensgefahr mit uns theilte, verdient die, von einem biedern Al=
pensohne stets bei Ausbringung seines Wohles gefühlte Freude.

Doch Einen durfte ich nicht vergessen. — Ich habe nie einen
finsteren, unfreundlicheren, so wahrhaft bergesalten Greis gesehen als
den Ankogel mit seinem breiten, Tod und Ersterben starrendem Haupte.
Wie die Alten auch ihren Göttern der Unterwelt opferten, so spritzte
ich mit dem Worte „Libo" und dem Gedanken „Nimm dieß Blut für
das unsere" das erste mit dem dunklen Rebenblute gefüllte Glas auf
die Schneefläche des Gipfels hin.

Hierauf feuerte ich noch meine Pistole ab, um die Erscheinung
des verminderten Schalles zu genießen und begann dann die Fernsicht
im Detail zu besehen.

Es war noch immer kein Wölkchen am Himmel, der natürlich
schwarzblau im Contraste zum bleichen Horizonte erschien. Bei dem

Erkennen der Berge selbst kam mir nebst dem Compasse auch meine Kenntniß unserer Gebirge, außerdem aber auch die bereits auf dem ersten Sattel, während ich auf Pßaum wartete, vorgenommene Erforschung des größten Theiles des jetzt sichtbaren Panoramas sehr zu Statten, denn der Sturm war so heftig, daß ich durchaus keine meiner mitgebrachten Landkarten gebrauchen konnte. Auch mein ausgezeichnetes Auszugsfernrohr von Plößl half mir manchen Berg wieder erkennen, der mir mit unbewaffnetem Auge unbekannt geblieben war. So brachte ich es nach und nach dahin, wenigstens so ziemlich alle Gruppen der Berge zu nennen und in denselben so manche einzelne Kuppe. Viele Bergspitzen blieben mir unbekannt, doch tröste ich mich hierüber, als über ein gemeinschaftliches Schicksal, da von einem Erkennen aller Berge von dem Ankogel, auf welchem man deren ein zahlloses Heer erblickt, wohl nie die Rede sein kann.

Ich will die Fernsicht hier nur skizziren, künftige Ankogel-Ersteiger mögen sich dann, je nachdem ihnen in ihrer eigenen Kenntniß des Alpenlandes, in Landkarten ꝛc. ꝛc. Hilfsmittel zu Gebote stehen, die Skizze selbst mehr ausführen.

Strenge nördlich in hinterster Lagerung zeigt sich das Salzburgische Tännengebirge. Von hier gegen Osten erscheinen zuerst minder hohe Berge, wahrscheinlich die von St. Martin, Abtenau ꝛc. ꝛc., dann der Dachstein, hierauf eine Reihe niederer Berge, das Steierische Grenzgebirge gegen Oesterreich bei Aussee und bis zum Priel. Näher unserem Standpunkte lagern vor diesen Gruppen die zahlreichen Berge des Lungaus, worunter der Faulkogel, das Mosermandl mit hervorragender Form. Deutlich gewahrt man die Aestung dieser Gebirge zum Radstädtertauern und ihren Zug zum Murwinkel, und südlich desselben längs der Grenze von Kärnthen. — Das Thal von Großarl ist in seiner ganzen Lage, jedoch nicht in seiner Thalsohle sichtbar. Dagegen erglänzt das Thal von Hofgastein im Grün seiner Matten. Unter seinen Spitzen steht der bekannte Gamskarlkogel in nächster Nähe. Die Kirche und ein Theil des Marktes Hof können mit dem Fernrohre in ihren einzelnen größeren Bestandtheilen, Fenster ꝛc., vollständig unterschieden werden. Unmittelbar unter dem Standpunkte endlich ist das Kötschachthal.

Den Nordosten und den Osten unseres Panoramas nehmen die Berge Steiermarks über dem Enns = und Murthale von Murau und an der Kärnthnerischen Grenze ein. Sie haben wenig charakteristische Formen, doch erkannte ich den Hochgolling, Preber, Eisenhut. Schon östlich und gegen Südosten steigen einige mächtige Rücken aus niederer Umgebung empor, und dürften die Saualpe, der Obyr, die Petze sein.

Näher dem Ankogel zu ist im Nordosten die Eiswüste des Elends, das sich links vom hintern Ankogel an das Tischlerkahr anschließt und sich über dem Kärnthnerischen Maltathale, dessen Ende gegen diese Gletscher zu wir bemerkten, ausdehnt. Schwarzhorn und Hafnereck ragen als die interessantesten Kuppen dieser Partie empor. Oestlicher sind die Höhen über dem Seethale Kärnthens, unter welchen der Neben= buhler des Ankogels, der stolze Hochalpenspitz und neben ihm das Säuleck, ganz nahe dem Ankogel selbst den ersten Platz einnimmt. — Wir wenden uns nun wieder in die Ferne und zwar bereits nach Süden. Hier gewahren wir die Karawanken, den Grenzzug südlich von Klagenfurt gegen Krain, dann die entschieden geformte Gruppe des Terglou, Mangert und die Grenzberge zwischen Kärnthen und dem Lombardisch = Venetianischen Königreiche. — Die Berge des östlichen Tirols, sowohl in seinen Thälern Abtei, Fassa 2c., als auch an seiner Grenze gegen Italien, wo sich die mächtige Vedretta Marmolata be= merkbar macht, dann in fernster Ferne die Oetzthalergruppe, liegen vom Ankogel aus schon im allmäligen Uebergange von Süden nach Südwesten und Westen. Rechts von diesen Bergen erschaut man den Gebirgszug über dem Möllthale mit dem Petzek als Koryphäen, an ihn gereiht erblicken wir die Tauernkette. Vor diesen fernern Gebirgs= massen sehen wir näher dem Ankogel und zwar im Südosten niedere Berge Kärnthens, unmittelbar zu unsern Füßen jedoch das Gerippe des Seethales, nicht aber auch seine, zum Einblicke zu tief gelegene, Thalfläche, dann einen Ausschnitt des Malnizerthales mit dem Mal= nizertauern, endlich die Berge des oberen Drauthales, dessen Schlucht wir weithin verfolgen können.

Jetzt sind wir auf vaterländischem Boden angelangt, sei er uns auch etwas ferner gelegen wie die Partie an der Grenze Kärnthens gegen Tirol, oder näher, wie die Züge über dem Fuscher= und Rauriserthale — wir sind in der Tauernkette. Wir kennen sie alle: den herrlichen Glockner, die schmucke Glockerin, die hohe Riffel, das Brenn= horn, das Wiesbachhorn und die Nebenbuhler oder Vasallen des An= kogels in der Gasteiner Gegend: das Schareck, den hohen Narrn, Herzog Ernst, die Goldzeche, den Silberpfennig, den Tisch, Gamskarl, endlich den Rathhausberg und über dem Anlaufthale und den Senn= hütten von Rothegg den nachbarlichen Plattenkogl.

Nur ein einziges theures Haupt, und zwar ein tüchtiges, fehlt, daß des alten Freundes Groß=Venediger, welchen die Glocknergruppe verdeckt, damit ihr Meister nicht wieder, wie so oft, mit ihm verglichen werde.

Wir kommen nun zum Schlusse des Rundpanoramas, indem wir erwähnen, daß zwischen den Einsattlungen der Tauernkette einige Zil= lerthaler Berge aus fernem Hintergrunde hervorblicken; nordwestlich dagegen sich der Zug der Gebirge über dem Salzachthale im Ober= pinzgau zeigt, als die letzte fernste Gruppe aber das Kaisergebirge, schon über der Bairischen Ebene, von welcher ich jedoch selbst mit dem Fernrohre nichts ersah; während bereits von unserm Standpunkte aus strenge gegen Norden über den nahen, unbedeutenden Bergen von Lend, Taxenbach u. s. f. die niedrig erscheinende Partie der Leoganger und Lofererberge, dann als die nächste Kette im Westen des Tännengebir= ges, von dem wir unsere Recognoscirung begonnen und von ihm nur durch die Schlucht der Salzach getrennt das Bergsystem des steinernen Meeres, Watzmanns, des ewigen Schnees und der Blümbacher Gegend unsere Aufmerksamkeit noch in Anspruch nimmt. — Dies ist die weite Rundschau, die dem Auge vom Ankogel geboten wird, und welche außer dem des Erstaunens durch ihre Großartigkeit auch einen ganz eigenthümlichen Eindruck dadurch macht, daß man hier, wo man von den Italienischen Marken und dem westlichen Tirol bis zum fernen Ober=Oesterreich und von Untersteier bis nach Baiern sieht, nur drei bis vier Thalausschnitte und außer wenigen Alpen nur eine einzige menschliche Wohnung, Hofgastein, gewahrt. Es scheint, als solle durch diesen Anblick auf die unwiderlegbarste, für Jeden überzeugende Art der Beweis geführt werden, daß die Erde auch ohne das, was die Menschen zu ihrer Verschönerung gethan, uns zur Bewunderung hinzureißen vermöge.

Durch die Betrachtung dessen, was mir in diesem Anblicke geboten, in Anspruch genommen, hatte ich Anfangs den Sturm weniger beachtet. Nach und nach aber wurde er mir, der ich ohne Mantel war, welchen ich bei Pflaum gelassen hatte, sehr empfindlich. Von seiner Stärke mag der Umstand eine Vorstellung geben, daß von meinen mitgenommenen Thermometern, ungeachtet sie an der Sonne aufgehängt waren, das in der Richtung des Windes angebrachte nur $+\frac{1}{2}°$ R., das gegen den Wind geschützte $+1$ bis $+1\frac{1}{2}°$ R. zeigte.

Ich dachte daher, als ich eine halbe Stunde auf der Spitze verweilt, daran sie zu verlassen. Doch wollte ich noch früher eine Frage, die mich schon lange interessirte, auf eine, mindestens für mich entscheidende, Weise lösen: nämlich die der Sichtbarkeit des adriatischen Meeres von der Tauernkette.

Kaum habe ich je über einen Gegenstand sich widersprechendere Erklärungen vernommen. Von den Ersteigern des Großglockners hat Schultes nach seiner Angabe das Meer von dieser Kuppe nicht gesehen; allerdings aber behauptet dies Viertthaler, und er steht, wie ich bei der Durchlesung des Glocknerbuches zu Heiligenblut ersah, mit dieser Behauptung nicht vereinzelt da.

Daß man die Fluthen der Adria vom Großvenediger schaue, ist bisher eine bloße Sage.

Dagegen hat mich ein Norddeutscher, der den Ankogel vor etwa 16 Jahren erstiegen, persönlich versichert, den Meeresspiegel während seines zwei bis drei Stunden langen Verweilens auf dem Berge am schönsten Tage der Welt deutlich und unzweifelhaft gesehen und wiedergesehen zu haben; während mir eine zur Entscheidung der Frage höchst competente Autorität, welche ebenfalls bei günstigem Wetter auf dem Ankogel gewesen, entschieden erklärte, auch keine Spur des Meeres erblickt zu haben. Wirklich konnte auch ich diesmal, ungeachtet der

Schärfe meines Fernrohrs und der reinen Fernsicht in der Richtung, in welcher dasselbe sichtbar sein müßte, kein Meer auffinden.

Deßhalb, und weil ich vollkommen die, in Hugi's Aufsatze über die Ersteigung der Alphörner in dem dritten Hefte der Deutschen Vierteljahrsschrift für 1843 wiederholte, Ansicht theile, daß auf grö-ßeren Höhen die Fernsicht gegen das hügelige und flache Land bedeu-tend an Gesichtsweite und Deutlichkeit abnimmt, und daß, wenn auch gegen den Kranz der Gebirge der Horizont sich vergrößert, doch in einiger Entfernung Alles eine düstere unbestimmte Gestalt annimmt, möchte ich fast als wahr annehmen, daß man auch, wenn keine Gebirge dies unmöglich machen, schon der großen Entfernung wegen das Meer von den Tauern nicht mehr zu unterscheiden im Stande sei.

Nun wurde noch das Barometer besichtigt und dann, es war 8 Uhr vorüber, die Spitze verlassen.

Bald und glücklich kamen wir über den Felsgrat des Ankogels auf die obere Einsattlung jenseits der verrufenen Schneide, wo wir Pflaum, unseren alten Führer, in der Sonne gelagert antrafen. Er empfing uns mit großer Freude und versicherte uns: es sei ihm unsertwegen um so mehr bange geworden, als er die Stricke, auf welche wir, da wir uns von ihm trennten, vergessen hatten, in seiner Tasche gefunden, so daß uns im Falle der Gefahr selbst diese Hilfe gefehlt hätte.

Aber, Dank dem Himmel, wir waren auch ohne Stricke einen Weg hinan und herab gekommen, den minder Beherzte sammt den Stricken kaum gemacht hätten. Von großem Glücke konnten wir überdies noch in Betreff der Witterung sagen. Während wir auf der Spitze waren, begannen sich die ersten Nebel über der Pasterze und an den südlichen Bergen zu bilden. Kaum aber waren wir jetzt auf den Sattel zurückgekehrt, als sich schon ringsum die Bergspitzen im Nebel verbargen. — Nun machten wir uns auch bald daran, wieder in die Schlucht des Anlaufthales und nach Rothegg hinabzu-steigen. Dies war der beschwerlichste, ja gewissermaßen selbst der gefährlichste Theil der Expedition. Wir wählten nämlich seiner Kürze halber den Weg, den wir heraufgekommen waren, auch zum Hinabsteigen. Hier fällt aber, wie dies bereits früher besprochen wurde, der Rücken sehr steil und zwar ohne Zwischenthäler, höchstens durch Gletscherklüfte unterbrochen bis in die furchtbare Tiefe der Schlucht ab. Bei solch' großer Neigung und der ungemeinen Höhe wagten wir es nicht auf den Bergstock gestützt abzufahren, indem wir leicht hätten zerschmettert werden können, wenn wir, wie es auf derlei Fahrten dem minder Geübten gewöhnlich geschieht, das Gleichgewicht verloren hätten und dann auf der dadurch veranlaßten russischen Abfahrt unglücklicher= weise mit dem Kopfe voran abgerutscht sein würden.

Wäre der Schnee erweicht gewesen, so hätten wir zwar beim Hinabsteigen die Unannehmlichkeit des Einbrechens in denselben gehabt. Jetzt aber bei seiner harten Beschaffenheit drohte auf der steilen Wand bei jedem Tritte die Gefahr auszugleiten, und dann die Rutschfahrt wider Willen machen zu müssen, welche wir uns nicht getrauten frei= willig zu unternehmen. Wir gingen daher nur sehr langsam und schlugen bei jedem Tritte den Fuß mit aller Kraft in den Schnee, um besseren Halt zum nächsten Schritte zu haben. Auch stiegen wir allmälig im Zickzacke abwärts. So schritten wir, ich und Haidacher, in der einen Hand den Bergstock, mit der andern uns wechselweise unterstützend, und beim oftmaligen Ausgleiten vor dem Falle zu erhalten suchend, wobei mir natürlich der Führer noch bessere Dienste leistete als ich ihm, lange Zeit fort, bis wir endlich in eine Tiefe kamen, wo der Schnee bereits etwas erweicht war, und wir wieder unsern Weg jeder nach Be= lieben wählen konnten. Unterdessen hatte auch der Ankogel sein Haupt gänzlich in Nebel gehüllt. Uns aber schreckte dies nicht mehr, da wir uns schon den menschlichen Wohnungen als Zufluchtsstätten näherten.

Wirklich langten wir, ungeachtet ich in der Subalpinenregion mit dem Pflücken eines Alpenstraußes, der freilich wenig botanisches Interesse bot, dafür aber aus den glühendsten Rhododendren, aus Eisenhütchen, den zarten Glöckchen der Soldanellen, herrlichen Gen= tianen und anderen lieblichen Kindern Floras bestehend, das Auge durch die schönsten Farben erfreute, und mit der Besichtigung einiger interessanten Mineralien, worunter besonders ein mächtiger Glimmer=

block mit dem reinsten Margasit ausgezeichnet war, längere Zeit zuge=
bracht hatte, schon um 11 Uhr wieder in der Rotheggeralpe an.

Nach kurzem Verweilen, während dessen ich meine durstende
Kehle mit Milch erfrischte, machte ich mich auf den Weg nach Böck=
stein. Hier trennte ich mich von meinen Führern und wanderte allein
in das Wildbad, wo ich zugleich mit dem aus gleicher Richtung
kommenden Regen um halb 4 Uhr eintraf.

Recht sehr erfreute mich die Theilnahme an meiner Unterneh=
mung, die mir jetzt von vielen Seiten gezeigt wurde. Ich mußte die
Hauptmomente meines Zuges erzählen und wieder erzählen, und ich
fügte dann jedesmal dazu, wie ich es auch jetzt wiederhole, daß mir
diese so vollständig gelungene Expedition immer eine um so angeneh=
mere Erinnerung bleiben wird, als der Ankogel in seiner äußerst
günstigen Lage, als wäre er zur Warte in die Mitte des Hochalpen=
landes der Monarchie gestellt, sicher eine, höchstens vom Panorama
des Großglockners übertroffene, Fernsicht darbietet.

Mögen daher diejenigen, denen die Lust, die moralische Consti-
tution möchte ich sagen, sowie auch die physische zu solchen Bergfahrten
zu Theil geworden, welche insbesondere einen schwindelfreien Kopf
haben — denn einen solchen und Muth fordert die letzte Strecke,
wenn sie gleich in andern Jahren, wenn der Schnee den Grat, über
welchen man zur Spitze dringt, minder als heuer verengt hat, auch
minder gefährlich sein dürfte — mögen sie, wenn sie in die Gegend
von Gastein gekommen, hinanklimmen auf den ernsten Wächter der
Salzburg'schen und Kärnthner'schen Hochlande; bereuen werden sie dies
Unternehmen sicher nicht.

Allen aber, die den Stieg wagen, kann ich meinen Begleiter
Haidacher unbedingt als Führer anempfehlen. Auch zu diesem Geschäfte
braucht es eine natürliche Anlage. Es genügt hiebei nicht, daß Jemand
selbst ein guter Bergsteiger sei, auch das bloße „Rechts, Links" genügt
nicht. Es wird vielmehr eine gewisse Sorgsamkeit erfordert, mit welcher
der Begleitende die Schritte derer, die sich ihm anvertrauten, über=
wacht, ein selbständiges Denken, was gefährlich werden könne, um dem
Fremden von solchen Handlungen abzurathen, endlich wenigstens einiges

Interesse an der Natur, — Eigenschaften, welche Haidacher, der daher ein wahrhaft guter Führer ist, alle besitzt.

Auch nachdem ich Gastein verlassen, beschäftigte mich der Ankogel noch einmal, indem ich bei meinem Aufenthalte in dem mir aus meiner Studienzeit unvergeßlichen Stifte Kremsmünster das gütige Anerbieten des Herrn Directors der dortigen Sternwarte mit Dank benützend, mein von Kapeller verfertigtes Höhenbarometer mit den Barometern dieses Instituts verglich und, nachdem ich sie fast vollkommen correspondirend gefunden hatte, die auf der Sternwarte gemachten barometrischen und thermometrischen Beobachtungen als Gegenbeobachtungen annahm, und darnach das Resultat meiner Messungen in und um Gastein berechnete.

Dadurch erhielt ich nach den Stampfer'schen Tabellen zur barometrischen Höhenmessung von den Höhen, welche unsern Gegenstand berühren, die der Rotheggeralpe mit 5314 W. F. über dem Meere. Doch kann dieselbe nur als approximativ angenommen werden, weil ich damals, als ich die Beobachtung machte, bei der noch nicht erfolgten Ankunft des Führers Haidacher hierbei kein Lustthermometer mit benützte.

Die Höhe des Ankogels dagegen, auf welchem am 3. August um 8 Uhr Früh das Barometer bis auf 19 Wiener Zoll 7.2 Linien. herabgesunken war, während es in derselben Zeit in Kremsmünster auf 27″ 7.6‴ gestanden ist und auf dem die Thermometer zwischen +0.5° und +1.5° schwankten, während sie in Kremsmünster +14.27° R. zeigten, entziffert sich mit 10.213 W. F., so daß sich zwischen meiner Messung und der trigonometrischen des k. k. General-Quartiermeisterstabes, welcher die Höhe des Berges mit 10.291 W. F. bestimmte, eine Differenz von nur 78 W. F. herausstellt.

———

Das Maltathal in Kärnthen, Ersteigung des Hochalpenspitzes.

Unter den Bergen und Thälern gibt es eben so gut verkannte Größen, wie unter den Menschen, nur besteht dann die nicht genügende Würdigung darin, daß die Thäler weniger gekannt und besucht werden, als es ihre landschaftlichen Reize verdienen und daß man die Berge für minder hoch hält, als sie in Wirklichkeit sind.

Die Gründe davon sind theils allgemeine, theils besondere.

Zu den allgemeinen ist gleichmäßig bei den Bergen wie bei den Thälern der Mangel anziehender Darstellungen durch den Pinsel oder selbst bloß durch die Feder zu rechnen.

Darunter gehört bei den Thälern ihre Unwegsamkeit und der Abgang jeder auch nur erträglichen Unterkunft in ihnen, welcher einmal, die Natur-Enthusiasten mögen darüber die Nase rümpfen so viel sie wollen, neun Zehntel der Gebirgsreisenden von ihrem Besuche ab- schreckt und stets abschrecken wird.

Es gehört dazu die Entlegenheit eines Thales von den gewöhn- lichen Bahnen der Touristen und insbesondere heute, in der Zeit der schnellen Reisen und der dadurch verwöhnten Reisenden, seine größere Entfernung von den Eisenbahnen.

Bei den Bergen ist ihre Lage in irgend einem noch von anderen Hochspitzen umstellten Winkel des Gebirges, in Folge deren man ihrer nur von wenigen Standpunkten ansichtig wird, ein allgemeiner Grund ihres geringen Bekanntseins.

Als besonderer Grund für die Unterschätzung einzelner der be- deutendsten Berge Oesterreichs dagegen tritt eine zu niedrige Angabe ihrer Höhe in Büchern und Landkarten auf.

Der Ursprung einer solchen falschen Höhenmessung läßt sich oft schwer ergründen. Dies ist z. B. der Fall bei der Angabe der Mayr'- schen speciellen Reise- und Gebirgskarte vom Lande Tirol von 9000

Fuß als der Höhe der Dreiherrnspitze, welche bei der neuen österrei=
chischen Militär=Triangulirung mit 11.075 W. F. bestimmt worden
ist. Kömmt aber einmal eine solche falsche Ziffer in einem Buche, in
einer Karte vor, so geht sie bald in mehrere über und wird zuletzt
die allgemein gangbare.

Hie und da beruht in Oesterreich eine irrige Höhen=Angabe
sogar auf officiellen trigonometrischen Messungen, wie beim Reichenspitz
bei Krimml mit 9340 W. F. und beim Hochalpenspitz mit 8261 W. F.,
während nach der neuen Militär=Triangulirung der Reichenspitz 10.424
W. F. hoch und, wie wir später sehen werden, der Hochalpenspitz
noch höher ist.

Es ist nicht mehr als billig, die trigonometrischen Messungen
des k. k. General=Quartiermeisterstabes und Geographenkorps in Oester=
reich im großen Ganzen als eine ausgezeichnete Arbeit anzuerkennen.

Dies hat die in den letzten Jahren stattgefundene Nachtrian=
gulirung gezeigt, bei welcher sich gegenüber der ersten Triangulirung
eine zur Höhe der gemessenen Punkte verschwindend kleine Maximal=
differenz ergeben hat.

Allein nicht auf amtlichem Wege, sondern in Folge der Be=
werbung von Privaten sind in früherer Zeit Berghöhen aus der ersten
Triangulirung veröffentlicht worden, und darunter befand sich jene
des Reichenspitzes, welche auf die Grundlage zu weniger Winkel ge=
messen, zur Veröffentlichung nicht reif war.

Ebenso ist nach demjenigen, was ich an Ort und Stelle in Er=
fahrung gebracht habe, dem mit der Triangulirung in jener Gegend
betrauten Offiziere eine ganz andere Bergspitze als der siegreiche Ne=
benbuhler des Ankogels als der Hochalpenspitz bezeichnet worden, so
daß die Höhenangabe von 8261 W. F. bei unserem Hochalpenspitz
vielmehr auf einem Irrthum in der Namensbezeichnung als in der
Messung beruht.

Die gegenwärtige Skizze hat nun zum Gegenstande ein Thal,
das nicht in der abgebrauchten Phrase des Topographen, sondern in
Wirklichkeit eines der großartigsten unter den prachtvollen österreichischen
Alpenthälern und zugleich eines der am wenigsten gekannten ist. Sie

16*

hat zum Gegenstande eine Hochspitze, welcher durch ihre Höhe und doppelt dadurch, daß sie nach Osten hinausgeschoben dort lagert, wo die Alpen durchschnittlich schon ein paar Tausend Fuß von ihrer Erhebung eingebüßt haben, ein hervorragender Platz im österreichischen Bergsysteme gebührt und deren Name dennoch selbst den wenigsten Bergsteigern geläufig ist. Dazu, daß der Hochalpenspitz, wie erwähnt, auch rücksichtlich der allgemein verbreiteten Angabe seiner Höhe als eine wahrhaft verkannte Größe betrachtet werden muß, und es ist gewiß, daß sich für einen österreichischen Gebirgsfreund kaum eine dankbarere Aufgabe findet, als durch eine Schilderung des Maltathales und des Hochalpenspitzes ihnen wo möglich zu größerer Anerkennung zu verhelfen.

Vorzüglich soll meine Skizze dem Hochalpenspitz gelten. Denn leider war es mir bisher nicht gestattet, das Maltathal bis zu seinem Ursprunge kennen zu lernen.

Es sind jedoch Arbeiten über dies Thal auch weniger dringend als über seine höchste Spitze. Denn in den letzteren Jahren hat die kärnthnerische Zeitschrift „Carinthia“ einige vortreffliche Aufsätze über das erstere gebracht und auch ich bin bei der Beschreibung desselben bloß auf die minder wirksame Feder angewiesen.

Entgegen gelangen durch die Schilderung meiner Ersteigung des Hochalpenspitzes, da meines Wissens noch keine andere Besteigung dieses Berges veröffentlicht ist, für die Landeskunde ganz neue Daten in die Oeffentlichkeit. Auch bin ich in der Lage, die bei der Ersteigung gemachten barometrischen Höhenmessungen bisher ungemessener Höhen, darunter vor allem der höchsten Eisspitze des Hochalpenspitzes, in das Gefecht zu führen.

Wo aber liegt das Maltathal und der Hochalpenspitz? werden manche meiner Leser, welche nicht mit allen Winkeln der Alpen bekannt sind, fragen, und so sei meine nächste Aufgabe, für ihre Orientirung zu sorgen.

Sie werden vor Allem gebeten, die Poststraße in das Auge zu fassen, welche von Villach in Kärnthen dem Laufe der Drau entgegen nach Lienz in Tirol führt. Von ihr zweigt in Spital jene andere Poststraße ab, welche nordwärts über den Radstädter Tauern zieht

und die Salzburg=Gasteiner Straße bei Werfen erreicht. Die erste
Poststation von Spital weg auf der Radstädter Straße ist das Städtchen
Gmünd und es liegt an der Ausmündung des Maltathales, der Hoch=
alpenspitz aber in diesem Thale.

Das Maltathal steigt als das „kleine Elend" von dem Haupt=
kamme der Tauern an der kleinen Elendscharte ostwärts herab, vereint
sich bald mit dem zweiten Thalaste, „dem großen Elend", welcher, an den
Gletschern zwischen dem Ankogel und Hochalpenspitze entspringend, sich
von Süden nach Norden erstreckt, läuft auch nach der Vereinigung noch
kurze Zeit von Westen nach Osten, vertauscht jedoch hierauf diese
Richtung mit einer südöstlichen, welche es bis zu seinem Ende bei
Gmünd beibehält.

Wollen wir die orographischen Verhältnisse unseres Thales kennen
lernen, so müssen wir unsern Blick zuerst den Centralalpen zuwenden.

Nachdem ihr Hauptrücken Tirol fast in der Mitte von Westen
nach Osten streichend durchschnitten hat, erreicht er mit der Zillerthaler=
gruppe die südwestliche Ecke des Herzogthums Salzburg. Der nahe
Dreiherrnspitz galt den Geographen stets als der Grenzstein zwischen
den rhätischen Alpen im Westen und den östlichen norischen Alpen.
Wir müssen jedoch in dieser Gegend noch eine andere Unterabtheilung
der Centralalpen, den durch uralten Gebrauch in seiner Benennung
berechtigten Zug der Tauernkette beginnen lassen und es kann nur die
Frage entstehen, ob die Landeseintheilung und die Thatsache, daß vom
Feldspitz an im Norden des Central=Hauptkammes salzburgischer Boden
ist, als entscheidend und der Feldspitz als westlicher Eckpfeiler der Tauern
angenommen oder geographisch richtiger die tiefste Einsattlung des Ge=
birges als Scheidepunkt aneinander stoßender Bergketten betrachtet und
darnach die Tauern erst vom nahen Krimmlertauern an gerechnet
werden sollen.

Gegen Osten fortlaufend, bildet jetzt die Tauernkette die Süd=
grenze des Herzogthumes Salzburg zuerst gegen Tirol, dann gegen
Kärnthen.

Wir folgen ihrem Hauptrücken über die Gruppen des Vene=
digers, des Großglockners, über die Rauriser= und Gasteinergruppe.

Hier vertauscht er seine östliche Richtung auf kurze Zeit mit einer nördlichen.

Zwar hält er bald wieder die frühere Richtung nach Osten ein, um über den Radstädter Tauern bis zum Hochgolling an der steierischen Grenze zu ziehen. Aber seine frühere Höhe ist verloren und Schaubach, der verdienstvolle Schilderer der deutschen Alpen, nimmt deßhalb das Ende jener Abtheilung der Centralalpen, welche er am Brenner beginnen läßt, an der nahe der besprochenen Wendung gegen Norden gelegenen Arlscharte, als der tiefsten Einsattlung des Hauptrückens in der Gegend der allgemeinen Senkung an.

Wir jedoch kehren von dieser Abschweifung gegen Osten zu dem Eckpfeiler des ursprünglichen Ostlaufes zu dem Höhenpunkt der Gasteinergruppe, dem 10.290 W. F. hohen Ankogel zurück.

Von ihm löst sich ein Hochrücken anfangs in der Richtung gegen Südosten ab, der mit seinen zahlreichen Ausästungen im Westen bis an den See= und Malnitzbach, südwestlich bis an die Möll von der Einmündung des Malnitzbaches in sie bis zu ihrem eigenen Zusammenflusse mit der Drau, dann im Süden an die Drau bis dorthin, wo sie die Lieser aufnimmt, im Osten aber an diesen letzteren Fluß bis hinauf nach Gmünd reicht, während seine nordöstlichen und nördlichen Ausläufer ihren Fuß in den Gletscherfluthen der Malta baden.

Als der Beherrscher dieser Gebirgsgruppe baut sich nahe an ihrer nordwestlichen Wurzel und vom Ankogel, Spitze zu Spitze gerechnet, in der Luftlinie kaum mehr als 3600 W. Klf. entfernt, der Hochalpenspitz auf. Es kann nicht unsere Aufgabe sein, alle Untertheilungen der einzelnen Zweige der Gruppe kennen zu lernen.

Nur die erste Theilung, deren Knotenpunkt der Hochalpenspitz selbst ist, können wir nicht unberührt lassen.

Am Hochalpenspitz spaltet sich der vom Ankogel bis zu ihm vereinte Hochzug in drei Aeste. Einer davon dehnt sich vom Hochalpenspitz nach Norden aus und wird zur Ostbegrenzung des nordwärts ziehenden Thalastes Groß=Elend. Ein zweiter biegt sich um den hintersten Schluß des Kärnthnerischen Seethales, den sogenannten Lassacher Winkel, in südwestlicher Richtung und erreicht bald den Nachbarn des

Hochalpenspitzes, das 9746 W. F. hohe Säuleck. Der dritte Ast endlich behält die ursprüngliche, vom Ankogel an von dem noch vereinigten Rücken eingeschlagene südöstliche Richtung und endet am Klampferer= spitz, dem Markstein an der Vereinigung des Maltathales und seines größten Seitengrabens, des Gößgrabens.

Mit diesem am Ankogel beginnenden Zug und seinen Ausästun= gen haben wir die Berge auf der Südseite des Maltathales kennen gelernt.

Wir gehen jetzt zu jenen über seinem Hintergrunde und auf seiner Nordseite über und haben auch hiezu den geeignetsten Ausgangs= punkt am Ankogel. Vom Ankogel steigt der Tauernkamm anfangs etwas gegen Norden über die große und kleine Elendscharte mit dem rückwärts stehenden Faschenock zur Tischlerkarhöhe, der Steinwand und den Keeslögeln auf.

Hier verläßt er die kurze Richtung gegen Norden und zieht östlich über den Kolm, die Arlscharte und den Arkogel zum Weinschabl.

An diesem Berge biegt er sich zur größeren Wendung gegen Norden und tritt damit aus dem Bereich des Maltathales. Dagegen ist für uns der vom Weinschabl südöstlich laufende Zweigrücken wichtig. Derselbe gelangt über den Markarspitz und Peterrücken an den Hafner= spitz, an dem er sich in zwei Aeste spaltet. Von ihnen bildet der nörd= licher streichende die Wasserscheide zwischen der Mur und Lieser und die Grenze zwischen Salzburg und Kärnthen. Der südlichere läuft fort und fort südostwärts zwischen der Lieser und Malta, bis er ober Gmünd endet.

Da nun das Maltathal vom Ursprunge auf den Tauern an, wie bereits bemerkt wurde, im Anfange ostwärts und zwar bis unterhalb des Hafnerspitzes sich ausdehnt und von da an eine südöstliche Rich= tung einhält, so erheben sich die sämmtlich über ihm aufragenden Kuppen aus dem Haupttauernkamme vom Ankogel bis zum Weinschabl und von diesem bis zum Hafnerspitz auf der West= und Nordseite des obersten Thalbodens, während dessen Nordwand weiter thalabwärts be= ständig durch das vom Hafnerspitz mit ihm parallel südöstlich sich aus= dehnende Gebirge gebildet wird.

Von den Bergen des Thales steigt nächst dem Hochalpenspitze der Centralkamm zur größten Höhe empor. Dem Ankogel reiht sich würdig der Faschenock an und alle bedeutenderen Spitzen dies= und jenseits der Arlscharte ragen in einer Höhe zwischen 9—10.000 Fuß auf. Allein so wie in der südlichen Gruppe das Säuleck, ist auch in der nördlichen Begrenzungskette der Hafnerspitz bei 10.000, nämlich 9784 W. F. hoch und in letzterer erheben sich außerdem noch andere Kuppen tiefer unten über dem Thale sehr ansehnlich, wie der hohe Sonnblick bis zu 9571 F. und der Faschaunernock bis zu 8812 F.

Ein Blick auf die Landkarte lehrt, daß das Maltathal zu den längsten aus den südlichen Thälern der Tauernkette gehört.

Man bedarf von Gmünd reichlich 12 bis 15 Stunden, um die kleine Elendscharte zu erreichen und gewiß noch mehr Zeit auf die Kammhöhe zwischen Großelend und dem Seethal.

Die Verbindung mit der übrigen Welt aus dem rings von Gletscherspitzen umstellten Hintergrunde des Thales ist nur über hohe Gebirgspässe möglich. Unter ihnen der bequemste, die Arlscharte, führt nach dem Salzburger Thale Großarl.

Ein anderer westlicherer Uebergang nach Großarl ist bedeutend beschwerlicher. Als die beschwerlichste und bei ungünstigem Wetter auch als gefährlich, schildert man die Paßwanderung über die kleine Elend= scharte nach dem Gasteiner Kötschachthale. Vorzüglich soll das Abwärts= steigen von der Scharte zu den obersten Alpenhütten nur über steile mit großem Gerölle und Felstrümmern bedeckte Abhänge bewerkstelligt werden können und von der Höhe bis Bad Gastein sollen noch sechs Stunden benöthigt werden.

Auf den Landkarten findet sich noch ein Uebergang aus dem großen Elend in das Seethal gezeichnet. Er führt lange über Gletscher, und dies mag der Grund sein, warum er seit Jahren von Thalbe= wohnern gar nicht und nur ein paar Mal von Fremden benützt worden ist.

Ich beabsichtigte schon lange, das Maltathal zu besuchen, von dessen Schönheit ich soviel gehört hatte, und damit eine Ersteigung des Hochalpenspitzes zu verbinden. Ich hatte den Hochalpenspitz auf eine eigenthümliche Art kennen gelernt. Im Jahre 1843, als unser Berg wegen der Messung seiner Höhe mit 8261 W. F. und der kartographischen Erhebung des Säulecks zum Culminationspunkt der Umgebung sich noch eines geringen Rufes unter den Hochspitzen der Tauernkette erfreute, erstieg ich den Ankogel bei Gastein.

Ich war überzeugt, auf einen Alles ringsum beherrschenden Gipfel zu gelangen. Da erblicke ich, auf der Spitze angelangt, ganz unverhofft in nächster Nähe gegenüber eine Kuppe, welche offenbar den Ankogel an Höhe überragt. Der Eindruck davon war ein höchst überraschender und lebt noch heute frisch in meiner Erinnerung.

Auf der Reisekarte, die ich bei mir hatte, war der Berg nicht benannt, ich wandte mich daher an meinen Führer, welcher ihn mir als den Hochofner bezeichnete. Thatsächlich war es der Hochalpenspitz. Der Name Hochofner kömmt in den Generalstabskarten, und zwar selbst in den so detaillirten ursprünglichen Aufnahmen, den Sectionen, nicht vor, auch konnte ich seinen Ursprung auf eine authentische Quelle nicht zurückleiten. Er muß aber dennoch früher eine gangbare Bezeich- nung für den Hochalpenspitz oder wenigstens für die Gletscher des- selben gewesen sein, weil auch in Schmidl's Reisehandbuch eines gewal- tigen im großen Elend befindlichen Gletschers Hochofen erwähnt wird.

Seitdem hatte Professor Simony mit richtigem Blicke in seinem Schafberg-Panorama die Höhe des Hochalpenspitzes bereits mit 10.200 Fuß angegeben und dadurch meine Ansicht von der ausgezeichneten Höhe desselben noch mehr bestätigt.

Als ich im Jahre 1856 zuerst nach Gmünd kam, glaubte ich denn auch der Ausführung meines Planes bezüglich des Hochalpen- spitzes nahe zu sein. Allein die Verhältnisse waren dem Unternehmen nicht günstig. Ich war am 13. August in Gmünd angelangt, mußte jedoch eines gegebenen Versprechens halber spätestens am 17. August in Mittersill in Pinzgau eintreffen und hatte theilweise auch deßhalb den kürzesten Weg aus Kärnthen nach dem Pinzgau durch das Malta- thal gewählt. Ich konnte daher diesmal auf keinen Fall auf schönes Wetter warten. Es ließ sich nur der 14. und 15. zur Ersteigung und der 16. zum Uebergange nach Gastein verwenden. War dagegen am 14. die Witterung nicht zu einer solchen Bergfahrt geeignet, so war ich genöthigt, sie für dies Jahr aufzugeben.

Am 14. August brachte mich aber höchst zweifelhafte Witterung dazu, sogleich den Weg nach Gastein durch das Maltathal einzuschlagen. Jedoch selbst die vollständige Durchwanderung desselben und der Uebergang über die kleine Elendscharte nach dem Kötschachthal wurde mir damals vereitelt.

Ich hatte Gmünd spät verlassen und kam an diesem Tage bis zur Wastelbauer Alpe. In der Nacht brach dann ein so furchtbares Hochgewitter los, daß ich mich kaum eines ähnlichen entsinne und mir das hochinteressante Schauspiel, das es bot, unvergeßlich bleibt.

Alle Elementarkräfte schienen entfesselt. In kaum secundenlangen Zwischenräumen erhellten die Blitze mit ihren schlangenförmig gewundenen Strahlen das Dunkel der Nacht, der Sturm heulte, unter seinen Fängen ächzte die Sennhütte, wenige Schritte von ihr toste die Malta. Doch weitaus übertönten die von den Bergwänden ringsum widerhallenden gewaltigen Donnerschläge das Heulen des Sturmes und das Tosen des Waldbaches.

Am nächsten Morgen hatte sich der Nebel derart ringsum auf den Höhen eingenistet, daß mein Führer es ablehnte, mich über die Elendscharte zu führen, und ich, um doch nach Pinzgau zu gelangen, gezwungen war, von der Samerhütte den Weg über die Arlscharte zu nehmen.

So habe ich das Maltathal nur bis zur Samerhütte kennen gelernt. Nach demjenigen, was ich gesehen, muß ich mein Urtheil dahin abgeben, daß es ein wundervolles Thal ist, von einer Großartigkeit, wie wenig andere Thäler in den Alpen, von einem Reichthum an Wasserfällen, wie kein anderes.

Es ist nöthig, bevor wir in seine Einzelnheiten näher eingehen, über die Benennung seiner Theile zu sprechen. Hierin finden wir eine große Unsicherheit und dieselbe mag dem Umstande zuzuschreiben sein, daß die Bildung der Thalstufen hier weniger ausgesprochen ist, als in manch' anderem Thale. Entschieden die erste Abtheilung reicht von der Ausmündung bei Gmünd bis zum Pflügelhofe. Doch auch diese zwei bis drei Stunden lange Strecke, welche das Maltathal im engeren Sinne bildet, während das Wort im weiteren Sinne für das Thal in seiner ganzen Ausdehnung von Gmünd bis auf die Elendscharte genommen wird, wurde neuerlich in das vordere und hintere Maltathal getheilt und die Untertheilung findet in der verschiedenen Beschaffenheit der zwei Strecken ihre Begründung. Vom Pflügelhofe an hat sich der Charakter des Thales so sehr verändert, daß eine andere Bezeichnung dadurch vollkommen geboten ist. Allein während der Name Maltagraben von einer Seite für die ganze Strecke vom Pflügelhofe bis zur Samerhütte und für den obersten Theil die Namen großes und kleines Elend vindicirt werden, nennen andere die Strecke vom Pflügelhofe bis zum Samer das Katschthal, wieder eine andere Ansicht nimmt den Abschnitt bei dem blauen Tumpf an und läßt schon von da an das Elend oder den Elendgraben beginnen.

Ich meine, daß die erstere Bezeichnung die richtige ist. Bei ihrer Annahme zieht zwar die entschiedene Thalstufe zwischen dem blauen Tumpf und der Arambauernalpe eine neue Namensbezeichnung nicht nach sich. Es ist jedoch dann der Charakter im Ganzen maßgebend, wornach die Strecke bis zur Samerhütte, wenn auch mit einigen Erweiterungen der Sohle, eine Schlucht bildet, wogegen von der Samerhütte an der Hochalpencharakter vorherrscht. Zudem erscheint der Name Katschthal in den Generalstabskarten nicht und die Bezeichnung des Elends vom blauen Tumpf an steht mit der Vulgarbezeichnung im Widerspruche.

Betrachten wir zuletzt das Maltathal im engeren Sinne von Gmünd bis zum Pflügelhofe, so ist es bis Maltein ein weites Alpenthal mit reichem Getreidebau auf der Thalfläche. Freundliche Gehöfte winken aus ihr und von den grünen Abhängen über ihr. Darüber bedecken Hochwald und Alpenweiden die Berghöhen, wohl noch hie und da überragt von ernsten, kahlen Felswänden. Vorzüglich reizend blickt von der südlichen Thalwand das Jagdschloß Dornbach, umgeben von stattlichen Bauernhöfen aus Gruppen schöner Bäume zu Thal. Als das mächtigste Berghaupt ragt der hohe Sonnblick im Hintergrunde auf und die Schneefelder unterhalb seiner Spitze beweisen, daß ihm der Name eines hohen Berges nicht bloß relativ gebührt.

So gelangen wir auf einer ganz fahrbaren Straße über Hippers=
dorfauen und dann bei einer Kohlstatt vorbei nach dem Pfarrdorfe Ober=
Malta, das gewöhnlich Maltein genannt wird. Seine unregelmäßig
nebeneinanderliegenden Häuser, die etwas erhöht an der Straße erbaute
Kirche und sein altes Schloß Kronegg, ein zwar nicht schöner aber
kerniger Bau des Mittelalters, erwecken gewiß das Interesse des
Fremden für den Ort.

Hinter Maltein behält das Thal noch eine zeitlang seine Breite,
doch führt die Straße, deren Beschaffenheit schon mehr an einen Gebirgs=
weg erinnert, bereits häufiger durch Erlen=Auen, und Steinblöcke am
Wege mahnen an die größere Nähe der Felsberge. Zuletzt treten die
Höhen der rechten nördlichen Seite entschieden in den Thalboden herein
und hier sind wir dem Pflügelhofe nahe, den wir auch bald erblicken.

An ihm tritt das Hochgebirge vollkommen in seine Rechte, jedoch
auf erfreuliche Weise, indem es ein schönes Bild gewährt. Ein alter
Seeboden, breitet sich der Thalkessel aus, gekleidet in Mattengrün.
Nur auf der Südostseite ist der Malta der Ausweg zwischen Hügeln
offen. Auf ihnen liegen Bauernhöfe nahe dem Bache, oder wie jener
des Klampferers westlicher auf dem Thalboden selbst. Höhere Berge
umstehen mit waldbedecktem Fuße auf den übrigen Seiten den tiefen
Grund in solcher Nähe, daß weiteres Vordringen von hier nur für
jenen möglich zu sein scheint, der in ihre Forste, über ihr Gerölle
und ihre Wände zu dringen sich nicht scheut.

Selbst die Geheimnisse der Gletscherwelt erschließen sich schon
dem Blicke, welcher durch die Schlucht des zur Linken mündenden
Gößgrabens die eisigen Höhenpunkte am Säuleck und Hochalpenspitz
zu erreichen vermag. Reizend endlich lagert der Pflügelhof auf der
Nordseite unter ehrwürdigen alten Linden. Ein ansehnlicher Bau soll
dieser Graf Lodron'sche Wirthschaftshof seinen Namen von einer aus=
gestorbenen adeligen Familie, den Herren von Pflügel, tragen.

Den vorzüglichsten Schmuck aber bilden zwei bedeutende Wasserfälle.

Minder hoch, jedoch breit und wasserreich, stürzt der Gößbach
von Westen in Tannenumgebung zu Thal. Ihm schräg gegenüber auf

dem linken Maltaufer dagegen bildet der Fallbach an den östlichen Thalbergen einen prachtvollen Wasserfall.

Mit einer Gesammtfallhöhe von 2—300 Fuß zieht sich der Bach im oberen Theile an den Felsenwänden als Schleierfall herab, gewinnt jedoch tiefer unten seine Selbstständigkeit und wirft sich nun im freien Bogen auf die Felsblöcke und das Gerölle hinter dem Hofe des Fallers, weithin alles mit seinem Wasserstaube benetzend.

So vollkommen die Gegend am Pflügelhofe geschlossen scheint, so bieten sich doch gerade aus ihr mehr als irgendwo sonst im Maltathale Auswege dar. Auf der Nordseite, den Fallbach aufwärts, führt der Steig auf die Perschitzen und Hof=Alpe, deren Weideboden als der beste des Thales gerühmt wird, westwärts ist der Gößgraben eingeschnitten, nordwestlich dagegen zieht sich das Maltathal als Malta= graben fort.

Der Gößgraben wird im westlichen Hintergrunde vom Säuleck geschlossen, in seiner nordwestlichen Ecke lagert der Hochalpenspitz und sendet das Trippenkees in ihn herab. Der Graben, aus welchem man über das Thörl in das Dössenthal, ein Seitenthal des Mallnitzthales, gelangt, wird als malerisch geschildert, und vorzüglich soll der gegen seinen Schluß zu liegende Zwillingsfall seinen Besuch lohnen.

Wir aber wollen nun tiefer im Maltathale selbst vordringen.

Wir überschreiten zu diesem Ende die Malta hinter dem Pflügel= hofe und befinden uns bald bei dem Weiler Brandstatt.

Er besteht allerdings nur aus einigen sich an die Felsen ohne Regel anlehnenden Holzhütten. Wir hatten jedoch hier noch eine von Menschen beständig bewohnte Stätte anzutreffen nicht gehofft und so überrascht uns selbst der ärmliche Weiler.

Alle jene malerischen Reize, durch welche das Maltathal, wie wenig andere, ausgezeichnet ist, haben wir in der nun folgenden Strecke, im Maltagraben, zu suchen. Weiter oben im Elend herrscht die erhabene, aber starre Größe der Gletscherwelt; die Farben und das frische Leben der Natur, diese ersten Bedingungen, um eine Gegend zu einer entzückend schönen zu gestalten, finden wir nur im tieferen Maltagraben.

Hier ragen steile Felswände von grotesken Formen auf und lagern mächtige Felsblöcke rings auf dem Wege und im Bette der Malta, sie zu wildem Brausen zwingend. So wie aber die größeren Felsenparthien überall durch einzeln oder gruppenweise darauf horstende Fichten belebt werden, so hat sich eine jüngere Generation des Waldes selbst auf den zerstreuten Felsblöcken angesiedelt und umklammert mit ihren Wurzeln den kalten Stein, oder hält wenigstens Veilchenmoos die Trümmer umsponnen. Hier lachen noch grüne Matten und erheben sich auf ihnen und dort, wo sich der Thalboden in etwas erweitert, auf der Thalsohle selbst freundliche Sennhütten.

Hier sind hoch über den tosenden Wildbach gedeckte Brücken malerisch gespannt und stürmen in kühnem Sprunge oder rauschen in breitem Silbermantel mächtige Bergbäche über die Felsen der Malta zu, die sich selbst wieder im ernsten Tannenwalde donnernd über eine höhere Felsstufe hinabwirft.

Wir bewundern die Großartigkeit der Landschaft um uns, da steigt plötzlich über dem herrlichen Vordergrunde eine Hochspitze in kühner Form empor und schimmert uns zuletzt noch aus der Wolken- nähe das Gletschereis entgegen, dann müssen wir bekennen, daß das Maltathal überreich ist an den Reizen aller Art, durch welche die Hoch- gebirgswelt ihre Besucher zu begeistern versteht.

Als ich das Maltathal noch nicht kannte, hatte mir ein Kärnthner auf meine Frage, ob es wirklich so großartig sei, dies mit den Worten bejaht, „denken Sie sich nur, wo in andern Thälern ein kleiner Stein liegt, liegt im Maltathal ein Felsstück." So trefflich mit diesem Satze die Charakteristik des leblosen Theiles der Natur unseres Thales aus- gedrückt ist, so wenig kennzeichnet er das Thal in demjenigen, was es eigentlich vor allen andern Thälern so anziehend macht, in dem frischen Naturleben, welches allerorts im Maltagraben bis hinan zur Region der Hochweiden pulsirt und auch auf den Reisenden belebend und an- regend wirkt.

Der mächtigste Faktor desselben ist das Wasser, und es genügt die Thatsache zu erwähnen, daß von den Reisenden im Maltathale außer zahlreichen kleinen gegen zwanzig große Wasserfälle gezählt werden.

Ich habe bis zur Samerhütte über ein Dutzend Wasserfälle angetroffen, deren jeder so bedeutend ist, daß er in jedem andern Theile
der Gegenstand allgemeiner Bewunderung sein würde. So werden wir
denn bei Skizzirung dessen, was auf dem weiteren Wege unsere Aufmerksamkeit fesselt, immer wieder auf seine Wasserfälle zurückkommen
müssen.

Gleich im Anfange gewahren wir, nachdem wir Brandstatt kaum
verlassen, einen reizenden Staubbach, der von der nördlichen Thalwand
aus bedeutender Höhe in zwei Silberfäden herabflattert, um in Wasserstaub gelöst in der Luft zu verflüchtigen. Wir sind noch nicht lange
fortgewandert, erst durch Wald, dann über einen Wiesengrund, auf
welchem wir an den ersten Niederalpen vorbeikommen, da erblicken wir
den hohen Steg, und auch hier ist eine herrliche Naturscene vornehmlich dem Wasser zu verdanken. Um sie vollkommen zu würdigen,
steigen wir an das Ufer der Malta hinab und staunen uns das großartige Bild an, welches die aus den sie beiderseits einengenden Felsen
schäumend herausstürmende Malta mit dem üppigen Pflanzenwuchse an
ihren Ufern und den frischen von den Abhängen in sie hinabblickenden
Tannen, mit der hoch über ihr von Fels zu Fels schwebenden gedeckten Brücke und den diese noch im fernen Hintergrund überragenden
Bergspitzen gibt.

Wir steigen jetzt zum hohen Steg selbst empor und siehe da,
vor uns liegt ein neuer Wasserfall. Zum größten Theile gespeist auf
den Schneefeldern und Karen des Schobers und großen Sonnblicks
rauscht ganz nahe dem Hochsteg der mächtige Möllnigbach*) von bedeutender Höhe, breit, aber ohne eigentlichen freien Fall der Malta zu.

Vom Hochsteg zieht der Weg allmälig aufwärts, man erreicht
über die Feidelbauernalpe die hohe Brücke und sieht nun die weiteste

---

*) In der großen Aufnahme des k. k. Generalquartiermeisterstabes erscheint
eine Alpe, ein Bach und eine Bergspitze gleichen Namens, die beiden
ersteren mit der Schreibart Möllnig, der letztere als Melnik.

Ich halte die Schreibart Möllnig, als die dem Dialekte in dieser
Gegend entsprechende, für die richtige.

Thalfläche im Maltagraben, die sogenannte Schönau mit der Trax=
hütte. Die Scenerie an der hohen Brücke besteht der Hauptsache nach
aus denselben Bestandtheilen wie jene am Hochsteg, aus der gedeckten
Brücke und dem zwischen Felsenufern in Tannenumgebung lärmenden
Wildbache. Zuletzt senkt sich der Weg zu der Traxalpe nicht unbedeu=
tend hinab, und da ohnehin bis hieher niemals eine bedeutende Stei=
gung war, so glaube ich, daß es zu weit gegangen ist, wenn hier eine
höhere Thalstufe des Maltathales angenommen wird.

Hinter der Traxalpe beginnt jene Strecke, welche sich durch ihren
großartigen, wildschönen Charakter vor allen übrigen Theilen des Malta=
thales auszeichnet.

Wir sind etwa eine Viertelstunde von der Alpe entfernt und
haben den das Thal nach rückwärts zu schließenden Felsenhügel er=
stiegen. Da tönt das Tosen, das wir schon längere Zeit gehört, immer
gewaltiger an unser Ohr.

Noch einige Schritte und das wundervollste Bild im Malta=
thale liegt vor uns, ein Bild, dem jedenfalls nur wenige seines Glei=
chen in den Alpen an die Seite gestellt werden können: der Doppel=
sturz des Hochalpenbaches und der Malta, der Hochalpenfall und der
blaue Tumpf.

Nichts eignet sich weniger zu einer Schilderung mit der Feder
als dies Schauspiel, denn eben das Wildbewegte der Scene zeichnet
sie aus.

Man denke sich einen hochstämmigen Wald von mächtigen Tannen
auf dem Thalboden. Letzterer, der sich wellenförmig hebt und senkt,
ist ringsum mit Felsentrümmern und Farrenkräutern bedeckt, am Nord=
rande dämmt ihn ein steil ansteigender Felsrücken, auf der Südseite
dagegen entsteigt ihm eine gleichfalls tannenbewachsene Felswand.

Von dieser Wand nun stürzt etwa 200 Fuß hoch der auf den
Gletschern des Hochalpenspitzes geborene Hochalpenbach herab. Die ge=
waltigen Wassersäulen des Wildbaches werden in der oberen Hälfte
von den seinem Sturze sich entgegenstemmenden Felsen in zahllose
Wogen milchweißen Schaumes gebrochen, bald aber sammeln sie sich

wieder, um die untere Hälfte ihres Weges von der Höhe zur Tiefe im kühnen Sprunge zurückzulegen.

Der Fall wäre allein für sich betrachtet durch seine Höhe, seinen Wasserreichthum und das Wildromantische seiner Umgebung unter die vorzüglichsten Wasserfälle in den Alpen zu rechnen. Die Romantik des Bildes wird aber verdoppelt dadurch, daß in der Entfernung weniger Klafter mehr gegen die rechte Thalseite zu die stets wasserreiche Malta selbst in der Richtung ihres bisherigen Laufes mindestens 8 Klafter hoch in einen Felsenkessel herabwogt. Wegen der Tiefe dieses Kessels haben die darin unmittelbar nach dem Falle gesammelten Fluthen eine blaue Farbe, daher der Wasserfall der blaue Tumpf genannt wird.

Man muß inmitten des Doppelabsturzes und seiner hochaufsteigenden Säulen von Wasserstaub gestanden, muß den wilden Donner und das Gebrause gehört haben, welche von beiden Fällen fort und fort als alleinige Melodie in dieser großartigen Wildniß ertönen und man wird erst im Stande sein, sich den Eindruck des großen Naturschauspiels auf denjenigen vorzustellen, der es zum ersten Male sieht.

Mit dem Hochalpenfalle und dem blauen Tumpf hat der Maltagraben den Höhenpunkt seiner Großartigkeit erreicht. Allerdings aber finden wir noch viel Hochinteressantes. Dazu gehört zunächst auf der nun folgenden Wegstrecke bis zur Adambaueralpe die größte Felspartie im Thale, die sogenannte lange Wand. Sie befindet sich auf dem linken Ufer der Malta, das man sogleich hinter dem blauen Tumpf auf einer zweiten hohen Brücke erreicht, welche der früheren an kühnem Bau nicht nachsteht.

Es bedarf eines so langen Aufwärtssteigens unter den Felsmauern der langen Wand, daß hier füglich eine höhere Thalstufe angenommen werden muß.

Manchmal fehlt jeder Raum zu einem Wege und ist ein solcher nur durch die an den Felsen befestigten Baumstämme oder durch in die Steinplatten eingehauene Fußtritte geschaffen. Auch auf dieser Strecke gewahren wir mächtige Wasserfälle, und während darunter der Mahralpenfall auf der Nordwand besonders wasserreich ist, tragen zwei rechts und links von den Wiesen und der Hütte der Preimel-

alpe auf der Südseite herabfließende Bäche einen mehr friedlichen
Charakter.

Hat man endlich die Höhe des Weges längs der langen Wand
gewonnen, so ist die Adambauernhütte nicht mehr ferne. Bei ihr führt
der Steig wieder auf das rechte Ufer der Malta.

Auf dem weiteren Wege bis zur Wastelbauernhütte fühlte ich
mich noch einmal so recht in die Region der Wasserfälle versetzt, als
ich kaum einen Bach, der von der linken, südlichen Thalwand etwas
abseits vom Pfade abgestürzt ist und nun über den Abhang zur
Malta eilt, auf einer alten Lawine als Brücke übersetzt hatte und
mir schon das Brausen eines zweiten Wasserfalles an das Ohr schlug.
Diesmal war es wieder die Malta selbst, die den Fall des Roß=
tümpels bildet, welcher jedenfalls den vorzüglichsten Wasserfällen im
Maltathale anzureihen ist. Vielleicht an Fallhöhe etwas hinter dem
blauen Tumpf zurückbleibend, befindet er sich in nicht minder interes=
santer Umgebung als dieser. Denn kaum hat die Malta, und zwar
auch hier im Walde, ihren Sprung gemacht, so nöthigen dem Absturze
gegenüber liegende und sich gegen den Weg und das rechte Ufer zu
verlängernde Felsen den Waldbach zu einer Krümmung im weiten
Bogen, mit welcher er sich aus dem fast runden Becken schäumend
herauswindet.

Zur Wastelbauernhütte, der stattlichsten im ganzen Thale, war
ich vom Pflügelhofe aus in fünf Stunden, freilich des raschesten
Steigens und ohne einen längeren Aufenthalt gekommen.

Zwischen der Wastelbauern= und der Samerhütte, deren Ent=
fernung von einander anderthalb bis zwei Stunden beträgt, geht der
Charakter der Landschaft von dem bisherigen in jenen eines Hochthales
über. Der Weg steigt fortan längs des rechten Maltaufers und wird
zuletzt dadurch mühsam, daß man beständig über Steingerölle zu
klettern hat. Der Baumwuchs hat allmälig abgenommen und haben
wir die Samerhütte erreicht, so breitet sich vor uns der vordere Theil
des Elends bis zu der eine halbe Stunde entfernten, von hier sicht=
baren Neckenbüchlerhütte als ein stilles weites Hochthal aus, dessen
moosgrüne Weidefläche der Elendbach in der Mitte durchzieht und

das rings von kahlen, zu oberst theilweise mit Schnee bedeckten Bergen überragt wird.

Besonders tritt hier der Hochrücken, der vom Hochalpenspitz nördlich dringt und das große Elend östlich, dagegen den oberen Maltagraben westlich begrenzt, allerorten mit kahlem Gestein in das Thal.

· Er hat wohl schon seit der Traxalpe den südwestlichen Rand des Maltagrabens gebildet, allein die enge Schlucht, in welcher man fortan wandelt, läßt nur selten seine Hochspitzen, den Preimelspitz, Findelkarkopf, Steinkarnock und Gamskarnock sichtbar werden. Hier steht der nördlichste Ausläufer dieses Rückens, der Gamskarnock, ein Berg von mindestens 9000 Fuß Höhe, vollkommen frei da und an seinem nördlichen Fuße zwischen ihm und dem Schwarzhorn vereint sich weiter thaleinwärts das große Elend mit dem kleinen.

Jetzt ist es am Platze zu bemerken, daß der Name des obersten Thales, „das Elend" von den Elennthieren abgeleitet wird, welche in alter Zeit hier einheimisch gewesen sein sollen, so daß man bei der Bezeichnung durchaus nicht an das menschliche Elend zu denken braucht, obgleich dem Reisenden diese Auslegung bei schlechtem Wetter nahe gelegt ist.

Im Elend sind die meisten Höhen mit Gletschern bedeckt; in ihm erblickt man zuerst den Ankogel und Hochalpenspitz in ihrer ganzen Mächtigkeit, und als besonders überraschend wird jene Gruppirung gerühmt, in welcher die schön geformte Pyramide des Schwarzhorns, des Ecksteins zwischen dem großen und kleinen Elend, gerade in der Mitte vor den beiden Eiskolossen Ankogel und Hochalpenspitz aufragt.

Hier im Elend lagern die beiden Gletscher, das große und das kleine Elendkees. Davon schildert man das große Elendkees als ein prachtvolles Kees, das sich in weitem Bogen unterhalb des Hochalpen= spitzes, dann unter den westlichen Wänden der Berge aus dem von ihm nordwärts laufenden Aste, des Preimelspitzes, Steinkarspitzes und Brunnkarnocks ausspannt und von ungeheurer Höhe bis auf die Matten des Thales herabreicht.

17*

Das Klein=Elendkees steigt aus dem kleinen Elend terrassenförmig bis zum Ankogel und Faschennock empor, und auf dem Wege auf die kleine Elendscharte hat man einen Theil desselben zu überschreiten.

Selbstverständlich bieten die Höhenpunkte Fernsichten über die Tauernkette und besonders jener an der kleinen Elendscharte wird als ein für den Ueberblick des Glocknergebietes höchst günstiger gelobt.

Immer aber ist der Fremde, der das Maltathal ganz besuchen will, genöthigt zu übernachten, mag er es dann über einen der nörd= lichen Uebergänge verlassen oder nach Gmünd zurückkehren wollen.

Nach dem vorgesteckten Reiseziel wird jenen, welche ihren Aus= flug bis in das große Elend ausdehnen oder nach Gastein oder Groß= arl wandern wollen, die Reckenbühler= oder Samerhütte, bei spätem Aufbruche von Gmünd dagegen die Adambauern= oder Wastelbauern= alpe am zweckmäßigsten zum Nachtlager dienen. Auch im großen Elend ist noch eine stattliche Ochsenhütte, die als Nachtlager benützt werden kann, dagegen soll die Hütte des Ochsners im kleinen Elend ein gar ärmliches Aussehen haben.

In der Traxhütte zu übernachten, würde dem Wanderer nach Gastein nicht anzurathen sein, weil er dann noch etwa 16 Stunden bis Bad Gastein in einem Tage zurückzulegen hätte, woran wohl die wenigsten Touristen ein Behagen fänden.

Im Uebrigen ist die Traxhütte diejenige Sennhütte, bei welcher am öftersten Fremde zusprechen, weil die, freilich auch nur wenigen, Besucher des Maltathales in der Regel blos zum blauen Tumpf vordringen und für sie dann die Traxhütte die natürliche Mittags= oder Nachtstation abgibt. Allein obschon ich bei meiner Wanderung durch das Thal in einer entlegenen Alpe ein Nachtlager beanspruchte, so wurde ich doch freundlich aufgenommen und bei der Gutmüthigkeit des Oberkärnthners hat sicher kein Reisender das Gegentheil zu befürchten.

Seit dem Jahre 1856 hatte ich beständig einen neuerlichen Besuch des Maltathales im Sinne. Die Ersteigung des Hochalpen= spitzes galt mir jedoch dabei als die Hauptaufgabe, und ich ließ dieses Unternehmen um so weniger mehr aus dem Auge, seitdem ich im Jahre 1857 auf dem Dobratsch, dem der Berg in voller Mächtigkeit gegenüber liegt, die Ueberzeugung gewonnen hatte, daß ihm einer der ersten Plätze unter den Hochspitzen aus der Tauernkette gebührt.

Endlich im Jahre 1859 kam diese Expedition an die Reihe.

Es war am 10. August, als ich mit Freund K. aus dem Salzburger Thale Lungau bei prächtigem Mondschein in Gmünd anlangte.

Das Wetter war schon so lange anhaltend schön gewesen, daß eine baldige Aenderung zu befürchten stand, und an Anzeichen davon fehlte es nicht. Es hieß also auch diesmal sich rasch an das Werk machen, um nicht die günstigste Zeit zu versäumen.

Dennoch konnte der Aufbruch nicht bereits am nächsten Tage erfolgen. Nicht nur daß meine Beschuhung in der eben beendigten Campagne in Lungau hart mitgenommen worden war, es mußten auch außerdem noch allerlei Vorbereitungen zur Bergfahrt getroffen werden.

Der unfreiwillige Ruhetag wurde daher benützt, um Gmünd genau kennen zu lernen. Dazu hätte es freilich weniger Zeit bedurft. Ich gewann bald die Ueberzeugung, daß alles, was Gmünd an städtischem Charakter an sich trägt, sich auf dem Hauptplatze vereinigt findet, dagegen mit Ausnahme der rückwärts vom Platze liegenden Kirche und des stattlichen Pfarrhofes alle Gebäude in den Seitengassen besser unbeachtet bleiben.

Sucht man aber Malerisches, so findet man es gerade in den Eckwinkeln des Städchens, in welchen die alten Ringmauern sich mit den Gebäuden der Neuzeit auf das traulichste in einer oft wahrhaft abenteuerlichen Verbindung zusammengethan haben.

Höchst pittoresk krönt das alte Schloß einen Hügel unmittelbar über der Stadt. Ihm geht es wie so vielen über Städten und Märkten stolz thronenden Burgen, daß es nach früheren schöneren Zeiten, und zwar bei ihm des Salzburger fürsterzbischöflichen Regimentes, jetzt zur Wohnung armer Leute dient.

Wie die alte Burg das Mittelalter repräsentirt, so steht das neue Schloß auf dem Stadtplatze da als Repräsentant des Unterthansverbandes und der Dominien. Denn es beherrscht in seiner Lage an der oberen Ecke des Platzes diesen und die ganze Stadt. Es ist in jenem halbitalienischen Style erbaut, welchen man füglich den Salz-

burger officiellen Baustyl nennen könnte, weil in ihm viele von den
Salzburger Erzbischöfen in ihrem Lande aufgeführte öffentliche Gebäude,
darunter in Salzburg die Residenz selbst, das Rathhaus in Radstadt
u. s. w. gebaut sind. Hieher ist er durch den Salzburger Erzbischof
Graf Paris Lodron verpflanzt worden, der das Schloß erbauen
ließ. Noch heute gehört dasselbe den Grafen von Lodron, welche
auch die Herrschaft Gmünd bis zur Aufhebung des Unterthansverbandes besessen haben, und der Besitz dieser Familie in der Umgegend
wird als ein sehr ansehnlicher bezeichnet, indem er außer dem Schlosse
zu Gmünd die Schlösser Kronegg und Dornbach im Maltathale, den
Pflügelhof und bedeutende Eisenwerke, dann weitausgedehnte Alpen und
Forste umfaßt.

Für den Naturfreund bleibt die Brücke über die Malta der an-
ziehendste Punkt bei Gmünd. Denn von ihr öffnet sich ein reizender
Einblick in das Maltathal und auf die Hochspitzen, welche es im Hintergrunde abschließen. Der Fluß, der hier unter unseren Füßen rauscht,
erfreut sich buchstäblich nur mehr wenige Minuten seiner Selbstständigkeit, da er sie und seinen Namen bald darauf im Zusammenflusse mit
der Lieser verliert.

Besuche bei den im Jahre 1859 gewonnenen Bekannten und
alle nur erdenklichen Erhebungen über die Art, dem Hochalpenspitz beizukommen und die tauglichsten Führer zu einer solchen Bergreise, machten
den Tag rasch verfließen.

Bei meinen Nachforschungen stand mir der wackere Gastwirth
Herr Lax unermüdlich zur Seite. Als ihr Resultat stellte es sich jedoch
bald heraus, daß ich meine Führer nicht in Gmünd, sondern im
Maltathale selbst zu suchen habe. Denn der Hochalpenspitz war bisher
nur dreimal im Jahre 1856 bestiegen worden. Eine der drei Expeditionen hatte die Richtung zur eigentlichen Spitze verfehlt und war
dadurch zu den steinernen Mandeln, einer östlicher liegenden Erhebung
desselben Eiskammes, aus welchem auch die Hauptspitze aufsteigt, gekommen, konnte aber von da zu der letzteren wegen der Zerklüftung
des Keeses nicht vordringen. Dagegen war bei den anderen Besteig-
ungen, an deren einer sich Herr Moriz von Gmünd, an der zweiten

dagegen der damalige Pfarrer von Maltein, Herr Krall, betheiligte, die Spitze erreicht worden. Ich sah mich daher auf die Führer dieser Expeditionen angewiesen, sie wohnten aber alle ohne Ausnahme im Maltathale.

Unter ihnen rühmte man mir besonders einen Herrn Lenzbauer und den einstigen Knecht des Pfarrers Krall, Namens Simon, als entschlossene Männer. Es wurde zuletzt ausgemacht, daß ich am folgenden Tage Vormittags in so früher Stunde in das Maltathal fahren sollte, daß ich Zeit genug hätte, die zerstreut im Thale wohnenden Führer aufzusuchen und hierauf noch die zum Nachtlager tauglichste Alpe unter der Hochalpenspitze zu erreichen.

Zu meinem großen Vergnügen traf ich an diesem Tage in Gmünd mit einem der eifrigsten jüngeren Bergsteiger Herrn Paul G. aus Wien zusammen, und so sehr ich bedauerte, daß er dringend verhindert war, mich bei der Ersteigung zu begleiten, eben so freute es mich, von ihm zu hören, daß er sie in den nächsten Tagen unternehmen wolle.

Am 11. August fuhren dann mein Reisegefährte, ich und Herr Lax als Rosselenker in das Maltathal. Auf den Hochalpenspitz hatte ich allein von uns dreien es abgesehen. Freund K. war zu einer Wanderung über ausgedehnte Gletscher nicht hinlänglich ausgerüstet und sein letztes Ziel bei dieser Fahrt war daher nur der blaue Tumpf. Herr Lax dagegen hatte sich blos aus Gefälligkeit entschlossen, mich bis zum Maltagraben zu begleiten, weil mir dadurch die Anwerbung von Führern entschieden erleichtert wurde.

Kurz vor Maltein hielten wir bei Lenzbauers Kohlstätte. Bald jedoch brachte Lax die traurige Kunde, Lenzbauer sei nicht zu Hause, sondern auf seinen Holzschlägen tief innen im Gößgraben.

Nun war Knecht Simon der Mann des Tages. Wir beschlossen daher von Maltein sogleich nach seiner ziemlich entlegenen Wohnung auf dem Maltaberg zu schicken,.die Rückkunft des Boten aber im Gasthause abzuwarten, um darnach unsere weiteren Entschlüsse einzurichten.

Ich war deßhalb auf einen längeren Aufenthalt in Maltein gefaßt. Als ich aber von der Kirche, an deren Portale ich eine Barometermessung machte, welche mir die Höhe mit 2588 W. F. ergab, in das Gasthaus zurückkam, empfing mich Lax mit der Nachricht, daß schon Führer gefunden seien, und zwar in der Person unseres Wirthes, des Krammer Anderle und des bei ihm wohnenden, unter dem Namen Sagschneider Hansel bekannten Johann Fercher. Beide seien verläß= liche Leute und auch im Jahre 1856 mit dem Pfarrer und seinem Knechte auf dem Hochalpenspitz gewesen.

Bald war alles mit den beiden Männern zur gegenseitigen Zu= friedenheit besprochen und ihnen dann bedeutet uns, so bald als mög= lich zum Hofe des Klampferers, bis wohin wir fahren wollten, zu folgen.

Wir aber rollten sogleich weiter thaleinwärts. Bei dem nahe dem Absturze des Fallbaches gelegenen Hofe des Fallers verließen wir den Wagen; Lax band auf patriarchalische Weise sein Pferd an einen nahen Zaun, um in den Hof des Klampferers zu gehen, die Fremdlinge aber lagerten sich am Rande des grünen Kraters, auf welchem der Pflügel= hof steht, und freuten sich der schönen Landschaft und des freilich über= mäßig warmen Sonnenscheins.

Durch eine Barometermessung stellte sich die Höhe des Hofes des Fallbachbauern mit 2606 W. F. und damit der Beweis heraus, welch' geringe Steigung das Maltathal von Gmünd bis hieher hat, da ich die Höhe am Platze von Gmünd am Vortage mit 2241 Fuß ermittelt hatte, so daß auf eine Wegstrecke von mehr als einer geo= graphischen Meile eine Erhebung von nur 365 Fuß, ja nicht einmal diese kömmt, weil der Standpunkt der Messung sich noch etwas über die Thalsohle erhebt *).

Es dauerte nicht lange, als uns Lax ankündigte, daß die Führer bereits angelangt seien.

---

*) Ich habe alle in dieser Abhandlung vorkommenden Höhenmessungen mit einem Kapeller'schen Gefäßbarometer gemacht und da für barometrische Messungen im Maltathale der günstige Umstand eintritt, daß sich in dem ganz nahen St. Peter im Lieferthale eine Station der k. k. meteorolo= gischen Centralanstalt befindet, natürlich die Beobachtungen dieser Sta= tion als Correspondenzbeobachtungen benützt.

Ich ersuchte ihn nun, am Abend des folgenden Tages den Wagen wieder hieher zu schicken, um meinen Reisegefährten, und wenn es mir möglich wäre, bis zur Dämmerung zurück zu sein, auch mich nach Gmünd zurückzuführen, und schied dann von dem gefälligen Begleiter.

Bald wanderten wir mit den Führern dem Pflügelhofe zu, dann zum Weiler Brandstatt, wo mein Reisegefährte einen Mann fand, der ihn zur Traxalpe und zum blauen Tumpf hin und zurück geleiten sollte.

Im Maltagraben entzückte mich sogleich wieder das Lebensvolle der Landschaft, die trotz zahlreicher Felswände und unzähliger Fels= trümmer dennoch durch die Vegetation, welche rings auf und zwischen ihnen sprießt und grünt, nie düster und eintönig wird, in der viel= mehr die tosende Malta und die vielen in glitzernden Silberbändern zu ihr von der Höhe herabeilenden Bäche fort und fort ein reges Leben erhalten.

Am Hochsteg nahm ich für kurze Zeit Abschied von meinem Reisegefährten. Denn hier trennten sich unsere Wege. Er hatte den Thalweg an dem linken Ufer der Malta zu verfolgen, meine Aufgabe lag von hier an durchaus auf dem rechten Ufer des Baches.

So überschritt ich mit den Führern zuerst die Malta auf dem Hochsteg, bald darauf gelangten wir zur unteren Hochalpe. Aber nun verließen wir auch jeden betretenen Pfad und stiegen, eben nicht zu meiner Freude, durch allerlei Schluchten und über zahlreiche Wind= fälle aufwärts.

Zwar nahm uns auf dem weiteren Wege zur Paukeswand bald der Hochwald auf. Allein es ging stellenweise ungemein steil aufwärts, auch herrschte eine ausgesprochene Gewitterschwüle und so kostete das Emporklettern reichlichen Schweiß.

Erst als anfangs einzelne große Regentropfen fielen und bald darauf ein förmlicher Regen folgte, fand ich wieder eine behagliche Stimmung. Allein bald geschah des Guten zu viel. Es entleerte sich jetzt ein wahrer Gußregen über uns und trotzdem, daß wir schon an der Paukeswand, einer hohen Felswand im Walde, vorbei, und nahe der ersten Alpenhütte auf der Höhe, der Strameralpe, waren, erreichten

wir diese Hütte doch nur im durchnäßten Zustande. Wir hatten auf
dem Wege vom Pflügelhofe bis hieher kaum drei Stunden zugebracht.

Unsere Absicht war es ursprünglich, in der etwa eine Viertel=
stunde entfernten geräumigeren Anemann=Alpe zu übernachten. Da aber
der Regen anhielt, bis es dunkel geworden, waren wir genöthigt,
unser Nachtlager hier zu nehmen, obschon die Hütte klein ist und auch
sonst wenig Einladendes an sich hatte.

Die Nacht brachte ein Ereigniß, das mich anfangs fast beäng=
stigte. Ich wurde durch einen wilden Lärm in der Ferne erweckt, der
durch das Unregelmäßige seiner donnerähnlichen, durch ein Krachen wie
von Flintengeknatter unterbrochenen Schläge wirklich schauerlich anzu=
hören war. Die gleichfalls wach gewordenen Führer erklärten den Lärm
dadurch, daß irgendwo ein Bergbruch erfolgt sei und zwar glaubten
sie nach der Richtung des Schalles, die Mure könne an der Traxalpe
herabgegangen sein, in deren Nähe erst vor Kurzem eine Hütte durch
ein ähnliches Ereigniß zerstört worden sei. Es dürfte sich in mir wenig
Anlage zur Aengstlichkeit finden lassen, aber diesmal gerieth ich wirklich
in Sorge um meinen Reisegefährten in der Traxalpe und mußte mir,
um wieder die Unruhe los zu werden, sagen, daß der Bergsturz nicht
eben die einigen Klafter Breite aufsuchen werde, welche die Traxhütte
einnimmt. Endlich schlief ich im Gedanken an den morgigen Tag ein
und erwachte erst am frühesten Morgen, dann aber unter wenig
erfreulichen Aussichten.

Das Wetter war so unfreundlich, daß ich anfangs zweifelte,
ob ich nicht besser thäte, in das Thal zurückzugehen. Später besserte
es sich in etwas, die Nebelballen auf den Bergen wollten sich jedoch
nicht lösen.

Zuletzt verließ ich um halb 5 Uhr die Alpe mit dem einen
Führer. Der andere war zur Anemannhütte vorausgegangen. Bald
aber war der Steig verfehlt und kletterten wir auf einem Abhange
in einem wahren Labyrinthe von Felstrümmern und Stauden herum,
aus dem wir, wenn wir noch im Dunkel des vorigen Abends zur
Anemannalpe gegangen und in dasselbe gerathen wären, schwer heraus=
gefunden haben würden. Schließlich sahen wir die stattliche Alpenhütte

tief unter uns, es wurde der Führer um den in ihr verweilenden zweiten Führer geschickt und dann ohne Aufenthalt zur Hochalpe aufwärts gestiegen.

Wir erreichten in einer Stunde die pittoresk liegende Hütte dieser Alpe. Der Baumbestand hat so ziemlich sein Ende gefunden und nur hie und da steht eine vereinzelte alte Tanne auf einem der grünen Hügel des welligen Grundes. Rechts fließt der Hochalpenbach in tiefer Schlucht und mit raschem Gefälle aus ihm. Von steilem Hügel am rechten Ufer blickt die Alpenhütte herab, von ihr aber dehnen sich die Matten abwärts bis an den Bach und in allmäligem terrassenartigen Ansteigen gegen den Hintergrund aus. Um von der letzten Stufe über dem Grunde an der Hütte auf diesen zu gelangen, bildet der Hochalpenbach etwas rechts zurück einen hohen und ungemein breiten Wasserfall, dessen Rauschen wie ein Schlummerlied über die Gegend hinzieht. Steiler als das diesseitige steigt das jenseitige Ufer vom Bache an zu bedeutender Höhe und zu dem mauerartigen Felsdurchbruche des Dürriegels auf.

Ueber diesem Vorder= und Mittelgrunde aber erhebt sich im Halbkreise das Hochgebirge, und zwar im Nord = Westen hinter dem Dürriegel die Pyramide des Preimelspitzes und von ihr nach links zu im Zuge von Nordwesten gegen Südwesten die südliche Umrahmung des Hochalpenkeeses bis zum Tullenock.

Hier auf der Hochalpe leuchtete uns zum ersten Male auf unserer Alpenfahrt der Schimmer nahen Gletschereises entgegen und ich begrüßte freudig den mir lieb gewordenen Anblick.

Schon bei der Anemannhütte hatte sich uns ein Bursche von etwa 16 Jahren angeschlossen, welcher erzählte, daß er der Sohn des Bauern Namens Knapp sei, der die Hochalpe vom Grafen Lodron in Pacht habe, und daß er selbst auf der Alpe hüte. Jetzt machte er freundlich den Wirth. Ich überließ es jedoch den Führern, nochmals zu frühstücken. Dagegen nahm ich den Antrag des jungen Knapp oder wie ihn die Führer bezeichneten, des Knappen Sepp, mit uns bis zum Gletscher, vielleicht bis auf den Hochalpenspitz oder wie er ihn nannte, auf die Hochalm zu gehen, mit Vergnügen an.

Die Sennhütte, eine Ochsenalpe, liegt nach meiner Messung bereits 6053 W. F. hoch.

Bald ging es unter Sepps Leitung die Abhänge rückwärts von der Alpe hinan. Wir ließen den Wasserfall zur Rechten und hielten so ziemlich eine westliche Richtung ein. Anfangs stiegen wir über Weideboden, allmälig wurden die Felsstücke und Felsdurchbrüche darauf häufiger und die Erhebung steiler. Der Hochalpenbach war am untern Theile, wo er schon zum großen Theile seine Zuflüsse aufgenommen hat, ohne Brücke nicht zu überschreiten, höher oben und nicht ferne vom Gletscher gelang es an einer Stelle, auf welcher er zwischen Steinen in vielen Strahlen abwärts schießt.

Einiger Graswuchs reicht bis zur letzten Stufe unmittelbar unter= halb des Gletschers. An ihr befanden wir uns jetzt. Es wäre möglich gewesen, den Keesboden über einen zu unserer Linken zwischen den Felsen bis fast an ihren Fuß und den obersten Weidegrund herab= reichenden Eislappen und dadurch, nachdem der Gletscher sich nach un= serer jetzigen Stellung von links nach rechts herabzieht, höher oben zu erreichen als der Punkt liegt, auf welchem wir ihn betreten konnten, wenn wir zu seinem Rande mehr rechts an den Felsen hinanstiegen. Dennoch wählten wir, da der Eisstreifen zu steil schien, den zweiten Weg. Bald hatten wir die Höhe des letzten Felsrückens überwunden und standen am Rande des Hochalpenkeeses. Wir hatten bis hierher zwei Stunden von der Hochalpe benöthigt. Von Osten wie vom Thörl auf dem Faschauner=Boden oder von Nordosten wie vom Preberspitz in Lungau gesehen, hat der Hochalpengletscher, das Hochalpenkees, eine herzförmige Gestalt. Auf dem linken Ufer ist der Preimelspitz die Ur= sache seines Schmälerwerdens nach unten zu, auf dem rechten dagegen der Rücken, auf dem wir soeben angekommen sind. Seine eigentliche Begrenzung erfolgt aber im Hintergrunde und zwar im Zuge von Nordwesten gegen Südwesten vom Abfalle gegen Groß=Elend bis zum Tullenock durch den eisigen Kamm, aus welchem nebst untergeordneten zum Hochalpenspitze gehörigen Kuppen die höchste Eisspitze und neben ihr, sie noch um ein Geringes überragend, der höchste Felsenkopf aufsteigen.

Von dieser Grundlinie zieht dann als Grenze des Keeses auf der Westseite und als Scheiderücken zwischen ihm und dem Groß=Elendkeese ein Felsenrücken fast nordwärts zum Preimelspitz. Auf der entgegengesetzten Ostseite dämmt unser Felskamm das Kees vom Tullenock an im Zuge gleichfalls nach Norden.

Betrachten wir endlich die Nordseite, so finden wir hier durch das Hineintreten des Preimelspitzes in das Kees auf der Westseite dieses Berges zwischen ihm und dem Scheiderücken gegen Groß=Elend eine Bucht im Gletscher gebildet, östlich vom Preimelspitz aber das Ende des Keeses in allmäliger nördlicher Neigung gegen das Malta=thal. Doch hängt in derselben Richtung gegen das Maltathal noch ein vom großen getrenntes kleineres Gletscherfeld nördlich und nordöstlich vom Tullenock hinab. Unser Rücken besteht aus dem im ganzen Malta=thale vorherrschenden Centralgranitgneis und steigt theils in compacten Massen, theils mit übereinander liegenden Felsstücken durchschnittlich nur einige Klafter über das Kees empor.

Es war jetzt acht Uhr. Wir hatten uns zur Wanderung über den Gletscher auf die gewöhnliche Weise gerüstet, die Steigeisen waren angeschnallt, das Gesicht zum Schutze der Haut gegen den Reflex des Schneelichtes mit Schießpulver bestrichen, die Seile vorbereitet, um sie, wenn es Noth sein würde, sogleich zur Hand zu haben, das Barometer, das mir die Höhe dieses Punktes mit 7828 Fuß angegeben hatte, hing wieder an meinem Rücken; — einige Schritte hinab über die Felsen und wir hatten das Gletschereis unter unseren Füßen.

Anfangs ging es das rechte Ufer und den Kamm, über welchen wir gekommen waren, entlang in der Richtung gegen den südlich ge=legenen vielzackigen Felsenberg Tullenock. Denn wenn auch unser Ziel mehr südwestlich lag, so war doch in dieser Richtung quer über den Gletscher nicht vorzudringen, weil er sich hier mit starker Zerklüftung von einer höheren Terrasse auf eine niedrigere herabsenkt. Bald kamen wir zu dem Punkte, von dem der uns bekannte Eislappen und zwar zu beiden Seiten eines mäßig hohen Schutthügels, welcher hier statt des Felsenrückens den Rand des Gletschers einnimmt, auf die obersten Weiden der Hochalpe hinabhängt.

So lange wir dieser Richtung folgten, benahmen die Abhänge des Gletschers unmittelbar zu unserer Rechten jede Aussicht. Schon hatten wir uns dem Tullenock stark genähert, aber damit auch jene steile Stufe im Gletscher überwunden, und nun wandten wir uns westlich und gegen die Mitte des Keeses. Jetzt gewannen wir auch einen freieren Ausblick. Im südlichen Eiskamme maßten sich freilich noch untergeordnete Eiswände die Hauptrolle an, welche nur den von der Tiefe aus durch sie gedeckten Hochspitzen gebührt. Allein zur Rechten nach vorne im Gletscher ragte die spitze Pyramide des Preimelspitzes mächtig auf, und vor uns lag der vielgestaltige Kamm gegen Groß=Elend.

Unser Weg war nicht ohne Gefahren, denn der Gletscher ist im hohen Grade in gewaltige Klüfte zerrissen. Vor Allem fiel mir die Beschaffenheit des Eises auf, das wenig compact und von fast grie=sigem Gefüge selbst an den Klüften nirgends das schöne Blau hatte, welches man auf den mächtigen Gletschern der Centralalpen in der Regel antrifft.

Vielmehr erinnerte mich das Hochalpenkees durch die Art seines Eises und die Gestaltung seiner breiten Klüfte mit ihren nicht senk=recht abgeschnittenen, sondern unregelmäßig abgerissenen Wänden an die Eisfelder auf den Kalkalpen und insbesondere an das Karlseisfeld am Dachstein, und ich stellte mir die Frage, ohne sie jedoch mit Sicher=heit beantworten zu können, ob nicht dieser äußerste größere Gletscher der Alpen gegen Osten in einer verhältnißmäßig späteren Periode ent=standen ist und deshalb der festen Struktur der alten Gletscher, wie sie uns besonders in einigen Oetzthalerfernern entgegentritt, ermangelt.

Wir hatten uns schon lange mit den Seilen zusammengebunden und steuerten bereits eine geraume Zeit lang zwischen den Klüften hin und her. Die weiten Umwege, welche zur Umgehung einzelner großer Schlünde gemacht werden mußten, und die stets drohendere Gestaltung der Witterung wirkten sichtlich herabstimmend auf die beiden Führer. Da fiel noch zu allem Ueberflusse Anderl in Folge des Abbrechens einer an den Rand einer breiten Kluft angefrorenen Schneemasse, von welcher er auf den jenseitigen Rand springen wollte, in eine Spalte, nachdem zuerst ich, dann der Knappen=Sepp, deren Körpergewicht freilich hinter jenem des dicklichen Anderl weit zurückbleibt, denselben Sprung glücklich gemacht hatten.

Allerdings verhinderte das Seil, daß er tiefer als etwa eine Klafter hinabfiel. Es waren jedoch bange Minuten für alle, während derer wir den todtbleichen Mann über dem gähnenden Abgrunde hängen sahen und dabei befürchten mußten, das Seil könne reißen und er durch einen Sturz in die Tiefe verloren sein. Glücklicherweise kamen wir mit dem Schrecken davon. Denn Fercher, welcher als der letzte am Seile noch diesseits der Kluft war, löste sich sogleich davon los, umging die Kluft und vereinte sich mit mir und Sepp, die wir bisher die Aufgabe gehabt hatten, das Seil festzuhalten, und nun brachten wir den schweren Mann bald an den Rand der Spalte.

Aber jetzt hatte er auch alle Lust verloren und es schien mir deshalb ganz zweckmäßig, den Gletscher auf einige Zeit zu verlassen, da sicherer Felsboden unter den Füßen, eine kurze Rast und dazu die Stärkung mit Wein und Branntwein mir meine Leute gewiß wieder in bessere Laune versetzen würde.

Ich war daher vollkommen damit einverstanden, daß wir, obwohl der Scheidekamm gegen Groß-Elend außerhalb unseres Weges zur Spitze lag, zu der wir mehr links und unmittelbar vom Keesboden hätten aufsteigen können, doch denselben zu erreichen suchten.

Wir nahmen also die Richtung nach dem tiefsten Einschnitte auf diesem Gneiswall und langten gerade zwei Stunden und 20 Minuten, nachdem wir am andern Ufer den Gletscher betreten hatten, an ihm an.

Bald kletterte ich die wenigen Klafter zur Scharte hinan und siehe da, der kleine Umweg ward durch ein großartiges Alpenbild noch anderweitig reichlich belohnt.

Unmittelbar unter mir lag das große Elend. Sein mächtiges Kees reichte herauf bis hart an den Fuß des Kammes, auf welchem ich Ausschau pflog. Prachtvoll nahm sich von meinem Standpunkte vornehmlich jener Theil dieses Gletschers aus, der unter den westlichen Wänden des langen, sägeartig eingeschnittenen, mit den vorgeschobenen Spitzen Findelkarspitz, Steinkarspitz nordwärts bis zum

Gamskarnock reichenden Rückens vom Preimelspitz an bis hinüber unter die Südwand des westlichen Brunnkarnock amphitheatralisch den südöstlichen Hintergrund des großen Elends umspannt und von seinen obersten Stufen bis hinab zu seinem Ausgange auf dem grünen Thalboden sich vor mir ausbreitete.

Der Lauf des Baches, welcher aus diesem Theile des Groß=Elend=Keeses entspringt, ist zwischen den Matten bis zu seiner Verei=nigung mit dem Fallbache, dem Abflusse der westlichen Gletscher des großen Elends, zu verfolgen, nahe dem Zusammenflusse der beiden Bäche aber gewahrte ich die Alpenhütte im großen Elend.

Ueber diesem tieferen Gebiete und den nächsten Bergen in ihm stiegen vom südwestlichen Ankogel, der links über die Hütte des großen Elends zu stehen kömmt, die Tauernspitzen des kleinen Elends bis hinüber zu jenen an der Arlscharte, leider fast alle und unter ihnen am dichtesten der Ankogel im oberen Theile in Nebel gehüllt, hoch über den östlichen aus ihnen aber noch, und zwar heute in einer weit günstigeren Beleuchtung als die Centralalpen, die übergossene Alpe und das Tännengebirge bei Werfen empor.

Es ließ sich auf der Scharte zwischen den wirr übereinander geworfenen Felstrümmern nur schwer eine passende Ritze zur Befesti=gung des mit dem Barometer behängten Bergstockes finden. Als es gelungen war, gab das Barometer die Höhe der großen Elendscharte mit 9472 W. F. an.

Im Vergleich zu dieser Höhe müssen die Spitzen aus dem von ihr nach Norden, zwischen Groß=Elend einerseits und dem obersten Maltagraben von der Trax= bis zur Samerhütte andererseits ziehenden Rücken, vorzüglich der Preimelspitz, die Höhe von 10.000 Fuß nahezu erreichen.

Letzterer liegt der Scharte so nahe, daß man von ihr in einer halben Stunde über das ausgebreitete Schuttfeld, mit welchem er in das Hochalpenkees ausläuft, dann über die oberhalb desselben begin=nenden und bis zur Spitze ansteigenden Wände diese zu gewinnen meint. Eine Signalstange zu oberst bewies, daß der Berg in die Katastralvermessung einbezogen worden war.

Da die Scharte keine Fläche hat und der Wind höchst fühlbar über sie wegzog, hatten wir uns zuletzt unterhalb ihrer Wände auf dem Gletscher an einer Stelle gelagert, an welcher nach Beseitigung der obersten Schneekrusten ein Bächlein vortrefflicher Gletschermilch bloßgelegt worden war.

Wir genossen reichlich vom köstlichen Naß, versorgten auch sonst unseren Magen nach Thunlichkeit und machten uns eine halbe Stunde nachdem wir angelangt waren, zur Spitze auf. Die Führer waren nun wirklich um vieles besser gelaunt als bei der Wanderung über den tieferen Gletscher, wozu bei Anderl allerdings beitragen mochte, daß sein Rücken bedeutend erleichtert war. Er hatte nämlich die Absicht, mit uns nicht in die Hochalpe zurückzukehren, sondern von der Scharte weg nach der Hütte im großen Elend zu gehen, um seinem daselbst auf der Weide befindlichen Vieh Salz zu bringen, und deshalb bis hieher einen tüchtigen Pack auf dem Rücken mitgetragen. Diesen hatte er hier zurückgelassen.

Dagegen sah ich bald, daß keiner der beiden Männer über die Richtung, welche wir jetzt einzuschlagen hätten, im Reinen war.

Zum Verständniß unseres weiteren Weges zur Spitze ist es unumgänglich nöthig, kennen zu lernen, wie sich die Erhebungen über dem südwestlichen Winkel des Gletschers, nämlich der südliche Eiskamm und der Scheiderücken gegen das große Elend, auf unserem jetzigen Standpunkte darstellen.

Vor allem fällt uns als der westliche Eckpfeiler des eisigen südlichen Kammes eine schöne Gletscherspitze auf.

Sie ist so mächtig, daß wir versucht sind, sie für den Höhenpunkt des Kammes, also für die Hochalpenspitze zu halten.

Vor ihr senkt sich gegen Norden jener Kamm herab, welcher die westliche Begrenzung des Hochalpenkeeses und die südöstliche des großen Elend-Gletschers bildet und der von uns bereits auf der Scharte betreten worden ist.

An seinem Ursprunge an jener Hochspitze reicht das Eis bis hinauf auf seine Schneide. Tiefer unten steigen aus ihm drei Fels= pyramiden auf und an der nördlichen, rechten, Seite der untersten und höchsten aus ihnen ist unsere Scharte eingeschnitten, von der dann der Kamm als ununterbrochener, jedoch zuletzt tief herabgedrückter Felsen= wall bis an den Preimelspitz fortläuft.

Auf der Ostseite der mächtigen Schneespitze dagegen gewahren wir im südlichen Eiskamme nach einer Senkung desselben einen breiten Schneekopf, welcher sich mit seinen Wandungen dergestalt nach vorne auf den tieferen Gletscher herabsenkt, daß er den Zug des Kammes gegen Südosten für uns abschließt.

Während nun der eine Führer der Ansicht war, wir müßten in der äußersten südwestlichen Ecke bis an den Punkt vordringen, wo die hohe Schneespitze und der westliche Rücken zusammenstoßen, und dann unterhalb der ersteren auf der Seite des großen Elends ansteigend die Höhe des südlichen Eiskammes zu erreichen suchen, stimmte der andere für den Marsch mehr gegen die Mitte des Eiskammes.

Mir schien zwar die letztere Ansicht die richtige zu sein. Da sich aber die Unrichtigkeit der ersteren herausstellen mußte, sobald wir in einiger Höhe den Grat gegen das große Elend erreicht haben würden, wozu nur kurze Zeit erforderlich war, während dem wir bei sogleicher Einschlagung des Weges gegen die Mitte des breiten Eiskammes, wenn der Weg doch der falsche gewesen wäre, lange hätten irregehen können, ohne zur Ueberzeugung zu kommen, ob nicht dennoch irgendwo auf den Kamm zu kommen sei, so hielt ich es für besser, zunächst die Unmög= lichkeit der ersten Richtung festzustellen, und so wandten wir uns gegen die südwestliche Ecke.

Allein, als wir den Westgrat betreten und einen Blick auf die Abhänge gegen das große Elend geworfen hatten, zeigte es sich so= gleich, daß ihr Abfall, und zwar vorzüglich auf der Westseite der Glet= scherspitze, an welcher wir aufwärts dringen wollten, so steil ist, daß auf ihnen hinanzusteigen gar nicht möglich wäre.

Wir hatten also weiter links einen Weg auf den südlichen Eis= kamm zu suchen. Unser Rückzug von der verfehlten in die nun gebotene

Richtung führte uns bald unter einer Eiswand im Gletscher vorbei, an deren Fuß zahlreiche Eistrümmer lagen, und dieser Beweis davon, daß es hier nicht geheuer sei, veranlaßte uns schweigend fortzuwandern, bis wir aus dem unsicheren Bereich waren.

Dann ging es fort und fort aufwärts. Die Klüfte in Firn waren weniger an Zahl als auf dem eigentlichen Gletscher, aber breit und lang. So bedurfte es auch hier großer Umwege. Schon schien die mächtige Schneekuppe zu unserer Linken die höchste Spitze und in gerader Linie erreichbar zu sein. Jedenfalls mußte aber dieser Weg auf sie höchst beschwerlich sein, weil die Ausbauchungen sich von ihr theilweise sehr steil nach abwärts gegen den Gletscher senkten. Wir spähten daher beständig nach einer andern Stelle, über welche leichter auf dem Grat zu kommen wäre, und glaubten sie endlich an der tiefsten Einsenkung der Schneide zwischen den zwei uns bisher allein bekannten Spitzen des Südrandes, dort, wo der Grat von der mehrerwähnten westlichen Eckspitze weg eine Biegung nach rückwärts macht, zu finden.

Dieser tiefsten Stelle steuerten wir um so mehr zu, als sich Fercher erinnern wollte, daß auch im Jahre 1856 hier der Grat betreten worden sei.

Als wir jedoch an ihr angelangt waren, fanden wir ein Hinderniß, dessen Beseitigung uns einige Zeit aufhielt. Die Schneide war nur über eine zu unterst überhängende, höher oben sehr steile Eiswand von etwa anderthalb Klafter Höhe zu erreichen, unmittelbar am Fuß dieser Eiswand aber dehnte sich die Firnkluft aus.

Glücklicherweise fanden wir die letztere stellenweise mit altem Schnee ausgefüllt, auf den man sicher treten konnte.

Bald waren mit Hilfe der Bergstöcke einige Stufen in das Eis gestoßen und auf ihnen kletterte zuerst der Knappen Sepp, dabei von Fercher unterstützt, den unteren Theil der Wand aufwärts, arbeitete sich dann über den oberen wenn auch mühsam bis an den Rand und stand bald triumphirend auf der Höhe.

Die übrigen kamen leichter hinauf, weil ihnen von oben hilfreiche Hand geboten wurde.

18*

Hier auf dem Grat hätte sich bei günstiger Witterung schon eine Aussicht von Südwesten bis Nordwesten über einen großen Theil der Kärnthner Gebirge und insbesondere auf die Glocknergruppe aufschließen müssen.

Heute sah man nur die nächsten Tiefthäler und selbst die Berge in ihnen nur theilweise.

Die westliche Firnspitze am Kamme gegen Groß-Elend wäre von hier aus auf dem sich breit zu ihr hinziehenden Kamme selbst leicht zu erreichen. Auffallend ist an ihrer Süd- und Südostseite ein mächtiger, an den Kanten senkrecht abgeschnittener Durchbruch von Gestein, der, aus großen Felsstücken bestehend, wie eine Quadermauer den eisigen Gipfel trägt. Ich konnte für diesen jedenfalls ausgezeichneten Gletscherberg, welcher, jedoch ohne benannt zu sein, auch auf der Generalstabskarte zwischen dem Karlspitz und Hochalpenspitz gezeichnet ist, trotz aller Bemühung einen Namen nicht in Erfahrung bringen. Vielleicht würde er nicht unpassend der kleine Hochalpenspitz genannt werden.

Wir sahen jetzt, daß hinter der Eiskuppe, die wir auf dem Gletscher und dem Firnfelde beständig zu unserer Linken hatten, der Hauptkamm noch hinansteigt, zweifelten nicht, daß wir in dieser Richtung die höchste Zinne des Hochalpenspitzes zu suchen hätten, und schlugen daher die Richtung gegen die Verlängerung des Kammes ein.

Anfangs ging es auf dem noch ziemlich breiten Grate nicht zu steil anfwärts. Von einem Steinhaufen auf der südlichen Neigung gegen das Seethal aber hatten wir zur Schneide des Kammes, der hier schon jede Breite verliert, scharf aufzusteigen.

Wir waren noch zu Dreien, denn Anderl blieb bei den letzten Felsen zurück. Kaum hatten wir jedoch einige Schritte auf dem jetzt wirklich einen Dachfirst an Breite nicht übertreffenden und im Norden auf das Hochalpenkees, im Süden gegen den obersten Theil des Seethales, den Lassacher Winkel, abfallenden Grate gemacht, da löste sich Sepp vom Seile los um zurückzukehren, weil er sich ohne Steigeisen nicht getraute, auf der Schneide weiter zu gehen. Fercher und ich dagegen schritten vorsichtig auf ihr fort. Sie biegt sich von ihrem ursprünglichen Laufe gegen Südosten allmälig gegen Süden, bis diese

Wendung an einer Ecke bestimmter auftritt, und zunächst derselben Ecke erreichten wir, nachdem wir noch früher an einer Stelle vorbei= gekommen waren, wo eine Schneeschlucht zwischen ein paar, einige Klafter unterhalb unseres Weges liegenden Klippen wie ein Schlott von unergründlicher Tiefe in den Laffacher Winkel hinabzieht, um $1\frac{1}{4}$ Nach= mittags die höchste Eiszinne des Hochalpenspitzes.

Hier wurde ich sogleich gewahr, daß in der südlichen Verlänge= rung des Kammes in geringer Entfernung von der höchsten Eisspitze sich ein Felsenkopf, zuoberst aus regellos über einander geschobenen Felsstücken gebildet, erhebt, der durch eine schmale, etliche Klafter tiefe Scharte von ihr getrennt, sie noch um wenige Klafter überragt und daher als der höchste Punkt des Hochalpenspitzes betrachtet werden muß.

Schon auf dem Grate hatte ich erkannt, daß ich kaum einen ungünstigeren Tag zur Fernsicht hätte antreffen können. Von der großen Rundschau, welche der Hochalpenspitz nach seiner Lage und nach seiner Sichtbarkeit von zahlreichen Spitzen über einen großen Theil der Süd= alpen, über die Centralkette, besonders ihren Gasteiner = Rauriser= und Glockner=Stock, dann auf einen Theil der Nordalpen gewähren muß, war fast gar nichts zu sehen, und jetzt waren selbst die Berge im Norden der Salzach, die wir auf der Groß=Elendscharte erblickt hatten, im Nebel verschwunden. Die Aussicht beschränkte sich auf das Seethal und das Dössenthal zu unseren Füßen und auf die Höhen zwischen dem Malnitzthale und Fragant, auf deren Spitzen jedoch auch Nebel lag, auf den Hafnerspitz und die ihm nächsten Gipfel in dem an ihm entspringenden Rücken zwischen der Lieser und Malta.

Die Nachbarn unseres Berges, das stolze Felsenhaupt des Säul= ecks und die Höhenpunkte über dem Hochalpenkeese, der Preimelspitz, die steinernen Mandeln und der Tullenock hatten sich der Herrschaft des Nebels noch vollkommen zu entziehen gewußt.

Die steinernen Mandeln, die erste südöstlich im Hauptkamm un= mittelbar nach dem Hochalpenspitz aufsteigende Firnhöhe haben ihren Namen von ein paar Felsblöcken, welche allein aus dem Eisgebiete emporragen.

Auch hier wiederholt sich jene Sage, welche wir von der über=
gossenen Alpe bei Werfen, der Blümlisalp in der Schweiz und von
andern Gletschern in den Alpen her kennen, daß, als der Teufel des
Uebermuthes sich der Sennen bemächtigt hatte, die Sennin sich mit
Milch wusch, die Hirten mit Käslaiben als den Kugeln auf die als
Kegel benützten Butterballen schoben, der üppige Alpenboden, auf dem
dies geschah, sich mit Eis bedeckte und die Uebermüthigen in Stein
verwandelt wurden.

Blickt man von der Spitze auf die Höhe der steinernen Mandeln
herab, so würde man glauben, daß man sie leicht erreichen könne.
Wie ich jedoch schon früher erwähnt habe, ist im Jahre 1856 eine
Gesellschaft, welche den Hochalpenspitz ersteigen wollte, weil sie zu weit
links auf dem Eiskamme emporstieg, anstatt auf die Spitze, zu den
steinernen Mandeln gelangt und hat dann nach der Mittheilung der
Theilnehmer an jener Ersteigung wegen der großen Zerklüftung des
Eises zur Spitze zu gehen nicht räthlich gefunden.

Ich bedauerte lebhaft, um den großen Genuß gekommen zu sein,
den ich mir von dem Panorama des Hochalpenspitzes versprochen hatte.
Besonders war es mir leid, den Ankogel nicht erblicken und so den
Gegeneindruck von jenem nicht erhalten zu können, den sechzehn Jahre
früher der Hochalpenspitz, vom Ankogel gesehen, auf mich gemacht hatte.

Es war nun die Frage, ob wir den Steinspitz nebenan erstei=
gen sollten, um auf dem höchsten Punkte des Hochalpenspitzes gewesen
zu sein. Der Uebergang schien, wenn auch mit einiger Gefahr ver=
bunden, doch möglich zu sein, kostete aber jedenfalls längere Zeit.

Beim Mangel jeder Aussicht, bei der sich stets ungünstiger ge=
staltenden Witterung, welche zum raschen Aufbruche rieth, bei der ge=
ringen Lust des einzigen mir übrig gebliebenen Führers zu einem nach
seiner Anschauung ganz zwecklosen Wagnisse, hätte mich nur der Wunsch,
die höchste Spitze zu messen, noch bestimmen können, dennoch auf dem
Uebergange zu beharren. Allein selbst dieser Grund verlor dadurch an
Bedeutung, daß sich bei der geringen Entfernung des Felsenkopfes und
der Eisspitze von einander die Höhe des ersteren von der letzteren ganz

genau beurtheilen läßt, und so beschloß ich in Berücksichtigung aller gegen den Uebergang sprechenden Gründe denselben zu unterlassen.

Es wurde daher das Barometer und Thermometer auf dem obersten Punkte der höchsten Eisspitze in Thätigkeit gesetzt. Das Thermometer zeigte + 5° R.; als Resultat der Barometermessung dagegen stellte sich eine Höhe von 10.586 W. F. heraus. Ich schätzte den Felsenkopf um 6 Klafter höher und es würde sich darnach für den höchsten Punkt des Hochalpenspitzes eine Höhe von 10.622 W. F. ergeben.

Wir mochten wenig über eine Viertelstunde auf der Spitze verweilt haben, als ich zum Abzuge von ihr mahnte, weil die Wolkengestaltung immer sicherer ein baldiges Unwetter in Aussicht stellte.

Anfangs hatte ich den Plan, mit Fercher von der Spitze, an deren schmalem First südöstlich der Gößgraben und westlich das Seethal entspringt, wogegen nordwärts das Hochalpenkees von ihm hinabfließt, in den Gößgraben zu steigen. Die Bahn dazu war das Trippenkees, dessen oberste Firnmulde ich in wenigen Schritten von der Spitze erreicht hätte. Bei der Ungunst der Witterung war jedoch der Plan schon früher aufgegeben worden. So traten wir den Rückweg über die Schneide an, langten glücklich bei unseren beiden Genossen und mit ihnen vereint auch bald am Einschnitte des Kammes über der Firnkluft an. Der untere Theil der Wand, welcher uns aufwärts Schwierigkeiten bereitet hatte, wurde abwärts durch einen Sprung überwunden, den die Festigkeit des Schnees in der Firnkluft ganz wohl gestattete, und so war es möglich, daß wir eine halbe Stunde nach meinem Aufbruche von der Spitze wieder an der Scharte gegen Groß-Elend standen.

Zuerst brach Anderl nach dem großen Elend auf. Man sah von der Scharte den Weg, den er an den Wänden der Berge, da, wo die obersten Firnmulden des in weitem Bogen lagernden Gletschers an ihnen enden, bis dorthin zu nehmen hatte, wo es, und zwar schon auf der andern Seite des vom Eise umspannten Thales, durch die Beschaffenheit des Keeses möglich war, über letzteres auf die Felsen des Brunnkarnocks und von ihnen zur tiefen Hütte hinabzusteigen.

Anderl war besorgt über den Ausgang seiner Wanderung und wollte anfangs, daß wir auf der Scharte bleiben sollten, bis er glücklich über das Kees gelangt sei. Als ich ihm begreiflich gemacht, daß das nicht anginge, da wir selbst so schnell als möglich vom Gletscher weg= zukommen suchen müßten, um nicht in das Hochgewitter zu gerathen, und ihn aufforderte, lieber mit uns zurückzugehen, meinte er, er werde wohl auch so glücklich an Ort und Stelle ankommen und machte sich ganz entschlossen auf den Weg.

Wir sahen ihn eine Zeit lang unter den westlichen Wänden des Preimelspitzes hinanschreiten, dann verschwand er hinter einem Felsen= vorsprunge, und nun traten auch wir unsere Wanderung wieder an.

Die Wetteraussichten machten uns immer mehr Sorge, beson= ders seitdem sich die Nebelmassen aus der nordöstlichen Richtung zwar gehoben hatten, aber dafür als eine riesige nach unten zu in gerader Linie abgeschnittene dunkle Wolken = Courtine in nächster Nähe vor uns standen.

Schon fielen wiederholt schwere Regentropfen und grollte der Donner in der Ferne. Wir sollten jedoch heute glücklich entwischen.

Wir kamen, nachdem mich noch der Anblick einer flüchtigen Gemse auf den Wänden des Tullenock, den ein Führer mir schon früher als den Gamsennock bezeichnete, erfreut hatte, an den Rand des Keeses, verließen es diesmal höher oben, indem wir über den am tiefsten auf den Weideboden der Hochalpe reichenden Eisstreifen, welcher uns auf dem Heraufwege auffiel, abwärts stiegen und trafen in sieben Viertel= stunden von der Elendscharte weg unter nur gelindem Regen in der Hochalpenhütte ein.

Kaum zehn Minuten nach unserer Ankunft brach jedoch von dem nun ganz in dichte Wolken gehüllten Hochalpenkeese her eines der großartigsten Hochgewitter über der Hochalpe los.

Der Regenguß entleerte sich so plötzlich, daß ich auf der kurzen Strecke von der nächsten Quelle, an welcher ich eben mit der schwie= rigen Operation der Reinigung des Gesichtes vom Schießpulver beschäftigt war, bis zur Hütte fühlbar naß wurde.

In der zwar hoch gezimmerten, aber überall, besonders im Dachwerk, sehr schadhaften Hütte war bald kein Fleck mehr, auf welchem man vor den rings herabfallenden Regentropfen und Traufen sicher war, und der Aufenthalt verlor mit jeder neuen Traufe an seiner Annehmlichkeit.

Für mich war der Zwischenfall um so unliebsamer, weil ich durch ihn genöthigt wurde, den Regen auf der Hochalpe abzuwarten, und von Viertelstunde zu Viertelstunde des Wartens die Möglichkeit mehr schwand, noch heute zum Pflügelhofe und zu dem dort meiner harrenden Wagen zu gelangen, ich aber ein Nachtlager im Hotel Lax in Gmünd den Freuden einer Schlafstätte in einer Sennhütte weitaus vorge= zogen hätte.

Allein es war nichts an der Sache zu ändern, das Unwetter mußte abgewartet werden und es hielt gerade so lange an, daß ich beim Mangel einer annehmbaren Station zwischen der Anemannhütte und dem Pflügelhofe für diese Nacht die Gastfreundschaft der Sennen in der Anemann=Alpe in Anspruch nehmen mußte.

Ich war noch nicht lange in dieser Hütte angekommen, als mir ein Mann versicherte, er habe mich sogleich wiedererkannt, und auf meine Erwiderung, ich könne mich nicht desselben rühmen, mich fragte, ob ich mich nicht daran erinnere, daß ich vor Jahren an der langen Wand einigen Männern begegnet sei, welche auf einer Tagbahre einen kranken Senner aus dem großen Elend herausgebracht hätten. Ich erinnerte mich recht gut des Umstandes und meiner Ueberraschung, als ich plötzlich in der größten Einsamkeit einen Zug aus mehreren Männern bestehend mit einem Kranken auf der Tragbahre von der Höhe herabkommen sah.

Der Mann mit dem guten Personengedächtnisse erzählte mir dann, daß er jener Kranke sei. Ich konnte ihm blos erwidern, daß ich mich der Verwandlung freue, der zufolge er sich jetzt mehr zum Träger als zum Getragenen schicken würde.

In der Nacht gab es wieder ein Gewitter, nur brachte es leider auch noch nicht das schöne Wetter.

Im Gegentheile hatte ich am folgenden Tage, den 13. August, auf der Strecke von der Anemannhütte bis zum Hochsteg mehrmals Regenschauer zu bestehen. Ich hatte mir den Steig über die Paukes= wand verbeten und wir folgten daher dem Alpenwege.

Auf diesem ganz hübschen Pfade gelangten wir über reizende Wiesenabhänge und durch prächtige Waldpartien in sanftem, zuletzt von einer romantischen Felsenpartie an in steilerem Abwärtssteigen in sieben Viertelstunden von der Anemannhütte über die Winkler= und die untere Hochalpe zum Hochsteg, und somit wieder an den Thal= weg im Maltagraben.

Es war erst halb acht Uhr und nichts drängte mich heute zu besonderer Eile. Ich suchte mir also eine Stelle aus, von welcher ich das interessante Schauspiel in der Nähe, den Möllnigfall an der nörd= lichen Thalwand, gut überblickte. Der Möllnigbach fällt von bedeu= tender Höhe und in mehreren Absätzen erst zwischen Wiesen, dann im Tannenwalde zur Malta und gibt ein schönes Bild, obgleich er in der unteren Hälfte seines Falles mehr als breite Spiegelfläche über die Felsen gleitet, als frei herabstürzt.

Heute war sein Wasser ganz braun und meine Führer meinten, es müsse oben wieder einen Bergbruch gegeben haben.

Ueberhaupt kommen Bergstürze im Maltathal häufig vor und ein besonderes Abenteuer wollte Anderl mit einem Bergbruche erlebt haben. Er erzählte, er sei einmal, wenn ich nicht irre, auch in der Gegend des Möllnigbaches, unter einem Palfen gelegen, als eine Mure über und neben dem Felsen weggegangen wäre; der Schutz des Palfens hätte ihn davor bewahrt, mit fortgerissen zu werden, nichts destoweniger habe es mehrerer Stunden und der größten Anstrengung bedurft, bis er sich durch die Reste des Bergbruches habe durcharbeiten können.

Bei der Muße, die ich heute hatte, machte ich am Hochsteg eine Barometermessung und fand für die Brücke selbst die Höhe von 3090 W. F.

Endlich schritten wir wieder thalauswärts.

Ich traf gerade rechtzeitig beim Pflügelhofe ein, um einem voll= ständig Durchnäßtwerden zu entkommen. Denn abermals ergoß sich ein heftiger Gewitterregen über das Thal. Bald vermochten die breiten Linden am Brunnen des Pflügelhofes mir nicht mehr genügenden Schutz gegen den Regen zu gewähren, ich flüchtete, um in freier Luft zu bleiben, zuerst unter die über einigen Stufen gelegene Thüre des gemauerten Nebengebäudes und zuletzt, als ich auch hier nicht mehr verschont blieb, in die Wohstube des Pächters.

Nachdem das Gewitter vorübergezogen war, begab ich mich zum Klampferer; Herr Lax hatte ihn am Vortage, um nicht noch einmal den Wagen schicken zu müssen, ersucht, mich nach Gmünd zu führen, und so fuhr ich in möglichst kurzer Zeit mit dem Gespann des Klampferers Gmünd zu.

In Maltein nahm ich vom Sagschneider Abschied. Ich hatte ihn zuerst für den minder aufgeweckten von den zwei Führern gehalten, er hat sich jedoch im Laufe der Besteigung als der brauchbarere aus ihnen bewährt.

In Gmünd war selbstverständlich am Abende nach meiner Zurückkunft die Ersteigung des Hochalpenspitzes an der Tagesordnung. Ich theilte insbesondere dem Herrn Paul G. alle Notizen mit, welche für ihn bei seiner beabsichtigten Besteigung wichtig sein könnten. Ich verließ zwar am folgenden Tage mit Freund K. Gmünd, erfuhr jedoch, als ich vierzehn Tage darauf in Heiligenblut mit Herrn Paul G. wieder zusammentraf, von ihm, daß er schon am 14. und 15. August die Ersteigung des Hochalpenspitzes unternommen, dabei günstigeres Wetter angetroffen und in Folge dessen auch den schroffen höchsten Felsenkopf bestiegen hat.

Wie ich früher hervorgehoben habe, muß ich die barometrische Messung der Spitze als das hauptsächlichste Resultat meiner Besteigung ansehen.

Denn meines Wissens war der Hochalpenspitz früher noch niemals barometrisch gemessen, während nach den vorausgeschickten Bemerkungen über die trigonometrische Messung unserer Spitze diese Vermessung gar keine Berücksichtigung verdient.

Es war also früher nur die Höhenangabe in Professor Simony's „Schafbergpanorama" mit 10.200 Fuß bekannt, sie beruht aber blos auf beiläufiger Schätzung nach dem Augenmaße.

Ganz in der neuesten Zeit habe ich in dem Reisehandbuche „der Führer durch Kärnthen" die Hochalpenspitze mit 10.688 F., in der demselben beigegebenen Karte von Pauliny dagegen mit 10.600 Fuß angegeben gefunden. Ich vermuthe gerade, weil die eine dieser Angaben sich mit achtzigern befaßt und die andere meiner Messung nahezu gleichkömmt, daß sie beide auf meine Messung zurückzubeziehen sind, deren Resultat ich im Laufe des letzten Jahres, seitdem es berechnet ist, bereits mehreren Kärnthnern mündlich und schriftlich mitgetheilt habe. Sind aber auch sie nichts anderes als die Ziffern einer beiläufigen Schätzung nach dem Augenmaße, so kam diese jedenfalls der wirklichen Höhe möglichst nahe.

Mit der Höhe von 10.586 W. F. tritt der Hochalpenspitz in die Reihe der bedeutendsten Berge in der Tauernkette ein.

Wohl findet sich außer den drei Hauptspitzen, dem Großglockner, Großvenediger und Wiesbachhorn noch eine nicht ganz geringe Zahl von Spitzen in den Tauern, welche zu größerer Höhe aufragen als der Hochalpenspitz.

Allein sie sind theils, wie der hohe Zaun, der kleine Sulzbach-Venediger, die hohe Fürlegg, der Kryftallkopf, ja gewissermaßen selbst der Dreiherrnspitz, recht eigentlich nur Trabanten des Venedigers, oder befinden sich, wie der Johannsberg, der hohe Kasten, der Schneewinkelkopf, die Eiskögeln, der Romariswandkopf, die Glocknerwand, in demselben Verhältnisse zum Großglockner, oder wie der hohe Bärenkopf und die Glockerin zum Wiesbachhorn. Aus diesen Gruppen könnten deßhalb bloß der Rödtspitz in Pregraten und der Hochgall in der Riesenfernergruppe als selbstständige Spitzen von größerer Wichtigkeit als der Hochalpenspitz angesehen werden.

Erwägt man aber die Lage des Hochalpenspitzes, so gewinnt er eine vorzugsweise Bedeutung auch vor diesen Bergen.

Denn betrachten wir vom Großglockner an ostwärts die Tauernkette, so finden wir weder in der Raurifer- oder Goldberg-, noch in der Gasteiner Gruppe ein so gewaltiges Berghaupt. Selbst der so gepriesene Ankogel, der Höhenpunkt des Gasteiner Zuges und die höchste Kuppe gegen Osten seit dem Großglockner, erhebt sich nur zu 10.290 Fuß.

Da tritt plötzlich, und zwar nicht im Hauptrücken, sondern in einem Seitenzuge ganz nahe der auffallenden Depression selbst des Hauptkammes der Tauern um mindestens 2000 Fuß, ein Riesenberg, bis zur Höhe von 10.600 Fuß als die wahre höchste Warte in den Alpen östlich vom Großglockner an empor.

Es ist wahr, daß die Thatsache, daß sich die höchsten Erhebungen in den Centralalpen in den Seitenästen und nicht im Hauptkamme befinden, nicht vereinzelt dasteht.

Gehört ja der Großglockner selbst einem Seitenstrahle an und eben so ragt die höchste Spitze des Oetzthales, die Wildspitze, es ragen Culminationspunkte der Stubayergruppe aus Seitenästen des Centralkammes in die Höhe.

Aus einem Zweigrücken der Zillerthalergruppe baut sich der Olperer auf, der zwar nicht gemessen, doch zu den höchsten Spitzen im östlichen Tirol zu rechnen ist; auf Aesten des Benedigers und Glockners thronen der Rödtspitz, der Schober und das Wiesbachhorn.

Aber doppelt interessant bleibt es, am Hochalpenspitz diese Erscheinung auch dort zu finden, wo die allgemeine Senkung der Tauernkette kaum im Hauptrücken, geschweige denn in einem Seitenaste einen solchen Aufschwung mehr vermuthen läßt.

Jedenfalls ist, wie ich Eingangs bemerkt habe, der Hochalpenspitz mit seiner officiellen Höhenangabe von 8621 Fuß und seiner Lage tief drinnen im wenig gekannten Maltathale bisher eine verkannte Größe, ja die verkannteste aller verkannten Größen unter den österreichischen Bergen gewesen, und wie es mich freut durch die Messung seiner Höhe und durch die Schilderung meiner Ersteigung diesem für jeden Freund des österreichischen Gebirges hochwichtigen Berge, und theilweise auch dem Maltathale, eine Ehrenerklärung haben geben zu können, so wünsche ich noch viel mehr, daß die Gebirgsreisenden dem Berge und dem Thale durch ihren Besuch gerecht seien. Allen aber, die in das Gebiet der tosenden Malta wandern, möge das beschieden werden, was mir dort gefehlt hat — schönes Wetter — und treffen sie dies an, so habe ich, sollte ich jemals die Veranlassung dazu sein,

daß Jemand seine Schritte dorthin gelenkt hat, sicher nicht den Vor=
wurf zu befürchten, Alltägliches über Verdienst gelobt zu haben. *)

---

*) Im Jahre 1861 ist das Maltathal viel fleißiger als in früheren Jahren
von Fremden besucht worden. Unter denselben befand sich auch der aus=
gezeichnete Orograph von Sonklar, der einer mir freundlichst gemachten
Mittheilung zufolge den Hochalpenspitz trigonometrisch gemessen und
eine Höhe von 10631 W. F. gefunden hat.
    Im Jahre 1862 dagegen fand eine neue Ersteigung des Hochalpen=
spitzes durch den Secretär des Wiener Alpenvereines Herrn Edmund
von Mojsisovics, einen der eifrigsten jüngeren Bergsteiger Oester=
reichs, jedoch gleichfalls unter nicht günstigen Witterungsverhältnissen
statt. Seine barometrische Messung ergab für die höchste, die Stein=Spitze,
sogar die Höhe von 10884 W. F.

Aus der Gruppe des Großvenedigers.

Die erste Ersteigung des Großvenedigers am 3. September 1841.

————

Jener Theil der norischen Alpen, welcher unter dem Namen der Tauernkette längs der ganzen Breite des Herzogthums Salzburg dies Land von den südlicher gelegenen Provinzen Tirol und Kärnthen scheidet, erhebt sich nicht nur mit einer großen Zahl seiner Spitzen über die Schneegrenze, sondern erreicht auch mit nicht wenigen Hochzinnen eine Höhe über 10.000 W. F. Seine mächtigsten zwei Kuppen aber, die unter sich um den ersten Rang streiten, sind der Großglockner und der große oder Obersulzbacher Venediger, ersterer bei Heiligenblut in Kärnthen, letzterer nahe der südwestlichsten Spitze des Pinzgaus fast südlich von Neukirchen gelegen.

Der k. k. Generalquartiermeisterstab hat durch seine trigonometrischen Messungen die Höhe des Großglockners mit 11.991, jene des Venedigers mit 11.622 W. F. gefunden und dies Resultat haben hinsichtlich des Großglockners in der Hauptsache die Barometermessungen bestätigt, welche, bei den verschiedenen schon seit Anfang unseres Jahrhunderts stattgefundenen Ersteigungen dieses Berges gemacht worden sind.

Der große Venediger dagegen war noch nicht erstiegen und eben darum und weil wegen der Unzulänglichkeit trigonometrischer Höhenmessungen überhaupt ein Irrthum rücksichtlich seiner Höhenbestimmung noch immer so lange denkbar sein könne, bis das trigonometrische durch das mit dem Barometer gewonnene Messungsresultat bestätigt erscheine, zweifelte man unter Berufung auf mehrere für die entgegengesetzte

Meinung sprechende Umstände daran, ob der Großglockner auch wirklich den Großvenediger an Höhe übertreffe.

Der gemeine Mann, der seinem Berufe nach seinen Blick auf die Berge richten muß, der Jäger und der Aelpler, hatte oft bemerkt, daß die aufgehende Sonne den Gipfel des Venedigers viel früher röthet, die untergehende denselben viel später verläßt, als die Spitze des Glockners und folgerte daraus, daß die erstere Kuppe höher als die letztere sei. Der Gebildete hegte zwar darum Zweifel an der Richtigkeit dieses Schlusses, weil die frühere und spätere Beleuchtung eines Berges durch die auf= und niedergehende Sonne nicht ein nothwendiger Beweis seiner größeren Höhe gegenüber der eines andern Berges, vielmehr häufig von der Lage beider abhängig ist, er konnte dafür deshalb nicht umhin, die Superiorität des Großglockners über den großen Venediger zu bezweifeln, weil ein um die Kenntniß des österreichischen Gebirges vielverdienter Gelehrter, welchen Salzburg mit Stolz zu den Seinen zählt, die entgegengesetzte Vermuthung wiederholt ausgesprochen hatte und sein in der Beurtheilung der Bergverhältnisse so geübter Blick die Richtigkeit auch dieser, auf genaue Beobachtung der streitigen Höhen gestützten Meinung vermuthen ließ. ·

Es schien aber unmöglich, daß die Frage über das Höhenver=hältniß des Großglockners und Großvenedigers je unwiderlegbar be=antwortet werden könne, weil der Venediger wenigstens bei den Be=wohnern seiner Umgebung für unersteigbar galt. Freilich war mit dieser behaupteten Unersteiglichkeit selbst der Name des Berges in Widerspruch, der davon abgeleitet wurde, daß man von seinem Gipfel die einstige Beherrscherin des adriatischen Meeres, Venedig, sehen sollte und eben, weil diese Thatsache bekannt geworden war, doch Jemand auf der un=ersteiglichen Spitze gewesen und von ihr Venedig gesehen haben mußte. Allein auch dies beunruhigte die Anwohner nicht, indem sie erklärten, der Berg sei ersteigbar gewesen, neuere Veränderungen seiner Gletscher aber hätten seine jetzige Unersteiglichkeit herbeigeführt.

Die Meinung über die Unmöglichkeit, den Gipfel des Großve=nedigers zu erreichen, war in ihnen so festgewurzelt, daß sie jeden Versuch einer Venediger=Ersteigung in voraus für ein erfolgloses Unter=

nehmen hielten. Vollends wurde diese Meinung bei ihnen zur sicher=
sten Ueberzeugung, als Erzherzog Johann von Oesterreich im Jahre
1828 die Expedition versucht hatte, sie aber, ungeachtet alle Voran=
stalten, welche ihr Gelingen zu sichern schienen, getroffen waren und
zwar ganz nahe dem lohnenden Ziele aufgeben mußte, weil die dro=
hende Gefahr der Lawinen, deren eine sogar den Hauptführer mit in
die Tiefe nahm, zur schleunigsten Rückkehr nöthigte.

Dieses Ereigniß, zum Theile wohl auch die Lage des Berges
ferne von den gewöhnlichen Bahnen der Touristen, mag die Veran=
lassung gewesen sein, warum, trotzdem daß unsere herrlichen Alpen=
länder gerade seit den letzten zehn Jahren immer mehr von Fremden
besucht werden und daß mit der Wanderlust überhaupt auch die Lust
zu größeren Bergfahrten zunimmt, vom Jahre des verunglückten Ver=
suches 1828 bis zum Jahre 1841 Niemand eine Venediger Ascen=
sion wagte.

Dadurch wurde es den Besteigern vom 3. September 1841 mög=
lich, die Ersten die noch jungfräuliche Spitze zu betreten.

Diese Besteigung des Jahres 1841 aber war bereits zu Anfang
des Jahres von Herrn Dr. J. R. von Lasser,*) welcher, ein Freund
der großartigen Alpennatur, gleich mir den Venediger schon von meh=
reren unserer höchsten Alpengipfel, dem Ankogel, ewigen Schneeberg,
großen Priel ꝛc. gesehen und bewundert hatte, mit mir verabredet worden.
Herr von Lasser machte die ersten Schritte zur Ausführung unseres
Vorhabens, indem er an seine Bekannten in Windischmatrey und Mitter=
sill, als den zwei nächsten bedeutenderen Orten im Norden und Süden
des Venedigers, schrieb, um in Erfahrung zu bringen, von welcher
dieser beiden Seiten die Besteigung eher für möglich gehalten werde
und ob sich ein verläßlicher Führer auf den Venediger hier oder dort
finden würde.

Noch hatten wir keine genügende Auskunft über unsere Anfrage
erhalten, als wir, entschlossen, unsern Vorsatz nur bei der Unmöglichkeit
seiner Ausführung aufzugeben, Wien verließen und weil wir auf ver=

---

*) Jetzt k. k. Minister und Abgeordneter eben des Wahlbezirkes Zell am
  See und Mittersill.

schiedenen Wegen nach Pinzgau reisten, die letzten Tage des Augusts als den Zeitpunkt unserer Zusammenkunft, als den Ort derselben aber Mittersill bestimmten, zu welcher Zeit und an welchem Orte auch Herr Otto Ritter v. Gravenegg, welcher sich uns als der Dritte bei der Venediger=Ersteigung anschließen wollte, einzutreffen versprach.

In Mittersill war man mittlerweile nicht unthätig gewesen. Der k. k. Pfleger Ignatz von Kürsinger, als Schriftsteller über Oberpinzgau bekannt, faßte, als ihm unser fester Wille, dem Gipfel des Venedigers wenigstens so nahe zu kommen, als es nur immer möglich wäre, bekannt geworden, den Entschluß, das von uns beabsich= tigte Unternehmen, weil selbes für ganz Salzburg, dessen höchste Zinne der Venediger ist und insbesondere für den Bezirk von Mittersill, in welchem er thront, von großem Interesse sei, nach Kräften zu unter= stützen und gleichsam zu einem öffentlichen zu machen. Auf seine Auf= forderung wagten sich zwei Aelpler, die dann auch bei unserer Erstei= gung die Führung übernahmen, auf die Eisfelder des Venedigers und sie kamen schon damals, wenn auch nicht auf den höchsten Gipfel, doch demselben wenigstens so nahe, daß sie die Wahrscheinlichkeit des Ge= lingens der Besteigung feierlich bestätigen konnten.

Herr von Kürsinger hatte außerdem eine Einladung an alle, welche an dem Versuche der Venediger=Besteigung Theil nehmen wollten, in die Salzburger Zeitung einrücken lassen, so wie er auch, um die Fest= lichkeit des Unternehmens zu erhöhen, eine Fahne mit den Landesfarben, roth mit weißem Mittentheile, und einen gelb und schwarz bemalten Pflock besorgt hatte, von denen die erstere das Gelingen der Ersteigung von der Spitze herab verkünden, der letztere aber auf dem Gipfel aufgerich= tet werden sollte, um in seiner, mit einem Schieber versehenen Oeff= nung, in einer Büchse von Blech ein Pergament mit den Namen der= jenigen, welche die Spitze glücklich erreichten, für künftige Ersteiger aufzubewahren.

Alle diese Anstalten erfuhren wir Wiener zum Theile bald nach unserem Eintritte in das Herzogthum Salzburg aus den öffentlichen Blättern, worin unsere vorhabende Expedition vielfach besprochen wurde, zum größeren Theile jedoch erst, als wir uns am 30. August wirklich alle drei in Mittersill eingefunden hatten.

Nachdem wir hier mit Pfleger Kürsinger die Verabredung getroffen hatten, uns am 2. September Mittags in Neukirchen zu versammeln, um noch an diesem Tage auf die letzte Alpe im obern Sulzbachthale zu gehen und am folgenden die Spitze selbst zu erstürmen, begaben wir uns mittlerweile nach Krimml zur Besichtigung der dortigen unvergleichlich schönen Wasserfälle und trafen hierauf am 1. September Mittags in Neukirchen ein.

Am Nachmittage waren die nöthigen Ausrüstungen zur Gletscherreise zu treffen. Da ließen wir die Eisenschäfte unserer Bergstöcke und die Zacken der Steigeisen spitzen, die Bergschuhe wurden mit tüchtigen Nägeln beschlagen, um damit auf den Felsen leichter festen Fuß zu fassen, auch bestellten wir uns, weil wir einsahen, daß die Eisluft der Gletscher unsere leichten Röcke gar zu empfindlich kalt durchdringen würde, jeder einen der Pinzgauer Röcke, Joppen genannt, welche unsern modernen Paletots im Schnitte so ähnlich sind, daß man meinen möchte, die Joppen hätten ihnen zum Vorbilde gedient.

Hatten wir bereits an diesem Tage mit banger Sorge nach dem Wetter geblickt, so war dies um so mehr am Tage der Zusammenkunft selbst der Fall. Der Vormittag desselben verging uns sehr schnell; denn schon von früher Stunde an langten die Theilnehmer an der Expedition einzeln oder in Gesellschaft, alle mit langen Bergstöcken und den im Zusammenstoße klirrenden, am Oberkleide angeschnallten Steigeisen bewaffnet, im Gasthause zum Freischützen an.

Bald war die enge Wirthsstube gefüllt und den Gruppen, welche diese echten Söhne des Hochgebirges bildeten, fehlte es keineswegs an pittoreskem Reize.

Vorzüglich interessirte uns eine an einem Tische, deren Löwe ein Mann zu sein schien, den man auf den ersten Blick als einen Sennen erkannte. Die langen Spitzen eines schwarzen Bartes, welche das runde sonnenverbrannte Gesicht dieses Bergkindes von kleinem aber gedrungenem Wuchse bedeckten, und die mehr als zweifelhafte Farbe seines

Hembes bewiesen, daß ihm daran liege, auch im Aeußern als ein flei=
ßiger Aelpler zu erscheinen.*)

Doppelt interessant wurde uns noch der Mann, als wir erfuhren,
daß er, Josef Schwab, Hausstetter Sepp genannt, es sei, dem wir uns
auf unserer gefährlichen Wanderung fast allein anvertrauten, da der
neben ihm sitzende zweite Führer Franz Scharler, der Hofermelker ge=
nannt, schon bei der ersten Auskundschaftung des Weges mehr nur als
Zeuge des Erfolges mit ihm gewesen wäre und auch bei dem bevor=
stehenden Zuge bloß eine untergeordnete Rolle spielen sollte, während
Sepp die Hauptführung übernehme.

Um die Mittagsstunde endlich hörten wir in der Richtung von
Mittersill das Schmettern einer Trompete und bald darauf kamen auf
zwei Wagen, wovon auf dem ersten die bereits erwähnte Fahne flatterte,
der Pfleger von Mittersill und mit ihm eine Anzahl einheimischer
Gefährten auf der Alpenreise vor unserem Gasthause an.

Von der Musik von Neukirchen, den bereits versammelten Ve=
nediger=Besteigern und einer Menge der Bewohner Neukirchens, welche
von allen Seiten herbeigekommen waren, um den seltenen Einzug zu
sehen, begrüßt, wurden die neuen Ankömmlinge von uns sogleich in
das größte Zimmer des Hauses geführt. Es sollte uns als Saal zur
Berathung über die noch zu treffenden Voranstalten dienen.

Sobald wir nicht bloß mit der Berathung, sondern auch mit den
Vorbereitungen zur Bergwanderung selbst zu Ende gekommen waren,
wurde jedem der gewählten Träger sein Gepäcke übergeben und auch dem
vierfüßigen Träger, welchen wir für diesen Tag bis zur Alpe gemiethet
hatten, dem Esel eines hausirenden Italieners, ein seinen Kräften an=
gemessener Theil der Last zugetheilt.

Ich muß gestehen, daß ich es als böses Vorzeichen für die ganze
Besteigung ansah, als wir zur Verpackung der drei zur barometrischen

---

*) Im Salzburg'schen setzen nämlich die Aelpler großen Ruhm darein, ein
sehr schmutziges Hemd zu haben, weil dies beweisen soll, daß sie bei
ihrer Arbeit fleißig gewesen seien und ihnen dieselbe viel Schweiß ge=
kostet habe.

Höhenmessung bestellten Barometer schritten und ich nun gewahr wurde, daß auch nicht ein einziges von ihnen zu solch' wissenschaftlichem Zwecke zu gebrauchen sei. Damit war ja bereits die Erreichung eines der interessantesten Zwecke unseres Wagestückes, die Lösung der Frage des Höhenverhältnisses des Venedigers zum Großglockner vereitelt, weil in der Nähe von Neukirchen ein besseres Barometer nicht zu erhalten, die Herbeischaffung aus größerer Entfernung aber wegen der Menge der versammelten und den Aufbruch schon mit Ungeduld erwartenden Besteigungslustigen nicht thunlich war.

Da wir jedoch die zwei Hauptprobleme, jenes der Ersteigbarkeit des Venedigers und das andere der Sichtbarkeit Venedigs von unserm Berge, noch vor uns hatten, so sorgten wir jetzt wenigstens für die gehörige Verpackung der zur Lösung des zweiten benöthigten Instrumente, nämlich unserer Fernröhre, worunter wir besonders auf einen trefflichen Plößl und einen Frauenhofer große Hoffnung setzten, und schritten dann zur Erfüllung der Vorbedingung der Erreichung irgend eines unserer Zwecke, indem wir um 1½ Uhr von Neukirchen aufbrachen.

Es herrschte eine drückende Schwüle und wir waren deßhalb alle froh, als wir durch die Dürrenbachau das rechte Ufer der Salzach und auf ihm, nachdem wir den berühmten Sulzauer Wasserfall und die Ausmündung des unteren Sulzbachthales links gelassen, das obere Sulzbachthal und den kühlenden Schatten seiner Wälder erreicht hatten.

Der Weg durch dies enge Thal, dessen Mitte der Sulzbach, die Sulzach, durcheilt, steigt nämlich fortan allmälich im lichten Tannenwalde aufwärts, während zur Verschönerung des Bildes von den die westliche Thalwand bildenden Bergen mächtige Bäche, darunter der Seebach, ein Abfluß des auf dem Hinthalkopfe liegenden Sees, in Wasserfällen von bedeutender Höhe in die Thaltiefe stürzen.

Einen sicher originellen Anblick aber gewährte es, als wir dort, wo das Thal durch einen von der linken Seite vorspringenden Hügel fast gänzlich der Quere nach geschlossen ist, so daß man diesen Hügel in steilem Ansteigen nach Rechts umgehen muß, an einem Quellbächlein gelagert, auf den Krümmungen des aufwärts ziehenden Weges immer neue Gruppen kühner Bergsteiger, darunter eine mit der Fahne, zwischen den Tannengruppen gegen uns herankommen sahen und ein in der heiligen Stille dieses Thales vielleicht noch nie vernommener Ton war das Schmettern der Trompete, das rings von den hohen Felswänden wiederhallte. Als wir den Hügel umgangen hatten, kamen wir zu den ersten Alpenhütten und betraten hierauf das kleine Hochthal, an dessen Ende wir die großartige Ablagerung des Obersulzbachkeeses gewahr wurden. Von dem heiligen Geistkeeskogel, welcher von hier aus über dem Gletscher sichtbar ist, war nur die untere Hälfte frei vom Nebel. Bald wurde aus diesem Nebel ein Regen und in ihm erreichten wir die Alphütten, die unser Nachtquartier sein sollten.

Wir hatten nun Muße uns das Thal zu besehen, in dem wir uns befanden. Dadurch, daß seine östlichen Berge mehr zurücktreten, ist es breiter als der untere Theil des obern Sulzbachthales. Seinen Thalgrund nehmen Alpenweiden ein und auf ihnen liegen die Hütten der Krausen= und Hollausalpe neben einander, wogegen die dritte, die Hofer=Hütte, im Hintergrunde ganz nahe dem Gletscher an einem kleinen isolirten Felskegel mitten in dem dort wieder engeren Thale steht. An der westlichen Seite fließt der Sulzbach nur wenig eingeengt, daher breit und ruhig, am Fuße der Thalwände. Diese tragen auf ihrem Rücken bereits Gletscher und über sie gleitet nahe den äußeren zwei Alpenhütten ein vorzüglich schöner Wasserfall in das Thal herab. Hohe und kahle Felsmauern begrenzen die Ostseite des Thales, seinen Hintergrund aber bildet über der Moräne des Gletschers sein herrlicher Absturz, welcher mit seinen Würfeln, Pyramiden und Polygonen von Eis von so beträchtlicher Höhe und von so steilem Abfalle in das Thal ist, daß der Sulzbach von dem Punkte, auf dem er der eigentlichen Gletscherfläche entströmt, bis zur Stelle, wo er den Fuß der Moräne und damit auch den Thalgrund erreicht, eine nicht bloß durch ihren Bogensturz, sondern auch durch ihre Höhe ausgezeichnete Cascade bildet. Ueber der Gletscherlehne und dem Wasserfalle endlich erheben sich die Eiskuppen aus der Venediger Gruppe mit ihren weißen Häuptern und schließen eines jener magischen Bilder ab, mit denen die Alpenwelt die Mühen ihrer Verehrer belohnt.

Als wir uns in der Krausenalpe versammelt hatten, fanden wir, daß die Zahl der Besteiger durch die noch nachgekommenen bis auf 39 gestiegen war. Wir theilten uns jetzt in die drei Hütten ein und bald ging es in der Hollausalpe, in welcher als der geräumigsten der größere Theil der Gesellschaft blieb, lustig zu. Heitere, dem frugalen Mahle, welches der mitgebrachte Vorrath lieferte, und welches noch ein echtes Alpengericht, köstliche Nahmnocken, krönte, angepaßte Lieder ver- kürzten auf angenehme Weise den Abend, so daß wir uns erst um 9 Uhr unter den besten Wünschen, aber auch in banger Erwartung für den folgenden Tag, auf unsere kühle Lagerstätte, den Heuboden der Alpe begaben.

Noch lagen wir übrigen in den verschiedensten heuumdufteten Träumen, als bereits die ersten Stimmen ertönten uns zum Aufstehen zu ermahnen. Es war Mitternacht.

Die Lebhaftigkeit, mit welcher wir um das Wetter fragten, und die Neugierde, mit welcher wir gleich darauf in's Freie eilten, um uns selbst von demselben und unseren Hoffnungen auf das Gelingen der Expedition zu überzeugen, kann sich nur derjenige vorstellen, der sich in ähnlicher Lage befunden hat.

Die Nachtluft strich frisch über die Matten des Thales, über welches der Mond aus seinem Verstecke hinter den Firnbergen sein Silberlicht ausgegossen hatte. Leichte Nebel zogen an den weltalten Bergfürsten hin. Man theilte sich unermüdet die Hoffnungen und Befürchtungen hinsichtlich der Witterung mit und insbesondere wurden die Jäger und die Bewohner der drei Alpenhütten als die Sachkun- digsten gleich Orakeln und ihre Sprüchlein: „der Tauern ist offen"*), „Wolken herein, Jager hinaus"**) mit Freude und Bestürzung ver- nommen.

---

*) Das nächste Thal westlich von Obersulzbach ist das Achenthal, in welchem sich der Krimmlertauern befindet. Sind nun in der Richtung gegen ihn, nämlich südwestlich von den Alphütten in Obersulzbach, keine Nebel und Wolken sichtbar, so ist der Tauern offen und dies ein gutes Wetterzeichen.

**) „Wolken herein, Jager hinaus" bedeutet, daß es, wenn die Wolken den Zug von Norden nach Süden, den Zug herein in das Thal, nehmen, schlechtes Wetter wird, welches den zur Jagd in das Thal gekommenen Jäger nöthigt, unverrichteter Sache aus ihm wieder nach Hause zurück zu kehren.

Das Gespräch drehte sich blos um das Wetter, bis wir, nachdem alle gefrühstückt hatten, aus der Alpe aufbrachen.

Leider war die große Zahl der Ersteiger Schuld daran, daß der Aufbruch erst um $1\frac{1}{2}$ Uhr stattfand, und diese Verspätung gegen unseren ursprünglichen Vorsatz, sogleich nach Mitternacht die Wanderung anzutreten, hatte, wie ich dies später erwähnen werde, sehr üble Folgen.

Bei der letzten Alpenhütte schlossen sich diejenigen, welche in ihr übernachtet hatten, an und jetzt bot sich eine Szene dar, die des Pinsels des Malers würdig gewesen wäre. Da wir wohl wußten, daß unser Unternehmen mit großer Gefahr verbunden sei, wollten wir in der Kraft des Glaubens Ermuthigung suchen und so wurde hier laut das Gebet des Herrn gebetet. Die Feierlichkeit der Handlung und der Ernst der Veranlassung, welch' beide in Aller Mienen zu lesen waren, stand im schönsten Einklange mit der großartigen Erhabenheit des Ortes, an dem wir uns befanden. Der nahe, mächtig sich erhebende Gletscherabsturz mit seinen phantastisch gebildeten Eismassen und die hoch darüber zum Sternenhimmel strebenden riesigen Schneeberge waren vom Vollmonde feenhaft beleuchtet, während in seinem Scheine der nahe tosende Fall der Ache tausend und abermal tausend aus den Eishallen herabstürzenden Diamanten glich. Aber auch die Gruppe der Betenden selbst erhielt durch die Gestalten derselben, mit wenigen Ausnahmen fast durchgehends stämmige Söhne des Pinzgaus, theilweise mit hübschen scharfgezeichneten Gesichtszügen, durch die malerische Tracht des Landes, welche die Mehrzahl trug, die Bergstöcke, womit alle bewaffnet waren, und durch die in der Mitte des Kreises befindliche, vom Nachtwinde leicht bewegte Fahne ein hochromantisches Ansehen, und man wurde unwillkürlich an eine Gruppe beim schweigenden Mondlichte zur Vertheidigung des heimathlichen Bodens sich vereinigender Gebirgsbewohner erinnert.

Nach beendigtem Gebete begann sogleich die eigentliche Besteigung. Ein Vorwärtsbringen in gerader Richtung war bereits nicht mehr möglich, weil der vor uns sich erhebende Gletscherabsturz offenbar eine Wendung erforderte.

Wir nahmen daher die Richtung nach Links und stiegen in langer Reihe immer einer nach dem andern folgend auf der östlichen Seite des Gletscherthales, das wir bald in der Tiefe zu unserer rechten Hand sahen, auf der steilen Stierlanerwand in südöstlicher Richtung aufwärts. Bisweilen mußten wir über sehr gefährliche Stellen auf fast senkrechten Platten empor, wo der Fuß auf dem feuchten Steine kaum einen festen Standpunkt gewinnen konnte, jedes Abstürzen in den ungeheuren Abgrund und die unten gähnende Gletschertiefe aber unfehlbar das Leben gekostet haben würde.

Auch führte uns unsere Wanderung unter Felswänden von verwittertem Gestein vorbei, welche durch häufige Steinablösungen gefährlich sind, weßhalb wir an ihrem Fuße, um nicht selbst die Veranlassung zu einem Unfalle zu geben, jedesmal ganz schweigend vorbeizogen. Selbst unsere große Zahl brachte die Gefahr mit sich, daß unter den Tritten der Voransteigenden häufig Steine in die Tiefe kollerten und die weiter unten auf den Schlangenkrümmungen des Weges Gehenden bedrohten. Dafür wurde die Scenerie um so erhabener, je weiter wir vorwärts drangen.

Noch hinderte uns zwar das Gebirge, auf welchem wir uns emporarbeiteten, an dem Ausblicke nach Süden und Südwesten und auf den in der ersteren Richtung emporragenden Groß-Venediger. Wir sahen jedoch bereits in der Tiefe zu unserer Rechten den oberen Sulzbachgletscher fast in seiner ganzen Ausdehnung von Süden nach Norden, und ein reizender Anblick war es, hie und da auf ihm Wassertropfen im Mondlichte gleich Diamanten und Smaragden glitzern zu sehen. Auch geben schon hier die das Eismeer westlich begrenzenden, theilweise auf der Höhe begletscherten Berge Joabachspitz, Schieferspitz u. s. w. mit den Silberfäden ihrer Wasserfälle und die Gletscherspitzen westlich vom Venediger, welche bei ihrer Stellung im Süden des Thales mit jenen den südwestlichen Thalwinkel bilden, der Geisteeskogel, Dreiherrnspitz, Purlora u. s. w., ein großartiges Bild.

Durch den langsamen Gang mehrerer der minder geübten Bergsteiger wurde der ganze Zug oftmals aufgehalten und doch sahen wir

ein, daß jeder Augenblick schnellen Vordringens Gewinn sei, weil sich
im Hochgebirge nur zu häufig um 10 Uhr die Nebel auf die höchsten
Spitzen herabsenken und deshalb bei einer längeren Verspätung unser
schon zu sehr bekanntgewordenes Unternehmen gänzlich scheitern oder
uns wenigstens jede Aussicht von der Spitze benommen werden konnte.
Auch war es bereits Tag geworden und wir waren dem Gipfel noch
so ferne, ja wir hatten ihn noch nicht einmal erblickt!

Endlich kamen wir im sogenannten Steinkar zu Lagerungen
mächtiger Granitblöcke und schritten dann, auf ihren Kanten balan-
cirend, über sie eine zeitlang fort, bis wir den Gletscher, welchem wir
durch die von uns zuletzt eingehaltene ostsüdöstliche Richtung etwas
ferner gekommen waren, nach einer Wendung plötzlich in geringer
Tiefe unter uns, uns gegenüber aber das Ziel unserer Reise, die
erhabene Spitze des Großvenedigers von der Morgensonne erleuchtet
in den blauen Aether emporragen sahen.

Der Gletscher, der sich von seinem Ende bis zum Venediger
fortan sanft aufwärts wölbt, hat nämlich, nachdem er in seinem unteren
Theile die Richtung von Süden nach Norden beobachtet, weiter südlich
und dem Venediger näher die Lagerung von Ost nach West; diese
Wendung war jetzt erreicht und wir hatten nun die Aufgabe zum
Eismeere hinabzusteigen. Nachdem wir den Venediger mit Hurrahs
begrüßt, bewerkstelligten wir dies und gönnten ·uns, am sogenannten
Keeskar am Gletscher angelangt, einige Ruhe, welche wir dazu benützten, die Figur der Spitze und ihre Umgebung recht ins Auge zu fassen.

Der Großvenediger hat eine schöne Pyramidenform mit sehr
scharfer Spitze, welche nordwestlich und nördlich steil gegen den
Gletscher zu abfällt.

Der ganze Berg bildet mit den Gletschern eine ununterbrochene
Eismasse, nur auf der nordöstlichen Seite ragt aus seinem Eiskleide
unter seinem Gipfel eine schwarze Wand heraus, welche in der Richtung
nach Osten und gegen den Gletscher sich neigt, sich jedoch bald wieder
im Eisgebiete verliert.

Im Westen verbindet ihn tief unter seinem Gipfel ein eisiger Rücken mit dem Geistkeeskogel*), östlich aber zieht ein anderer mächtiger Eisrücken, der sich gegen ihn zu krümmt und sich später mit seiner südöstlichen Kante vereint, fast von der Tiefe des Gletschers zu ihm hinan.

Von unserem jetzigen Standpunkte sahen wir genau den Punkt unter der Spitze, auf welchem die Expedition vom Jahre 1828 durch die Gefahr der Lawinen, welche das Ueberhängen des Gipfels sehr wohl erklärt, umzukehren genöthigt wurde.

Als wir am Gletscher ankamen, war es halb 7 Uhr.

Wir sollten nach der Meinung der Führer die Wanderung über das Kees an den Seilen machen. Bei genauer Untersuchung des Gletschers fanden wir jedoch, daß ihn der vor etwa zehn Tagen gefallene Schnee in solcher Höhe überdeckte, daß dadurch die Gefahr des Einsinkens in die Gletscherklüfte sehr vermindert war. Wir hielten es daher für gerathener, um den größeren gleichzeitigen Druck zu vermeiden, die Besteigung ohne Seile, jedoch in kleinen Zwischenräumen neben- oder hintereinander vorzunehmen.

Wir schnallten uns denn die Steigeisen an die Füße, nahmen unsere Schneeflöre vor die Augen, einige auch blaue oder grüne Brillen, und schwärzten uns die Wangen und die Nase mit Schießpulver, um die Wirkung der Sonnenstrahlen auf die Augen und das Gesicht zu vermindern und so Entzündungen derselben thunlichst zu vermeiden.

Als die ersten machten sich einige Gebirgsbewohner unter Anführung Hausstätters gleichsam zur letzten Auskundschaftung auf, und es war ein ernster Augenblick für uns alle, als eine Stimme aus der

---

*) Der nächste westliche Berg am Venediger soll der Große Geigerspitz sein, und erst nach zwei kleineren Kuppen der Geistkeeskogel westlich auf den Geigerspitz folgen. Diese Behauptung rechtfertigt allerdings auch die Generalstabskarte von Tirol, während der Salzburger Generalstabskarte diesfalls nicht zu trauen ist, da sie selbst den Namen Obersulzbach-Venediger an einem unrechten Orte enthält. Doch wurde uns im Jahre 1841 der Geistkeeskogel als der erste Firnberg westlich neben dem Großvenediger genannt.

Gesellschaft die Worte aussprach: „sie gehen vielleicht dem Tode, der ihrer in Gletscherspalten harrt", entgegen.

Um halb 8 Uhr setzte sich auch die übrige Gesellschaft in Be= wegung. Wir mußten nach der Angabe der Führer die Spitze ganz umgehen, so daß wir zuerst östlich unter dem erwähnten sich links an den Großvenediger anschließenden Eisrücken allmälich aufwärts und bis dorthin vorzudringen hatten, wo sich der untere Sulzbachvenediger über dem hier in das untere Sulzbachthal abfallenden Gletscher erhebt und durch seine Lage von Süden nach Norden mit dem von Osten nach Westen laufenden und den Gletscher südlich begrenzenden Rücken, der, wie bemerkt, sich mit dem Großvenediger selbst vereinigt den südöst= lichen Gletscherwinkel bildet.

Anfangs hielten wir uns ziemlich nahe beisammen. Als wir aber sahen, daß die Sonne den Schnee fast von Viertelstunde zu Viertelstunde mehr erweichte, wodurch die Beschwerde des Aufsteigens mit jedem Augenblicke größer wurde, weil wir bereits oft tief einsan= ken, wodurch aber auch die Gefahr wuchs, weil mit der Erweichung des Schnees auch sein Durchbrechen bis zu der Stelle, wo er die Gletscherklüfte bedeckte und damit der Sturz in dieselben selbst leichter möglich war, da suchte jeder mit thunlichster Schnelligkeit der Spitze nahe zu kommen und der allgemeine Wunsch war der, daß doch wenig= stens Einer die Spitze erreichen möge, damit nicht das ganze Unter= nehmen ein vollständig verunglücktes sei. So drangen wir alle nach Kräften vor und wir konnten es auch thun, ohne uns dadurch zu großer Gefahr auszusetzen, weil wir die einzuschlagende Richtung aus den im Schnee stets sichtbaren Tritten der vorausgegangenen Kundschafter ent= nehmen konnten und der weiche Schnee ein Ausgleiten und Hinabfahren über den Abhang in die Tiefe des Gletschers nicht besorgen ließ, ab= gesehen davon, daß dies selbst wieder nicht sehr gefährlich gewesen wäre, da die Klüfte, in die man sonst beim Hinabgleiten über die schiefe Ebene oder auf dem Eisfelde hätte gerathen können, auch so sehr mit Schnee bedeckt waren, daß ein Einbrechen bis zu ihnen nicht wohl denkbar war. Allein schon hatten nicht mehr Alle dieselbe Hoffnung die Spitze zu erreichen.

Bereits stellten sich bei Vielen die Folgen der Einwirkung der feinen Luft auf den menschlichen Organismus ein. Einige beklagten sich über Brustschmerzen, andere über Herzklopfen, Beklemmung des Athmens, Augenschmerzen, Schwindel, Mattigkeit u. s. w.

Nun begann auch ich, nachdem ich lange Zeit mit der größeren Gesellschaft gegangen war, vorauszueilen und gelangte schnell vorwärts, weil ich außer etwas verstärktem Pulsiren und leichtem Herzklopfen durchaus keinen unangenehmen Erfolg des verminderten Druckes der Luft empfand, mich vielmehr in diesen Regionen wie neu belebt fühlte.

So kam es, daß ich dort, wo am südöstlichen Ende des Gletschers das Aufsteigen auf die mehrfach berührte, mit dem großen Venediger selbst in Verbindung stehende Eiswand nöthig wird, bereits die meisten der Vorausgeeilten überholt hatte.

Einen eigenthümlichen Anblick gewährte es, diejenigen, welche sich voraus und auf einiger Höhe dieser steilen scheinbar senkrechten Eisfläche befanden, als schwarze Punkte wie Ameisen oder Fliegen auf ihr hinankriechen zu sehen. Noch bevor man auf dem Rücken anlangt, vorzüglich aber oben auf ihm öffnet sich eine schöne Fernsicht. Schon hier sieht man nicht nur die Berge eines Theiles des Hauptthales von Pinzgau und seiner südlichen Thäler in der Richtung gegen den Großglockner, dann diesen mit der übrigen Tauernkette, sondern auch eine große Abtheilung der von der Spitze des Venedigers nördlich, östlich und südlich sichtbaren Gebirgskuppen.

Auf dem Eiskamme stieß ich auf die letzten der Vorangeeilten und verfolgte nach kurzer Rast, jetzt nur noch von dem Besitzer des Weyerhofes begleitet, in der nun einzuschlagenden westlichen Richtung die Fußstapfen Haußstätters, des Einzigen, der noch vor uns war.

Bald waren wir unter einer Eiswand angekommen, welche sich auf der Tirol zugewandten Südseite des hier ziemlich breiten Rückens des Venedigers ausdehnt. Sie war wegen ihrer überhängenden Schneemassen nicht minder drohend als jene auf der Nordseite, welche 1828 die Katastrophe herbeigeführt hatte. Doch kamen wir glücklich vorbei und nach kurzem Aufsteigen in westlicher Richtung, während dessen ich auf dem südlichen Abfalle des Venedigers und noch in seinem Eisge=

biete zwei stattliche Eisberge von der Gestalt der obern Hälfte einer
Kugel lange bewunderte, an dem Punkte an, wo jedes weitere west=
liche Vordringen unmöglich ist, da sich der Berg hier plötzlich mit einer
steilen Eiswand zur Verbindung mit dem heiligen Geistkeeskogel senkt.

In den Fußstapfen der Führer, die jetzt nordwärts wiesen, er=
reichten wir dann, auf dem letzten Kamme, der nur einige Schuh breit
zur Linken fortan, zuletzt aber auch zur Rechten und gegen Osten, steil
in die schwindelnde Tiefe fällt, scharf aufwärts steigend eine Krümmung,
von welcher wir in geringer Entfernung von uns die höchste Spitze
und auf ihr unseren wackern Sepp erblickten.

Als er mich und Weyerhofer, der meinen Tritten folgte, gewahr
wurde, ging er uns rasch entgegen und reichte mir die Hand, die ich
denn auch aufs herzlichste schüttelte. Dieser Augenblick war aber auch
sicher für ihn so freudig als für mich.

Er hatte behauptet, den Weg zur Spitze erforscht zu haben, jedoch
am alten Vorurtheile der Unersteigbarkeit hängend, glaubte es die Mehr=
zahl nicht und deshalb folgten ihm viele heute nur mit Furcht, weil
sie ihn für einen Betrüger hielten, dem es nur um den Führerlohn
zu thun sei, so daß sie unbekannten Gefahren auf noch unbekannten
und unerforschten Wegen entgegen zu gehen wähnten. Jetzt war er
gerechtfertigt — der Venediger aber, die noch jungfräuliche höchste Spitze
Salzburgs, war erstiegen. Wir standen auf der Spitze.

Dieselbe, der höchste Punkt des von Süden nach Norden mit
einer geringen Wendung nach Westen streichenden Kammes, den wir
schon kennen, ist, wie dieser auch sonst überall, ganz mit Eis bedeckt
und hat eine Breite von nur zwei bis drei Fuß, denn der Kamm ist
von seinem südlichen Beginne bis zu seinem Ende an der Spitze immer
schmäler geworden. Vom höchsten Punkte verlängert er sich nur noch
einige Fuß in der bisherigen nördlichen Richtung und fällt hierauf
plötzlich senkrecht in eine ungeheure Tiefe auf den Gletscher ab. Ist
das ganze Aufsteigen auf dem Kamme, wobei man rechts und links
in die schaurigsten Tiefen unmittelbar unter sich hinabblickt, nicht un=
gefährlich, so ist dies um so mehr hinsichtlich des Betretens der Spitze
der Fall und wenn es bei unserer Besteigung noch möglich war, daß

sich die zur Spitze hinauf und die von ihr herab Steigenden auf dem Kamme ausweichen konnten, so dürfte dies dann, wenn minder tiefer oder hart gefrorener Schnee denselben bedeckt, nicht rathsam sein, weil seine eigentliche Schneide kaum einen Fuß wirklicher Breite hat und sich von da zu beiden Seiten, Anfangs freilich nur sanft, senkt, und dann könnten, da auch die Länge der Spitze nur gering ist, höchstens vier bis fünf Personen zugleich auf ihr verweilen.

Ich machte mich nun sogleich daran die verschiedenen sichtbaren Gebirgszüge zu erkennen und auch das Problem der Sichtbarkeit Venedigs möglichst zu lösen.

Man soll nach einer Aussichtsformel vom Venediger eine Fläche von 190 Quadratmeilen übersehen, allein ich konnte mich nicht recht an der Aussicht begeistern.

Ich kann freilich ein Rundgemälde nicht liefern, weil — übrigens selbst ein interessanter Anblick — aus der Tiefe der nächsten westlichen Thäler eine Nebelcourtine fast bis zur Höhe der Stelle, auf der wir standen, emporstieg und sich auch theilweise gegen Norden derart ausdehnte, daß sie jede Aussicht in diesen Richtungen, in welchen die zu den Oetzthalerfernern, den Innthalerbergen, dann zu den Gebirgen Graubündtens und Vorarlbergs gehörigen Kuppen, die Berge um den Brenner so wie jene des Ziller= und Duxerthales hätten sichtbar sein müssen, dem Blicke entzog.

So war uns der Anblick der schönsten Gletschergruppen heute nicht gegönnt und das Panorama größtentheils auf jene Gebirgszüge beschränkt, die sich sowohl ihren Gestalten als ihrer Gruppirung nach vom Venediger weniger vortheilhaft ausnehmen.

Ich sah nördlich die Watzmann=, steinerne Meer= und ewige Schneeberggruppe. Daran reihte sich ein Heer von Bergen, das aus den östlich von der Salzach gelegenen minder hohen Gebirgen von St. Martin und Abtenau, dem Tännengebirge, der Dachstein= und Prielgruppe, den steirischen Bergen an der Grenze von Oesterreich und im Ennsthale dann aus den vom Hochgolling sich südwärts ziehenden Bergen des Lungaus besteht. Die Tauernkette selbst erschien nur als ein lange fortlaufender Rücken und nur ein Berg, der Großglockner, ragte aus ihr stolz aber nicht imposant hervor, weil er sich nicht mit seiner schmucken Doppelnadel von Eis, sondern mit seinen massenhaften westlichen Steinwänden in der Gestalt einer Kuhglocke, das heißt einer hohen und länglichen Glocke darstellt.

Fast über den Tauern in südöstlicher Richtung war ein ferner Gebirgszug zu sehen, welchen ich für die Karawanken= und die Terglou= gruppe hielt.

Von den Tauern südlicher und vom Venediger zum Theil in der Richtung strenge gegen Süden, theilweise südöstlich und südwestlich hatten sich die große Menge der Spitzen des westlichen Kärnthens und die Grenzgebirge Tirols gegen das Benetianische gelagert und hier unter den Spitzen des südlichen Tirols machten sich wirklich schöne Formen und Gruppirungen bemerkbar.

Dafür schienen alle zwischen diesen Gebirgszügen und der Oetz= thalergruppe nord= und herwärts zum Venediger lagernden Bergketten, wegen der Höhe unseres Standpunktes von so ziemlich gleicher Kegel= form und von geringer Höhe zu sein, und es that dem Auge wohl, doch einen Ruhepunkt an einem durch seine Höhe und seine auffallende Doppelspitze interessanten Berghaupte, wahrscheinlich der Wilden Kreuz= spitze zwischen den Thälern Pfitsch und Vals, zu finden.

Von diesen Bergzügen westlich blickte wieder die Oetzthalergruppe aus dem Nebel, der ihren größten Theil einhüllte, hervor, und Nebel= massen verhinderten auch jeden Anblick der Ortelesgruppe und der Süd= tirolerberge gegen die Lombardie.

Selbst die nähere Umgebung des Venedigers war nicht geeignet einen großen Eindruck von der Spitze des Berges zu machen. Dazu haben die im Pinzgauer Hauptthale gelegenen und es beiderseits be= grenzenden Berge von unserer Hochwarte ein zu hügelartiges Aussehen, wogegen die um sie unmittelbar herum aufragenden Spitzen der eigenen Gruppe aus der Tiefe gesehen viel großartiger erscheinen, als wenn man sie von dieser Höhe von oben nach unten betrachtet. Doch stiegen jenseits des Salzachthales das Kaisergebirge und der Rettenstein noch

immer anfehnlich auf, und die hohe Salve und das Kitzbühlerhorn
erfreuten das Auge durch die Kapellen, welche ihre Gipfel krönen.

Sogleich bei dem erften Blicke in jene Richtung, in welcher
Venedig fichtbar fein müßte, erkannte ich, daß wenn es auch vom
Venediger gefehen werden könnte, dies doch heute wegen der Befchaffen=
heit der Atmofphäre nicht der Fall fei.

Jetzt wollte ich noch die Ankunft meines Trägers auf dem Gipfel
abwarten, um mit meinem Plößl'fchen Fernrohre noch eine genauere
Erforfchung einiger Gebirge vorzunehmen, fo wie auch um den Ther=
mometerftand auf b iefer Höhe zu beobachten. Ich bewunderte unter=
deffen das intereffante Dunkelblau, in welchem das Firmament von
hier gefehen erfchien, und betrat dann, nachdem ich mir das Seil
um den Leib hatte befeftigen laffen, den auf drei Seiten über die Tiefe
überhängenden, ohne eine weitere Unterlage von Stein nur aus Schnee
und Eis gebildeten, äußerften Punkt der Verlängerung des Kammes
nach Norden, und hier war es, wo ich als Beweis meiner Anwefen=
heit auf diefer höchft gefahrvollen Stelle den Handschuh meiner rechten
Hand mit Hülfe des Bergftockes in dem Firnfchnee vergrub. Allein
jetzt flog plötzlich der Nebel auf dem Gipfel felbft in folcher Dichtig=
keit an, daß durch ihn in einem Augenblicke jede Fernficht benommen
wurde.

Ich war überzeugt, daß die Spitze an diefem Tage nicht wieder
werde frei vom Nebel werden, weil er bereits in allen Richtungen aus
den benachbarten Thälern aufwärts ftieg und fchickte mich dazu an, fie
mit Weyerhofer, der auch abwärts in meiner Gefellfchaft bleiben wollte,
wieder zu verlaffen.

Nun hatten fich die üblen Folgen unferes um eine Stunde ver=
fpäteten Aufbruches aus der Alpe deutlich gezeigt. Wäre ich nämlich
anftatt um halb 10 um halb 9 Uhr auf der Spitze angelangt, fo hätte
ich eine gänzlich oder mindeftens zum größten Theile nebelfreie Aus=
ficht gehabt, während ich jetzt einen großen Theil des Rundbildes vom
Nebel bedeckt fand, alle übrigen Gefährten aber durchaus keine Fern=
ficht vom Gipfel, der bei ihrer Ankunft fchon ganz in den Nebel ge=
hüllt war, genoffen.

Als wir eben von Hausstätter Abschied nahmen, kamen als die ersten nach uns zwei Pinzgauer, welche den Erinnerungspflock trugen, auf der Spitze an.

Im Hinabsteigen begegneten wir dann denjenigen aus unserer Gesellschaft, welche noch den höchsten Punkt, dem sie doch so nahe waren, erreichen wollten, wir trafen jedoch auch manche an, die von Unwohlsein befallen, von der Vollführung ihres Vorhabens abgestanden und schon auf dem Rückzuge begriffen waren.

Das Abwärtssteigen selbst war die größte Beschwerde auf unserer Bergfahrt. Denn man sank mit jedem Tritte bis über die Knie in den von der Sonne erweichten Schnee, was durch etwa 2½ Stunden fortgesetzt im höchsten Grade ermüdend wurde. Aber auch die Gefahr der Gletscher= klüfte war nun größer und ich brach wirklich zweimal mit einem Fuße bis zum Bauche in eine Kluft ein, konnte aber beidemale in Folge des Widerstandes, welchen der Schnee doch noch immer leistete, mit dem andern Fuße glücklich festen Boden gewinnen.

Als ich wieder am Keeskar, dort, wo wir Morgens den Gletscher betraten, anlangte, traf ich daselbst diejenigen an, welche am meisten von der Gletscherluft gelitten hatten. Doch hatte sie bei keinem ernstliche üble Folgen nach sich gezogen und mit herzlicher Freude sahen wir nach und nach alle Uebrigen auf der Rückkehr von der Spitze über den Gletscher herabkommen und bei uns auf dem Sammelplatze ein= treffen. Hier vernahm ich, daß die Fahne, welche nun zur Erinnerung an das Gelingen unseres Zuges in das ständische Museum zu Salz= burg gesandt werden sollte, auf dem Venediger geflattert hatte, und daß der Pflock dort aufgestellt worden war, wo die Spitze noch nicht über= hängt, daher dem Absturze weniger ausgesetzt ist. Laffer hatte die Thermometermessung vorgenommen und sie zeigte unterhalb der Spitze, auf einem gegen den Windanfall geschützten Punkte, — 3° R., so daß man annehmen kann, daß auf der dem Winde ausgesetzten Spitze selbst — 5° bis — 6° R. waren.

Nach einiger Rast traten wir den Rückzug nach der Alpe an. Wir schlugen dazu nicht den nämlichen Weg wie am Morgen ein, sondern folgten jetzt der Leitung desselben Försters Paul Rohregger, der im Jahre 1828 als Führer des Herrn Erzherzogs Johann bald seinen Untergang durch den Venediger gefunden hätte,*) und der nun ein 70jähriger Greis die Stunde der Rache gekommen sah, und sie auch ausübte, indem er mit uns die zum ersten Male gedemüthigte Spitze betrat.

Rohregger führte uns quer über den Gletscher, der heute, dadurch baldigen Regen verkündend, ringsum donnerte, bis hinunter an den Fuß der ihn westlich begrenzenden Berge und hierauf, fortan theils am äußersten westlichen Gletscherrande, theils, wo derselbe großer Klüfte und steiler Eisabhänge halber nicht gangbar war, über die letzten Abfälle und Steinfelder dieser Berge, des Schlieferspitzes, Joabachspitzes u. s. f., hie und da auch durch die Bäche, welche von ihnen herabstürzen, abwärts in der Richtung des Thales und seiner Alpenhütten.

Wir hatten auf diesem Wege häufig Gelegenheit, die Prachthallen des Gletschers von der Tiefe von 10 und mehr Klafter und ihre im herrlichsten Blau und Grün funkelnden Seiten und Kanten zu bewundern, und diese Eishallen riefen mir die Märchen von den Zauberschlössern und den Kryſtallpalläſten der Nixen und Undinen in das Gedächtniß zurück. Aber auch die eingestürzten Felswände, an deren Fuße wir zeitweise gingen, mit den vorspringenden Eismassen auf der Höhe und ihren Wasserfällen gewährten einen großartigen Anblick, nur daß wir diese Scene lieber von ferne betrachteten, weil gerade solche verwitterte Felsmassen eine so lose Verbindung ihres Gesteins haben, daß ein von uns an ihrem Fuße abgefeuerter Piſtolenschuß sogleich die Ablösung einer beträchtlichen Partie Schutt bewirkte.

Endlich waren wir auf diesem, oft, besonders an den Eisabhängen, bedenklichen Wege dort angelangt, wo der Gletscher steil auf den hier bereits sichtbaren Alpenboden von Obersulzbach abfällt.

---

*) Er wurde von einer Lawine in den Abgrund getragen und nebst seiner eigenen Geistesgegenwart verdankt er blos dem Umstande das Leben, daß er nur so hoch mit Schnee bedeckt war, daß er mit seiner Hand bis auf die Oberfläche der auf ihm lastenden Schneemassen gelangen konnte, wodurch der Punkt, wo er sich im Schnee befand, bekannt wurde und er dann gerettet werden konnte.

Um von dieser letzten Höhe die Thaltiefe zu gewinnen, mußten wir über jähe Felsabhänge hinab, und als wir am Fuße des Gletscher=Wasserfalles angekommen waren, blieb uns noch eine schwierige Aufgabe zu vollführen. Denn wir hatten uns jetzt über die in der Ache befindlichen Felsstücke, uns dabei oft blos an den Tannen, welche auf ihnen Wurzel gefaßt, erhaltend und so ober dem reißenden Wasser kletternd, und zuletzt noch durch arg verstricktes Krummholz eine Bahn zu brechen.

Aber auch dies bewerkstelligten wir ohne allen Unfall, und betraten schließlich um 5½ Uhr wieder die Alpe, welche wir um 1½ Uhr Nachts verlassen hatten.

Lasser, Gravenegg und ich zogen es vor, die 4 — 5 Stunden Weges nach Neukirchen noch an demselben Tage zu machen, als durchnäßt von der Gletscherreise und dem Durchwaten der Bäche nochmals auf dem kalten Heuboden der Alpe, wo man die Nacht vollkommen gekleidet zubringen muß, zu übernachten, und wir langten, nachdem wir im Salzachthale den Venediger nochmals, und zwar im zauberischesten Scheine des Vollmondes gesehen, um 10 Uhr Nachts zu Neukirchen an.

Hier trafen am folgenden Morgen die übrigen Theilnehmer der Expedition, welche auf der Alpe über Nacht geblieben waren, ein; Nachmittags aber fuhren wir mit Herrn von Kürsinger und einigen anderen Venediger=Ersteigern, oder, wie die Bauern kürzer sagten „Venedigern" mit der Fahne und unter Trompetenschall und in allen Dörfern, durch die wir auf dem Wege kamen, mit den Aeußerungen der lebhaftesten Theilnahme empfangen, nach Mittersill, wo uns tausend Glückwünsche zu dem günstigen Erfolge unseres Unternehmens erwarteten.

Wir konnten auch alle mit dem Resultate desselben vollkommen zufrieden sein, da es ohne einen einzigen Unglücksfall erreicht wurde. Ein Theil, darunter die drei Wiener, waren zudem gar leichten Kaufes, nämlich nur mit einem, ausgenommen an den Stellen, welche mit Pulver bestrichen waren, tüchtig gebräunten Gesichte und etwas zerrissener Haut desselben, höchstens mit einer kleinen Ueberreizung der Augen

davongekommen, wogegen freilich mehrere „Venediger" heftige Augen-
entzündungen, ja ein paar sogar den Zustand fast gänzlicher Blindheit,
das eine wie das andere Uebel aber nur durch ein paar Tage und
ohne die geringste weitere nachtheilige Folge, zu ertragen hatten.

Am nächsten Tage wurde dann in Bräu Rupp's Hause in
Mittersill eine genaue Nachforschung darüber gepflogen, wer alles die
Spitze erreicht habe, und sie lieferte das, freilich nicht über alle Zweifel
erhabene, Resultat, daß 24 Theilnehmer der Expedition auf dem
Gipfel gewesen seien, und zwar außer den zwei bereits wiederholt
genannten Führern Herr Pfleger von Kürsinger, Herr Pelikan, Apo-
theker in Hofgastein, die Schullehrer von Wald und Stuhlfelden,
Herr Josef Eigner und Herr Meyer, Herr Gebhardt, Rentmeister,
und Herr Strnadt, Konzeptspraktikant des Pfleggerichts Mittersill,
Lasser, Gravenegg und ich, der Studirende Alois Reitlechner, Paul
Rohregger mit einem seiner Söhne, ferner der 65jährige, unter dem
Namen „Jager Krister" bekannte Revierjäger zu Neukirchen Kristian
Ries und die Landleute aus den benachbarten Thälern Johann Deu-
tinger, Thomas Enzinger und Josef Gruber aus dem Stubachthale,
mein Begleiter Peter Meilinger, Besitzer des Weyerhofes, Simon
Scharler aus Habach, Franz Fürschnaller aus Bramberg, Anton Pach-
mayer von Wald, Sebastian Steger, Rupert Plaikner und Johann
Holzer, der vielbekannte Fuscherhans aus dem Fuscherbade.

Auch wurde die Fahne, welche wir mit auf dem Venediger
gehabt hatten, mit den Worten: „Zur Erinnerung an die erste Ersteigung des großen Venedigers am 3. September 1841" von einem
zu Mittersill eben anwesenden Wiener, Herrn Rudolf Felner, mit
wirklich kalligraphischer Schönheit beschrieben und dem ständischen
Museum zu Salzburg zum Andenken an die erste Ersteigung der
höchsten Spitze des Herzogthums übersandt.

Unauslöschlich lebt aber die Erinnerung an die Bergfahrt vom
3. September 1841 in allen Theilnehmern der Expedition fort, vorzüglich jedoch in meinen beiden Reisegefährten und mir, die wir durch
gemeinschaftliche Bestehung von Gefahren und Beschwerden in nähere
Berührung mit den Bewohnern des Pinzgau's gekommen, in denselben

ein kerniges und biederes Gebirgsvolk genauer kennen und damit auch
ſchätzen gelernt haben.

——————

Ueber die erſte Erſteigung des Großvenedigers am 3. September
1841 iſt nebſt der voranſtehenden Skizze in der Wiener Zeitung eine
vortreffliche Schilderung des Herrn Dr. J. R. von Laſſer in der
Wiener Theaterzeitung und ein ſelbſtſtändiges Buch erſchienen, das
die Herrn J. von Kürſinger und Dr. Franz Spitaler zu Ver=
faſſern hat und den Titel führt:

„Der Großvenediger in der noriſchen Central=Alpenkette, ſeine
erſte Erſteigung am 3. September 1841 und ſein Gletſcher in ſeiner
gegenwärtigen und ehemaligen Ausdehnung.“

Dieſem Werke entnehme ich, daß der Venediger im Jahre 1842
neuerlich aus dem Pinzgau erſtiegen worden iſt. Von ſpäteren Erſtei=
gungen von der Nordſeite iſt mir auf meinen wiederholten Reiſen in
Pinzgau nichts bekannt geworden, obgleich noch im Jahre 1842 auf
Veranlaſſung des Herrn Ignaz von Kürſinger eine Hütte im Keeskar,
etwa 3 Stunden von der Spitze des Großvenedigers entfernt, erbaut
und dadurch die Erſteigung weſentlich erleichtert worden war.

Vermuthlich iſt der Weg auf den Venediger von dieſer Seite
nur darum von den Bergſteigern ſo vernachläſſigt, weil man inzwiſchen
auf der Südſeite einen viel bequemeren und vollkommen gefahrloſen
aufgefunden hatte.

Nach demjenigen, was mir von competenter Seite mitgetheilt
wird, iſt die Erſteigung unſeres Berges auf ſeiner ſüdlichen Seite von
Pregraten aus ſogar ſo wenig beſchwerlich, daß man außer etwa auf
den Similaun im Oetzthale auf keinen andern Berg von der Höhe von
mehr als 11.000 Fuß ſo leicht gelangt, als auf den Großvenediger.

Auch auf dieſer Seite iſt, und zwar auf Veranlaſſung des Pro=
feſſors Simony in Wien, durch die Munificenz des Herrn Erzherzogs
Johann von Oeſterreich eine Johannishütte in der Nähe des Iſel-

und Mulwitzkeeses, etwa 5 Stunden unter der höchsten Spitze, er=
baut worden.

Folge, aber auch Beweis der leichten Ersteigbarkeit des Groß=
venedigers von Pregraten, ist, daß er alljährlich mehrere Male auf
diesem Wege bestiegen wird, und, wie es in solchen Fällen öfter vor=
kömmt, ist diese Bergfahrt hauptsächlich bei einer bestimmten Lands=
mannschaft, nämlich den Baiern, sehr beliebt. Doch wird sie nicht
minder von Wienern fleißig gemacht und unter die Ersteiger des großen
Venedigers aus der Residenz zählt auch bereits eine kühne Bergsteigerin.

Nach dem Werke Kürsinger's und Spitaler's hatte be=
reits im Jahre 1842 eine bedeutende Veränderung an der Form
der obersten Spitze stattgefunden und war ihr äußerster Theil mit dem
dort eingetriebenen Pflocke schon damals in die Tiefe abgestürzt. Ich
habe später in dem Jahre 1853 vom Matreyer=Kalserthörl und im
Jahre 1854 vom Wiesbachhorn eine ungewöhnlich große Schnee=
anwehung, einen sogenannten Schneepolster, auf der Spitze des Ve=
nedigers mit dem Fernrohre deutlich wahrgenommen. Dieser Schnee=
polster hat noch in den folgenden Jahren, aber in veränderter Gestalt,
bestanden und hat die Betretung zu einem Wagestücke gemacht, das
zwar ein oder ein paar Mal ausgeführt worden ist, welches zu wieder=
holen jedoch Niemandem gerathen werden kann, weil es mißlingen
und dann für den Wagehals die entschieden unglücklichsten Folgen
haben könnte.

Aus der Glockner= und Benedigergruppe.

Ein Streifzug dies- und jenseits der Tauern.

I. Vom Fuscherbade nach Mittersill.

Der Bergsteiger, dessen Ziel die höchsten Spitzen des Gebirges sind, kennt keinen verhaßteren Feind als den Neuschnee. Tritt Unwetter ein, verhüllen dichte Nebel die Höhen, dann fügt er sich leichter in das Unabänderliche, es äfft ihn wenigstens nicht der stete Anblick dessen, was er erreichen möchte und nicht erreichen kann. Mit wahrer Erbitterung erfüllt es ihn aber, wenn sich der herrlichste blaue Himmel über dem Gebirge spannt, sich die eisigen Hörner und Dome auf diesem Grunde im freundlichsten Sonnenlichte scharf und einladend abgrenzen und dennoch ihre Ersteigung unausführbar ist, weil der frisch gefallene Schnee die Loslösung von Lawinen auf den steilen Höhen doppelt befürchten läßt, während er auf den ohnehin oft entsetzlichen Felswänden und Steinkämmen dem Auge die Sicherheit nimmt, die Gefahr zu erkennen, dem Fuße jene ihr zu begegnen und dadurch jeden Tritt zum lebensgefährlichen macht.

Im August 1853 fiel leider ein um das anderemal Schnee in der Tauernkette. Kaum war das unliebsame weiße Kleid, das der 7. und 10. August über die Höhen gebreitet hatte, durch die kräftigen Strahlen der Sonne wieder entfernt, als am 17. August ein ungleich stärkerer Schneefall ringsum die Berge bis zur Höhe von beiläufig 5000 Fuß und bis auf die Alpenmatten herab bedeckte.

Ich verweilte damals im Fuscherbade in Pinzgau mit der ausgesprochenen Absicht, am ersten Tage, als mir dies das Wetter gestatten würde, die Ersteigung des Wiesbachhorns von dem vom Bade

nur anderthalb Stunden entfernten Tauernhause Ferleiten aus zu unter=
nehmen und ebenso den Versuch zu wagen, aus dem nächsten westlichen
Thale Kaprun über die Mitte des Glockner Eismeeres unmittelbar auf
den Pasterzengletscher bei Heiligenblut zu gelangen.

Die neue Ungunst des Wetters und die Temperatur von $+ 4^0$ R.
hätten mich bald wie so manchen anderen Badegast am 17. und 18.
August aus dem Bade verscheucht, und blos der feste Vorsatz hielt mich
zurück, in diesem Jahre meine beiden Lieblingspläne nicht früher fahren
zu lassen, als bis meine Zeit für das Gebirge um und ich nach Wien
zurückzukehren gezwungen wäre.

Als jedoch am 19. August ein wolkenloser Himmel und milder
Sonnenschein die Landschaft in allen ihren Reizen und in jener Klar=
heit, wie sie nur nach einem Regen sich einstellt, erblicken ließ, gewann
freilich die Sache sogleich ein anderes Ansehen. Nun trat wieder
Unternehmungslust an die Stelle des Verzagens.

Ueber Eines mußte ich alsbald zu einem Entschlusse kommen.
Es unterlag keinem Zweifel, daß das Wiesbachhorn und die Gletscher
des Glockner Eismeeres durch den frischgefallenen Schnee für einige
Tage unzugänglich geworden waren. Unverzeihlich aber hätte es mir
geschienen, diese einigen Tage und mit ihnen einen nicht unbedeutenden
Bruchtheil der mir für 1853 nur karg zugemessenen Zeit zu den Berg=
ersteigungen, müßig im Bade zuzubringen.

Es war also der Plan schnell zu fassen, was inzwischen, bis die
Hauptunternehmungen wieder möglich wären, auszuführen sei.

Die Wahl war nicht schwer. Um eine allseitige Kenntniß des
Gletschergebietes des Großglockners zu erlangen, hatte ich mir schon
früher vorgenommen, einen Ausflug durch das Stubachthal bis auf
die Höhe des Kalsertauern, also längs dem Westabfalle des Glockner
Eismeeres zu machen; sollte es möglich sein, so wollte ich noch weiter
bis nach Kals vordringen, um auch die Süd= und Südwestseite in
Augenschein zu nehmen. Dieser Ausflug erforderte drei bis fünf Tage
und damit gerade so viel Zeit, als zum Schmelzen der neuen Schnee=
lagen nöthig war, und so wurde er nun als ganz angedeutet beschlossen.

Um mit voller Gewissenhaftigkeit vorzugehen und sicher zu sein, daß ich nichts am Wiesbachhorn und der Kaprunerreise versäume, beschloß ich vorerst den 19. August zu einer genauen Recognoscirung der Schneemassen auf dem Wiesbachhorn zu verwenden und bestieg an diesem Tage Vormittags den 7—8000 Fuß hohen nordöstlich über dem Bade lagernden Kühkarkopf.

Da gewahrte ich zu meiner geringsten Erbauung, vornehmlich mit dem Fernrohre, Mauern und Gefilde von Schnee in noch größerem Maßstabe als ich es erwartet hatte und gewann die Ueberzeugung, daß selbst bei der anhaltendsten Thätigkeit der Augustsonne ein Zug auf die Eisfelder und das Wiesbachhorn vor vier oder fünf Tagen nicht gewagt werden könne.

Damit war jeder Skrupel beseitigt und der Beginn der Bergreise nach Stubach und Kals wurde, die Fortdauer des schönen Wetters vorausgesetzt, auf den folgenden Tag bestimmt.

Der 20. August erwies sich in der That seines Vormannes würdig. Bald war der für einen mehrtägigen Ausflug erforderliche wissenschaftliche und nicht wissenschaftliche Apparat ausgewählt und in meine Reisetasche verpackt.

Die Theilnahme, welche die kleine Badegesellschaft, deren einzelne Mitglieder zum Theile Freunde eines längeren Schlafes auch im Hochgebirge erst nach und nach aus ihren Zimmern im Speisesaale erschienen, an meinen Bergunternehmungen stets bewiesen hatte, machte es mir wünschenswerth von Allen Abschied zu nehmen. Bis dies geschehen und ich ein Frühstück, dessen Beigabe die prachtvollsten, im Fuscherbade nie fehlenden Erdbeeren und einige von Gretel, der Hebe des Bades, mit freundlicher Miene kredenzte Gläser des unvergleichlichen Fuscherwassers waren, genossen hatte, war es 8 Uhr geworden.

Ich wollte bis 11 Uhr in Zell am See eintreffen, um mit der um diese Stunde von dort nach Oberpinzgau abgehenden Briefpost bis Uttendorf, oder wenn ich meinen Ausflug doch weiter ausdehnen würde, bis Mittersill zu fahren, und mußte daher jetzt durch einen beschleunigten Schritt einholen, was ich an Morgenstunden verpraßt hatte.

In einer kleinen Stunde war ich auf dem schönen Fußwege im Dorfe Fusch angelangt. Nicht leicht vermag ein anderer Alpenpfad eine größere Abwechslung zu bieten.

Vom Bade zieht es Anfangs an dem Abhange des Kaserriedels, des Eckpfeilers zwischen dem höheren Weichselbachthale, worin das Bad gelegen und dem tieferen Hauptthale Fusch hin.

Wandert man auf ihm vom Dorfe zum Bade, so vergällt seine oft starke Steigung bei günstiger Beleuchtung, das heißt bei Sonnen- schein, mindestens zum Theile den Genuß seiner Reize. Steigt man aber vom Bade hinab ins Dorf, so ist man bei behäbigerer Leibestemperatur in der Lage, seine Vorzüge ganz zu würdigen.

Man erfreut sich dann der romantischen Punkte unmittelbar an ihm, besonders der Stelle, wo er sich unter Baumschatten steil zu einem aus einer Seitenschlucht zur Rechten herabbrausenden, nicht un- beträchtlichen Wasserfalle windet, während zur Linken einige Klafter tiefer ein gewaltiger Felsblock oder nach dem Gebirgsausdrucke „Palsen", dem Bache, der kaum durch seinen Sturz über die Felswand ein seinem Laufe sich entgegenstellendes Hinderniß besiegt hat, als ein neues Hemmniß in den Weg tritt, welches das nasse Bergkind wie früher den Felsabhang durch einen kühnen Sprung, nun durch eine besonnene Krümmung zu überwinden weiß.

Man wird überrascht durch die mächtigen Ahornbäume, welche stellenweise einen Laubgang über dem Steige bilden, vor Allem aber schwelgt man im Genuß der wundervollen Aussicht.

Das Prachtstück tritt zuerst hervor. Kaum ist man 10 Minuten vom Bade beim Lehen Schönbühel angelangt, da ragt gegenüber und in der Luftlinie höchstens eine Meile entfernt, das riesige Wiesbachhorn mit seinem obersten Theile über den dunklen Bergen empor, welche den westlichen Rand des Fuscherthales bilden. Dort, wo ein Kreuz die Scheidecke zwischen den Thälern von Weichselbach und Fusch be- zeichnet und eine Bank an ihm zum Ausruhen einladet, hat man noch eine vollkommene Ansicht des nach Süden geneigten, bis zur Höhe von 11.300 Fuß hinanstrebenden Hornes und seines nördlichen Absturzes in furchtbaren Stoßwänden.

Nur wenige Schritte abwärts und das magische Bild versinkt hinter den Vorbergen. Dafür erblicken wir unter uns die tiefe Schlucht des Weichselbaches als Ausmündung des Weichselbachthales und südlich über ihr die von der Straße zum Bade und dem Fußwege vom letzteren zum Tauernhause Ferleiten, zuerst mit Wald und Bergwiesen zur Alpenregion, dann mit kahlen Felsen in den entschiedensten Formen als Mitterberg, Gamsburg, Empachhorn aufsteigenden Höhen.

Immer größer wird der sichtbare Ausschnitt des tiefen Fuscherthales und wir gewahren davon zuerst die Häusergruppen rings um den Hof des Empacher, später das Dorf selbst mit der alterthümlichen Kirche.

Dazu lugt noch über der Thalenge, womit das Fuscherthal sich zu seinem südlichen Theile an der Alpe Ferleiten erhebt, im Rahmen zwischen der westlichen Höhe des Zwingberges und dem östlichen Fußgestelle des Empachhorns und der Gamsburg immer ein anderer Gletscherberg aus dem Fuschereiskar hervor und im allmälichen Abwärtssteigen zum Dorfe sehen wir, wie Bilder im Guckkasten, nach ihrer Lage von Westen nach Osten nach einander die hohe Dock, dann die lichten Gletschergestalten des Fuscherkarkopfs, des Sinewellecks und der Pfandlscharte in dem nahen Thalausschnitte zum Vorschein kommen.

Diesmal sprach ich nicht wie gewöhnlich im Dorfe zu, sondern verfolgte raschen Schrittes den Weg nach dem Salzachthale.

Die Ruhe im Fuscherthale ist in der Regel so groß, daß man froh ist an dem schönen Falle, mit welchem der auf den Eisfeldern des Hochtenn geborne Hirzbach in der Nähe des Dorfes aus dem westlichen Hirzbachthale die Thalsohle von Fusch erreicht, ein Zeichen der Bewegung gewahr zu werden und die einzigen Ruhestörer, die tosende Fuscherache und den Geyer, der in der Wolkenhöhe seinen gellen Pfiff ertönen läßt, willkommen heißt.

Der Mensch unterbricht hier nur selten die Thalstille und auch heute traf ich erst, nahe der Ausmündung des Thales, ein paar Bauern auf der Straße an. Sie hatten mich bereits früher einmal irgendwo gesehen, behandelten mich daher als alten Bekannten und so schritten wir zu Dreien dem Salzachthale zu.

Schon vom Dorfe aus hatte ich die Mühlsturzhörner am Hintersee
von Berchtesgaden und ihre nächsten Nachbarn im Westen vollkommen
rein in der nördlichen Richtung erblickt; seitdem war das gewaltige
Birnhorn im Leoganger Thale in den bestimmtesten Umrissen sichtbar
geworden; nun glänzten auch die Kirchen von St. Georgen und Hunds=
dorf am Fuße der Berge auf der Nordseite des Salzachthales freund=
lich zu uns herüber.

Als wir im Hauptthale der Salzach vor dem Dorfe Bruck an=
gekommen waren, schlugen meine Begleiter einen Seitenweg zur Linken
ein. Durch ihn wird die Krümmung erspart, welche man macht, wenn
man aus dem Fuscherthale durch das Dorf Bruck und über die dor=
tige Salzachbrücke, dann unterhalb des Schlosses Fischhorn vorbei nach
Zell wandert und man betritt die Hauptstraße von Taxenbach nach
Zell und Mittersill, nach Ueberschreitung eines Steges über die Salzach
bei jener Brücke, mittelst welcher diese Straße den Verbindungscanal
zwischen dem Zellersee und der Salzach übersetzt.

Auf dem Seitenwege selbst kömmt man vor einem Bauernhause
vorbei und hier steht eine Linde von seltener Größe und Schönheit,
und überschattet höchst malerisch das Haus und den Vorplatz vor ihm.

Es war 10 Uhr als wir auf der Straße anlangten. Ich hatte
mittlerweile die Einsicht erlangt, daß es nicht nur verlorene Mühe
wäre, den Weg von einer Stunde nach Zell zu machen, sondern daß
es auch viel gerathener für mich sei, auf der Straße nach Ober=
pinzgau fortzugehen.

Die Straße nach Zell mündet nämlich kaum eine halbe Stunde
weiter westlich in die Taxenbach=Mittersiller Straße. Verließ ich diese
nicht, so mußte mich daher die Briefpost von Zell, die mindestens
eine Stunde nach mir bei der Straßentrennung ankam und in der=
selben Richtung mit mir fortfuhr, jedenfalls einholen und ich hatte
dann, sollten die Plätze schon besetzt sein, wenigstens den Vortheil,
schon mehr als eine Stunde meines Weges zurückgelegt zu haben,
wogegen ich, wenn ich nach Zell gegangen wäre, vielleicht auch keinen
Platz gefunden und noch dazu einen Umweg von zwei Stunden von
meinem Wege ab gemacht hätte.

Ich schied also von meinen zwei Gefährten und folgte der westlichen Richtung gegen Oberpinzgau.

Die Sonne that heute ihre Schuldigkeit, was mich wohl mehr wegen des zu schmelzenden Schnee's als wegen des in mir bewirkten Wärmegrades zufriedenstellte.

Doch an der Stelle, wo ich mich jetzt befand, mußte jede andere Empfindung, physische wie psychische, dem reinsten Entzücken weichen, denn hier ist, wie kaum auf irgend einem andern Punkte im Hochgebirge, klassischer Boden für den Naturfreund.

In dem nach Norden liegenden Theile des sich erschließenden Gemäldes nimmt der schöne dunkelblaue Zellersee mit dem alten Markte hart an seinem Westufer beinahe die ganze Thalbreite ein. Oestlich und westlich erheben sich von seinem Spiegel 6—7000 Fuß hohe Berge mit so malerischer Vertheilung ihrer Matten und Wälder von ihrem Fuße bis hinan zu den Wellenlinien ihrer breiten Rücken, daß man meint, nur die Kunst habe diese Gruppen so zu bilden vermocht.

Ueber dem Seespiegel baut sich nördlich in scheinbar geringer Ferne, in der That aber zwei bis drei Meilen weit von ihm, die 7—8000 Fuß hohe Kalkmauer des steinernen Meeres auf, aus ihr aber ragt wieder rechts das feingebogene Horn der Schönfeldspitze, links das massenhafte Breithorn hoch empor. Dazu zurückstehend der breite Hundstod und andere Kalkpyramiden aus der Gruppe an den Hohlwegen, endlich im Westen die Riesengestalt des Birnhorns.

Genügt nicht schon diese unvollkommene Skizze, die Schönheit des dargebotenen Bildes zu erkennen?

Doch wir haben nur seine eine, nur seine minder entzückende Hälfte bisher geschildert.

Gleitet das Auge vom Seespiegel weg nach Süden, so findet es ganz nahe an ihm auf alleinstehendem Hügel die alte Burg Fisch= horn und über ihr und dem Thale von Pinzgau den prachtvollen Zug der Centralkette. Im Südosten lagern über den Höhen des Salzachthales der Bernkogel von Rauris und die gleichgestalteten

21*

drei Brüder zwischen Wolfbach und Fusch, unter ihnen am bekanntesten der Archenkopf.

Aus dem Thaleinschnitte von Fusch blickt bei 9000 Fuß hoch der Schwarzkopf mit seinen nördlichen Schneefeldern hervor. Westlich von Fusch und in der Mitte zwischen diesem Thale und Kaprun steigt fast aus der Fläche des Salzachthales die regelmäßige grüne Pyramide des Inbachhorns, oder nach alter Schreibweise Yenbachhorns, hinauf bis zu den Schneefeldern des hohen Tenn, welche rings über ihr schimmern. Unmittelbar gegen Westen folgt dann die Furche des Kaprunerthales. Sein Wächter, das alte Schloß Kaprun, steht auf einer kleinen Höhe über dem Salzachthale. Hoch über seine Umgebung aber strebt die über 10.000 Fuß hohe, nur selten besiegte Eisnadel des Kitzsteinhorns in die Lüfte, und was auch noch Schönes in westlicher Richtung zu schauen ist, die vom Kitzstein sich nördlich ziehende Eisfläche der Schmidingerhöhe, die daran gelehnte Berggestalt der großen Arche, der Thalausschnitt des oberen Pinzgau's bis gegen Mittersill mit seinem farbenreichen Mittelgebirge, — es wird alles in den Hintergrund gestellt durch die Erscheinung des herrlichen Eisberges.

Hat man sich endlich von dem Anblicke zu trennen vermocht und folgt man nun der Straße, so verschwinden wohl einzelne Scenen aus dem eben geschilderten Bilde, doch die noch erübrigenden sind wieder in neue Verbindungen getreten und dadurch ist unsere Aufmerksamkeit von Neuem gefesselt. Vorzüglich bleiben die Hochgebirgsansichten gegen Süden hier immer schön, immer interessant.

Meinem Vorsatze getreu, suchte ich, als ich mich in Fürth dem Eingange des Kaprunerthales gegenüber befand und im Hintergrunde dieses Thales neue Gletscher aus der Glocknergruppe sichtbar geworden waren, mit Fernrohr und Karte den Namen und die Lage der einzelnen Spitzen zu erforschen, und mein Eifer wurde dadurch verdoppelt, daß ich hier den Bergen gerade in der Mitte des Eismeeres gegenüber stand, welche auf noch unerforschtem Wege zu durchwandern ich unter meine Lieblingspläne rechnete. Ich kam jedoch nur insoweit zu einem Erfolge, daß ich aus den rückwärts im Thale auftauchenden Gletschern einen oder den andern erkannte, sowie in dem zum Vorschein gekommenen Bergstocke auf der Ostseite die Bauern= brache. Ueber die später erscheinenden Firnhöhen erlangte ich keine Gewißheit und verschob daher die Lösung der Frage, ob sie der Glo= ckerin oder dem Wiesbachhorn angehören, auf eine spätere Zeit. *)

Immerhin verdient auch die nähere Umgebung der Straße Be= achtung und insbesondere sieht man noch, bevor man Fürth erreicht hat, das Bergwerk zu Limberg mit seinem mächtigen Erzsturze ganz hübsch auf einiger Höhe rechts oberhalb der Straße liegen. Doch ohne den Reiz der Ansichten des südlichen Hochgebirges hätten mich die nahen Gegenstände sicher das lange Ausbleiben der Post bei der großen Hitze nicht so geduldig hinnehmen gemacht.

Ich traf wirklich in Piesendorf um 12 Uhr ein, ohne von der Briefpost eingeholt worden zu sein. Nun wollte ich sie wenigstens hier erwarten und trat in das Gasthaus ein, wo sie anzuhalten pflegt.

Geplagt von einer Schaar von Fliegen, fühlte ich mich bald bei elendem Schinken und saurem Wein gerade nicht sehr behaglich und war schon nahe daran, meinen Weg zu Fuß fortzusetzen, als ein Wagen vor dem Hause hielt. Es war die ersehnte Post.

Ich trat unter die Thüre und sah nun, daß zwei Herren den Mittelsitz einnahmen. Noch war allerdings ein Platz vorne neben dem Kutscher, oder eigentlich, da die Briefpost aus einem einspännigen Steierwagen besteht, dessen Spritzleder über den Beinen der auf dem Mittelsitze Befindlichen stets geschlossen werden muß, damit der Kutscher auf seinem schmalen Brete sitzen kann, auf den Füßen der innen Sitzen= den frei. Es war mir aber aus früherer Erfahrung bekannt, daß die Kutscher nicht geneigt sind, einen dritten Passagier aufzunehmen, weil damit die Last für das einzige Pferd zu schwer wird, und ich begann daher eben dem Kutscher begreiflich zu machen, daß ich nur

---

*) Eine spätere Rekognoscirung hat mich davon überzeugt, daß man von der Mittersiller Straße aus in Kaprun den hohen Bärenkopf, dann über dem Fochezkopf die Glockerin und, jedoch nur durch wenige Augenblicke, das große Wiesbachhorn erblickt.

bis Uttendorf mitfahren wolle, als ich in dem einen der beiden Herren
einen Bekannten aus der Residenz gewahr wurde. Er, wie ich, hatten
uns, unserer Reisekleider halber, nicht sogleich erkannt und traten uns
jetzt gleichzeitig zur Begrüßung entgegen.

Nun wurde der Kutscher mit vereinten Stimmen überredet, uns
alle drei baldigst fortzubringen. Bis er mit seiner Briefabgabe fertig
war, hatten wir uns schon unsere Reisepläne mitgetheilt. Als aber
der jüngere der beiden Fremden, ein Vetter meines Bekannten, welch'
letzterer sich von Krimml über Zell nach Innsbruck wenden wollte,
mir seine Lust, mich auf meinem vorhabenden Gebirgszuge zu begleiten,
aber auch eine besondere Vorliebe für die Uebersteigung des Krimmlertauern ausgesprochen, da faßte ich schnell den Entschluß, mit ihm den
Ausflug über diesen Tauern nach Tirol und zurück über den Kalser
Tauern zu unternehmen. So hatte ich Gelegenheit, das Glocknergebiet
von Westen und Süden zu sehen, und es müßte, meinte ich, doch ein
ganz besonderes Verhängniß sein, wenn sich die Witterungsverhältnisse
so gestalten würden, daß gerade an dem einen oder den paar Tagen
längerer Abwesenheit von Fusch die Ausführung des Wiesbachhorn-
Projektes scheitern sollte.

Voll frischen Muthes ging es endlich vorwärts. Bald sahen
wir Niedersill zur Linken im Thale liegen. Bei Uttendorf gab wieder
die Erkennung der Gletscher am Schlusse des Stubachthales, welches
sich dem Dorfe gegenüber öffnet, viel zu denken; eine Ueberzeugung
wurde aber auch hier erst nach Langem dahin gewonnen, daß wir es
mit der Riffel und dem Eiser zu thun hätten.

Unser Postknecht hatte noch einmal bei einem Wirthshause anzuhalten und versäumte nicht, uns möglichst verständlich zu machen, daß
es ihn durchaus nicht beleidigen würde, wenn wir ihm Gelegenheit
bieten wollten, seinen Durst auf unsere Kosten zu löschen.

Die Wegstrecke von Bruck und Zell nach Mittersill zerfällt
eigentlich in drei Theile, den ersten von Zell und Bruck bis Piesendorf, den zweiten größten von Piesendorf nach Uttendorf und den
dritten und kleinsten von Uttendorf bis Mittersill. Auf dieser dritten

Wegstrecke, auf der wir nun fuhren, ist Stuhlfelden der einzige ansehn=
liche Ort an der Straße.

Ein wahrhaft trostloses Bild, grell abstechend von der pracht=
vollen Gebirgscenerie ringsum, folgt jedoch dann: die Pinzgauer
Sümpfe. Zwar finden Versumpfungen im ganzen Salzachthale von
Bruck bis Mittersill, ja bis weiter gegen Westen durch die Salzach
und ihre Gebirgszuflüsse statt; allein wie sie den Bemühungen des
menschlichen Erfindungsgeistes bei Bruck und Fischhorn schon gänzlich
weichen mußten, so sind sie auch auf der übrigen Strecke nirgends so
ausgedehnt, als eben in der Nähe von Mittersill.

Blickt man vornehmlich von der Höhe des Kreuzbühels hinab
in's Thal, so gewahrt man weder Wiese noch Feld auf dem breiten
Thalboden, selbst das Sumpfgras nimmt den kleinsten Raum auf ihm
ein; er gleicht vielmehr mit seiner traurigen Abwechslung von einzelnen
Kanälen fließenden und weiten Partien stehenden Wassers zwischen
den überall entstandenen ausgedehnten Sanddünen und Schlammfeldern
vollkommen einem großen Teiche, dessen Wasser eben abgelassen wurde.

Unterdessen waren wir dem Schlosse von Mittersill, welches wir
schon lange in der Richtung der Straße auf der Höhe vor uns
gesehen hatten, immer näher gekommen, jetzt lag es bereits unmittel=
bar vor uns und zuletzt um 3½ Uhr hielten wir vor der Post zu
Mittersill.

II. Von Mittersill nach Krimml.

Das Gasthaus des „Bräu Ruppen", auch „Ruppen Bräu",
erfreut sich eines sehr guten Rufes und ich konnte das Gegründete
desselben aus eigener Erfahrung bestätigen. Wir steuerten deshalb,
ohne uns durch die Schilderung unseres Kutschers von den Genüssen,
welche uns die Post bieten würde, wollten wir in ihr einkehren, ver=
locken zu lassen, ungesäumt über die Salzachbrücke Ruppens Hause zu.

In seinem freundlichen Gastzimmer fühlten wir uns bald recht
behaglich, und als uns hierauf Rupp Gesellschaft leistete, wurden die

alten Erinnerungen aus dem Jahre 1841 aus der Rumpelkammer der Vergessenheit wieder hervorgeholt.

Damals herrschte in diesen Räumen unmittelbar vor und nach der Ersteigung des Groß-Venedigers der größte Venediger-Enthusiasmus, dessen Zeuge auch ich durch einige Tage war; mancher hochkomische Bombast mischte sich darein, und zuletzt erreichte er eine solche Stufe, daß Rupp's tägliche Gäste sich vor den ewig wiederkehrenden Gesprächen vom Groß-Venediger nur dadurch retten konnten, daß in der Folge jede Nennung des Namens Venediger mit einer Geldbuße bestraft werden sollte. Rupp erzählte viele Einzelnheiten, worüber wir vom Herzen lachen mußten.

Einmal in die Laune zum Lachen versetzt, fanden wir auch bald einen andern Stoff dazu. Namentlich hatte einer aus der Gesellschaft sich gegen die Angriffe der andern beständig zu wehren. In das Pinzgauer Bauerncostüm, die verlängerte Jacke von Loden, Joppe genannt, kurze, nur bis zum Knie reichende Lederhose, die der breite grüne Hosenträger hielt, blaue Strümpfe und Bergschuhe, gekleidet, that er sich nicht wenig auf den Bau jenes Theiles seines Körpers zu Gute, welchen man im höheren Style mit dem Worte Unterschenkel, im niedern mit „Waden" zu bezeichnen pflegt, und den die blauen Strümpfe auch wirklich ganz vortheilhaft hervorhoben. Nun hatte sich aber im Bräuer Rupp ein Mann gefunden, welchen die Natur in diesem Körpertheile so reich ausgestattet hat, wie nicht leicht einen zweiten. Die Reisegefährten begannen Vergleiche anzustellen, und es erübrigte dem so schwer Angegriffenen, um sich vor einer Niederlage zu schützen nichts anderes, als auf den Racenunterschied und die feinere Fesselung der Knöchel, dann auf die Regeln der Plastik hinzuweisen, welche ein Zuviel verwerfen.

Nachdem Mittersill von Krimml fast eben so weit entfernt ist, als von Bruck und Zell, und die Dämmerung in dem engen Thale von Oberpinzgau in der zweiten Hälfte des Augusts ziemlich früh eintritt, so wollten wir das verspätete Mittagsmahl einnehmen, dann sogleich weiter fahren.

Das Mahl war schnell und gut geliefert und besonders bewährten Rupp's Forellen den alten Ruf. Länger dauerte es bis die Fahrgelegenheit bereit stand. Der Bräuer hatte seine Pferde nicht zu Hause, und darum mußte der Postmeister aushelfen. Er sandte einen Wagen, der dem Zeller Briefpostwägelchen auf's Haar ähnlich sah; nur Gaul und Kutscher waren andere.

Als wir dann von Rupp weg durch Mittersill hinausfuhren, sahen wir zwar manches hübsche Haus, wir gewannen aber alle die Ueberzeugung, daß Mittersill, wenn es noch in unseren Tagen „Klein-Venedig" genannt werden wollte, diesen Anspruch höchstens darauf gründen könnte, daß man bisweilen bei den Ueberschwemmungen mit Kähnen zwischen seinen Häusern herumfährt.

Höchst stattlich thront dagegen das alte Schloß mit seiner Fernsicht über das ganze Thal von Pinzgau bis hinab nach Hundsdorf und St. Georgen auf der Höhe über dem Markte. Den Eindruck, den es auf uns machte, verwischte jedoch sogleich ein ungleich gewaltigerer, hervorgebracht von einer Scene der Hochgebirgsnatur.

Ganz nahe bei Mittersill öffnet sich südlich beim Dorfe Velben das Velberthal. Etwa zwei Stunden von Mittersill steigt in ihm der Archenkogel mitten im bisherigen Thalboden empor und veranlaßt dadurch des letzteren Spaltung in das westliche, durch den Velbertauern, den Uebergangspunkt nach Windischmatrey, geschlossene obere Velberthal und in das östliche Thal, Ammerthaler Oed, mit den zum Kalsertauern sich hinziehenden Gletschern. Bei dem geraden Laufe des noch vereinten Velberthales nimmt auch von der Mittersiller Straße gesehen der Berg zwischen den Eckpfeilern des Thales gegen das Salzachthal und nur etwas weiter als sie zurückstehend die Mitte der Thalschlucht ein und man erkennt bestimmt, daß zu seinen beiden Seiten Thalgründe hinziehen. Der prachtvolle abgestumpfte Kegel mit dem, mindestens heute, schneebedeckten Haupte und den vielgestaltigen, bei der geringen Entfernung genau hervortretenden Wänden und Felsgraten, frei hinaufstrebend von der Thalestiefe an seinen beiden Seiten, gab, von den nahen dunklen Bergen coulissenartig eingerahmt, ein Bild ab, das ich für eines der wirkungsreichsten

aus jenem Theile der Tauernkette halte, wo noch nicht die Gletscher=
natur ihre Wunder entfaltet.

Wir kamen auf unserer Fahrt zuerst nach Hollersbach am Ein=
gange des Hollersbachthales. Das Hauptthal von Pinzgau hat sich
von Mittersill an verengt, und wenn man nach einer Krümmung
zwischen den einzeln stehenden Häusern und der Kirche des ärmlichen
Dorfes hindurch, dann über die Salzachbrücke wieder das linke Ufer
des Flusses gewonnen hat, so fährt man in der That hart unter den
Abhängen der nördlichen Thalwand hin.

Auch aus dem Schlusse des Hollersbachthales leuchten Gletscher
heraus, doch nicht mehr zum Gebiet des Glockners, sondern bereits
zu jenem des Venedigers gehörige.

In Mühlbach, der nächsten Ortschaft am Wege, mit dem bezeich=
nenden Merkmale eines Montanortes, der von Kohlen schwarzen Straße,
werden die im nahen Brennthale gewonnenen Erze geschmolzen und
ein erhebliches Quantum von Kupfer, Schwefel und Vitriol jährlich
erzielt. Das nach Norden laufende Mühlbachthal beginnt in dieser
Gegend und die nördlichen oder die „Sonn“=Berge von Pinzgau
weichen nirgends so weit von der Straße zurück und senken sich nirgends
so sehr, als nahe seinem Anfange zwischen Mühlbach und Bramberg,
und es thut wahrhaftig wohl, auf dieser Seite wieder einmal eine
Verbindung mit der übrigen Welt zu ahnen.

Als wir durch Bramberg fuhren, trat die Gestalt Paul Rohr=
eggers, welcher in diesem Orte k. k. Revierförster war, und später
und noch im Jahre 1841 hier wohnte, lebhaft vor meine Seele.
Fast 70jährig machte er die erste Ersteigung des Venedigers im Jahre
1841 mit und erwies der Gesellschaft dadurch einen wesentlichen
Dienst, daß er sie auf dem Rückwege vom Keeskar an bis zu den
ersten Alpen über den Gletscher führte. So wurde der gefürchtete
Heimweg über die den Gletscher östlich dämmende Stierlanerwand,
über welche der Hinweg in der That genommen worden war, erspart
und vielleicht ein großes Unglück verhindert, da bei der Zahl von
39 Theilnehmern dieser Bergfahrt, und darunter so manchen zu Berg=

unternehmungen ganz Unberufenen, leicht einer oder der andere von dieser allerdings schauerlichen Wand hätte abstürzen können.

Der alte Paul ist seitdem gestorben. Ruhe seiner Asche!

Aber auch ein Autodidact, der durch seine Leistungen in weiteren Kreisen bekannt ist, lebte und starb 1775 hier: der Bramberger Meßner Josef Fürstaller, der Verfertiger des großen Salzburger Atlasses, dann eines Globus und mehrerer Karten von Salzburg.

Auf Bramberg folgt an der Straße das Dorf Weyer.

Ich hätte gern den Besitzer des stattlichen Weyerhofes, Peter Meilinger besucht. Die noch vereinigte Gesellschaft hatte bei der Benediger Expedition im Jahre 1841 kaum die Gletscher betreten, als sie sich in kleinere Gruppen und diese wieder in Paare, oder gar Einheiten aufzulösen begann. Jeder suchte nach Kräften schnell aufwärts zur Spitze und von ihr wieder herab über die Schneefelder zu gelangen. Denn es war der allgemeine Wunsch, daß doch wenigstens Einer oder Einige den Gipfel erreichen möchten, damit das viel zu viel bekanntgemachte Unternehmen nicht vollends als gescheitert anzusehen und dann doppeltem Spotte ausgesetzt sei, und deshalb schon strebte, als einmal von allen Seiten Nebel aufstiegen, jeder mit aller Anstrengung dem Ziele zu. Auch eilten alle nach Möglichkeit hinauf und zurück, um baldigst aus dem Bereich des Schnees zu kommen, in welchen man mit dem größeren Einflusse der Sonnenstrahlen auf ihn von Viertelstunde zu Viertelstunde immer tiefer auf eine höchst ermüdende Weise einbrach.

Als nun dieser nothgedrungene Wettkampf los war, trafen Peter Meilinger und ich auf dem letzten Absatze unterhalb der Spitze zusammen, betraten diese gemeinschaftlich und zwar als die ersten nach dem Führer Hausstatter Sepp, und legten auch den Rückweg bis zum Keeskar über die weiten Eisfelder mitsammen zurück.

Doch die Erneuerung meiner Bekanntschaft aus der wirklich interessanten Episode im Oberpinzgauer Leben war der vorgeschrittenen Zeit halber nicht räthlich.

Wir hatten wiederholt unseren Kutscher zu schnellem Fahren zu veranlassen versucht, — aber vergebens. Er meinte, das Pferd habe ohnehin zu schwer zu ziehen. Meine Reisegefährten wollten über diese Thatsache mit ihm streiten, ich legte mich jedoch in's Mittel, da ich, abgesehen von der Persönlichkeit des Rosselenkers, der sowie äußerlich eine Erscheinung sehr schwerfälliger Art, ebenso auch von unerschütter= lichstem Phlegma war, die zarte Sorgfalt der Pinzgauer für ihre nichts weniger als schwächlichen Pferde, womit diesen selbst über die kleinsten Hügel der langsamste Schritt gestattet, ja aufgedrungen wird, besser kannte als meine Begleiter.

In Folge dieses langweiligen Fahrens hatten wir bis hieher ungleich länger benöthigt als gewöhnlich, die Sonne stand schon tief und doch war erst der halbe Weg bis Krimml zurückgelegt. Wir be= wunderten also ohne anzuhalten die romantische Lage des Weyerhofs mit der Ruine nebenan, vorzüglich aber seine Fernsicht in das Thal von Habach.

Von der Tirolergrenze an das vierte von den vielen von Nor= den nach Süden auf der Südseite des Salzachthales parallel laufen= den Seitenthälern der Tauernkette, ist Habach das kürzeste unter ihnen.

Aus der Hochebene des Venediger Eismeeres fallen von den Spitzen Grauer Kopf, Schwarzer Kopf, Habachkopf und Hochfürlegg überragte Gletscher, theilweise in kühnen Abstürzen gleich einer riesigen Eismauer mit hohen Zinnen bis zum Thalgrunde herab und das durch die Vereinigung aller dieser Gletscher gebildete große Habachkees wird häufig für den prachtvollsten Gletscher Pinzgaus erklärt. Entschieden ist dieses Kees das großartigste der von der Straße aus sichtbaren Gletscherbilder, und seinen Eindruck erhöht wieder wesentlich der Um= stand, daß das bis ins Thal herabwallende Eis auch hier zu beiden Seiten von nahen schwarzen Tannenwäldern eingerahmt erscheint.

Wir waren gerade vor Neukirchen, als es 7 Uhr schlug und die abendliche Gebetglocke ertönte. Auch Neukirchen, unser Sammel= platz zur Venediger Ersteigung und Nachtlager am Tage der Er= steigung selbst, in welchem wir nach einem 21stündigen Marsche über Felsen und Eisfelder wieder eintrafen, erweckte alte Erinnerungen.

Später, als wir außerhalb des Dorfes in der Dürrenbachau angelangt waren, vermehrte ein Zwischenfall unsere heitere Stimmung.

In dieser großen Au, durch welche die Straße nach Krimml längere Zeit geht und links von dieser abzweigend auch der Weg in das Sulzauerthal zum Sulzauer Wasserfall, dann in die beiden Sulzbachthäler eine Strecke lang hinzieht, haust einer alten Sage zufolge der Geist Putz. Ein marbelfarbiges d. h. marmorfärbiges Männchen, nimmt er bisweilen die Gestalt eines Kalbes an und verwandelt sich dann vor den Augen desjenigen, der ihn erblickt, in kürzester Zeit nach einander in die Gestalten aller jener Altersstufen, welche das Kalb bis zum ausgewachsenen Ochsen durchzumachen hat und deren Terminologie nur den Bauern geläufig ist.

Seine Macht dauert vom Gebetläuten am Abende bis zu jenem am Morgen, also beiläufig von 7 Uhr Abends bis 5 Uhr Früh. Wehe dem Menschenkinde, welches er in dieser Zeit in der Dürrenbachau antrifft! Er weiß es so irre zu führen, daß es keinen Ausweg mehr findet, und ist es nicht früher vor Angst gestorben, so kann es nur dann wieder aus der Au gelangen, wenn die Glocke von Neukirchen zum Morgengebete ruft. Er selbst aber wird erst dann erlöst werden, sobald sich die Fichte am Eingange in die Au von Neukirchen aus so gedreht haben wird, daß das darauf befindliche nach Norden gerichtete Crucifix ostwärts nach Neukirchen blickt.

Diese Sage erzählte ich, während wir durch die Dürrenbachau fuhren, ganz unabsichtlich meinen Reisegefährten und setzte hinzu, daß es unglaublich aber doch wahr sei, daß, als ich nach Ersteigung des Venedigers mit noch drei oder vier Männern aus der Gesellschaft um $1/_2$10 Uhr Abends beim herrlichsten Vollmonde von dem Sulzauerthale gegen die Dürrenbachau zuschritt, wir einen prächtigen Pinzgauer Burschen von einigen zwanzig Jahren ein paar hundert Schritte von der Au stehen sahen, der uns dann auf die Frage, was er da mache, antwortete, er habe uns schon von ferne kommen gehört und auf uns gewartet, weil er sich des Putzes halber nicht getraue allein durch die Au zu gehen. Da bemerkten wir plötzlich zu unserem Erstaunen, daß der Pinzgauer an der Deichsel in stärkerem Schritte auftrat und nahmen zugleich ein ängstliches Umherblicken des bisher unbeweglichen Kutschers wahr.

Natürlich improvisirte ich noch ein paar Putziaden und im anständigsten Trabb ging es vorwärts. Schade, daß das drastische Mittel nur so lange wirksam war, als wir uns in der Dürrenbachau befanden, hier aber nützte es entschieden. Bei der Krausencapelle, an ihrem westlichen Ausgange, zeigt sich der Großvenediger auf kurze Zeit und wir hielten an, um ihn genau zu betrachten. Er war frei von Wolken, jedoch die Beleuchtung nicht mehr scharf genug, um auf eine so bedeutende Entfernung seine Eisabstürze, die Schneide, auf welcher wir zur Spitze schritten und die Spitze selbst genau auszunehmen. Wir hielten uns deshalb mehr an das auf dieser Stelle dargebotene überraschende Gesammtbild.

In schöner Gruppirung breitet sich nämlich zu unterst das freundliche Sulzauerthal aus, darüber erhebt sich der Mitterberg, vor ihm aber steigt rechts das obere und links das untere Sulzbachthal an, beide östlich und westlich geschlossen durch schroffes Gebirge von 8—9000 Fuß Höhe, im Hintergrunde dagegen von den Gletschern der Venediger Gruppe, deren Haupt, der Großvenediger, zu oberst die ganze Breite von Untersulzbach einnimmt.

Bald nachdem wir uns wieder in Bewegung gesetzt hatten, erreichten wir das Rosenthal mit der Ruine Hieburg und dem Teufelssteine. Dort, wo die südlichen Berge mehr gegen die Straße vortreten und dadurch das Thal enger wird, dämmerte es schon ziemlich stark. Allein so sehr sich der Tag seinem Ende nahte, so sollte er uns doch noch Manches bringen, wovon wir bis jetzt keine Ahnung hatten.

Im Westen in der Richtung der Gerloser Platte und des Zillerthales hatte der Horizont einen eigenthümlichen rothen Schein, als fiele das Licht nicht von einem außerhalb ihrer gelegenen Gegenstande auf die Wolken, sondern wäre der ganze Himmelsgrund roth und ein über ihn gezogener grauer Schleier mildere nur die flammende Röthe. Noch blickten wir den seltenen Luftton an, da sieht einer der Gefährten rückwärts, ein Ruf des Erstaunens tönt aus seinem Munde, die beiden andern folgen der Richtung seines Blickes und sind gleich ihm ergriffen von Bewunderung.

Die obersten Spitzen der nächsten südlichen Berge, besonders die Rabenköpfe, standen da in den letzten Strahlen der scheidenden, für das Thal längst untergegangenen Sonne. Aber dieselben Strahlen, welche den westlichen Himmel roth färbten, konnten die Berge nicht vergolden, und sie tauchten sie in ein so intensives Roth, daß die 8000 Fuß hohen Felsspitzen wie rothglühendes Eisen in einer Art erglänzten, wie ich dies fast niemals in meinem Leben gesehen habe.

Allmälig wurde das Roth schwächer bis es zuletzt ganz erlosch. Doch noch heute stehen diese rothglühenden Spitzen so lebhaft vor meinen Augen, daß ich, wäre ich Maler, den Farbenton genau auf die Leinwand übertragen könnte.

Die Dunkelheit trat nun mit der im Gebirge eigenthümlichen Schnelligkeit ein. Sie ließ uns bald erkennen, wie Blitz auf Blitz am westlichen Himmel zuckte.

Wir waren jetzt bei Wald angekommen und in uns Allen waren Zweifel darüber entstanden, ob uns nicht noch vor Krimml ein Gewitter erreichen werde. Unsere Reisegesellschaft war aber eine zufällig zusammengewürfelte Gemeinschaft in der Wesenheit sich fremder Menschen und litt an dem häufigen Gebrechen solcher Gemeinschaften, daß aus Rücksicht für die Andern und um nicht mit ihren Wünschen in Widerspruch zu kommen, Jeder Anstand nimmt eine entschiedene Meinung auszusprechen, wovon dann die Folge gewöhnlich die ist, daß die Sachen gehen gelassen werden wie sie eben gehen und nicht immer den besten Ausgang nehmen. Ich deutete an, daß ich es für das Klügste hielte fürs Erste in Wald zu bleiben; würde das Gewitter vorüber gehen ehe es zu spät an der Zeit sei, so könnten wir noch immer nach Krimml fahren, sollte es aber zu spät werden, so wären wir wenigstens in einem erträglichen Gasthause über Nacht. Einer der Reisegefährten schien mir beizupflichten, der andere dagegen ohne Aufenthalt weiter fahren zu wollen. Niemand machte einen bestimmten Vorschlag.

Wir fuhren eben an dem Gasthause von Wald vorbei. Da rief einer aus der Reisegesellschaft der unter der Thüre stehenden Wirthin zu: „Nun Frau Wirthin, kommen wir noch vor dem Wetter

nach Krimml?" und alle drei lauschten wir ihrem Ausspruche und es
schien als wären wir stillschweigend übereingekommen, diesen als den
Ausweg aus unserer rücksichtsvollen Unentschlossenheit anzunehmen.
Und als die Befragte gegen den eigenen Vortheil mit einem freundlichen „O ja, meine Herren, wenn Sie rasch fahren", geantwortet
hatte, da rief es gleichzeitig aus drei Kehlen, „fahr' zu Kutscher", und
der Wagen rollte über den Hügel von Wald hinab.

Kaum aber waren wir ein paar tausend Schritte entfernt, so
fielen schwere Tropfen, erst einzeln, dann immer dichter. Wir fuhren
fort in der Hoffnung, wir hätten es nur mit einem Flügel des Zillerthaler Gewitters zu thun, der bald wieder abziehen würde. Als hierauf der Regen immer stärker wurde, schützten wir uns so viel als
möglich gegen ihn und beschlossen auszuharren, so lange es ginge,
und wenn es zu arg würde, in einem der Bauernhöfe Zuflucht zu
suchen, welche nach der Versicherung des Kutschers am Wege auf
einander folgen. Nach Wald zurückzukehren schien keinesfalls mehr
angezeigt, weil wir jetzt schon zu weit davon waren, um nicht ganz
durchnäßt dort anzukommen.

Es dauerte nicht lange, so brach das Gewitter wirklich mit
aller Gewalt über uns los. Das Echo trug das Rollen des Donners
im engen Thale von Berg zu Berg und so vervielfältigt, schienen die
gewaltigen Schläge nicht enden zu wollen. In immer kürzeren Zwischenräumen flammten die Blitze durch die Dunkelheit und diese wurde
dann unseren geblendeten Augen für einige Sekunden zur pechschwarzen
Nacht. Der Regen strömte herab und der Sturm gestattete nicht einmal einen Regenschirm offen zu halten. Von einem Weiterfahren nach
Krimml konnte jetzt keine Rede mehr sein und wir ertheilten dem
Kutscher den Auftrag, beim nächsten Bauernhause anzuhalten. Zum
Glück ließ der Regen bald nach und wir fuhren nun durch etwa 10
Minuten im Schritt fort. Endlich erblickten wir vor uns den ersehnten
nächsten Bauernhof.

Als wir eingetreten waren, fanden wir den Bauer mit seiner
Familie in einer geräumigen Küche vereint, und unser Ersuchen, hier
den Regen abwarten zu dürfen, wurde ganz freundlich aufgenommen.

Anfangs hofften wir noch auf ein baldiges Aufhören des Gewitters. Als aber plötzlich der Donner auch aus der Richtung der Sulzbach= thäler ertönte, und ein drittes Gewitter aus dem Achenthale sich zu den beiden andern gesellte, als der Regen von Neuem in Strömen herabfiel, da sank unsere Hoffnung. Dafür war das vereinte Gewitter ein wahrhaft erhabenes Schauspiel.

Wir entdeckten bald eine Bank auf der einige Fuß über dem Erdboden und in gleicher Höhe mit der Hausthüre an der Vorder= seite des Hauses hinlaufenden hölzernen Gallerie, welche durch das weit vorspringende Hausdach vor dem Regen vollkommen geschützt war. Von diesem bequemen Punkte aus bewunderten wir den majestätischen Aufruhr der Elemente mindestens durch eine Stunde, und die ver= schiedenen Feuergestalten der Blitze, die sich nicht mit den gewöhnlichen Schlangenkrümmungen begnügten, sondern sich oft bis zur Gestalt des Symbols der Ewigkeit, der kreisrunden Schlange, ringelten, entlockten uns manches unwillkürliche „Ah!" der Ueberraschung.

Erst dann, wenn es uns zu kühl wurde, oder wenn wir glaubten, mit unserem Gastfreunde wieder ein kurzes Gespräch führen zu sollen, traten wir auf einige Zeit in die Küche ein.

Endlich als es 10 Uhr geworden, ohne daß der Regen aufge= hört hatte, ließen wir ausspannen, trugen dem Kutscher auf, uns mit dem ersten Tageslichte zu wecken, und begaben uns auf den Heuboden, der für heute unsere Lagerstätte abgeben sollte. So wenig uns unser Abenteuer anfänglich behagen wollte, so schien es uns doch das Klügste, keine Verstimmung darüber aufkommen zu lassen, sondern den Zwischen= fall von seiner komischen Seite zu nehmen, und wirklich lachten wir alle zuletzt über den Zufall, daß wir trotz Pferd und Wagen kaum eine Stunde von einem trefflichen Gasthause entfernt, uns mit leerem Magen in's Heu schlafen legen mußten. Dann warf sich einer nach dem andern auf das Heu hin und kurze Zeit darauf hatte alle drei der Schlaf, oder wenigstens ein Halbschlaf mit seinen Armen umfangen. Erst als der Kutscher mit lauter Stimme zum Aufstehen aufforderte, weil es schon Tag werde, regte sich alles wieder.

Es wurde dem Wecker bedeutet, er solle sogleich einspannen. Man gab noch einige Minuten zu, ehe man sich vom Lager, wenn es auch nur ein Heulager war, trennte, endlich erhob sich Gestalt um Gestalt. Da rief einer der Reisegefährten, der seine Schnürstiefel ohne Licht nicht zuzuschnüren vermochte, um Licht. Der Kutscher kam mit der Laterne, man blickte auf die Uhr und — sie zeigte 1 Uhr. Dieselbe Stunde wies die zweite zu Rath gezogene Uhr. Sogleich wurde ein Leidensgenosse abgeschickt, um sich Gewißheit über die Stunde des Morgens oder der Nacht zu verschaffen, und er brachte die Nachricht zurück, daß zwar Mondlicht, aber keine Spur vom Tageslichte am Himmel sei. Jetzt strömte eine Fluth von Vorwürfen auf den Kutscher ein, bis seine phlegmatische Antwort: „er habe halt geglaubt, das Licht sei schon vom Tage", Alle entwaffnete. Eingespannt war bereits, was blieb uns anderes übrig, als zu fahren. Wir bestiegen daher unseren Wagen, vollkommen überzeugt, daß es eine sicher selten da gewesene Reiseeintheilung sei, um 1 Uhr Nachts zu Wagen von einem Nachtquartier aufzubrechen und um ³/₄ auf 2 Uhr in einer Frühstückstation anzulangen!

Auf dem nun folgenden Wege nach Krimml, wovon wir übrigens der Dunkelheit wegen heute wenig sahen, erhebt sich dort, wo sich die aus ihrer nahen Geburtsstätte von Nordwesten kommende Salzach mit der ungleich mächtigeren, von Süden daherrauschenden Krimmler Ache vereinigt, der Falkenstein, ein Bergrücken, welcher zwar gegen das Krimmlerthal mit steilen Wänden abfällt, doch nur eine geringe Höhe hat. Auf ihm ist der Hauptheld der ersten Venediger-Ersteigung im Nachwinter des Jahres 1853 auf eine ungewöhnliche Art um das Leben gekommen.

Hausstatter Sepp hat den Weg auf den Venediger ausfindig gemacht, er hat die Gesellschaft auf die Spitze geführt und diese letztere auch als der Erste betreten. Gewiß hat kein Theilnehmer jener Bergreise den kaum fünf Schuh hohen, aber ungewöhnlich gedrungen gebauten Sepp mit dem runden, sonnenverbrannten Gesichte voll schwarzer Bartspitzen vergessen. Nachdem im März 1853 tiefer Schnee gefallen war, entfernte sich Sepp eines Tages mit dem Gewehre vom

Hause und bald darauf fand man ihn in ganz geringer Höhe auf dem Falkenstein in aufrechter Stellung todt in einer ihm nur bis zur Brust reichenden Lawine. Wahrscheinlich war er in Folge des Druckes der Lawine einem Schlagflusse erlegen.

Wir meinten, wir würden bei unserer Ankunft in Krimml Alles im tiefen Schlafe antreffen, irrten aber darin sehr. Denn als wir an Kerschdorfers Hause hielten, hörten wir drinnen Gesang und fanden dann in der Gaststube noch drei oder vier Männer beisammen sitzen. Es waren Tiroler Kästräger, welche in früher Morgenstunde aufbrechen sollten, und es vorzogen, anstatt schlafen zu gehen lieber gleich die ganze Nacht beim Schnaps zuzubringen.

Der zur Bedienung wach gebliebene Hausgenosse Kerschdorfers wies uns, nachdem sein Erstaunen über unsere verspätete, oder verfrühte, Ankunft durch die Erzählung unserer Schicksale in Theilnahme verwandelt worden war, in das der Gaststube gegenüber liegende Extrazimmer und weckte hierauf Gerl — Gertrud — die ältere Tochter des Hauses, damit sie das Weitere mit uns abmachen könne.

Bald erschien die auch als Trautel bekannte und gepriesene Gerl. Ich hatte sie seit zehn Jahren nicht mehr gesehen. Damals war sie beiläufig 18jährig und in voller Blüthe. Seitdem war die Zeit freilich auch an ihr nicht spurlos vorüber gegangen, dafür aber ist sie gefällig und freundlich wie früher, ja ihre Erscheinung ist dadurch noch angenehmer geworden, daß sie bei aller Natürlichkeit an den Formen im Umgange mit Fremden entschieden gewonnen hat. Auch um uns nahm sie sich auf das Theilnehmendste an: leider, daß wir sie sogleich verdrießlich machen mußten.

Sie hatte, obschon das Haus voll von Fremden war, doch noch ein paar Betten für uns ausfindig gemacht und theilte uns dies mit einer gewissen Befriedigung mit, als ich ihr bestimmt erklärte, daß wir zwar hofften sie werde uns bis 4½ Uhr Morgens ein Frühstück, bestehend aus Allem, was gut und theuer ist, bereiten, aber bis dahin hier in der Stube bleiben und uns nicht mehr zu Bett legen würden.

Auch die Gründe dieses Entschlusses setzte ich ihr auseinander, daß wir nämlich jedenfalls um 4 Uhr aufstehen wollten, um noch

22*

möglichst früh, zwei von uns über den Tauern, der dritte nach Zell
zu kommen, daß es sich, nachdem es schon 2 Uhr sei, gar nicht lohne,
wegen zwei Stunden Schlafes sich auch nur aus= und wieder anzu=
kleiden, daß aber auch große Gefahr vorhanden wäre, daß wir, fühl=
ten wir einmal die Annehmlichkeit des Bettes, gegen unsern Vorsatz
noch eine oder ein paar Stunden länger in den Federn bleiben und so
die günstigste Zeit zur Wanderung versäumen würden. Aber es scheint,
daß Gerl sich nicht auf die Höhe unserer Gründe stellen konnte.
Wenigstens sprach sie den an sich wohl richtigen Grundsatz aus, daß
es doch besser sei zwei Stunden im Bette als auf harten Stühlen
sitzend oder liegend zu schlafen, wiederholte dann ihre Aufforderung
dringender und verließ uns zuletzt, als wir ihren Antrag neuerlich
abgelehnt, in einiger Mißstimmung.

Wir jedoch hatten uns nichts vorzuwerfen, wir waren uns viel=
mehr bewußt, daß unser Verstand einen glänzenden Sieg über die
träge Masse in uns, welche es unbedingt mit Gerl hielt, erfochten
habe, und voll dieses erhebenden Gefühles schlossen wir unsere Augen
und schliefen bald wieder, in dieser Nacht zum zweiten Male, den
Schlaf der Gerechten.

III. Ueber den Krimmlertauern nach Steinhaus im Ahrenthale.

Ungeachtet unserer nichts weniger als üppigen Lagerstätten er=
wachten wir erst, als sich die Thüre öffnete und Gerl uns verkündigte,
es sei schon 4 Uhr vorüber und das Frühstück auf dem Herde. Voll=
kommenes Tageslicht und ein wolkenloses Firmament in den zarten
Tinten der ersten Morgenstunden blickten durchs Fenster herein. In
wenig Secunden befanden wir uns auf den Beinen, dann sogleich im
Freien vor dem Hause. War das ein Morgen! In duftiger Klarheit
rings um uns die mäßig hohen Berge des Kessels von Krimml: —
eine wahre Sabbatfeier in der Natur, nur durch das ferne Donnern
der Wasserfälle gestört, und jene köstliche Kühle des Frühmorgens im
Gebirge, zumal nach einem Hochgewitter, welche gleichmäßig die Nerven
stählt und die Stimmung erhöht.

Als wir uns dann im Hause selbst herumtrieben, sahen wir Gestalt um Gestalt in mitunter nicht sehr gewählter Morgenkleidung auftauchen. Mutter Kerschdorfer kochte als fleißige Hausfrau den Kaffee, hierauf kam ein Verwandter des Hauses zum Vorschein, welchen uns Gerl als Führer angeworben hatte, und endlich Kerschdorfer selbst. Nur Gerl's jüngere Schwester, die jetzige gefeierte Schönheit der Krimml, bekamen wir nicht zu Gesicht. Alle waren noch voll von den Eindrücken des gestrigen Gewitters. Selbst im Krimmler Thalkessel, der so recht eigentlich als Muster akustischer Tüchtigkeit für Gewitter= productionen gebaut zu sein scheint, konnte man sich seit Langem keines so heftigen Donnerwetters erinnern. Zweimal war der Blitz in der Nähe in die Thaltiefe und zwar zuerst auf einen Baum, dann auf den freien Platz unmittelbar vor Kerschdorfers Hause herabgefahren. Hier hatte er einen an der Kegelstätte stehenden Bauern betäubt. Alles beschäftigte sich mit dem scheinbar Leblosen voll Angst, ob er wieder zu sich kommen werde. Da erwachte er und begehrte zuerst — ein Glas Branntwein. Mir fiel bei der Erzählung sogleich jene Scene aus einer Localposse ein, in welcher Nestroy als alter Bettler für todt hinsinkt, sich aber bald wieder bewegt und von seiner noch tief gerührten Umgebung gleichfalls ein Glas Schnaps verlangt. Die Karikatur fällt in der That öfter mit der Wahrheit zusammen, als viele Optimisten und Aesthetiker zugestehen wollen!

Als man uns darauf das Frühstück brachte, mußten wir aner= kennen, daß man bei Kerschdorfer unsere Stimmung verstehe, und so groß die Kannen mit Kaffee und Obers, so reichlich die Portionen der vorgesetzten Butter, des Honigs und kalten Fleisches waren, so blieb doch nichts davon übrig, weil uns die unfreiwillige Enthaltsam= keit des Vorabends nicht minder dahin brachte, in dieser Beziehung Großes zu leisten, als die Aussicht, heute erst jenseits des Tauern in später Stunde dem Magen etwas, und auch dann vielleicht nur Un= genießbares bieten zu können.

Endlich war der Leib versorgt und nun brachen nach herzlichem Abschied von der Familie Kerschdorfer und nach einem erneuerten ver= geblichen Versuche, der Rose von Krimml in irgend einem Theile des

väterlichen Hauses ansichtig zu werden, die drei Reisegefährten von
gestern auf, zwei von ihnen zur Wanderung über den Tauern und
der dritte als ihr Begleiter bis zum obersten Wasserfalle, mit ihnen
aber ein Tiroler Studiosus, welcher sich den Tauernreisenden als Ge=
nosse angeschlossen hatte.

Bis zum untersten Wasserfalle benöthigt man vom Dorfe kaum
eine halbe Stunde. Wir hatten etwa die Hälfte dieser Strecke zurück=
gelegt und ich war der übrigen Gesellschaft etwas vorangeeilt, als ich
in der Ferne einen Mann uns rasch nachkommen sah. Ich schritt,
ohne ihn weiter zu beachten, fort, da hörte ich mich rufen. Ich blieb
stehen, und nun eilte der neue Ankömmling, der Niemand anderer war
als Vater Kerschdorfer, gerade auf mich zu. Die Nacheile galt einem
abhanden gekommenen Bergstock, und bei dem Umstande, daß ich der
Einzige aus uns eine derlei Bergsteigerwaffe trug, unbedingt mir.
Hätte ich mich nicht durch den Namen Großglockner, welchen ich un=
mittelbar nach der Ersteigung dieses Berges im Jahre 1852 in meinen
Stock eingeschnitten hatte, über die Nichtidentität des in meinen Hän=
den befindlichen mit dem vermißten standhaft ausweisen können, wer
weiß, ob ich bei der Aehnlichkeit dieser eben so einfachen als auf Berg=
reisen wichtigen Instrumente nicht noch im letzten Winkel Pinzgaus
einen höchst schwierigen Rechtsstreit in eigener Sache auszufechten
gehabt haben würde.

Bei der Unwiderlegbarkeit des für meinen Besitz geltend ge=
machten Grundes zog es aber Kerschdorfer vor, von seinem Anspruche
abzulassen und trat nach vielen Entschuldigungen den Rückweg an.

Wir dagegen verschwanden in dem Wäldchen vor dem untersten
Wasserfalle und standen nach Ueberschreitung des Steges über die Ache
bald diesem selbst gegenüber.

Der Absturz der Ache vom Achenthale herab in das Thal von
Krimml enthält den prachtvollsten Wasserfall, nicht blos in den öster=
reichischen, sondern in den ganzen Alpen, und dies möge es entschul=
digen, wenn wir bei ihm etwas länger verweilen.

Man versteht unter dem Krimmlerfall häufig die Gesammtheit
aller jener Fälle, welche die Krimmlerache von dem Punkte, auf wel=

chem sie das Achenthal verläßt, bis zu demjenigen macht, wo sie den Thalschoß von Krimml erreicht, und dann gibt man die Höhe des Krimmlerfalles mit Recht mit 2000 W. F. an.

Doch dieser Begriff ist darum irrig, weil die Ache auf der eben erwähnten Strecke nur vier bis fünf eigentliche Fälle bildet, zwischen ihnen aber immer wieder, wenn gleich mit starkem Gefälle, eine Zeit lang läuft.

Auch bedarf es gar nicht des Hülfsmittels einer Begriffsverdrehung, um dem Absturz der Ache bei Krimml den Platz als der erste Wasserfall im Alpenlande zu sichern. Denn zählen schon die tiefer gelegenen Fälle, für sich allein jeder beurtheilt, zu den imposantesten Cascaden, so überragt der herrliche oberste Fall bei weitem jedes Schauspiel ähnlicher Art in den Alpen.

Dazu noch die Thatsache, daß man kaum einige hundert Schritte entfernt wieder und wieder eine mächtige Cascade findet und die Abwechslung in den Formen aller dieser Fälle, und Krimml erscheint als das wahre Eldorado für die Freunde von Wasserfällen.

Hie und da hört man freilich ein minder günstiges Urtheil über den Krimmlerfall, und manche finden ihn gar nicht so außerordentlich schön. Fragt man dann näher, so waren sie jedoch nicht beim obersten Wasserfall.

Auch ein Reisehandbuch trägt zur falschen Beurtheilung bei, indem es dadurch Fremde vom vollkommenen Besuche abhält, daß es behauptet, die Gerlofer Platte sei der beste Punkt zur Besichtigung. Allerdings übersieht man von der Platte fast den ganzen Weg, welchen die Ache vom Achenthale in jenes von Krimml nimmt; allein das wilde Drängen und Treiben der abstürzenden Gewässer, das stets Aehnliche, und doch ewig Wechselnde der Scene und der erschütternde nahe Donner bilden erst recht eigentlich das Eigenthümliche, Großartige eines Wasserfalles, und dies geht doch sicher in der Entfernung von mindestens einer Stunde verloren!

Wir kehren, nachdem uns diese Besprechung des Krimmlerfalles im Ganzen schon weiter geführt hat, als wir durch unserer Füße Fleiß in der That bis jetzt gelangt sind, zu unserem wirklichen Standpunkte am untersten Wasserfalle zurück und werden eben so auch die höher gelegenen Fälle dann einzeln besprechen, wenn wir auf unserer Wanderung bei ihnen angelangt sein werden.

Schaubach, jedenfalls ein gründlicher Kenner der österreichischen Alpen, nennt den dem Dorfe Krimml zunächst gelegenen untersten Fall mit Recht den wildesten. Er ist aber auch der ungastlichste. Denn es ist unmöglich, die beste Stelle zu seiner Besichtigung, den Hügel auf dem linken Ufer der Ache, zu erreichen, ohne von Wasserstaub durchnäßt, und eben davon und vom entgegenströmenden Luftdrucke, welcher wie ein heftiger Wind förmlich das Vorwärtsdringen erschwert, durchkältet zu werden.

Einst stand ein Pavillon hier und schützte wenigstens während des Beschauens, doch jetzt ist er weg, und Nässe und Frost zwingen bald, den gewonnenen Standpunkt wieder zu verlassen. Aber schön ist der Fall, großartig und unbändig!

Als wäre die Fluth hier am Erzürntesten darüber, im Laufe in das Thal noch einmal auf ein Hinderniß zu stoßen, wirft sich der mächtige Wasserschwall aus enger Schlucht, sich tausendfach überschlagend, zuerst wie wüthend gerade herab, macht jedoch, in dieser Richtung durch Felsen gehemmt, bald eine Wendung von Links nach Rechts und erreicht mit seinen milchweißen Schaumwogen, in so weit sie nicht in der Luft als Staubregen verflüchtigen, in breitem Bogenabsturze donnernd die Thaltiefe.

Wir schätzten die Höhe des Falles auf beiläufig 20 Klafter, sahen jedoch später vom Tauernwege, daß er noch um ein Bedeutendes höher und blos von unten in seinem obersten Theile nicht sichtbar ist.

Als wir uns auf unserem Hügel vor Wasserstaub und Kälte nicht mehr behaglich fühlten, traten wir den Rückzug über die Ache an und standen nun am Anfange des eigentlichen Tauernweges.

Auf ihm betritt man in 1½ Stunden aus der Thalsohle von Krimml jene des Achenthales. Daß seine Steigung bedeutend ist, erhellt daraus, daß das Krimmlerthal beiläufig 3000 W. F., das Achenthal an seinem nördlichen Abbruche an dem Wasserfalle aber

5000 W. F. hoch gelegen ist. Dazu die gewaltigen Gneisblöcke, womit theils die Mutter Natur selbst, theils die Menschenhand den ganzen Weg gepflastert hat, ohne sich eben darum zu kümmern, ob Zwischen= räume klaffen und Kanten unliebsam in die Höhe ragen, — und es ist nicht zu zweifeln, daß schon der Beginn der Reise über den Krimmlertauern ein tüchtig Stück Arbeit ist.

Und doch wird gerade auf ihm kein Reisender übel gestimmt werden, wie dies sonst so leicht auf steilem Wege voll Steinen geschieht. Denn bald zieht er im Tannenschatten empor, bald tönt bei einer Wendung nach Rechts nahes Tosen an sein Ohr, und macht er nur einige Schritte seitwärts vom Wege, so überrascht ihn die Ache mit einem neuen malerischen Sprunge. Dann wieder ein freier Platz mit der Aussicht auf das schon tief unten liegende Thal von Krimml mit den freundlichen Häusergruppen und schlankem Kirchthurm und hinüber auf seine nördlichen Berge, den Thorhelm, Salzach= und Geyerkopf und die Gerloser=Platte.

Wir meinten, als wir auf einiger Höhe auf dem Wege von einem nahen Felsenvorsprunge den zweiten und dritten Fall zugleich, den einen unter, den andern über uns, jenen in einen Kessel hinab= stürzen und dort wie in einer Höllenküche schäumen und brausen, diesen in ziemlicher Breite von bedeutender Höhe gegen uns heranstürmen sahen, daß diesen Fällen die allgemeine Bewunderung nicht fehlen könnte, wenn sie nur nicht, zwischen dem obersten und untersten Falle befindlich, stets den Vergleich mit den beiden, noch gewaltigeren Bil= dern zu bestehen hätten.

Man würde diese Fälle mit Unrecht als einen Theil des untersten Fal= les ansehen. Von jenem Vorsprunge gegen die, mit dem Gischt der Ache ausgefüllte Kluft, über welche der vor dem verfolgenden Jäger fliehende Wildschütze in Todesangst gesprungen sein soll, weßhalb die Stelle auch der „Jägersprung" heißt, zeigt sich vielmehr, trotzdem daß man weiter unten den Wasserstaub des letzten Falles aufwirbeln sieht, ihre Selbst= ständigkeit. Noch einen vierten, oder wenn man die Fälle am Jäger= sprung als einen einzigen Fall annimmt, einen dritten hohen Absturz, mit welchem die Ache in eine schwindelnde Tiefe von Links nach Rechts

hinabdonnert, vorbei, und wir waren auf halber Höhe in das Achen=
thal dort angelangt, wo rechts vom Tauernpfade ein Fußsteig zur
Hütte der Schönangerlalpe über unebenen Wiesboden leitet, aus welchem
einzelne Tannen aufragen. Wir folgen diesem Steige, um den obersten
Fall zu besichtigen.

     Sein Brausen dient uns als Wegweiser. Schon haben wir die
Ache überschritten, aber noch verbirgt ein wiesengrüner Bergabhang
den gewünschten Anblick. Erst nachdem wir zu nicht unbedeutender
Höhe auf den nassen Wiesen hinangeklettert sind, gewahren wir uns
gegenüber den Katarakt. Kühn und hoch, wie der Fall eines Gebirgs=
baches, breit und wasserreich, wie ein Stromfall, liegt er vor uns,
und sogleich erkennen wir, daß wir noch niemals einen prachtvolleren
Wasserfall gesehen. Die Fluth donnert 5—700 Fuß tief herab in ein
Gneisbecken. Allein die Wogen im Absturze selbst, wie wenig gleichen
sie sich von Sekunde zu Sekunde! Hoch oben, wo die Ache am Ab=
grunde anlangt, bäumen sie sich im engen Bette, wie zum kühnen
Sprunge, der ihnen bevorsteht; kaum aber haben sie ihn gewagt, wie
tausendfältig ist da die Phantasmagorie ihrer Gebilde, sei es, daß
sie neben einander und über einander abwärts sinken, kopfüber zur
Tiefe stürmenden Geistergestalten ähnlich, deren weiße Gewänder in
Nebel zerfließen, sei es, daß sie, an den emporragenden Felsen zer=
schellt, in den unregelmäßigsten Schaumlinien sich krümmen, oder als
Staubregen nach aufwärts schweben.

     Blicken wir lange auf das überwältigende Naturschauspiel, so
zieht uns die Fluth mit in ihren wirbelnden Tanz, und wir schließen
die Augen, um uns von dem Schwindel zu befreien, der uns befällt.

     Vor dem Scheiden jedoch suchen wir uns noch ein Bild für die
Erinnerung zu schaffen. Doch welchen Moment sollen wir festhalten
aus der ewig wechselnden Scene? Nur die Hauptumrisse bleiben sich
gleich: der breite Wasserstrom, in milchweißem Schaum hinabstürzend
über die Gneiswand, der dunkle Tannenforst ringsumher und die
lustig in den blauen Aether hinausziehenden Säulen leichten Wasser=
staubes, — und sie bilden in Kurzem auch in der That die Haupt=
züge unserer Erinnerung an den Krimmler Achenfall.

Ich stand heute zum vierten Male auf dieser Stelle und war nicht minder entzückt, als an jenem Tage, als ich das Prachtschauspiel zum ersten Male sah. Und doch waren wir in der ungünstigsten Tageszeit hier. Denn die Ache erhält ihren reichlichsten Zufluß aus dem Schnee und Eise der Gletscher, welche erst die Mittagssonne schmilzt, und da diese Contingente von ihren Geburtsstätten am Drei- herrnspitz, Reichenspitz u. s. w. einen zwei= und mehrstündigen Lauf machen müssen, bis sie bei dem Absturze anlangen, so sind die Nach- mittags=, und nicht die Morgenstunden, der beste Zeitpunkt, um den Achenfall recht wasserreich zu finden.

Dem Abschied vom Wasserfalle folgte heute alsbald noch ein anderer. An der Sennhütte beurlaubten wir uns von dem Gefährten aus Wien, dessen Ziel Innsbruck war, und der vorerst nach Krimml zurückkehrte. Nun zu Vieren, lenkten wir dagegen wieder nach dem Tauernwege ein.

Auf ihm waren wir, fast beständig unter Tannen, noch eine starke halbe Stunde aufwärts gestiegen, als wir das Geräusch des Wasserfalles, welches schon lange immer schwächer zu uns drang, wieder deutlicher, doch unter uns vernahmen. Wir hatten nämlich, nahe der Stelle, wo die Ache zum obersten Falle herabstürzt, die Thalfläche des Achenthales erreicht.

Im schärfsten Gegensatze trafen wir hier anstatt des großartigen Schauspiels des Wasserfalles ein Hochgebirgs=Stillleben, statt des Donners des Kataraktes fast gänzliche Ruhe ringsumher an.

Wir sind in einer Art Engpaß. Die Ache fließt zu unserer Rechten dicht am Wege und in gleicher Höhe mit ihm rasch, doch lautlos dahin. Bis an ihr linkes Ufer reichen die Felsen und Waldabhänge des Grenz- gebirges zwischen dem Achen= und Wildengerlos-Thale. Auch auf dem rechten Ufer ist oft kaum ein paar Fuß breit Raum für den Weg übrig. Denn auch hier endet die schiefe Ebene, mit welcher sich die Bergkette zwischen dem Achenthale und Obersulzbach in das erstere senkt, erst an der Ache. Tausend und abermals tausend mächtige Felsstücke bilden das Verbindungsglied zwischen dem Thalschoße und dem Grat des Hochgebirgs. Längst hat ein neues Leben auf den Trümmern begonnen; Tannen und die Zwergkiefer haben ringsum darauf Wurzel gefaßt, und üppig wuchert überall das Rhododendron mit den reichsten Blüthenbüscheln.

Es geht eine Zeit lang in der hohlen Gasse fort; dann erweitert sich das Thal und seine Fläche nehmen Wiesengründe ein. Als der erste Berg, der durch sein weißes Gewand die Nähe der Gletscherwelt ahnen läßt, tritt im östlichen Zuge der Weigelkarspitz auf; bald schimmert auch über eine Einsattlung der westlichen Abhänge ein Gletscherfeld vom Weißkarlspitz herab; im Süden erhebt sich der breite Schlachtertauern über dem Thalschlusse.

Wir sind bereits zwei Stunden lang in der Thalfläche fortgezogen, sind an etlichen Hütten vorbeigekommen und haben deren andere auf grüner Matte in einiger Höhe erblickt. Von Bergen fiel uns nur zur Linken der nahe Hinthalspitz auf und in südlicher Ferne, doch nur auf kurze Zeit sichtbar, der stolze Dreiherrnspitz (11.075 W. F.).

Allein nach den Prachtbildern, die wir noch vor Kurzem geschaut, und nach der Lage des Achenthales mitten zwischen Gletschern finden wir die Landschaft zu eintönig, — da gewahren wir das Tauernhaus vor uns und mit ihm die erste großartige Scene im Achenthale.

Die dunkle Hütte mit den Nebengebäuden liegt etwas tiefer als der Weg, hart am linken Ufer der Ache auf grüner Wiese. Eine roh gezimmerte Holzbrücke führt über den hier lebhaft bewegten Gebirgsbach zu ihr, unmittelbar rückwärts aber fallen die letzten Abhänge der westlichen Berge steil auf die Hausmatte. Ein Einschnitt auf ihrer Höhe bezeichnet die Mündung des Ranbachthales, und aus ihr stürzt in vielfachen Krümmungen der wasserreiche Ranbach gerade hinter dem Tauernhause zur Ache, während im fernen Hintergrunde ein Gletscher aus der Reichenspitzgruppe durch die Thalschlucht herausglänzt.

Wir waren zwar mit dem Allernöthigsten an Brot und Wein für den Tauernmarsch versehen. Weil jedoch unser Vorrath sich eben nur auf das Allernöthigste beschränkte, so beschlossen wir uns im Tauernhause mit Milch und Butter zu erfrischen, zumal da unser Führer uns auf dem Herwege so viel von einer weiblichen Schönheit erzählt hatte, welche das unscheinbare Haus bewohnen sollte, daß wir, abgesehen von unserer eigenen Neugierde, glaubten, nicht vorbeigehen zu können, ohne das Herz des gutmüthigen Burschen zu sehr zu kränken.

Wirklich begrüßte uns gleich bei unserem Eintritte in die dunkle und niedere, doch geräumige Gaststube eine Dirne. Doch wenn wir auch zugeben mußten, daß ihr Teint zarter sei, als dies gewöhnlich bei den Aelplerinnen der Fall ist, so fanden wir dafür, daß der Ge= sichtsbildung und dem Wuchse des Mädchens viel fehle, um es auch nur hübsch nennen zu können. Wir räumten daher dem Führer unbe= dingt das Feld und beschäftigten uns ausschließlich mit den darge= reichten Erfrischungen. Als aber beim Abschiede von uns für etwas Milch, Butter und Brot ein höchst überspannter Preis gefordert wurde, waren wir einstimmig der Ansicht, daß, wenn das Zuviel der Bezah= lung ein Eintrittsgeld für das Beschauen der Gebirgschönheit sei, wir es jedenfalls vorzögen, in einem divan oriental oder in einem Vorstadttheater der Residenz beim Auftreten einer ausländischen Tän= zerin ein noch etwas höheres Entrée zu zahlen und dann dafür doch eine eigentliche Schönheit zu sehen.

Vom Tauernhause an spricht sich der Hochgebirgscharakter mit jedem Schritte entschiedener aus. Die Gräser und Blumen werden kürzer und duftender, der Baumwuchs spärlicher, die Luft weht uns erfrischend von den nahen Gletschern entgegen.

Etwa in einer halben Stunde gelangten wir an die Unlaßalpen, bei denen sich das westlich ziehende Windbachthal von dem gegen Süden fortlaufenden Achenthale trennt.

Wir hatten oberhalb der Wasserfälle den Schlachtertauern süd= lich über dem Thalboden erblickt. Jetzt baut sich der Dreiherrnspitz im südlichen Hintergrunde des Achenthales auf, während es östlich der gewaltige Schlieferspitz begrenzt, westlich aber der Schlachtertauern, dessen Verlängerung nach Norden, welche man mir mit dem auf keiner Karte aufzufindenden Namen Wagnerspitz bezeichnete, den Eckpfeiler zwischen der letzten Strecke des Achenthales und dem Windbachthale bildet.

Das Windbachthal liegt höher als das Achenthal, und in Krüm= mungen steigt der Tauernweg einen waldigen Hügel zu ihm hinan.

Am Fuße des letzteren lagert ein mächtiger, nach oben zu mit der Erhebung verbundener Palfen, dessen übergrüntes Plateau den herrlichsten Hineinblick nach dem Schlusse des Achenthales und auf den Dreiherrnspitz gestattet. Genießen wir das Bild, es ist für lange Zeit das letzte, welches den Eindruck des Großartigen gewährt, ohne ihm durch den Charakter der Verwüstung eine trübe Beimischung zu geben. Das Achenthal liegt mit grünem Schoße von den Hütten zu unseren Füßen, bis dort, wo es im Süden der Dreiherrnspitz wie ein Riesenwall seiner ganzen Breite nach quer abschließt, zwischen den Berghalden vor uns gebreitet da. Der gewaltige Firnberg sendet das Prettauerkees bis auf den Thalboden herab, und deutlich unterscheidet man die einzelnen Pyramiden, Säulen und Würfel von Eis, die Felsstücke der Randmoräne, selbst die Guferlinien der verschiedenen Abtheilungen des prächtigen Gletschers. Es gibt kaum einen andern Standpunkt, von welchem sich der Dreiherrnspitz so vortheilhaft und der viereckige Aufsatz von Eis auf seiner höchsten Spitze so eigenthümlich ausnimmt, und hier begreift man erst, warum gerade er von den Geographen als Markstein zwischen den rhätischen und norischen Alpen angenommen wurde, ungeachtet der Zug der Tauern bei seinem westlichen Nachbarn, dem Feldspitz oder Windbachspitz beginnt und ungeachtet in seiner nächsten östlichen Nähe der Großvenediger zu noch bedeutenderer Höhe emporsteigt.

Denn abgesehen von seiner dreifachen Abdachung zur Salzach, Etsch und Drau, und abgesehen davon, daß er einst der Grenzhüter der drei Gebiete von Görz, Tirol und Salzburg war, ist er, wie man dies hier am besten erkennt, die eigentliche westliche Eckfäule des ersten größeren Gletschergebietes in den Tauern, des Venediger Eismeeres, während alle andern noch westlicher und südwestlicher vorkommenden Vereisungen der Tauern als bloße Ausläufer davon betrachtet werden müssen.

Als wir die Höhe in das Windbachthal hinanstiegen, fühlten wir bald, daß sie zu steil sei, um in der Sonnenhitze nicht höchst unangenehm zu werden. Zwar gewährten Lärchen und Zirbelnußkiefern oder Arven (pinus cembra) etwas Schatten, doch sie folgten sich in immer größern Zwischenräumen und verschwanden zuletzt ganz.

Im Windbachthale läßt sich das allmäliche Ersterben der Natur vorzüglich gut studiren. In seinem untersten Theile trauern noch hie und da einsame Arven, dann fehlen sie gänzlich. Steine und Wasseradern bedecken wohl auch den Boden dieser Thalstrecke und Felsen steigen als Thalwände aus ihm empor, aber noch finden sich Grasflecke zwischen den Wässern und Felstrümmern, und auf den Abhängen. In dem Maße jedoch, als man weiter gegen den Thalschluß vordringt, verschwindet das Gras mehr und mehr. Nun heißt es von Fels zu Fels klettern und den Wasserzuflüssen ausweichen, oder wo dies nicht möglich ist, sie durchwaten. Die Steigung dessen, was jetzt noch den Thalboden vorstellt, ist sehr stark geworden, wir sind so ziemlich am Schlusse des Kessels und an den Wänden des Rauchkessels und Windbachspitzes, welche mit zahlreichen Schneefeldern, zum Theile selbst begletschert, den südlichen und südwestlichen Winkel überragen, angekommen, und glauben an ihnen hinanklettern zu müssen, da bedeutet uns der Führer, daß wir auf dem Sattel zur Linken emporzusteigen haben. Wir folgen ihm. Auf hervorragender Felsenecke oder auf Steinblöcken erblicken wir von Strecke zu Strecke offenbar absichtlich zusammengelegte Steine. Das sind die Dauben, und sie dienen als Wegweiser in den Steinklippen für den Tauernwanderer, der, sobald er eine Daube sieht, bis zu ihr hinauf- oder herabsteigt und nach der nächsten Daube umherspäht. Wir kamen schon auf ziemlicher Höhe über dem Windbachthale zu einer Stelle, bei der ein Bach aus den Schneefeldern lustig zur Tiefe vorbeisprang. Das war zu einladend, und wir lagerten uns hier.

Bereits im obern Theile des Windbachthales, vorzüglich aber hier, übersahen wir eine namhafte Zahl von Bergen: zunächst über dem Windbachthale den Rauchkessel, den Windbach- oder Feldspitz mit seinem doppelsattlichen Kamme, bemerkbar als der eigentliche Flügelmann der Tauern im Westen, und den Schwarzenkopf; dann zwischen Achenthal und Obersulzbach die mächtigen, großentheils mit Gletschern bedeckten Massen des Hinthal-, Joabach-, Foiskarl-, Weigelkar- und Schlieferspitzes. Blos der Dreiherrnspitz war durch den Schlachtertauern gedeckt, welchen wir gänzlich umgangen hatten, so daß wir jetzt an seinem Westabfalle aufwärts stiegen.

Der Himmel hatte sich, als wir noch im Windbachthale waren, plötzlich mit Gewölk überzogen, und wir fürchteten, daß uns noch, bevor wir auf der Höhe des Tauern angelangt sein würden, ein Regen ereilen könne. Doch die Wolken verzogen sich eben so schnell wieder, als sie gekommen waren, und wir machten uns, wegen des Wetters vollkommen beruhigt, an den letzten Theil der Arbeit.

Wir hielten uns auf dem Sattel zwischen dem Rauchkesselspitz und Schlachtertauern immer mehr links gegen den letztern, und erkannten nun, daß der Uebergangspunkt so ziemlich im Winkel unter ihm liegen müsse.

Wie immer, täuschten wir uns auch hier einigemal und meinten, der sichtbare höchste Punkt sei das Thörl, sahen aber dann, auf ihm angelangt, wieder eine neue höhere Erhebung über uns. Schon waren wir zu Schneeplätzen gekommen, und wer die Ermüdung nicht scheute, zog den geraden Weg über ihre, wohl bisweilen steilen Flächen, den Krümmungen über die Felsklippen vor.

Endlich erblickten wir ein breites Schneefeld, welches nicht zu umgehen war, und darüber einen zackigen Felskamm, dessen tiefster Einschnitt die Scharte, oder nach dem im Salzburg'schen gebräuchlichen Ausdrucke das Thörl, des Krimmlertauern ist. Wir waren stark gestiegen, denn wir hatten vom Tauernhause nur drei Stunden herauf benöthigt.

Die Jochhöhe des Krimmlertauern, nach Weidmann 8689, nach Trinkers Tiroler Höhenbestimmungen 8749 W. F. hoch, ist der höchste Uebergangspunkt unter den zahlreicher benützten Tauernpässen, dem Krimmler, Velber = Matreyer, Stubach = Kalser, am Hochthor sich vereinigenden Fuscher, dann Rauriser = Heiligenbluter, Naßfeld = Malnitzer und Radstädter Tauern. Doch ist der Krimmlertauern deshalb bei weitem nicht der beschwerlichste Tauern, und insbesondere erleichtert seine Ueberschreitung die eigenthümliche Abwechslung, in welcher auf den jedenfalls steilen Anstieg von anderthalb Stunden von Krimml ins Achenthal ein zweistündiger fast ebener Weg bis in das Tauern=

haus folgt, dann wieder auf die Erhebung in das Windbachthal die längere Wanderung in diesem Thale, welche so allmälich aufwärts führt, daß man vom obern, sicher schon 7000 Fuß hohen, Thalboden zum Thörl höchstens noch 1500 bis 1800 Fuß hinanzusteigen hat.

Auf der Scharte war es heute sonnig und windstill, und wir betrachteten uns mit Muße den interessanten Punkt, der ganz mit Recht eine Scharte genannt wird, weil er ein gar schmaler Durchbruch in den Felswänden ist. Der unebene Felsboden zwischen den beiderseitigen Felsenklippen hat kaum einige Fuß im Gevierte und fällt gegen Tirol eben so steil ab als gegen Salzburg. Zwei Crucifixe bezeichnen die Grenzen dieser beiden Länder, und zwar das auf der Ostseite von Salzburg, das an der westlichen Felswand angelehnte von Tirol.

Wir setzten uns auf der Tiroler Seite nieder und besahen uns den uns neuen, freilich kleinen Ausschnitt Welt, der sich hier zeigte.

Unter uns lag zunächst die tiefe Furche des obersten Ahrenthales im Prettau. Es entspringt östlich von der Krimmler Tauernscharte an dem Südwestabhange der Venedigergruppe, in jenem Winkel, über den wir aus weitgedehnten Eismassen den Dreiherrnspitz und höher als ihn die Venedigerspitzen selbst aufragen sehen. Westlich dämmen es minder bedeutende Berge, östlich jedoch die mächtigen Spitzen zwischen dem Ahren- und Umbalthale, großentheils begletschert, und ein Einschnitt in ihnen, scheinbar dem Thörl fast gegenüber bezeichnet den Lauf des Windthales, aus welchem Gletschersteige nach Umbal führen.

Während wir noch die Aussicht besahen, kam ein Mann zu uns herauf, den wir schon früher einige hundert Schritte unter dem Thörl angetroffen hatten, der aber schwer bepackt, bald hinter uns zurückgeblieben war. Unser Führer sagte uns, er sei aus Kasern, dem ersten Dorfe in Tirol unter dem Joche. Wir hofften von ihm die Namen einiger Bergspitzen zu erfahren, doch kannte er nur den Dreiherrnspitz, welchen er volksthümlicher den Dreiländerer nannte, und half sich zuletzt gegen weitere Fragen mit der Bemerkung: alle die Berge hießen zusammen die Sonnseite. Da man in Tirol mit der Sonnseite jede gegen Süden gelegene Bergreihe bezeichnet, so erinnerte mich diese, zudem noch in einem Deutsch, das selbst der des Tirolerdialekts kundigste aus uns nicht verstand, gemachte Mittheilung sogleich an die Behauptung einiger Bekannten, die vor Kurzem über den Krimmlertauern gegangen waren, und als sie im Fuscherbade von Kasern sprachen, dabei fest behaupteten, sie seien zur Ueberzeugung gekommen, Kasern sei eine botocudische Colonie.

Unsere Lebensmittel waren inzwischen aufgezehrt worden und wir traten nun den Weg in das Ahrenthal an.

Der Abfall ist auf dieser Seite scharf, doch dafür der Tauernweg durch ein Ordnen der von Natur vorhandenen Steine ganz gut in Krümmungen, oft um bedeutende Felsblöcke herum, hergestellt. Der Zickzack gefiel uns aber nicht lange und bald zogen wir es vor, wo es thunlich war, über das Steingerölle in gerader Linie hinabzuklettern. In kurzer Zeit langten wir so auf den Matten an und nun ging es theils im Laufe, theils im raschesten Schritte abwärts. Schon erblickten wir die an dem östlichen Thalabhange in Waldesnähe an einem großen Felsstücke wie zum Schutze erbaute kleine Kirche Heiligengeist. Auch die Stollen des bekannten Ahrner Kupferwerkes auf der Höhe über dem Kirchlein begrüßten wir als weitere Spur menschlichen Aufenthaltes.

Jetzt lag noch das steinerne Wirthshaus von Kasern auf der rechten Seite des Thales vor uns und nahm sich mit seinem Kalkanwurfe und seinem Schutzwall auf der grünen Wiese recht stattlich aus. Fast jedes Haus in den höchsten Alpendörfern an den durch Lawinen gefährdeten Stellen hat einen solchen Ringwall von großen Steinen, an welchem sich die Schneemassen brechen sollen, und während im Sommer ein oder der andere Theil davon zum leichteren Verkehr entfernt ist, wird er im Winter vollkommen geschlossen.

Wir waren in zwei Stunden von Thörl nach Kasern gekommen. Die Wirthin nahm sich alsbald unser an, doch hatte auch hier die Besprechung ihre Schwierigkeit wegen der Verschiedenheit des Wiener von dem Kaserer Dialekte. Mit Hülfe des Führers als Dolmetsch erfolgte aber zuletzt volle Verständigung und man wies uns nun in eine Stube im ersten Stocke. Hier fielen uns vor Allem die Betten von ganz primitiver Form auf, länglichte Vierecke, auf allen vier Seiten gleich hoch von Brettern gebildet, deren Verlängerung bis auf den Boden herab, auf den beiden schmälern Seiten die Füße abgibt. Dann erregte Nani, die Tochter des Hauses, unsere Aufmerksamkeit.

Das Mädchen hat recht hübsche Gesichtszüge, doch war ihr kurzer Rock nach einer absonderlichen Mode so gebunden, daß die Taille mindestens um 4 bis 5 Zoll höher zu sitzen kam, als wohin sie Mutter Natur gesetzt hat, dort aber, wo der Wuchs vom Hause aus am schmälsten ist, die größte Breite der Kleidung sich befand. Dazu schritt sie stets so kräftig einher, daß der Fußboden unter ihren Tritten zusammenzubrechen drohte.

Zuletzt lernten wir noch im Wirthe eine höchst originelle Gestalt kennen. Wir sahen bald, daß er ein ganz verständiger Mann sei, doch seine Sprache und Vortragsweise waren uns neu. Er kannte nicht blos keinen andern Selbstlaut als ö, sondern wiederholte fast jeden Satz und schrie beständig so, als müßte er mit Jemandem sprechen, der in der Entfernung von mindestens zehn Klaftern jenseits eines tosenden Gletscherbaches stünde. Außerdem noch unverständliche Produkte der Kaserer Kochkunst und wir mußten uns gestehen, daß sich in Kasern jedenfalls Originelles genug finde, um einen längern Aufenthalt zu verdienen. Doch das paßte nicht in unsere Zeiteintheilung.

Wir waren nach den ganz schätzbaren Mittheilungen des Wirthes über den Steig durch das Windthal nach Umbal und Pregraten zu dem Entschlusse gekommen, den Weg nach Windischmatrey vielmehr über Tesserecken zu nehmen. Wir befanden uns jetzt schon an der Straße durch das Ahrenthal, in welchem Ort auf Ort folgt und hätten es höchst unzweckmäßig gefunden, die kostbaren Stunden in Kasern zu verlieren, anstatt auf dem vorgezeichneten Wege so weit als möglich thalabwärts vorzudringen. Auch kam der Nebengrund dazu, daß wir von mehreren Seiten das Gasthaus in Steinhaus sehr loben gehört hatten, uns dagegen in Kasern, wie dies von einem 5000 Fuß hoch gelegenen Alpendorfe nicht anders zu erwarten ist, abgesehen von der Nacht in den exotischen Truhen auch sonst kein Comfort bevorzustehen schien. Wir bestimmten also Steinhaus als Nachtlager und

23*

verließen Kasern, dessen Wirth einen ebenso warmen als lauten Abschied von uns nahm.

Bald hatten wir St. Anton und St. Valentin mit seiner großen
Kirche erreicht. Der Hauptrücken des Zillerthaler Eisgebirges läuft
vom Krimmlertauern bis zur Wendung des Ahrenthales bei Luttach
parallel mit diesem Thale auf seiner rechten westlichen Seite von
Nordost nach Südwest, und schon von St. Valentin weg leitet ein
erster Uebergang über die Korscharte in die Hundskehle, einen Seitenast
des Zillerthales.

Doch sind für die Thalsohle dieses Theiles des Ahrenthales die
höheren Zillerthaler Spitzen noch durch Vorberge gedeckt. Dafür ragen
zur Linken die östlichen Hochspitzen vielfach über die Thalabhänge empor und auch über ihre Höhen wird die Verbindung mit den Seitenthälern von Tefferecken durch Jochsteige hergehalten. Am prachtvollsten
aber gestaltet sich der Rückblick auf die Gletscher in der Richtung des
Tauern.

Einen Abschluß des obersten Thales, eine wahre Thalstufe bildet
weiter unten die Klamm bei St. Peter. Jäh fällt die Straße zur
Tiefe ab, die Felsen treten nahe zusammen, Tannen hängen über dem
Wege, tief unten braust der Ahrenbach. Hier ist die Grenze der zweiten
und dritten Abtheilung des Ahrenthales, welches in seinem südlichen
Theile von Bruneden bis Taufers das Taufererthal, im mittleren
bis St. Peter „im Ahren" und im letzten und höchsten „im Prettau"
genannt wird.

Am untern Ende der Klamm gewahrt man dann auf dem hohen
Felsen (Kofel), der durch sein Hervorspringen auf der rechten Seite
die Klamm veranlaßt, eine Kirche mit Holzwand: das ist St. Peter
auf dem Kofel.

Das Ahrenthal selbst wird von St. Peter abwärts ziemlich
breit und belebt von Gruppen von Häusern, worunter die bedeutendste
jene auf der rechten Seite von St. Jakob mit spitzem Kirchthurme ist.

Die Höhen auf der Nordseite und auch im westlichen Hintergrunde gehören fortan der Zillerthalergruppe an, und schon sind es
nicht mehr blos Vorberge, hie und da ragt eine Gletscherspitze aus

einer Schlucht empor und rings um das Hörndl, das niedrigste Joch gegen den Zillerthaler Sondergrund, schimmern in ihrem Gletscherkleide das Dreieck, der Hollendskopf, der Ksallen- und Keilbachspitz.

Unterdessen hatte die Dämmerung begonnen. Wir fanden nach der Tauernreise wenig Vergnügen an einem Marsche auf einer Straße. Es war also nicht zu wundern, daß wir, nachdem wir einmal das etwas oberhalb der Straße gelegene St. Jakob im Rücken hatten, schon das erste stattliche Haus am Wege für das Gasthaus von Stein-haus hielten und als man uns vom Gegentheile versicherte, nur mit Unlust nochmal den Doppelschritt einschlugen. Dafür begrüßten wir das wahre Steinhaus mit der größten Befriedigung, vergaßen bald bei einem trefflichen Abendmahle und Angesichts guter Betten alle An-strengungen einer $8\frac{1}{2}$-stündigen Tauern- und 3-stündigen Straßen-wanderung und arbeiteten sogar noch eine Zeit lang an dem Reise-plane für den folgenden Tag, als ob nicht noch morgen Zeit genug dazu wäre.

IV. Vom Ahrenthale durch das Rainthal nach Tefferecken *).

Ein Blick auf die Landkarte zeigt, daß die Ersteigung jener Spitzen aus der Zillerthalergruppe, welche sich in dem von Südwesten nach Nordosten laufenden Hauptrücken erheben, aus dem Ahrenthale, in das sie fast unmittelbar abfallen, mit ungleich weniger Weitläufigkeit verbunden ist als aus dem Zillerthale, von welchem man erst durch langgestreckte Seitenthäler an den Fuß dieser Berge gelangt, um dann noch in Sennhütten eine nur elende Unterkunft für die Nacht zu finden.

Wirklich hatte ich noch gestern erfahren, daß sich ein Offizier des k. k. Geographencorps auf dem Schwarzenstein zur Triangulirung befinde, und da ich schon lange den Wunsch hegte, den muthmaßlichen Culminationspunkt der Zillerthaler Berge, den Löffelspitz, zu ersteigen,

---

*) Die Schreibart Defereggen wird hie und da als die richtigere, weil lo-cale, bezeichnet. Ich halte mich in diesem Falle an die Schreibart der Generalstabskarte.

so würde ich, als am Morgen des 22. August wieder keine Wolke am Himmel war, trotz dem Vorsatze, nur wenige Tage von Fusch und dem Wiesbachhorn entfernt zu bleiben, doch wahrscheinlich die Er=steigung des Löffelspitzes von Steinhaus aus versucht haben, wenn sich ein Führer dazu hätte auftreiben lassen.

Aber der tüchtigste Bergsteiger der Umgegend, der k. k. Revier=förster Stuhlreiter von Mühlegg, war bei der Triangulirung auf dem Schwarzenstein, ein zweiter verläßlicher Führer war nicht bekannt und so verließen mein Reisegefährte und ich in früher Stunde, als unser Studiosus vom Tauern, der von hier aus einen andern Weg ein=schlagen wollte, sich noch behaglich im Bette streckte, das preiswürdige Gasthaus von Steinhaus.

Wir hatten einen Wagen bis Taufers gemiethet, um dadurch einen mindestens zweistündigen Marsch auf der Straße zu ersparen und machten in der Morgenkühle eine höchst angenehme Fahrt. Ueber Mühlegg kamen wir zuerst nach St. Johann, mit schöner Pfarrkirche, und nach St. Martin, dann nach Luttach, dessen Gebäude, sowie jene von Steinhaus, durch ihre Bauart und ihre Farbe schon von weitem verrathen, daß darin Bergleute hausen.

Der Hauptschmuck der Gegend bleiben die Zillerthaler Ferner und jetzt fesselten besonders der Löffelspitz und der Schwarzenstein die Aufmerksamkeit. Ersterer ragte im Hintergrunde eines kleinen Seiten=thales in solcher Nähe auf, daß man meinte, man müsse in ein paar Stunden die mehrkantige Kuppe ersteigen.

Letzterer zeigte einen langen Kamm, der von seinem links be=findlichen Horn mit schwarzem Steindurchbruch nach Rechts und gegen die Höhen des Ahrenthales herabzieht. Westlicher folgten dann der Horn=spitz, Thurner Kamp und andere Gletscher, welche mit ihrer Nordseite dem Zemm= und Hörpingerthale angehören.

Bei Luttach nimmt das Ahrenthal und mit ihm die Straße eine entschiedene Wendung nach Südosten, wogegen das Thal Weißen=bach in der bisherigen Richtung des oberen Ahrenthales gegen Süd=westen bis an den Neveser= und Mösel=Ferner fortläuft.

Bald folgt die letzte Thalstufe im Ahrenthale, welche die Scheide zwischen der Strecke „im Ahren" und dem Tauererthale bildet. Die Felsen nahen sich wieder, die Straße senkt sich wieder steil, ein Tannenwald beschattet sie auch hier. Wir mußten heute den gewöhnlichen Fahrweg verlassen, weil ihn ein Gießbach aus den westlichen Bergen zerstört hatte. Wir lenkten daher gegen die östliche Thalwand ein, waren bald an dem weitläufigen Mauerwerk der alten Veste Taufers angelangt und fuhren dann den steilen Burgberg hinab. Bereits eröffnete sich uns der Blick in das Tauererthal bis gegen Bruneden und auf die Berge, welche es in erster und zweiter Linie umstehen.

In der Thalfläche kömmt man zuerst nach Sand und in diesem Orte überraschen einige stattliche Gebäude, alte Edelsitze, deren originelle Bauart gerade durch ihre zerstreute Lage recht sichtbar wird.

Wir verließen den Wagen bei der Brücke, welche Sand mit St. Moriz verbindet, denn an ihr kömmt der Weg aus dem Rainthal zur Straße, und dieses war jetzt unser nächstes Reiseziel. Doch verweilten wir noch lange auf der Brücke, ehe wir den Marsch antraten, denn von einem Bilde so herrlich, wie es eben vor uns liegt, scheidet man nicht nach kurzem Beschauen.

Ich habe ein einziges Mal und zwar in der Mappe eines Dilettanten eine Abbildung von Taufers gefunden. Möglich, daß der Maler findet, die Natur biete hier nicht genug Farben zu einem wirkungsreichen Gemälde: sicher bleibt aber, daß an Großartigkeit der Gruppirung der Landschafter nicht leicht einen vorzüglicheren Stoff finden kann als Taufers von der Brücke zwischen Sand und St. Moriz.

Im Vordergrunde glitzert der bewegte Wildbach unter der Brücke, ihr zur Linken erblickt man die pittoresken Häuser von Sand, zur Rechten jene von St. Moriz mit der alterthümlichen Kirche. Steil steigt von den letzteren der Burgberg auf und auf ihm thront die ausgedehnte Veste. Das mächtige Hauptgemäuer überragt ein massenhafter Thurm, ringsum erheben sich noch Wälle und Vorwerke auf den Felsen. Zwischen ihnen aber strecken ernste Tannen ihre Aeste aus, während sie auf dem Abhange, mit dem der Burgberg gegen die Straße und den Bach abfällt, von keinem Mauerwerk in ihrer Ausbreitung gestört,

einen dichten Forst bilden. Doch auch der gegenüberliegende Berg senkt
sich mit einem Waldabhange zur Straße und so bildet sich nach rückwärts ein Ausschnitt, aus welchem in der Tiefe der Bach herabbraust,
während zu oberst der prachtvolle Schwarzenstein, dessen blendende Eismassen die dunkle Färbung des coulissenartigen Rahmens doppelt hervorheben, in die blauen Lüfte emporstrebt.

Es war 8 Uhr als wir unsere Fußwanderung begannen. In
der Nähe sahen wir, daß die Lage der Kirche von St. Moriz, nur
wenig Schritte vom Walde entfernt, wirklich romantisch ist, doch fanden wir auch einige Häuser des Dorfes reizend an den Waldhügel
hingebaut. Wir gingen eine Weile auf einer Straße fort, als wir aus
der Landkarte und der unverkennbaren Mündung des Rainthales erkannten, daß wir auf diesem Wege nach Kematen, aber nicht nach
St. Wolfgang im Rainthale gelangen würden. Glücklicherweise war
nahebei ein Bauernhof, dessen Bewohner uns sagten, daß unser Berg-
weg schon zwischen den Häusern von St. Moriz auf die Höhe zur
Linken hinanzusteigen beginnt, daß wir ihn jedoch ohne zurückkehren zu
müssen, bald erreichen würden, wenn wir eine Zeit lang auf dem Abhange über dem Hause in gerader Linie hinaufklettern wollten. Der
Rath wurde befolgt, schweißbedeckt, doch in kurzer Zeit hatten wir
über ein Steingerölle den verlorenen Weg gefunden und zogen nun
auf ihm im Schatten und im Duft seines Nadelholzes fort. Schon
lag der Eingang in das Rainthal in seiner ungewöhnlichen Gestaltung
uns gegenüber.

Die Berge zwischen St. Moriz und Kematen treten nämlich
gegen Norden zurück, und es bildet sich dadurch eine halbrunde Bucht
im Tauererthale. Den Boden dieses Kessels nehmen Felder und
Wiesen ein, seine Wände bedeckt Wald, im Hintergrunde aber erhebt
sich aus der Fläche ein mit Tannen bewachsener schoberartiger Hügel
zu bedeutender Höhe, und ein Einschnitt hoch oben an seiner rechten
Seite ist der eigentliche Eingang in das Rainthal, aus welchem der
Rainbach in die grüne Tiefe hinabschäumt.

Unser Weg führte uns an einem stattlichen Bauernhofe auf
einem Vorsprunge des linkseitigen Thalabhanges in sonniger und aus-

sichtsreicher Lage vorbei. Hier und noch an einigen andern nahen
Stellen übersahen wir das Taufererthal in der Richtung gegen Brun-
ecken, dann das Mühlwaldthal mit dem Dorfe Mühlen am Eingange
und ihre Bergumwallung. Eine Spitze in der südwestlichen Richtung
vom letztgenannten Thale trat besonders hervor, und der Lage und
Höhe nach hielten wir sie für die Wilde Kreuzspitze bei Mauls.

Von einer freundlichen Waldwiese kamen wir auf die Lehne der
schoberartigen Erhebung, und von ihr weg betraten wir über eine
Holzbrücke das linke Ufer des Rainbachs und die eigentliche Schlucht
des Rainthales. Wenigstens anderthalb Stunden lang steigt man in
ihr, jedes Blickes in die Ferne beraubt, allmälich aufwärts. Und doch
verfloß uns die Zeit angenehm. Der Weg war fast durchgehens mit
großen Steinen pflasterartig belegt, der stete Waldesschatten und der
Luftzug von dem immer hart am Steige im stärksten Gefälle zur Tiefe
stürmenden Bache hatten eine höchst erfrischende Temperatur zur Folge,
und Felsstücke und Bäume mitten im Wildbache, und er selbst im
rasenden Kampfe mit ihnen, lieferten fortwährend entzückend schöne
Studien. Nur das Ohr wird durch das gleichförmige Brausen des
Wassers nicht angenehm berührt, und wir waren deshalb wirklich erfreut,
als wir an einer Stelle anlangten, wo der Bach statt der Schnellen einen
recht ansehnlichen Wasserfall bildet und seinen Zorn anstatt in bloßem
Brausen in einem wahren Donner ausspricht. Hier führt eine Brücke
auf das rechte Bachufer, man überschreitet sie, wird von den, von
einem Felsen mitten im Falle weit über den Weg hinwegspritzenden
Wellen durchnäßt und hat nun die Höhe des Rainthals gewonnen.
Das nahe Haus unter Obstbäumen auf einem Hügel mit der Mühle
am Bache ist der Sager.

Wir begrüßten den Ferner, der hier über einem kleinen Seitenthale gegen Südosten sichtbar wird, als den äußersten Vorposten der
Riesenferner- oder Antholzer-Gruppe, des Gletscherstockes, welcher
so isolirt von dem eigentlichen Eisgebiete des Venedigers und in dieser
Isolirung wieder so mächtig auftritt, daß ihn Schaubach als eine abgesonderte Fernergruppe betrachtet.

Vom Sager schritten wir in der Fläche des Thales fort, das sich uns bald in seiner ganzen Gestaltung zeigte. Wir sahen, daß es durch eine Bergreihe genöthigt ist, sich entschieden nach Rechts zu wenden, und dieser Theil heißt das Bacheruthal, dessen Hintergrund pracht- volle Gletscher aus der Riesenfernergruppe einnehmen.

Doch auch in der Richtung, welche das Rainthal vom Sager weg Anfangs einhält, läuft, wie uns dies eine Furche zwischen den Bergen verräth, ein Thal fort. Das ist das Knuttenthal. Vor seinen Ausgang in's Rainthal haben sich die nächsten Hügel uns zur linken Seite gelegt. Auf ihnen erblicken wir die Kirche St. Wolfgang mit dem Widum (Pfarrhause) und einigen Häuschen, zu welchen denn auch der Weg führt, der von der ersten Häusergruppe am Bache auf die Höhe anzusteigen beginnt.

Wir erfuhren an diesen Häusern, daß das Wirthshaus auf dem Hügel gerade vor uns liege. Wir wanderten daher noch ein Stück auf dem Thalboden fort, kletterten dann den Hügel hinan, wobei uns eine einzelne Arve, welche man uns als Wahrzeichen des Wirthshauses gezeigt hatte, als Wegweiser diente, und kamen um 11 Uhr an die- sem unsern nächsten Ziele an.

Hier fanden wir die Wirthin, ein kräftiges Weib in mittleren Jahren, damit beschäftigt, Brot zu backen, und da im Gebirge immer ein Vorrath für mehrere Wochen auf einmal gebacken wird, so lagen die runden Mehlfladen in großer Zahl herum, vorgerichtet, um in den Ofen gegeben zu werden, aus dem sie erst dann wieder zum Vor- schein kommen, wenn sie hart wie Stein geworden sind. Die Wirthin war allein mit einem kleinen Buben von 6 bis 7 Jahren, und weil weder das Brot noch wir vernachläßigt werden durften, so hatte sie vollauf zu thun und verwendete auch ihren Jungen, der uns die Dienste eines Kellners leisten mußte, und es wenigstens mit ungleich größerem Berufseifer that als Monsieur Jean und Jacques in der Residenz. Als uns aber außer der Bereitwilligkeit zu geben, was vorhanden war, auch wahrhaft gute Knödel und ein genießbares Eiergericht ge- boten wurden, hielten wir mit unserem Lobe nicht länger zurück und erfreuten die thätige Hausfrau dadurch nicht wenig.

Das Wirthshaus in St. Wolfgang im Rainthale hat nebstdem noch den anderen Vorzug, daß man nur vor seine Schwelle zu treten braucht, um den Anblick des Bachernthales zu genießen, an dessen Schlusse der Hauptstock der Riesenfernergruppe mit seinen prachtvollen Contouren lagert und seine Gletscher bis tief herab auf die Thalgründe sendet.

Ich fand eine auffallende Aehnlichkeit des Thalschlusses mit der Dachsteingruppe vom vordern Gosausee gesehen. Wie der Thorstein, steigt hier der Hochgall, muthmaßlich die höchste Spitze der Riesenferner, mit einer dem Thorstein formverwandten Kuppe mitten aus Gletschern empor, und auch die Einsattlungen auf der linken Seite sind bei beiden Bergen sehr ähnlich. Nur ist der Hochgall fast bis zur höchsten Spitze begletschert, und während sich auf der rechten Seite des Thorsteins ein scharfer Abfall befindet, zieht sich vom Hochgall der Riesenferner nach Rechts hin und überragt nach einer Krümmung nach vorne zu noch einen Theil der südlichen Seitenwand des Bachernthales. Uebrigens glaube ich nach der Beurtheilung mit dem bloßen Auge wie mit dem Fernrohre, daß der Hochgall weit über 10,000 Fuß hoch, unter die bedeutendsten Hochspitzen der Tauernkette zu reihen kömmt.

Wir hatten heute erst drei Stunden zu Fuß gemacht und konnten uns also noch einen tüchtigen Marsch zumuthen. Wir wollten daher bis St. Jacob in Tefferecken gehen, bis wohin nach der Angabe der Leute von St. Wolfgang durch das Knuttenthal und über das Klammljoch 6 bis 7 Stunden sein sollten. Dann aber mußten wir spätestens um 1 Uhr St. Wolfgang verlassen, und die Wirthin wurde darum ersucht, uns bis dahin einen Führer zu stellen.

Bei der schwachen Bevölkerung des Rainthales, welche noch großentheils der Heuarbeit wegen auf den Alpen abwesend war, konnten wir uns Glück wünschen, als uns ein solcher wirklich zugesagt wurde, und es blieb uns auch keine Einwendung übrig, als sich zur bestimmten Zeit ein alter, sehr gebrechlich aussehender Mann, auf dessen Eigenschaft als Bergsteiger zudem eine lange weiße Schürze das zweifelhafteste Licht warf, als Führer einfand.

Punkt 1 Uhr verließen wir in der That St. Wolfgang. Wir
stiegen zuerst die Höhe vom Wirthshause bis zum obersten Bauernhofe
hinan und erreichten zunächst ihm den Thalboden des Knuttenthales.
Bald sahen wir, daß unser Alter unserem gewöhnlichen Schritte nicht
folgen könne, wir gingen daher langsamer; allein als dies noch nichts
nützte und er wieder zurückblieb, thaten wir uns keinen weiteren Zwang
an, und bedeuteten ihm, wir wollten ihn bei der nächsten Alpe er=
warten.

Der Thalboden und die Berge im Knuttenthale sind gleich kahl
und uninteressant. Am höchsten steigt im Westen der Gebirgszug empor,
welcher auf der anderen Seite in das Ahrenthal abfällt. Das Rain=
Knuttenthal und der mittlere Theil des Ahrenthals „im Ahren",
laufen nämlich vollkommen parallel; wir waren in der Luftlinie von
St. Peter und Steinhaus kaum ein paar Stunden entfernt, und durch
einen sieben= bis achtstündigen Marsch auf einen Punkt gelangt, den
wir über das Gebirge in drei bis vier Stunden erreicht hätten. Doch
bereuten wir den Umweg nicht, weil wir dafür durch die herrlichen
Gletscheransichten im Ahrenthale bis Taufers, und durch das Pracht=
bild von Taufers und jenes des Riesenferners überreich belohnt waren.

In anderthalb Stunden kamen wir bei den, unterhalb des
Klammljochs gelegenen Knuttenalpen an. Dies waren die ersten stei=
nernen Alpen von der in Tirol in baumlosen Gegenden gebräuchlichen
Bauart, die ich sah, und sie machten auf mich den unvortheilhaftesten
Eindruck. Aus rohen Steinen erbaut und mit keinem Fenster, sondern
mit schießschartenähnlichen und nebenbei unsymmetrisch angebrachten Lucken
zunächst dem Dache versehen, gleichen sie mit ihrem flachen Dache aus
Schieferplatten und ihrem niedrigen Eingange mehr einem verfallenen
Stalle, als einer menschlichen Wohnung. Außerdem sind gewöhnlich
ihrer mehrere hart an einander gebaut, und dadurch wird der Anblick
noch unschöner.

War schon unser ästhetischer Sinn durch die Alpengruppe belei=
digt, so waren wir auf sie bald noch schlimmer zu sprechen, nachdem
wir an allen Thüren geklopft hatten und sich Niemand sehen ließ, der
uns gegen gute Bezahlung auch nur einen Tropfen Milch gegeben

hätte. Glücklicherweise rieselte nahebei eine klare Quelle herab und wir hielten uns nun mit doppelter Wonne an ihre erfrischende Gabe.

Doch als wir schon lange bereit waren, wieder weiter zu gehen, war unser Führer noch gar nicht in Sicht. Endlich kam er. Der Weg auf's Joch war nicht zu fehlen, denn offenbar konnte nur die östliche tiefe Einsattlung zwischen dem nördlichen Schwarzenkopf und dem südlichen Grauennock das Joch sein; ein betretener Pfad lief hinan und die nahen Wände auf beiden Seiten ließen keinen andern Ausweg übrig. Wir zogen es also vor, allein aufzubrechen, und ich erklärte dem Alten, daß wir wünschten, er möge sich nicht übereilen, jedoch uns wenigstens so schnell folgen, als es ihm möglich sei; am See unterhalb des Joches würden wir wieder auf ihn warten.

Das Klammljoch, dessen Höhe immerhin 7000 — 7200 Fuß betragen mag, gehört durch den guten Weg und seine geringe Steilheit zu den bequemsten Jochübergängen in Tirol; aber gerade weil man nur allmälig aufwärts kömmt, bedarf man ziemlich lange zu seiner Ersteigung. Pittoresk sind hier nur die Stoßwände und wilden Schluchten, mit welchen der Grauennock gegen die Jochhöhe abfällt. Der Klammsee dagegen ist ein kleiner einsamer See von etwa einer Viertelstunde Umfang, dessen Spiegel außer den Wänden des Grauennock im Süden, blos unbedeutende Abhänge umstehen.

Wir hatten an seinem Ufer schon sehr lange auf den Führer gewartet, als mein Gefährte sich entschloß, ihm entgegenzugehen, um ihm, wenn er nicht mehr weiter könne, unsere Taschen abzunehmen, ich aber stieg zu der wenige Minuten über dem See gelegenen Jochhöhe hinan.

Hier besah ich mir zuerst die Aussicht, welche jedoch auf eine Anzahl hoher Gletscherberge aus dem obersten Theile von Tefferecken, dem Affen- und Umbalthale beschränkt ist. Sie gehören der Benedigergruppe an, mit der sie durch das hohe Umbalthörl, den Uebergang von Kasern nach Pregraten, in Verbindung stehen.

Die Sonne schien hell aus und ich lagerte mich deßhalb auf dem Grasboden im Schatten der Kapelle, welche auf dem Joche erbaut ist. Wieder war eine geraume Zeit verstrichen und ich dachte eben

darüber nach, wo wir denn eigentlich heute über Nacht bleiben würden,
da es bereits 5 Uhr und die Entfernung von St. Jacob jedenfalls
noch sehr beträchtlich war, als mein Reisegefährte mit dem Führer,
und mit ihnen noch ein dritter Mann ankam.

Der Führer wurde sogleich verabschiedet und wir gingen mit dem
Fremden, einem Tefferecker, dessen Ziel aber nur die nächste Alpe,
nach der Landesaufnahme die Jochhaus-, nach der Aussprache unserer
Begleiter dagegen die Joahausalpe, war, welche Aussprache auf
Gjaidhaus-, d. h. Jagdhaus-Alpe schließen lassen würde.

Vom neuen Gefährten erfuhren wir, daß wir nach St. Jacob
vom Joche weg noch mindestens fünf Stunden Weges hätten, und
nun schien es uns das Klügste, uns für heute gar kein bestimmtes
Ziel mehr zu setzen, sondern so lange fortzugehen, als es uns gefiele,
und wenn wir genug hätten, bei der nächsten Alpe, dem nächsten
Hause, am besten freilich in St. Jacob zuzukehren.

Vom Joch liefen wir mehr die Bergwiesen hinab als wir gingen, und kamen dadurch in drei Viertelstunden zu den Jochhausalpen,
ebenso häßlichen Steinhütten als jene im Knuttenthale. Hie und da
sahen wir Gletscher auf der Höhe. Bei weitem der schönste unter ihnen
ist der Fleischbachferner auf der rechten Seite des Thales, der, auf
der Hochebene eines Berges aus der Riesenfernergruppe ausgegossen,
mit einer viele Klafter dicken Wand blauen Eises senkrecht gegen die
Tiefe abbricht.

Unmittelbar von den Jochhaushütten weg senkt sich der Weg
über einen Hügel, auf dem ein ganzer Wald von Eisenhut in einer
mir nirgends sonst vorgekommenen Höhe von einigen Fuß wuchert, steil
zu einem Bache hinab; man überschreitet das reißende Bergwasser auf
einer Brücke, und jetzt bedingen die vielen Unebenheiten der Berglehne,
an der man hinzieht, ein beständiges, oft bedeutendes Bergauf- und
Bergabsteigen, das zuletzt höchst lästig wird.

Ueber eine Steinfläche erreichten wir nach einiger Zeit ein paar
Alphütten. Vor einer derselben saß ein Mann, damit beschäftigt, seine
Ziegen zu melken. Wir sprachen ihn an, uns etwas Milch zu geben.
Doch hiezu fand er sich nicht bereit, wie wir dies freilich mehr aus

seinen Mienen, als aus seinen uns nur im kleinsten Theile verständ=
lichen Worten entnahmen. Das war uns denn doch zuviel, und ich
verließ ihn mit einigen Bemerkungen, die eben nicht schmeichelhaft für
ihn genannt werden konnten, und ging zur nahestehenden andern Hütte.
Mein Reisegefährte dagegen sandte ihm eine volle Ladung der gewähl=
testen Kernausdrücke zu. Mag er sie nun nicht verstanden, oder sie in
Folge angeborner Würde so ruhig hingenommen haben, genug, er
schien dadurch ganz unberührt zu bleiben.

Da suchte ich eine andere Strafe anzuwenden, und reichte dem
Burschen aus der zweiten Alpe, der mir auf mein Begehren sogleich
auf's Bereitwilligste eine Schüssel mit Milch aus der Hütte gebracht
hatte, mit hoch aufgehobener Hand vor den Augen des Ungastlichen
zwei blanke Silbersechser. Dasselbe that mein Begleiter, und wir wollten
bemerken, daß unser Feind jetzt erst ein verdrießliches Gesicht machte.
Unserem freundlichen Wirthe aber, dem vier, noch dazu glänzende,
Sechser ein Kapital waren, leuchtete das Glück aus den Augen, er
brachte zur ersten, mindestens vier Maß haltenden Schüssel mit Milch
noch eine zweite eben so große, und wären wir jeder auf Münchhau=
sens Pferd gesessen, nachdem ihm durch das Fallgitter am Stadtthore
der Hinterleib abgeschnitten worden war, und hätten es zur Tränke aus
den Milchtöpfen geführt, er hätte keine Miene der Unzufriedenheit
gezeigt.

Als wir den Weg thalabwärts weiter verfolgten, gelangten wir
bald in die Waldregion, und zwar in förmliche Wälder von der hier
vorherrschenden Zirbelnußkiefer. Die Aeste stehen bekanntlich bei dieser
Baumart ziemlich horizontal vom Stamme ab und krümmen sich vor=
züglich nur an ihren mit dünnen Nadeln bebuschten Enden nach auf=
wärts, in Folge dessen jeder Baum einen breiten Raum für sich in An=
spruch nimmt und nach dem weisen Haushalte der Natur auch erhält, dem
Lichte aber der Weg durch die Baumäste blos wenig versperrt ist.
Ein solch' lichter Wald von weit auseinander stehenden Bäumen gewährt
nun einen zwar fremdartigen, jedoch überraschend hübschen Anblick.

Es war halb sieben Uhr, als wir gegenüber der Oberhausalpe
anlangten. Die Hütten liegen auf schönem Wiesgrunde am Ausgange

eines Zirbelwaldes, der sich von ihnen bis zu den Wänden der hoch
darüber aufsteigenden Berge hinanzieht, und durch dessen Mitte ein
mächtiger Wasserfall als breites Silberband herabbraust.

Nach den Angaben unseres Begleiters vom Klammljoch nach
Jochhaus rechnet man von Oberhaus nach St. Jacob drei Stunden.
Wir hegten mit Rücksicht auf diese Entfernung noch immer eine
geheime Hoffnung, heute bis St. Jacob zu kommen, und hatten keines=
falls im Sinn, hier zu bleiben. Doch der Zufall wollte es anders.

Nach der Generalstabskarte läuft der Weg noch eine Strecke lang
von der Oberhausalpe am rechten Bachufer fort und tritt erst dann
über eine Brücke auf das linke Ufer über. Wir überschritten also den
Thalbach bei der Brücke an der Alpe nicht und verfolgten den Pfad auf
dem wir gekommen waren. Allein nach einiger Zeit wurde er schmäler
und theilte sich auf einem waldigen Abhange in mehrere Fußsteige.
Wir schlugen daraus den zunächst am Wasser hinziehenden ein, kletterten,
als er sich ganz verlor, in der Meinung, erst jetzt den Weg verfehlt
zu haben, über Felsen mühsam aufwärts und dann weglos in der
bisherigen Richtung fort, bis wir zuletzt erkannten, die zurückgelegte
Strecke sei jedenfalls viel größer, als die Entfernung jener Brücke auf
der Landkarte von der Alpe wäre, und daraus die Ueberzeugung faßten,
mit dieser Brücke sei später eine Veränderung vor sich gegangen. Es
dämmerte bereits stark und nun schien es hauptsächlich der Beschaffen=
heit des Weges halber das einzig Vernünftige, nach Oberhaus zurück=
zukehren.

Als wir dort ankamen, war es schon acht Uhr und ganz dunkel
geworden. Es dauerte eine Weile, bis wir einen Sennen fanden und
er sagte uns, daß die vergeblich gesuchte Brücke vor einigen Jahren
vom Hochwasser weggerissen wurde und seitdem der Weg unmittelbar
an den Hütten der Oberhausalpe vorbei nach St. Jakob der allein
benützte sei.

Trotz dem Zeitverluste wollten wir uns nicht schon jetzt gefan=
gen geben und verließen die Alpe nach kurzem Verweilen. Doch neue
Schwierigkeiten! Kaum zehn Minuten entfernt, stürmte ein Wildbach
von der Höhe in solcher Mächtigkeit über den Steig herab, daß wir

es für höchst unpassend hielten ihn zu durchwaten; wir waren im Dunkeln nicht im Stande einen Steg aufzufinden und nun erst trieb uns die Besorgniß, im Finstern auf mehrere solche Hindernisse zu stoßen, zur Oberhausalpe zurück.

Wir waren zuletzt noch froh, als uns der Senne abermals willig aufnahm und wir in einer abgeschlossenen Hürde zunächst der Hütte reichliches Heu zum Nachtlager antrafen.

V. Nach St. Jakob in Tefferecken, dann über das Joch zwischen dem Rothhorn und Lusenhorn und durch die Mulitz nach Virgen.

Der Morgen des 23. August war wieder reizend. Wir benützten ihn redlich und brachen um 5 Uhr von Oberhaus auf. Jetzt beim Lichte fand sich eine gute Strecke oberhalb des Steiges ein für Turner berechneter Steg über den uns von gestern her verhaßten Bach. Doch damit ist auch die letzte Unannehmlichkeit des Weges überwunden und er zieht nun ziemlich breit, ja sogar wenig steinig, großentheils unter Tannen hin und machte uns nur dann stutzen, wenn er nach den Regeln des im Gebirge gebräuchlichen Straßenbaues dort, wo er eine Wiese erreicht, plötzlich aufhörte und uns, sobald die Matte größer war, vollends in Zweifel ließ, in welcher Richtung wir fortschreiten sollten, um jenseits die Fortsetzung wieder zu finden. Doch ging es ohne Verirrung ab, weil die Schlucht, in der wir uns befanden, ein Abschweifen nach den Seiten nicht wohl zuläßt.

Als wir aber wieder Alpen am jenseitigen Ufer und vor ihnen eine Brücke über den Thalbach sahen, wählten wir nach einem alten Satze der Moral das Sicherere und schritten auf unserem bisherigen Pfade erst dann weiter, als ihn die Aelpler dem ausgesandten Kundschafter als den richtigen bestätigt hatten.

Bis dorthin, wo sich der Weg zu den Staller Alpen und nach Antholz gegen Südwesten abzweigt, blieben wir beständig in der Schlucht. Wie hatten darum auch keine Fernsicht, nur einmal blickte aus einem Einschnitt der Wände zu unserer Rechten eine schön geformte Gletscherspitze aus der Riesenfernergruppe hervor, und nach der Landkarte vermuthete ich, daß es der östliche Abfall des Hochgall sei. Wir mußten wohl noch einigemal an der Berglehne hinauf und hinab, allein auf einem Pfade, der so gut und oft durch Wälder von so zierlicher Bildung geführt ist, daß wir in einem Park zu sein glaubten, verschmerzten wir dies unschwer.

Von den Höfen am Erlsbach an, der auf einiger Höhe der Thalwand malerisch gelegenen hintersten Häusergruppe im Thale, trat zu unserer Freude ein größerer Wechsel in der Scenerie ein. Schon lag das nahe Marien-Kirchlein an der Mündung des südlichen Seitenthales Rogozen zu unseren Füßen am Tessereker Bache, in einiger Entfernung breitete sich vor uns ein Theil des Thales von Tessereken mit dem Dorfe St. Leonhart aus, an seinem Südrande ragte das Gebirge gegen Villgraten mit den mächtigen Spitzen Zwornwoll, Pfannhorn, Röthespitz empor, im fernen Osten endlich baute sich die prächtige Gletscherwelt des Schobers auf. St. Jakob selbst blieb uns noch eine Weile verborgen, weil es von einem Bergabhang vor uns gedeckt war, welcher mit einem gegenüber auf der südlichen Thalwand liegenden Waldrücken eine Art Pforte gegen das äußere Thal bildet.

Als wir aber vollends in den Schooß des Thales hinabgestiegen waren, wurden zuerst einzelne Häuser, dann das ganze Dorf sichtbar. Der größte Theil seiner Gebäude ist auf den nördlichen Abhängen gegen die Schlucht gelegen, mit der hier das Mühl- oder Trojanerthal endigt. Sie sind, mit Ausnahme von ein paar, wenigstens im Obergeschoße durchgehends von Holz, und gruppiren sich recht pittoresk auf ihren ungleichen Standpunkten.

Doch auch jene Häuser, welche wir in Zwischenräumen am Wege antrafen, haben theils am Ausgange jenes südlichen Waldrückens, theils am Hauptbache des Thales auf grünem Anger eine malerische Lage. Von manchen waren die Thüre und Fenster verschlossen, und sie schienen ganz unbewohnt zu sein. Man gab uns später als den Grund davon an, daß die Besitzer sammt den Ihrigen als Teppichhändler auswärts abwesend seien.

Wir kamen um ³/₄8 Uhr im Gasthause zunächst der Kirche an. Im Hochgebirge fällt die Eintheilung des Essens in Frühstück, Mittag-

und Abendmahl bald der Macht der Verhältnisse zum Opfer; man ißt, wenn man Hunger hat und — etwas zu essen bekömmt. So ließen wir uns jetzt um 8 Uhr Morgens ein anständiges Mahl bereiten. Bis es fertig war hatten uns die Wirthsleute auch schon einen Führer über das Joch nach Virgen zu Wege gebracht und für die zehnte Stunde bestellt.

Wir konnten also ruhig unseren Magen befriedigen und vertrieben uns damit einen Theil unserer freien Zeit. Später knüpften wir mit mehreren Tefferackern, welche mit einem abreisenden Landsmann den Abschiedstrunk tranken, ein Gespräch an. Sie hatten die Freundlichkeit uns über den Weg nach der Mulitz nähere Auskunft zu geben und zeigten uns ein paar Heustadeln ganz auf der Höhe eines Bergkammes, an denen wir vorbeigehen mußten. Als wir, um ihnen unsererseits gefällig zu sein, die Sprache auf den Handel lenkten, machten sie keine Ausnahme von der übrigen Welt und klagten ungemein über die schlechten Zeiten.

Unser Führer kam pünktlich und die Stunde des Aufbruchs wurde genau eingehalten. Wir stiegen Anfangs eine Stunde lang steil hinan zu den höchsten Häusern der Gemeinde. Der Blick hinab in das Thal, aus welchem erst St. Jakob, dann St. Leonhart und St. Veit zu uns heraufsahen, besonders aber das sich immer mehr vervollständigende Bild des Tefferecker Gebirges machte die außerordentliche Hitze wenigstens theilweise verschmerzen.

Auch im Gebirge ist der Begriff von Größe rein relativ und während wir vorgestern und gestern 8 bis 9000 Fuß hohe Spitzen kaum beachteten, nahmen heute der Röthespitz, das große Deggenhorn, der Zwornwollkopf und das Pfannhorn als die bedeutendsten Erhebungen in dem minder hohen Tefferecker Gebirge unsere volle Aufmerksamkeit in Anspruch.

Von den obersten Häusern weg schützte uns eine Zeitlang ein Lärchenwald gegen die Sonnenstrahlen, dann traten aber Bergmähder an seine Stelle. Bald gelangten wir auf ihnen zu den uns gezeigten Heustadeln. Wir mußten noch über so manche Erhebung auf dem Wiesboden hinanklettern, doch dies machte uns nicht ungeduldig. Als

24*

wir jedoch dort, wo der Frosnitzbach aus dem hochgelegenen, vom westlichen Lusenhorn und dem östlichen Rothhorn gebildeten Kessel, in
einem tiefen Einschnitt gegen Süden herausfließt, ein bedeutendes Stück
hinabsteigen mußten, offenbar nur um auf der andern Seite sogleich
eben so hoch wieder empor zu steigen, da murrten wir über den un-
zweckmäßigen Weg.

Wir waren jetzt in den eben erwähnten Kessel gekommen, der
terrassenförmig gegen die großartige Mauer ansteigt, welche das Rothhorn und Lusenhorn gegen Norden bilden, und hatten nun die Aufgabe, die einzelnen Erhebungen in der Richtung gegen seinen nordöstlichen Winkel allmälich zu erklimmen, denn der tiefste Einschnitt in den
Felswänden zwischen den beiden Bergen dort ist die Jochhöhe.

Wir sind auf diesen Stufen vor zahlreichen Pfützen, ja sogar
vor ein paar größeren Wässerflächen, welche mit dem stolzen Namen
See bezeichnet werden, vorbeigekommen. Noch wechseln Grasflecke mit
Steingerölle und großen Felsblöcken, bis hoch oben nur mehr die letzteren allein den Boden bedecken, und auf ihnen hinankletternd erreichen
wir endlich das Joch, oder, wie man in Pinzgau sagen würde, das Thörl.

Es ist 8388 W. F. hoch. Wir hatten die vier heißen Stunden
von 10 bis 2 Uhr Mittags von St. Jakob bis herauf benöthigt.
Aber so wie der Weg selbst interessant ist, so fanden wir uns für
unsere Mühe vollkommen entschädigt durch die genußreiche Fernsicht
hinab nach Tefferecken und auf das Tefferecker Gebirge, auf die Berge
gegen Antholz und die Riesenferner, dann auf die Schobergruppe, ja
sogar auf entfernte Gebirge im Südosten, wie wir glaubten, aus der
Gegend von Lienz und Oberdrauburg.

Blickt man von Norden nach Süden zu unserem Joch hinauf,
so liegt es zu oberst einer langen, steilen Klamm, welche von den
Felsvorsprüngen der beiderseitigen Berge gebildet wird. Wir kamen in
dieser Schlucht, dann über die Kare an ihrem Ende bei dem so scharfen
Abfalle des Jochs Anfangs rasch über die Schneeflächen und Steinfelder abwärts. Jetzt zeigte sich uns gegen Norden und Nordwesten
ein Panorama zahlreicher, größtentheils in Eis gehüllter Berge aus
dem Umbal- und Pregratenthale. Sie gehören theils zum unmittelbaren

Benediger-, theils zu dem mit ihm in Verbindung stehenden südlicheren Eisgebiete, dessen Beherrscher der Röbtspitz ist. Unter den nahen Höhen der Mulitz dagegen ragte der Laförling mit breiter Krone weit über seine Umgebung hinaus.

Unser Uebergang hat den Vorzug, daß auf den steilen Absturz vom Joche weg sogleich ein guter Steig folgt. Selbst Alpen lassen nicht lange auf sich warten, und man sieht bald am Fuße des Laförling eine Gruppe, Dank dem Himmel! hölzerner, Sennhütten. Weil sie jedoch seitwärts vom Wege liegen, so ließen wir sie unbesucht.

Noch eine Strecke abwärts, und es blickte ein Ausschnitt des Virgnerthales mit der Kirche von Obermauer durch die Schlucht herein, durch welche die Mulitz zur Isel fließt.

Der Weg hatte sich an den Abhängen der westlichen Seite lange sanft gesenkt, doch nun stieg er wieder jäh hinab. Schon ist es dem Blicke gestattet, gegen Osten im Virgenthale vorzudringen, und Virgen winkt ihm darin entgegen. Wir haben uns der Sohle dieses Hauptthales mehr und mehr genähert und bemerken, daß wir nahe dem Punkte sind, von welchem sich seine höhere westliche Thalstufe von Pregraten erhebt. Doch Pregraten ist heute nicht unser Ziel; wir halten uns fortan gegen Osten. Jetzt langen wir bei einem Hause, nun bereits auf der Straße an. Wir bewundern den finsteren Schlund, durch welchen sich die Isel den Weg aus dem Pregratenthale in das von Virgen erzwungen hat. Erst wird die Mulitz überschritten, später nach einer neuen Steigung und Senkung der Straße die Isel. Am linken Ufer der letzteren kommen wir an den Gehöften von Nieder-mauer vorbei, bleiben immer auf der linken Seite des Thales und erblicken endlich in geringer Entfernung, jedoch auf einer Höhe über uns, Virgen.

Nur ungern sahen wir diese Lage, denn wir hatten auf dem siebenstündigen Marsche von St. Jacob zu viel von der Hitze gelitten, als daß wir das letzte Stück unserer Wanderung nicht lieber auf ebenem Boden gemacht hätten. Doch auch der Hügel wurde über-wunden, und wir befanden uns nun in Mitte des weitläufigen Dorfes.

Es blieb uns blos noch die Sorge, in ihm nicht etwa die dem Wirthshause entgegengesetzte Richtung einzuschlagen. Kein Mensch war bei den nächsten Häusern und guter Rath theuer. Da meinten wir, bei der Kirche werde der Widum, vielleicht sogar das ersehnte Wirths=haus sein. Wirklich zeigte uns am Pfarrhause eine freundliche Häu=serin (Wirthschafterin) ein nahes großes Haus als das Wirthshaus, ja, sie empfahl uns außerdem ein anstoßendes Lusthaus, eine Art Felsenkeller, als besuchenswerth an.

Wir aber schritten dem Mutterlande zu; gastlich aufgenommen lagerten wir hier bald in größter Bequemlichkeit in einer Art von Saal mit langem Tische in der Mitte. Alles, was uns lästig fiel, wurde entfernt, darunter vor Allem ein Freund des Hauses oder Haus=knecht, der uns schon unter dem Thore empfing, hierauf mit uns in das Zimmer ging, und nachdem wir ihn mit einem Auftrage an die Wirthin fortgeschickt hatten, sogleich wieder erschien, jetzt sogar sein volles Bierglas mitbrachte, es mit Seelenruhe auf den Tisch stellte, sich dazu setzte und sich so weitläufig anschickte, uns für lange Zeit Gesellschaft zu leisten. Wir jedoch waren durchaus nicht gelaunt zu solcher Gemüthlichkeit. Bald hatten wir für den Arglosen einen neuen Auftrag gefunden, setzten sein Glas vor die Thüre, riegelten sie zu und ließen ihn dann gar nicht mehr herein.

Landkarten und Reisehandbücher füllten jenen Theil der Zeit bis zum Abendessen, welcher nicht absichtlich unausgefüllt gelassen wurde, ganz gut aus, allmälich war es auch dunkel geworden, und wir folgten nun unserer Neigung, die uns heute früher als sonst in's Bett zog.

VI. Nach Windischmatrey, über das Matreyer=Kalser Thörl nach Kals und nach der Dorfer=Alpe.

Mein Ausflug ging seinem Ende entgegen. Ich beabsichtigte, heute an den Kalser=Tauern zu kommen, ihn morgen Vormittags zu über=schreiten und Abends wieder im Fuscherbade einzutreffen. Mein Reise=gefährte dagegen wollte nach den Witterungsverhältnissen und den in Kals einzuziehenden Erkundigungen über den Weg nach Heiligenblut

entweder mich begleiten oder Heiligenblut zum Zwecke einer Glockner-
ersteigung besuchen.

War mir auf der ganzen kleinen Reise schönes Wetter höchst
erwünscht gewesen, so bedurfte ich desselben in diesen letzten zwei
Tagen am meisten, denn sie sollten die Lösung meiner Aufgabe für
das Jahr 1853, das Glocknergebiet kennen zu lernen, wesentlich fördern.

Heute war vorerst wieder herrliches Wetter. Wir zogen dennoch,
nachdem die Aufgabe des Tages leichter war, erst um 7 Uhr aus.
Des Bartlmätages halber, der seine Eigenschaft als Bauernfeiertag
überall im Gebirge behauptet, hatten sich die Thalbewohner schon
zahlreich im Gasthause und an der nahen Kirche eingefunden, und wir
mußten uns durch ihre Reihen Bahn brechen, um auf die Straße
nach Windischmatrey zu gelangen.

Auf diesem ziemlich gut erhaltenen Fahrwege waren uns Anfangs nur kleine Freuden beschieden, eine hübsche Baumgruppe, eine
malerisch unter Bäumen erbaute Capelle u. s. w., bis die düstere Burg
Rabenstein auf der kahlen nördlichen Wand des Thales anspruchs-
voller hervortrat. Name und Lage wären passend, schade, daß die Geschichte von Hexenprozessen und Zwingherrn auf Rabenstein schweigt.

Der gerade Gegensatz dazu ist das nahe Mitteldorf an der
Straße. Auf den Raum weniger Quadratklafter zusammengedrängt,
finden wir da die Mündung einer engen Felsenschlucht, aus welcher
ein klarer Gebirgsbach zu einer lustig klappernden Mühle fließt, ein
paar braune Holzhäuser mit vorspringendem Dache und mehreren übereinander laufenden Gallerien, und ein neues Kirchlein mit niedrigem
Thurme. Dazu die lichte Straße in der Mitte, rundherum Obst-
bäume, und darüber aufragend das Hochgebirge, und man hat vollends,
wenn noch Himmelsblau und Sonnengold nicht fehlen, ein wahrhaft
reizendes Bild freundlicher Gegenwart vor sich.

Die Straße bleibt immer auf der nördlichen Seite des Thales
und steigt später nur wenig an der Berglehne hinan, um sich dann
schnell in das Iselthal bei Matrey zu senken. Aber selbst der Thalboden von Virgen endet gegen dies Thal mit keiner Klamm; vielmehr
erhebt er sich so allmälich aus ihm, und haben insbesondere die süd-

lichen Höhen über ihm Anfangs eine so sanfte Abdachung, daß, so breit auch die Thalsohle bei Matrey, doch der Vereinigungspunkt der beiden Thäler kaum kenntlich ist.

Durch diese weite Thalmündung hatten wir schon lange ein Stück des Thalbodens nächst Matrey gesehen, jetzt befanden wir uns bereits unvermerkt auf ihm. Auch einige Häuser des Marktes, und zwar die südlich von dem hochaufgemauerten Bette des Bürgerbaches, der Matrey in zwei Theile scheidet, gelegenen, tauchten mit der Kirche auf, und kaum zwei Stunden, nachdem wir Virgen verlassen hatten, saßen wir in Rauterers Gasthause.

Windischmatrey hat wahrhaft wenig Regelmäßiges an sich, wir waren jedoch seit einiger Zeit jeder Reihe von Häusern so sehr entwöhnt, daß uns die Gasse, welche von Rauterer weg durch etliche beiderseits in gerader Linie nebeneinander stehende Wohngebäude ge= bildet wird, ob ihres städtischen Anstriches imponirte.

Rauterers Gasthaus aber dürfte seiner Güte nach wirklich in einer großen Stadt liegen, es würde ihr keine Schande machen.

Wir hatten hier noch das Vergnügen der Anregung durch das Zusammentreffen mit anderen Reisenden, welches wir bis jetzt während unseres Zuges durch die am wenigsten bekannten und besuchten Thäler Tirols ganz entbehren mußten. Es befand sich nämlich eben Herr D. Stur, Mitglied der k. k. geologischen Reichsanstalt zu Wien, hier. Er hatte mit wahrer Liebe zum Hochgebirge während seines mehr= monatlichen Aufenthaltes in Lungau und in den am Südabhange der Tauern gelegenen Tiroler Thälern eine erkleckliche Anzahl der höchsten Spitzen, darunter jene des Großvenedigers von Pregraten aus, er= stiegen, und die Mittheilungen, die er mir über einige seiner größeren Unternehmungen machte, waren für mich vom größten Interesse.

Doch der Zufall wollte, daß ich heute bei Rauterer noch eine mir interessante Thatsache erfuhr. Außer Herrn D. Stur und uns zwei Reisegefährten, war noch ein vierter Fremder im Gastzimmer. Als er uns vom Großglockner sprechen hörte, erzählte er, er sei, und zwar der Erste in diesem Jahre, vor wenig Tagen auf der höchsten Spitze des Glockners gewesen, und habe das Barometer, welches seit mehr als 50 Jahren auf dieser erhabensten Zinne der österreichischen Centralalpen gestanden hatte, nicht mehr dort gefunden.

Nachdem sich nun, als ich am 31. August 1852 die zweite, oder höchste, Spitze des Großglockners besuchte, das Barometer noch oben befand, so mußte es im Winter 1852 bis 1853 in die Gletschertiefe abgestürzt sein, und ich und meine Begleiter bei jener Ersteigung waren, weil, wenn ich nicht irre, im Jahre 1852 Niemand mehr nach uns auf den Glockner gekommen ist, daher die letzten, welchen der erhebende Eindruck gegönnt war, diese Spur des menschlichen Scharfsinns auf unwirthbarer Höhe, in Mitte der scheinbaren Todeserstarrung der Natur anzutreffen.

Weiter war nicht viel von dem Glocknersteiger zu erfahren. Er war ganz Auge und Ohr für eine Celebrität der Gegend, den aus den Tirolerkriegen hier bekannten Schützenhauptmann Panzl, und es schien, daß sich auch Panzl bei einem guten Mahle als Gast des Reisenden sehr wohl fühle, und daß die Leute vollkommen für einander passen, denn so unerschöpflich und glücklich der Fremde im Fragen, eben so unermüdlich und zufrieden war Panzl im Erzählen.

Um 10 Uhr traten wir in Gesellschaft des Herrn D. Stur die Wanderung über das Thörl nach Kals an.

Kals liegt ganz östlich von W. Matrey, nur durch die Höhe des Thörls von ihm getrennt. Um sich das Verhältniß des Isel- und Kalserthales zu einander und des Kalser=Matreyer=Thörls zu beiden vorstellen zu können, nehmen wir Lienz als ihre Wurzel an. Von ihm zieht dann als Stamm das Iselthal nordwestwärts bis Peischlag und Huben. Hier theilt es sich in zwei Aeste, deren einer, das Kalserthal bis Kals gerade ebenso lange nordöstlich läuft als der zweite, die Fortsetzung des Iselthales, noch bis Matrey nordwestlich, so daß, wenn wir eine gerade Linie von Kals nach W. Matrey ziehen, ein höchst regelmäßiges Dreieck entsteht, dessen Grundfläche diese Linie von W. Matrey nach Kals und dessen Spitze Peischlag ist.

Bei Kals und Matrey beginnen hierauf die Verlängerungen des Kalser= und Iselthales, welche unter sich parallel als Dorfer= oder Dorferalpen= und Tauernthal in streng nördlicher Richtung bis an den

Kalser- und Velber-Tauern reichen. Fast in der Mitte zwischen die-
sen beiden Tauern aber zweigt vom Hauptrücken der Tauernkette gegen
Süden ein Gebirgszug ab, der in seinem oberen, dem Tauern näheren
Theile vielfach begletschert, dann allmälich sich senkend erst bei Peischlag
endet, und durch seine Lagerung fortan den Scheiderücken zwischen dem
Dorferalpen-Kalser und dem Tauern-Iselthale bildet. Sein niedrigster
Punkt nun ist das Thörl, das jetzt unser nächstes Ziel war.

Auf einiger Höhe über W. Matrey bot sich uns eine viel gün-
stigere Ansicht des Iselthales um Matrey dar, als wir sie auf dem
Wege von Virgen gehabt hatten. Von hier gesehen, liegt der Eingang
des Tauernthales in der nordwestlichen Ecke des Matreyer Thalkessels.
Ich bedauerte nur, daß auf unserem Standpunkte in jener Richtung
der prachtvolle Fall nicht sichtbar war, welchen der Steinerbach von
der obersten Höhe eines Bergrückens über schief geneigte ungeheure
Felsplatten, sogenannte Bretterwände, zum Tauernbach macht, und
welcher kurz vor der Capelle am Wege vom Velbertauern die Aufmerksamkeit gewiß eben so sehr fesselt, als an der Capelle selbst der
dort zuerst gegönnte Anblick des Iselthales.

Dafür nahm sich der Markt mit seinen zerstreuten Häusergruppen zwischen Bäumen und mit dem schlanken Kirchthurme hübsch aus,
und die alte Burg Weissenstein ragte mit ihrem mehrere Stock hohen
Gemäuer auf einem Hügel im Norden des Marktes recht ansehnlich
empor. Zu unserer Linken erblickten wir den Thalschooß des Bretter-
thales unter uns. Aus ihm fließt der Bürgerbach nach dem Markte,
derselbe Bach, den die Matreyer seiner Gefährlichkeit halber in einen
hohen Aquaeduct leiteten, und dessen schädliche Thätigkeit durch Sand-
flecken und Auen allerorts im Thale sich verräth.

Wir stiegen fortan südlich über dem Bretterthale aufwärts.
Unter den malerischen Punkten, welche wir auf unserem Wege antrafen, war jener der ausgezeichnetste, wo zur Rechten ein dünner
Lärchenwald einen steilen Abhang bedeckt, jenseits des an seinem Rande
hinanziehenden Weges aber auf einer hie und da gleichfalls mit Lärchen bestandenen Wiese eine Capelle steht. Einige Bänke vor ihr sind
ein köstlicher Punkt zum Ausruhen und zur Beschauung des Hochgebirgs-

Panoramas, welches sich gegen Norden von den Hörnern aus der Venedigergruppe bis zu den, gewiß über 9000 Fuß hohen, Spitzen im Bretterthale, dem Sanz- und dem durch seine fast verticalen Platten= schichten oder Bretterwände auffallenden Bretterkogel ausbreitet.

Verfolgt man dann den Weg zum Thörl, so nimmt mit jedem Schritte die Pracht der Aussicht zu und Gletscher um Gletscher treten im Westen hervor. Wir waren schon aus der Waldregion, welche in dieser Gegend theilweise so hoch hinanreicht, daß wir auf der Erhebung rechts vom Thörl Lärchbäume noch in einer Höhe von mehr als 7000 Fuß stehen sahen und auf die Bergwiesen gekommen, und stiegen auf ihnen steil aufwärts, bis wir an einem großen Kreuze den höchsten Uebergangspunkt erreichten. Wir hatten 3 Stunden von W. Matrey bis hieher benöthigt. Und jetzt lag eine Aussicht vor uns aufgerollt, welche, soviel wir auch von ihr schon gehört hatten, doch unsere Er= wartungen noch weit übertraf.

Ich habe viel großartigere und eigenthümlichere, aber noch keine reizendere Hochgebirgs=Rundschau kennen gelernt als die des Kalser= Matreyer Thörls. Ihre Schilderung erleichtert die Thatsache, daß sie aus zwei fast ganz regelmäßigen Vierecken, einem kleineren östlichen und einem größeren westlichen besteht. Wir betrachten zuerst das östliche.

In der Tiefe unterhalb der Matten, welche von unserem Stand= punkte noch weit hinabreichen, liegen in einem Thalausschnitte auf grünem Wiesgrunde vier bis fünf weiße Gebäude in einer Gruppe dicht neben einander. Ihre so nahe Verbindung, die Ringmauer, welche sie theilweise umschließt und das Stattliche ihres Baues läßt sie von der Höhe wie eine Burg mit ihren Vorwerken erscheinen. Es ist die Kirche von Kals mit ihren Nachbarhäusern. Ueber ihnen ragt himmelan die im Kalserthale fußende prächtige Gletschergruppe des Schobers. Ueberraschen uns in ihr die phantastischen Formen der von den glänzenden Eisfeldern in ihrem Hintergrunde grell abstechenden dunkeln Felsköpfe Ralf und Kletes, deshalb auch die Mohrenköpfe genannt, so zwingen uns die Hochspitzen, die große Gößnitz, der Gernot und vor Allem der breite Dom des hohen Schobers zur Be= wunderung. Diese so nahe als schöne Gletschergruppe nimmt den Süd=

osten und zugleich mit ihrem südwestlich vortretenden Theile den Süden unseres Viereckes von Kals ein.

Nördlich von ihr bilden die mächtigen gegen das Kalserthal zu geneigten Höhen, auf denen sich die Uebergangspunkte von Kals nach Heiligenblut, das Peischlag- und Bergerthörl befinden, das Verbindungsglied zwischen der Schober- und Glocknergruppe und zugleich mit dem nördlichen Theile der ersteren, die Mauer über dem östlichen Theile unseres Aussichtsquadrates

Im Nordosten desselben beginnt mit dem Schwerteck der majestätische Zug des Glockners. In der Richtung nach Links folgen auf das Schwerteck die Hohenwartshöhe, die Adlersruhe, die kleine und große Spitze des Großglockners selbst, dann die Glocknerwand, auf sie aber im nordwestlichen Zuge die übrigen Hochspitzen des Glocknerkammes bis zum hohen Kasten. Nirgends sonst hat man eine so günstige Ansicht der Südseite des Glockners und wer den Berg bestiegen hat, findet den ganzen Weg bis zur Scharte zwischen den zwei Spitzen leicht wieder. Alle Gletscher, welche vom Glocknerkamme gegen Süden zur Tiefe herabfließen, das Leiter-, Kenitz-, und Teischnitz- graue Kees breiten sich uns gegenüber aus.

Aus ihrer Firn- und der Steinregion bauen sich der glatte Kogl, das Tschidinhorn, der Bretterspitz und der eisige Cramul auf.

Ist so die dritte Seite, die Nordseite, des Kalser Viereckes durch den Glocknerzug gebildet, so nehmen seine vierte, die Westseite, herwärts gegen das Thörl die Höhen über dem Dorferalpen- und nordwestlichem Kalserthale, der Sattel des Thörls selbst und dessen Verlängerung gegen Südosten und Süden ein, über welch' letzterer wieder die Schobergruppe herabblickt.

Dem genußreichen kleineren Aussichtsquadrate steht an Interesse das größere nicht nach.

Tief unten lacht das Iselthal von Matrey. Auf der Nordseite von ihm und als Nordwand unseres westlichen Aussichtsbildes lagert die Schaar der Berge zwischen dem Bretter-, Isel- und Tauernthale erst selbstständig, dann als Vorlage der Benedigergruppe. Entzückend schön lag die Hochebene des Benedigers mit ihren östlichen und südöstlichen

Abstürzen im leuchtenden Firnkleide im Nordwesten vor uns und alle ihre ausgezeichneten Spitzen, der Krystallkopf, die Krystallwand, die Eichhamspitze, der hohe Zaun und die beiden Venediger strebten kühn in die reinen Lüfte. Auf der höchsten Spitze des Groß-Venedigers hatte sich durch Schneeanwehungen ein mit dem Fernrohr gut zu unterscheidender riesiger Polster gebildet, welcher dem Altmeister ein wahrhaft barockes Aussehen gab.

Obschon vom Thörl nur der südliche und südwestliche Abhang des Glocknergebietes sichtbar ist, so zeigt sich doch schon aus diesem kleinen Bruchstücke des unvergleichlichen Eismeeres der wesentliche Unterschied zwischen seiner Gestaltung und jener des Venediger Firnmeeres. Es erheben sich nämlich in der Glocknergruppe die Spitzen aus einer weit tiefer durchfurchten Gletscherebene, die selbst eine unregelmäßigere Form und einen schärferen Abbruch zur Tiefe hat, daher die Glocknergruppe kühnere Spitzen, wildere Eisabstürze und mächtigere Felswände aufzuweisen vermag.

Das Eis des Venedigergebietes dagegen ist über eine weite, regelmäßigere Hochebene ausgegossen, über welcher die Hörner nur ein paar tausend Fuß aufragen und welche sich auf allen Seiten, die Nordostseite ausgenommen, sanfter gegen das Tiefland senkt.

Verfolgen wir unsere Rundschau, so treffen wir an die Venedigergruppe gereiht und geführt vom Rödtspitz, die Berge von Umbal und Pregraten, auf der Westseite unseres Aussichtquadrates, in dessen Süden die Kette zwischen Virgen und Tesserecken steht. Auch vom Thörl erscheint der Lasörling als der Culminationspunkt dieser Kette.

Unterhalb breitet sich der ganze Schooß des Virgnerthales mit seiner Neigung gegen das Iselthal um Matrey und bis zu jener Stelle aus, wo es zunächst dem Markte mit dem letzteren Thale am Fuß des Zunig, als seines eigentlichen Marksteines, zusammenfließt. Erwähnen wir endlich noch, daß auch in diesem westlichen Vierecke der Abhang und Sattel des Thörls mit seiner Verlängerung nach Norden und Süden die vierte, die Ostseite, abschließt und wir sind auch mit dem zweiten, größeren Theile der Aussicht zu Ende.

Kaum besteht ein anderer Punkt in den österreichischen Alpen von der geringen Höhe des Kalserthörls, (7098 W. F.), von welchem man drei der gewaltigsten Eisstöcke, so nahe, so vollkommen und in so ausgezeichneter Gruppirung überblickt.

Sehe ich ganz ab von dem subjectiven Interesse, welches es für mich hatte, die beiden von mir erstiegenen Hochspitzen, den Großglockner und Großvenediger, jeden umgeben von seinen Vasallen zugleich in solcher Nähe von einem dritten Punkte zu betrachten, so bleibt mir das Bild vom Kalserthörl, wie es noch heute in meiner Erinnerung fortlebt, nichtsdestoweniger ein in seiner Art von einem anderen nicht übertroffenes, ja kaum erreichtes. Mehr Berge sah ich oft auf einmal, Einzelnheiten traten mir in andern Fernsichten überwältigender entgegen, aber so wie es in erster Beziehung gerade der seltene Vorzug des Thörls ist, daß man von ihm blos Prachtberge, eine Elite des Gebirges, überblickt, so ist auch die Harmonie, in der sich jeder Theil, ohne vor den anderen Theilen hervorzutreten, zum reizendsten Gesammtbilde gruppirt, eine eigenthümliche Schönheit dieser Aussicht. Schade, daß nicht in dem Thalkessel von Virgen ein See schimmert, dann wäre unser Panorama das entzückendste Ideal einer Fernsicht im Hochgebirge.

Auch vom Thörl mußte endlich geschieden sein. Wir zögerten lange damit, doch endlich rissen wir uns los und nun ging es größtentheils im Galop über die Bergwiesen hinab in das Kalserthal.

Je mehr man in die Tiefe kömmt und die Berge ringsherum dadurch in die Höhe zu wachsen scheinen, desto mehr erkennt man, daß Kals eines der weltabgeschlossensten Thäler in den Alpen ist. Wir sahen bald, daß der ganze Thalboden nach Norden ansteigt und sich auch gegen Osten allmälich erhebt; nun bemerkten wir im westlichen oberen Theile eine Zahl von zwanzig bis dreißig nebeneinander liegenden schwarzbraunen Holzhäusern und erfuhren, daß dies das Großdorf ist. In gleicher Linie, jedoch mehr der östlichen Thalwand zu, steht ein Kirchlein, die Hauptkirche von Kals aber mit der vom Thörl beobachteten Häusergruppe etwas südlicher auf einiger Höhe dieser Thalwand. Auf derselben Seite, jedoch in der Tiefe am Bache, ist auch einige hundert Schritte südlicher das Wirthshaus gelegen.

Da· nun der eizentliche Thalboden höher fortläuft und gegen den Bach steil abbricht, so mußten wir, nachdem wir zuerst Noth ge= nug gehabt hatten, vom Fuße des Thörls, ohne durch bebaute Felder zu gehen, den einzigen gebahnten Weg aufzufinden, der das Thal nach der Länge durchzieht, jetzt wieder bemüht sein, von ihm an einer Stelle abzulenken, von wo aus wir zu einem gangbaren Steige über den gegen den Bach abbrechenden Schutthügel und zum Stege über das Wildwasser kommen würden. Nach einigen kleinen Verirrungen gelang es und wir saßen drei Viertelstunden, nachdem wir vom Thörl weg gegangen oder eigentlich gelaufen waren, im Wirthshause von Kals.

Der halbe Feiertag hatte auch hier die Leute in das Wirths= haus geführt. Außen war eine Kegelpartie in vollem Gange, innen ein runder Tisch mit Gästen besetzt. Wir knüpften ein Gespräch an und fanden fast durchgehends aufgeweckte Leute. Vor Allem jedoch gefiel uns der Wirth, ein ganz verständiger Mann mit einem natürlich guten Benehmen.

Daß die Kalser gewandter im Umgange mit Fremden sind als in der Regel die Bewohner ähnlicher Winkel der Erde, erklärten wir uns aus ihrem häufigen Verkehr mit der Außenwelt, besonders des Viehhandels halber, welcher jährlich viele Händler in das Thal und die Kalser aus dem Thale führt. Dagegen überraschte uns etwas Anderes an ihnen. Unmittelbar vor dem Wirthshause fließt der Kalser= bach vorbei. Er führt fast blos Gletscherwasser und es fiel uns nun nicht wenig auf, die Bauern ihre großen Gläser aus dem Bache immer wieder füllen und austrinken zu sehen. Der Wirth, der darüber gar nicht aufgehalten war und an kein Stoppelgeld zu denken schien, sagte uns auf unsere Frage, daß hier das Keeswasser für sehr gesund gelte. Zur Ehre dieser löblichen Ansicht der Kalser, hatte ich bald einen Krug mit Gletschermilch in der Hand und trank das trübe, wahrhaft milch= artige Wasser mit den stets aufsteigenden Wolken wie schon so oft früher auch heute wieder mit Behagen. *)

---

*) Ich erfuhr später, als charakteristisch für das Kalser Völklein, von der allercompetentesten Seite, daß die Gemeinde Kals gar keine Armen hat,

Wir hatten uns ein Essen bestellt, nach dessen Beendigung ich allein nach den Dorfer Alpen wandern wollte; denn mein Reisegefährte war nun, nachdem er in Herrn D. Stur einen Begleiter nach Heiligenblut gefunden hatte, zum Ausfluge dahin entschlossen.

Als ich meinen Marsch um 5 Uhr mit dem Kalser Meßner, als meinem Führer bis Uttendorf, antrat, gab er mir noch eine Strecke weit das Geleite und dann trennten wir uns mit der Verabredung, in wenig Tagen im Bade Fusch wieder zusammen zu treffen.

Ich aber kam in dem ansteigenden Thale, dessen Fläche wohl hie und da Felder, doch zum größeren Theile grüne Wiesen, bedecken, allmälich aufwärts zu seinen letzten Häusern. Sie liegen höchst malerisch am Fuße eines Hügels, welcher das Thal quer so vollständig abschließt, daß der Bach aus den Dorfer Alpen sich gewaltsam einen Weg nach Kals bahnen mußte, für den Alpensteig jedoch in der Tiefe kein Raum zu gewinnen war.

Man muß vielmehr von der Kapelle zunächst den Häusern, zum Glück noch im Walde, bis ganz auf die Höhe des Rückens hinaufsteigen, wird aber dafür oben sogleich durch den Anblick des Dorferalpenthales überrascht. Wald und Wiesen nehmen in schöner Abwechslung den in der Mitte vom Dorferbach durchströmten ziemlich breiten Boden des sich nach Norden ziehenden langen Thales ein; darüber aber erhebt sich das großartigste Gebirge, links die Scheidekette gegen das Tauernthal, hoch= und gletscherreich, rechts dagegen der Westrand des unmittelbaren Glocknergebietes, theils in riesigen Kuppen zur Höhe strebend, theils in prächtigen Eisabstürzen gegen die Tiefe abbrechend.

Nur der frische Eindruck dieses Anblickes bewahrte mich vor Verdruß, als ich eben so tief, als jenseits herauf, vom Bergrücken sogleich wieder in den Schooß des Dorferalpenthales hinabsteigen

———————————

aus allen Kalsern nur zwei alte Männer als starke Trinker bekannt und deßhalb in der Gemeinde weniger geachtet, dagegen bei einer solchen Mäßigkeit der Bewohner nacheinander zwei Wirthe auf dem Kalser Wirthshause zu Grunde gegangen sind.

mußte. Als ich mich einmal in ihm selbst befand, ging es dann fast eben fort bis zu den letzten Alpen.

Mich fesselten fortwährend die Bilder aus der Glocknergruppe, unter deren Spitzen die Romariswand und der Kasten, unter deren Eisabstürzen aber jene die prachtvollsten sind, mit welchen die hohen Eisflächen in die kleine Schlucht der Frusnitz in unzähligen blauen Würfeln und Pyramiden hinabsinken.

Bei meiner Ankunft in der Alpenhütte war es ½8 Uhr und gerade noch licht genug, um auch die Hochfirste noch auszunehmen. Ich gewahrte nun, daß das hier sichtbare Stück des Glocknerzuges mit dem etwas nach Westen gegen das Thal heraustretenden großen Kasten beginnt, der von ihm nach Süden gehende eisige Rücken aber zuerst eine kleine Einsattlung hat und dann eine Weile in gleicher Höhe fortläuft, bis er an dem ganz in Eis gehüllten Cramul, der letzten großen Erhebung im Süden, angelangt ist.

Auf einer Wiese in Mitte eines Waldes von Tannen, durch deren dunkle Wipfel der erwähnte Gletschersaum durchblickt, gelegen, hat überdies die Alpe selbst eine gar reizende Umgebung.

Doch auch das wildromantische Element fehlt ihr nicht, indem in geringer Entfernung der mächtige Sturzbach aus dem Gebiete des Grauen- und Laimetkogels über die westliche Bergwand in einem herr= lichen Wasserfalle herabbraust; — und Alles zusammen genommen, war mein letztes Nachtquartier der Lage nach sicher auch das schönste.

Den reinen Genuß seiner Reize trübte mir nur der Umstand, daß sich nach Sonnenuntergang rings am Himmel so verdächtige Wolken gezeigt hatten, daß mich eine große Sorge wegen des mor= gigen Wetters befiel, von welcher ich erst befreit wurde, als mich, vom heißen Tagwerke ohnehin Ermüdeten, der Sturzbach vollends in Schlaf gelullt oder eigentlich gebraust hatte.

VII. Ueber den Kalsertauern und durch das Stubachthal nach Uttendorf und zurück nach Bad Fusch.

Am 25. August Morgens steckte etwas in der Luft, das Regen-nähe verkündete, und bedenkliche Wolken zogen über der Alpe vorüber; doch noch lagen keine Nebel auf dem Glocknerzuge, in 4—5 Stunden war mein Zweck, den Westabhang des Glocknergebietes zu kennen, erreicht, und so lange, meinte ich, werde das günstige Wetter noch anhalten. Ich verließ also guten Muthes die Alpe.

Die Landschaft nahm bald eine veränderte Gestalt an. An die Stelle des Wiesbodens trat ein gewaltiges Steingerölle, das einst von den östlichen Wänden herabgekommen sein mag. Auch Steigungen des Weges stellten sich bald ein. Wir hatten schon einige davon über-wunden, da erblickten wir vor uns hart am Wege den Dorfer See zwischen dem felsigen Fußgestelle des Laimetkogels und Aderspitzes und den Klippen des östlichen Steinkares.

Er ist von jener mattgrünen Farbe, welche bei den hochgelegenen Gebirgsseen öfter vorkommt und ihnen stets einen eigenthümlichen Reiz verleiht. Ganz hübsch macht es sich, daß er seinen Ufern, vorzüglich auf der östlichen Seite, nicht beliebig eine regelmäßige Gestalt geben konnte, sondern sich dabei überall durch Blöcke und Vorgebirge aus Stein beschränkt sah. Dadurch hat er eine Menge Einbuchtungen, in welchen das grüne Wasser an den Granitsteinen leckt, und ich er-freute mich besonders des Anblicks, als ich mich beiläufig in der halben Länge des Sees auf der äußersten Spitze eines, weit in den See hineintretenden Felsenriffes, wie auf einem Cap auf drei Seiten von dem lichtgrünen Gewässer umgeben sah.

Auch die Berge sind hier schon großartig. Im Norden erhebt sich gerade in der Richtung des Weges mit scharfen Kanten die Spitze des alten Tauern, links davon aber fällt ein Gletscher vom Aderspitz und Bärnkogel in den Thalschluß herab, gegen welchen der Tauern-weg zieht.

Als uns der See im Rücken lag, schritten wir auf dem steinigen Wiesenabhang der östlichen Abdachung bis dorthin, wo im

Norden der alte Tauern, im Osten die vorgeschobenen Abhänge des Kasten und Medelzkogels, endlich im Westen der Sattel zwischen dem alten Tauern und Bärenkogel das Thal dergestalt schließen, daß ein steiles Aufwärtssteigen unvermeidlich ist. Wir wandten uns nun nach Rechts und kletterten im nordöstlichen Winkel auf den Rücken zwischen dem Medelzkogel und dem alten Tauern hinan. Je höher wir kamen, desto mehr erschloß jener schöne Gletscher seine Wunder, welcher sich kaum eine halbe Stunde abseits vom Wege von dem etwas zurück= stehenden Bärenkogel gegen die Tauernschlucht herabsenkt und das Bärenlöcherkees heißt. Bei seiner Nähe läßt er die zahllosen Klüfte und die Gebilde seines Absturzes deutlich erkennen, und sie schimmern in so intensivem Blau, wie ich es bei keinem andern Gletscher in den österreichischen Alpen gesehen.

Auf das Gerölle an den sogenannten Büheln folgen Schnee= flächen zwischen zusammenhängenden Felsenrippen, endlich ein ununter= brochenes Schneefeld. Seine ziemlich lange höchste Linie ist die Tauern= höhe. Als wir oben anlangten, sahen wir, daß die Schneedecke jenseits noch über den Kamm hinab weit gegen das Stubachthal reicht.

Kein anderer Tauernübergang ist so sehr ringsum in Schnee- begraben, als dies Joch des Kalsertauern*). Nur ein kleiner Felsdurch= bruch ragt auf der linken Seite aus der Schneedecke heraus, und von ihm blickt nach alter frommer Sitte ein Crucifix als Grenzzeichen Salzburg's und Tirol's dem Wanderer ermuthigend entgegen.

Wir hatten von der Dorfer Alpe zwei und eine halbe Stunde herauf gebraucht.

Doch welch' trauriger Anblick bot sich mir jetzt dar! Während das Dorferalpen=Thal und seine Berge noch ganz frei von Nebel waren, erhob sich auf der Salzburger Seite eine dichte Nebelmauer fast bis herauf zur Scharte. Blos die nächsten, das Joch kaum um 1000 Fuß überragenden Spitzen des Sonnblicks, oder, wie ihn mein Kalser nannte, des Umblicks auf der westlichen, und des Medelzkogels

---

*) Bei einem spätern Uebergange über den Kalsertauern im Jahre 1856 traf ich vom Kreuze abwärts auf der Salzburger Seite keinen Schnee an.

auf der östlichen Seite, blickten über den Nebelschichten heraus. Von dem Glocknerrande in seinem Zuge vom Medelzkogel über die Höhen des Oedenwinkels zu dem Kaprunerthörl, dann zu den Eiskogeln und dem Kitzsteinhorn, dem eigentlichen Gegenstande von Interesse für mich, war nicht das Geringste zu sehen.

Wir saßen wenige Minuten am Kreuze, als auch schon der Nebel mit einem, im strengsten Sinne, fliegenden Corps unsere Joch=höhe einnahm. Nun hatten wir nichts weiter oben zu thun. Ich fragte meinen Führer, ob er sich den Weg im Stubachthale im Nebel zu finden getraue, und als er es bejahte, eilten wir die Schneefelder hinab und befanden uns bald in Mitte eines wahren Nebelmeeres, das uns aller Aussicht, selbst auf die Entfernung von nur wenig Klaftern, beraubte.

Hierauf hielten wir uns auf Felsboden mit spärlichem Gras=wuchs eine Zeit lang an den rechten Abhängen, als mich eine gewisse Unruhe des Führers erkennen ließ, daß wir auf falschem Wege seien. Er gestand es mir auf meine Frage sogleich ein, und meinte, wir hätten uns mehr nach Links halten sollen. Wir suchten einzubringen, was wir gefehlt, kletterten jetzt über allerlei Felsvorsprünge und wanden uns durch die verschiedensten Schluchten.

Eingedenk eines vor beiläufig vierzehn Tagen bestandenen Aben=teuers, bei dem ich an der Grenze des Lungau's gegen Pongau auf dem Schiedeck vier bis fünf Stunden im Nebel und Schnee umher=irrte und zuletzt mein Ziel nicht erreichte, sondern eine andere Rich=tung einschlagen mußte, glaubte ich schon, daß ich auch heute kaum mehr aus dem Stubachthale hinauskommen werde, als mir mein Mann erklärte, wir seien jetzt auf dem Schafbühel und er seiner Sache gewiß.

Ich folgte ihm nun ruhig über die nicht enden wollenden Stein=klippen hinauf und hinab, und bald sah ich zur Linken, etwas unter uns den grünen See. Ich erfuhr nun vom Führer, daß wir den Weg durch das Tauernthal, und nicht jenen über das Tauernmoos nehmen würden, und zwar darum, weil die Kalser den ersteren, als den kürzeren, immer gingen, und er, mein Führer, den andern auch gar nicht kenne. Die Gründe waren triftig genug, und ich gab mich zufrieden.

Mittlerweile waren wir hinab zum grünen See gekommen, welcher wahrscheinlich der, jener des Dorfer See's ähnlichen, Farbe seines Wassers den Namen verdankt. Der Nebel ließ mich ihn zwar in seiner ganzen Ausdehnung und Umwallung nicht übersehen; doch gewahrte ich durch einzelne Nebelrisse, daß sich an seinem Schluße Schneefelder vom Bärenkopf und Granatkogel bis in ihn herabziehen, und erkannte aus zeitweise sichtbaren Bruchstücken des Gestades, daß er nicht unter die kleinsten Hochseen gehört und eine längliche Form hat. Dafür verschaffte mir der Nebel eine optische Täuschung der überraschendsten Art.

Ueber die ganze Seefläche hatten sich Nebelschichten gelegt. Sie waren von ungleicher Dichtigkeit, jedoch überall so dünn, daß der Wasserspiegel zwar allerorts sichtbar war, aber nach dem Grade der Durchsichtigkeit des darüber hängenden Schleiers hier und dort von der Mitte gegen das jenseitige Ufer aufwärts zu steigen schien, und man kann sich nicht leicht einen phantastischeren Anblick denken, als den von seinem Ufer gegen die Mitte zu scheinbar steil abdachenden See. Solche Scenen lassen sich schwer schildern, doch mahnen sie den Beschauer unwillkürlich an die Märchen, die man ihm in seiner Kindheit erzählte.

Vom grünen zum weißen See nahmen die Klippen und Fels-vorsprünge an Zahl ab, ohne ganz aufzuhören; oft ging es wirklich steil hinab über die Felsen, und ich begann den Führer zu fragen, ob denn die Kalser nicht klüger daran thäten, den oberen Weg zu gehen, der zum Viehtrieb benützt wird, daher gewiß der bessere ist, und dadurch das hereinbringt, um was er an Klaftern weiter sein mag, als der untere.

Am zweiten See angelangt, fand ich, daß er, der weiße See, gerade so grün sei, als der obere, grüne See.

Nahe seinem Gestade trafen wir wieder Bäume an und eine Hütte, welche nicht weit von der Stelle, an der das aus dem oberen See abfließende Wasser in den weißen See fällt, auf grünem Grunde und in Mitte von Felsblöcken liegt. Sie ist die Wohnung eines Schafhirten, der hier die Sommermonate in Gesellschaft seines Hun-

des und seiner Schafe, und höchstens noch eines Bergfinken oder
Geyers als Gastes verlebt.

Mein Führer hatte mir gesagt, daß der Weg längs dem östlichen
Ufer kürzer, als jener am westlichen Rande sei, nur werde ein Steg
am Ausflusse des Baches aus dem See von manchem gescheut, weil
er schmal und ohne Geländer über die tiefe Schlucht hinwegführt,
in welche der Bach bei seinem Austritte aus dem Seebecken hinab-
fällt, und auf meine Erwiderung, er solle meinethalben ganz unbesorgt
sein, da ich dem Schwindel gar nicht unterworfen sei, waren wir
wirklich dem östlichen Ufer gefolgt.

Der Weg lief an den steil gegen den See abdachenden Abhängen
des niederen Scheiderückens zwischen dem Tauern- und Tauernmoos-
thale hin, und auf den vielen Stellen, wo Felstrümmer und abgestürzte
Baumstämme ihn verlegten, war ein eben so mühsames als langwei-
liges Hinauf- und Hinabklettern an den Klippen unvermeidlich. Ich
war daher froh, als ich die Schreckensbrücke vor mir sah. Doch meine
Freude war von kurzer Dauer. Nicht daß die Brücke sie mir verdorben
hätte, ich fand sie minder schrecklich als ihr Ruf ist, und überschritt
sie ohne die geringste Aufregung. Allein jetzt folgte eine Wegstrecke,
noch beschwerlicher und noch viel länger dauernd, als die eben über-
standene am Seeufer.

Unmittelbar vom See weg beginnt nämlich jene, gegen den
Boden an den obersten Alpenhütten steil abdachende enge Schlucht,
in welcher der Abfluß des See's in zahlreichen kleinen Fällen hinab-
stürmt. Der den Kalsern beliebte Weg zu den Alpen läuft immer am
linken Bachufer in ihr abwärts. Von einem Pfade ist keine Rede, und
man muß, wie am See, wieder stets auf dem Abhange auf- und ab-
klettern, nur daß dies hier weit ermüdender, ja bisweilen gefährlich ist,
weil sich beide Seiten der Schlucht viel steiler, oft sogar mit senkrechtem
Abfalle gegen den Abgrund, zur Tiefe des in ihrer Mitte hinabbrau-
senden Baches senken.

Ich rieth jetzt meinem Kalser, sich auf dem Heimwege sogleich
mit dem bessern Wege über das Tauernmoos bekannt zu machen, und
dann ja keinen Fremden mehr hier zu führen, da, was mir höchst

läftig scheint, andern Reisenden in der Regel sehr beschwerlich und ge=
fahrvoll vorkommen dürfte *).

Endlich erreichten wir, und zwar zuletzt durch Wald, den Alpen=
boden, den wir schon lange durch den Ausschnitt der Schlucht in der
Tiefe erblickt hatten, und befanden uns nun auf der Würferalpe, auf
welche auch der Weg über das Tauernmoos von der östlichen Seite
herabgelangt.

Ich sprach erst bei der tiefer gelegenen Hopfbachalpe zu. Sie
gehört dem Enzinger. Der Besitzer des Enzingerhofes, oder nach dem
Localgebrauche, den Besitzer eines Hofes ohne Rücksicht auf seinen
Familiennamen mit dem alten Namen seines Hofes zu bezeichnen,
der Enzinger, dann der Bellerer und Widrechtshäuser, alle drei Bauern
im Stubachthale, hießen einst ihres großen Grundbesitzes halber die
drei Könige von Oberpinzgau. Freilich ist der große Grundbesitz in
Pinzgau nicht maßgebend für den Reichthum des Eigenthümers.
Denn je größer der Grundbesitz im Hochgebirge, desto größer sind auch
die Verluste durch unglückliche Elementarereignisse, und desto größer
die Kosten, um sich dagegen zu schützen.

Dazu tritt noch im Pinzgau ein ganz sonderbares Verhältniß
der Dienstboten zu den Dienstherren, in Folge dessen eigentlich die
ersteren den letzteren die Bedingungen, und zwar in der Regel nicht
auf das ungünstigste für sich, vorschreiben, so daß das Gesinde einen
großen Theil des Grunderträgnisses aufzehrt. Daher kömmt es, daß,
wenn man das Soll und Haben gerade der größten Bauern von Pinz=

---

*) Es ist nicht möglich, einen schlechteren Weg über den Kaisertauern ein=
zuschlagen, als von der Tauernhöhe an der voran beschriebene ist. Aller=
dings ist der Steig über das Tauernmoos nicht anzurathen, weil der
reißende Gletscherbach desselben in der Regel nur mit wirklicher Gefahr
überschritten werden kann. Allein in das Tauernthal selbst und zum
weißen See steigt man ungleich besser als am grünen See vorbei mehr
östlich durch eine, mit Felsblöcken bedeckte, Schlucht, welche sich bald
hinter dem Schafbühel in die Tiefe senkt und anstatt des hier geschil=
derten, elenden Weges am östlichen Ufer des weißen Sees, zieht an
seinem Westufer ein ganz guter Steig zur Hopfbachalpe hinab.

gau vergleicht, sich fast durchaus ein bedeutender Ueberschuß des Soll
ergibt. Doch Enzinger ist immerhin ein vermöglicher Mann, und
sein Besitzthum an Alpen und anderen Grundstücken jedenfalls sehr
bedeutend.

In seiner Hopfbachalpe empfing uns ein ganz gemüthlicher Senner, dem man es ansah, daß er ein Erbstück des Hauses Enzinger sei,
und setzte uns köstliche Milch und Butter vor.

Als ich ihm dann sagte, daß ich bei der Venediger Ersteigung im
Jahre 1841 gewesen sei, und mich von daher noch recht gut an den mittlerweile verstorbenen Thomas Enzinger, einen Bruder des jetzigen Besitzers, erinnere, erzählte er mir die Thatsache, welche auch in Fusch
bekannt ist, daß derselbe Thomas Enzinger einmal ganz allein von
der Hopfbachalpe, eigentlich vom Oedenwinkel im Hintergrunde von
Stubach aus, über die Mitte der Gletscher des Glockner Eismeeres,
in einer bisher noch von Niemandem sonst in dieser Ausdehnung gemachten 11- bis 12stündigen Gletscherwanderung, nach Fusch gegangen sei. Kaum aber hatte er erfahren, daß ich einen ähnlichen Zug
über die Hochebene des Glocknergebietes, jedoch in der Richtung von
Kaprun über den Pasterzengletscher nach Heiligenblut schon lange be-
absichtige, da mußte ich ihm versprechen, noch einmal auf die Hopfbachalpe zu kommen und dann wenigstens zu den Kaprunerthörln mit
ihm hinaufzusteigen.

Die Tauernwanderung war jetzt in der Hauptsache schon beendigt, weil von der Hopfbachalpe ein für kleineres Fuhrwerk benütz-
barer Weg in das Salzachthal führt. Ich konnte es mir also hier
bequemer geschehen lassen, ohne befürchten zu müssen, mich dadurch für
bevorstehende Strapazen untüchtig zu machen. Ich streckte mich daher
behaglich in das Gras vor der Hütte. Die Nebel hatten sich wenigstens aus dem Thale zurückgezogen, die Sonne schien warm aus, der
Duft einer echten Havannah Cigarre schien in der reinen Alpenluft
noch viel feiner zu sein, als in der Atmosphäre der Residenz; ich lebte
ganz dem Augenblick, aber der war genußreich. Doch die Ruhe im
Grünen wurde auch zu einer Studie an meinem an der Thüre bei

der Milchschüssel, der Butter und dem Brotlaibe sitzenden Führer benützt. Der Mann hatte am frühen Morgen in der Dorferalpe eine
solche Pfanne voll Schmarren (hier Mūas genannt), ein so riesiges
Stück Brot, dann eine solche Menge Milch genossen, daß ich darüber
staunte und die Ueberzeugung gewann, er sei ein Esser, würdig den
berühmten Vielessern an die Seite gestellt zu werden, deren Namen
in der Erinnerung ihrer Zeitgenossen noch lange fortleben. Ich erwartete
daher von ihm auch auf der Hopfbachalpe das Außerordentlichste zu
erleben.

Wie überrascht war ich deshalb, als ich sah, daß er fast gar
nichts genieße. Ich theilte dem nichts Arges Ahnenden freimüthig
meine Bemerkungen mit, und er versicherte mir darauf, daß dies so
seine Sitte sei, und er sich immer Morgens für den ganzen Tag satt
esse. Dann lachte er noch lange fort wegen meines Erstaunens über
sein Frühstück.

Auch der Senner nahm, wenn er nicht eben in der Hütte zu
thun hatte, am Gespräche Theil, und sah es ungern, als ich nach
einer Stunde Aufenthaltes wieder von ihm schied. Nachdem ich aber
heute noch den weiten Weg bis Bad Fusch vor mir hatte, so konnte ich
hier nicht länger verweilen.

Auf der Strecke vollends hinab in das Thal erhoben sich schon
die Thonschieferberge im Norden des Salzachthales vor uns, und gab
noch der Punkt ein hübsches Bild, wo an der Vereinigung der von
Südwest nach Nordost ziehenden Dorfer-Oed mit dem eigentlichen Thalboden von Stubach Vellerers Brennhütte unter der hohen Teufelsmühle auf einer Wiese steht, an deren Spitze der Dorferbach und die
Stubacher Ache zusammenfließen.

Im Thalschooße trifft man zuerst Vellerers stattliches Haus an.
Es liegt, sammt seinen Nebengebäuden von einer Umzäunung umfangen, noch alpenhaft auf grünem Plan an der Ache.

Weiter hinaus gegen das Salzachthal wechseln bereits Kornfelder
mit Wiesen ab, und große Bauernhäuser, darunter jenes des Wid-
rechtshäusers, blicken von den Abhängen herab.

Leider ist dieser breitere Theil des Stubachthales auch nicht frei
von Versumpfung, wir finden deshalb noch in ihm Auen und durch
sie gelangen wir unvermerkt in das Salzachthal. Hier am Ausgange
des Stubachthales fällt uns ein ansehnlicher Bauernhof auf der linken
Seite auf: er ist das Stammhaus des Jahrhunderte alten Bauern-
geschlechtes der Enzinger.

Ueber eine breite Brücke über die Salzach erreichten wir endlich Uttendorf.

Als wir beim Hause des Bäckers anlangten, sah ich, daß wir
bis hieher, den Aufenthalt von einer Stunde in der Hopfbachalpe ein-
gerechnet, von der Dorfer Alpe $8^1/_2$ Stunde benöthigt hatten. Man
kann also für einen guten Fußgeher von Kals bis Uttendorf 11 Stunden Weges rechnen, und der Uebergang aus dem Salzachthale über
den Kalsertauern nach Kals erfordert, wenn man auch wegen des längeren Berganstiegens auf der Salzburger Seite dazu 12 Stunden
annimmt, doch nicht mehr Zeit als man aus dem Salzachthale über
den Velber-, und den Fuscher- oder Rauriser-Heiligenbluter Tauern
nach W. Matrey und Heiligenblut nöthig hat.

Vergleiche ich aber diese schönsten Tauernpässe mit einander, so
glaube ich, daß dem Kalsertauern der Vorzug vor dem Rauriser-
Heiligenbluter Tauern unbedingt, jedoch auch vor den beiden andern Tauern
trotz der prachtvollen Ansicht des Fuschereiskars vom Fuscherthörl und
jener des Venediger Absturzes in das Gschlöß, die Schlösser Alpen,
vom südlichen Abhange des Velbertauern gebührt. Denn das sind eben
nur einzelne Schönheiten. Der Weg über den Kalsertauern ist dagegen vom Eingange des Stubachthales bis nach Kals, wie keine andere
Tauernreise, durchaus interessant, und vor allem zeichnet ihn der eigenthümlich schnelle Uebergang aus, in welchem die Natur nicht wie auf
dem Velber und Heiligenbluter Tauern allmälich in Steingefilden hin-
siecht, bevor sie erstirbt, sondern, namentlich im Dorferalpenthale, das
lachende Grün der Matten rasch mit seinem unmittelbaren Gegensatze,
dem nicht minder herrlichen Blau des Gletschereises, vertauscht.

In Uttendorf fand ich an der Wirthin und ihrer hübschen Tochter
Bekannte aus dem Fuscherbade. Sie bereiteten mir und meinem Führer

einen vortrefflichen Kaffee, bei welchem mir der ehrliche Kalfer versicherte, daß es ihm leid thue, daß wir schon auseinander kämen und
daß er sich gewiß auf dem Rückwege um den bessern Steig über den
Tauern bekümmern werde. Der Wirthin aber mußte ich dafür, daß
sie mir sogleich einen Wagen nach Piesendorf verschaffte, ein baldiges
Wiederkommen versprechen.

Dann ging es schnell nach Piesendorf und als ich dort beim
Salader, dessen blühende Tochter durch Freundlichkeit die gute Bewirthung noch angenehmer macht, eine Fahrgelegenheit nach Dorf Fusch
aufgetrieben hatte, war ich in Kurzem auch auf der Fahrt nach Bruck
und Fusch.

Die Nebel beobachteten wenigstens die Rücksicht, mir durch eine
für mich zu späte Entfernung von den Glocknergletschern das Herz
nicht doppelt schwer zu machen und lagerten, als ich an der Oeffnung
des Kaprunerthales vorbeifuhr, noch massenhaft auf den Firnhöhen.

Die Dämmerung senkte sich inzwischen immer mehr über die
Thäler und als ich im Dorfe Fusch den Wagen verließ, hatte sie schon
vollends der Nacht die Herrschaft überlassen. Durch die Umgebung
nicht abgezogen, rief ich mir auf dem Wege in das Bad der Reihe
nach die Eindrücke des sechstägigen Ausfluges im Norden und Süden
der Tauernkette und in Gegenden, welche zum Theile, wie das Rainthal, Tesserecken und selbst Virgen und Kals nur wenig gekannt und
besucht sind, zurück und kam zu dem Schlusse, daß ich diesmal für geringe Mühe herrliche Genüsse erlangt habe und daß, abgesehen von
allen andern schönen Bildern, die Krimmlerfälle, das Ahrenthal von
St. Peter bis Taufers, die Ansicht von Taufers selbst und jene des
Rainthales bei St. Wolfgang, dann wieder die Aussicht vom Kalserthörl
und das Dorferalpenthal als Erinnerungen der erhabensten Art meinem
Gedächtnisse nie entschwinden werden.

In solchen Gedanken stieg ich trotz der Dunkelheit rasch auf
dem bekannten Fußwege aufwärts, vergewisserte mich an den paar
abschüssigen Stellen durch Anzünden von Zündhölzchen des rechten
Trittes und langte endlich glücklich vor Hansens Hause an. Einige
kräftige Schläge mit dem Bergstocke an die Hausthüre weckten Frau

Hanfin, meine ehrsame Hauswirthin, aus dem Schlafe, und als sie mich in mein Zimmer führte, betrat ich es mit dem angenehmen Bewußtsein eines gelungenen Unternehmens, doch auch mit den meine Befriedigung über die erfolgte Zurückkunft beweisenden Worten: „Gott sei Dank, daß ich wieder da bin". Denn ich war ja in Fusch, wenn gleich nur provisorisch, zu Hause, und das Sprichwort bleibt ewig wahr, daß es überall gut ist, doch zu Hause am Besten.

Anhang.

Die Tauernhäuser.

Tauernhäuser kommen ihrem Namen entsprechend nur in der Tauernkette und speciell in den Hohen Tauern vor.

Zur Erklärung der Begriffe Tauern und Hohe Tauern scheinen hier vorerst ein paar Bemerkungen am Platze zu sein.

Wenn wir mit Sonklar als die Hohen Tauern die Centralalpen zwischen dem Krimmlertauern und der Arlscharte annehmen*), so ist es nothwendig sich auch daran zu erinnern, daß die Kette der Hohen Tauern häufig schlechtweg die Tauernkette genannt und der Name Tauern bisweilen in einer weiteren Ausdehnung für alle Centralalpen gebraucht wird, welche in ihrem Hauptkamme als die südliche Grenze zuerst des Herzogthums Salzburg gegen Tirol und Kärnthen, dann des Salzburger Gaues Pongau gegen Lungau sich von dem westlich am Krimmlertauern gelegenen Feldspitz oder Windbachspitz bis zum Hochgolling ausdehnen.

Nebstdem müssen wir noch den Vulgarbegriff Tauern kennen lernen.

Im Munde des Volkes bedeutet aber Tauern nicht sowohl die Gebirgskette der Tauern selbst als vielmehr die Uebergangspunkte über sie.

Tauernhäuser bestehen nun nicht nur ausschließend in der Kette der Hohen Tauern, sondern auch blos dort, wo sich Tauern nach dem Volksbegriffe, d. h. Uebergänge über ihren hohen Kamm befinden. Denn die möglichste Hintanhaltung der Gefahren der Wanderung über diese

---

*) Siehe Einleitung Seite XIII.

Hochpässe, die Hilfeleistung bei wirklich eingetretener Gefahr, endlich als letzter Akt die Sorge dafür, daß Denjenigen, welche den Schrecken der Tauern erlegen sind, ein christliches Begräbniß werde, sind die Zwecke, welche bei Errichtung der Tauernhäuser im Auge gehalten wurden.

Wir können die Bedeutung des Ausdruckes Tauernhäuser nunmehr so feststellen: sie seien jene Häuser an den Pässen in der Kette der Hohen Tauern, deren Inhaber gegen eine bestimmte Subvention aus dem öffentlichen Vermögen gewisse Obliegenheiten haben, welche sich auf die Erleichterung der Reise über die Tauern, auf die Hilfeleistung im Falle der Gefahr dabei, endlich auf die Beerdigung der auf den Tauernpässen zu Grunde gegangenen Wanderer beziehen.

Betrachten wir die Kette der Hohen Tauern, so fällt es vor Allem auf, daß sich auf ihrer ganzen Längenlinie von beiläufig 14 geographischen Meilen vom Krimmlertauern bis zur Arlscharte keine einzige Einsattlung in ihrem Hauptkamme befindet, welche unter die Höhe von 7700 Wiener Fuß herabsinkt.

Wir finden von Westen nach Osten vorgehend folgende häufiger benützte Tauernpässe:

den Krimmlertauern, welcher sich zwischen Krimml, dem westlichsten Pfarrdorfe Salzburgs im Pinzgau, und dem obersten Theile des bei Bruneck in das Pusterthal mündenden Ahrenthals, „im Prettau" genannt, erhebt, nach Trinker 8749 Wiener Fuß hoch, — eine Höhe, die sich hier, wie bei den übrigen Pässen, auf den höchsten Uebergangspunkt bezieht; —

den Velbertauern, zwischen Mittersill und Windischmatrey, 7890 Wiener Fuß hoch nach Trinker, den niedrigsten Uebergang in der westlichen Hälfte der Hohen Tauern;

den Kalsertauern, zwischen Uttendorf in Pinzgau und Kals in Tirol, 8045 Wiener Fuß nach der geognostischen Karte für Tirol, nach Weidmann aber 8120 Wiener Fuß hoch;

den Fuscher=Heiligenblutertauern, über welchen man aus dem salzburgischen Fuscherthale nach Heiligenblut in Kärnthen gelangt, mit dem eigenen Höhenpunkte, dem Fuscherthörl, nach Weidmann 7718

Wiener Fuß, von wo jedoch eine fast zweistündige Wanderung erst zu dem höchsten Punkte des Weges nach Heiligenblut, dem nach Suppan 8292 Wiener Fuß hohen Hochthor führt;

den Rauriser-Heiligenblutertauern, über den der Weg aus dem Seitenwinkel, gewöhnlich Seidelwinkel genannt, dem westlichen Aste des Salzburger Thales Rauris, nach Heiligenblut gleichfalls über das Hochthor leitet;

den Goldbergtauern, den eisigen Paß, zwischen dem östlichen Thalaste von Rauris, dem Hüttwinkel und Kärnthen und speciell zwischen dem Knappenhause auf dem Rauriser Goldberge und Fragant und Döllach im Möllthale, am Wetterkreuze nach Ruffegger 8746 Wiener Fuß, am westlicheren Uebergangspunkte auf der Nordostseite des Altenkogels dagegen nach Ruthner 8538 Wiener Fuß hoch;

den Mallnitzertauern, über welchen man von Gastein nach Mallnitz in Kärnthen kommt, mit der Höhe von 7751 Wiener Fuß nach Lipold;

endlich den Hohen- oder Korntauern zwischen dem Anlaufthale bei Gastein und Mallnitz in Kärnthen mit einer Höhe von 7799 Wiener Fuß nach Sonklars Messung.

Die Entfernung von 8 bis 10 und noch mehr Stunden der ersten beständig bewohnten Orte dies- und jenseits der Tauernpässe von einander, die große Höhe dieser Pässe und die Nähe der Gletscher, derenthalben sich der atmosphärische Niederschlag auf ihnen in der Mehrzahl der Fälle in Schnee verwandelt und kurze Zeit des Jahres ausgenommen dichte Schneemassen den Steig bedecken oder kalte Stürme den menschlichen Organismus erstarren machen, endlich die Steilwände und Abgründe am Wege, wovon jene nach einem Schneefalle mit ihren Lawinen drohen, diese sich im Nebel und bei Schneegestöber dem Blicke des Wanderers verbergen und ihn in die Todestiefe ziehen, lassen für den Reisenden den Schutz und die Hilfeleistung durch seine Nebenmenschen auf allen Tauernpässen als höchst wünschenswerth erscheinen.

Dennoch treffen wir auf der Nordseite der Tauern in Salzburg nur in vier Thälern Tauernhäuser an, nämlich das Tauernhaus im Achenthale für den Uebergang über den Krimmlertauern, in der Ent-

fernung von 3¹/₂ Stunden von Krimml und von 3 Stunden von der
Jochhöhe; im Velberthale, zwei starke Stunden von Mittersill und 4
Stunden von dem höchsten Uebergangspunkte auf dem Velbertauern
entfernt, die Tauernhäuser Schößwendt und Spital, wozu noch die zwei
Schwaigen Reut und Rain kommen; im hinteren Fuscherthale das
Tauernhaus Ferleiten, 2 Stunden vom Pfarrdorfe Fusch, dann bei=
läufig 4 Stunden vom Fuscher= und beiläufig 6 Stunden vom Hoch=
thor, als die Tauernherberge für den Fuscher=Heiligenblutertauern;
endlich im Rauriser Seidelwinkel für den Rauriser=Heiligenbluter=
tauern das Tauernhaus Taurach und zwar in der Entfernung von
3 Stunden von Wörth, dem Scheidepunkte der zwei Aeste des Rau=
riserthales, des Seidelwinkels und Hüttwinkels, und von 3 Stunden
vom Hochthor.

Außerdem besteht auf der Südseite der Tauern in Tirol unter=
halb des Velbertauern und von dessen höchstem Punkte beiläufig vier
Stunden, von Windischmatrey aber vier bis fünf Stunden entfernt,
das Tauernhaus im Tauernthale und in Kärnthen, jedoch kaum mehr
als 40 Klafter unter dem höchsten Uebergangspunkte, der zugleich Grenz=
punkt ist, das Tauernhaus auf dem Mallnitzertauern.

Wir müssen alle Tauernhäuser zuletzt als eine salzburgische Ein=
richtung anerkennen; denn auch das Tauernhaus in Tirol stammt aus
jener Zeit her, in welcher das Gebiet von Windischmatrey zum Erz=
bisthume Salzburg gehörte, jenes auf dem Mallnitzertauern aber ist
nur zufällig jenseits der nahen Grenze, jedoch mehr mit salzburgischen
als mit kärnthnerischen Landesmitteln erbaut worden.

In früherer Zeit gab es im Salzburgischen sogar noch andere
Häuser an Gebirgsübergängen außerhalb der Kette der Hohen Tauern
mit dem Merkmale der Tauernhäuser, der Subvention aus Staats=
mitteln gegen die Verpflichtung der Inhaber, den Weg über das Joch
zu erhalten und für die Reisenden Sorge zu tragen. Dies war der
Fall zu Ronach für den Uebergang zwischen Wald in Pinzgau und
Gerlos in Tirol, am Paß Thurn zwischen Mittersill und Jochberg=
Kitzbühel, endlich am Radstädtertauern.

Mit dem Baue von Straßen über diese Pässe wurden ihnen aber die Provisionen entzogen, weil damit die Gefahren der Bereisung vermindert waren, und heute bestehen nur mehr die vorn angeführten eigentlichen Tauernhäuser in den Hohen Tauern.

Ihrer Bauart und inneren Einrichtung nach sind die Tauernhäuser verschieden nach ihrer Lage.

Wenn jenes auf dem Mallnitzertauern, auf der unwirthbaren Höhe von beiläufig 7500 Fuß erbaut und nur in der besten Jahreszeit bewohnbar, zunächst einer größeren Steinhütte gleicht, so tragen die Tauernhäuser im Achenthale und Seidelwinkel bei ihrer Lage, ersteres von mehr als 5000, letzteres von 4749 Wiener Fuß Höhe, nach Braune, mehr den Charakter stattlicher Alpenhäuser, und ähnliche Verhältnisse walten hinsichtlich des Tauernhauses auf der Südseite des Velbertauern ob.

Am Ansehnlichsten sind die Tauernhäuser des Velberthales, Schößwendt und Spital, und das Tauernwirthshaus in der Ferleiten, und kann letzteres auch nicht als ein eigentliches Bauernhaus betrachtet werden, so ist es doch wie ein solches beständig bewohnt, weil der Schaffer des Hauses, der zugleich Tauernknecht ist, dann ein paar Mägde auch den Winter daselbst zubringen.

In der letzteren Kategorie von Tauernhäusern findet sich eine größere Anzahl von Wohnungsräumlichkeiten und überhaupt mehr Comfort in der Einrichtung, jedoch auch die übrigen Tauernherbergen entsprechen ihrer Aufgabe, als Zufluchtsstätte vor den Unbilden der Witterung und als Ort der Erholung und Erquickung zu dienen, indem sie ausnahmslos eine warme Stube, die nöthigsten Lebensmittel und mindestens ein Strohlager dem Tauernwanderer bieten.

Den Zeitpunkt, in welchem die einzelnen Tauernhäuser als solche entstanden sind, zu ermitteln, unterliegt großen Schwierigkeiten.

Das Institut ist jedenfalls uralt und stammt aus den Zeiten des patriarchalischen Regimentes der Fürsterzbischöfe von Salzburg.

Die ersten Spuren finden sich hinsichtlich des am Häufigsten benützten Tauernpasses, des Velbertauern, der in alter Zeit auch noch

26*

wegen des lebhaften Salzhandels der Mitterſiller von beſonderer
Wichtigkeit war.

Das Archiv zu Mitterſill bewahrt nemlich ein auf Pergament
geſchriebenes Urbarium, welches Erzbiſchof Wolf Dietrich im Jahre
1606 errichten ließ und das „alle Urbars Güter, Grundſtücke, Alpen,
Aſten, Etzen, Häuſer, Gärten, Mauthen, Gmach und Sagmühlen,
dann deren jährliche Stift, Dienſte und Zehente" genau beſchrieben
enthält, welche „zur Pfleg Mitterſill und Khelambt Stuelfelden"
gehören.

Darin kömmt unter dem Titel „Tauernproviſion" wörtlich folgende Stelle vor: „Den vorbeſchriebenen vier Schwaigern, Spital,
Schößwendt, Reut und Rain gib man jährlich ob den Caſten zu Velben zu Pfriend, Khorn Mutl 3, Gerſten Mutl 6, Haber Mutl 14,
Alles Hofmutl. Daraus gebüren dem Spitaler 9 Metzen Roggen,
9 Metzen Ponner, 18 Metzen Gerſten, 36 Metzen Habern, deßgleichen
dem Schößwendter ebenmäßig ſo viel, dann dem Reutter 6 Metzen
Habern und dem Rainer auch 6 Metzen Habern.

„Darumeben ſollen Sy den armen Leutten, die nicht Zörung
haben, yber den Velberthauern helffen, durch Gottes und der Pfrienden
willen zu eſſen, und ſollen den Thauern bewahren mit Zaigern und
ſolcher Notturft verſehen. Es haben auch vor Jarn Ire Vorfahren
etlich an den Abent, Jenen auf den Aengern unter dem Thaurn ge-
ſchriren, oder auch ein Horren geblaſen, ob Yemand an den Thaurn
wäre und ſich verſpätt oder vergangen hette, das Sy den herabhelffen,
damit das arme Volkh an den Thauern nicht abgen und verderb."

Auch die Proviſion des Tauernhauſes Ferleiten erſcheint ſchon
in dem, nicht minder als das Mitterſiller alten, Urbar der Probſtei Fuſch.

Die Reichniſſe wurden ſämmtlichen Tauernwirthen im Salzburg'ſchen unter der Krone Baiern ebenſo als unter Oeſterreich aus
dem Domainen= oder Cameralfonde fortan gegeben, weil ſich die Noth-
wendigkeit der Anſtalt nicht bezweifeln ließ, und im Jahre 1834 und
1835 iſt ſogar noch ein neues Tauernhaus, jenes auf dem Mallnitzertauern, zum großen Theile aus Staatsmitteln gegründet worden.

Erst das Jahr 1848 schien einen Wendepunkt für die Tauern=
häuser Salzburgs mit sich bringen zu sollen.

Die Naturaldienste, welche die Staatsherrschaften bisher bezogen,
hatten mit dem Jahre 1848 aufgehört, und die Finanzbehörden glaubten
deßhalb, die Naturalgaben den Tauerwirthen nicht mehr verabfolgen
zu können, aber auch keine Pflicht zur Leistung einer Geldentschädigung
zu haben, weil das Cameralärar an der Erhaltung der Saumwege,
der Aufstellung der Schneestangen und der Beförderung der Reisenden
nicht interessirt sei.

Als jedoch von Seite der Administrativ=Behörden die Wichtigkeit
der Tauernpässe für den Verkehr und die Viehzucht, die Gefahr, welche
bei Auflassung der bisherigen Gaben hinsichtlich der Erhaltung der
Wege über sie entstehen würde, und die Schwierigkeit, die Kosten der=
selben auf andere Schultern zu wälzen, betont worden war, verfügte
das k. k. Finanzministerium, daß die bisherigen Gaben als freiwillige
Spende aus den staatsherrschaftlichen Renten bis 1849 fortbelassen
werden sollten, und zwar bei jenen Tauerwirthen, welche bisher Geld
bekommen hatten, im früheren Geldbezuge, dagegen bei den übrigen,
welche Naturalgaben bezogen hatten, in einer Ablösungssumme nach
dem Marktpreise des Bezugstages.

Eine noch viel eingehendere Verhandlung über die sämmtlichen
Tauernhäuser, auch jenes von Kärnthen und Tirol, fand im Jahre
1852 bei dem k. k. Ministerium des Innern und dem Finanzmini=
sterium statt.

Ihr Resultat war, daß die Tauerwirthe, insoferne sie wirklich
ihre Pflichten als solche erfüllten, ihre vom Jahre 1850 an unbe=
zahlt gebliebenen Bezüge aus dem Cameralärar angewiesen erhielten,
und ihnen der Fortbezug aus derselben Quelle bis zum Jahre 1854
zugesichert wurde.

Zu diesem Resultate trug hauptsächlich das Votum des ausge=
zeichneten Staatsmannes bei, welcher *) gegenwärtig an der Spitze der
politischen Verwaltung Oesterreichs steht.

———————

*) Der k. k. Minister Josef Ritter von Lasser.

Mit der Wärme der Ueberzeugung und der Liebe zur Heimat hob er hervor, daß stets der Landesfürst als solcher die Gaben an die Tauernwirthe aus den Staatsmitteln gegeben habe, wenn sie auch, weil die Herrschaften im Salzburgischen landesfürstlich gewesen, aus den herrschaftlichen Renten verabreicht worden seien. Sie kämen darum in den Rentrechnungen hie und da selbst unter der Rubrik „fromme Stiftungen" vor.

In erster Linie hätten aber Rücksichten der Humanität die Fürst=erzbischöfe zu den in dieser Richtung bestehenden Verfügungen bestimmt.

Dieselben Rücksichten bestünden noch heute, und sie und die öffentliche Sicherheit erheischten noch fortan die Leistung durch das Aerar.

Diese Verpflichtung habe Oesterreich anerkannt, indem es erst vor kaum 20 Jahren das Tauernhaus auf dem Mallnitzertauern zum großen Theile aus Staatsmitteln erbaute.

Es sei, selbst abgesehen von dem Rechte der Tauernwirthe, so lange man gewisse Leistungen von ihnen fordere, auch die Entschädigung dafür ausbezahlt zu erhalten, wahrhaft Ehrenpflicht des Aerars hier einzutreten, da „die Berge nicht niedriger, Nebel und Schnee nicht gelinder, Lawinen und Gletscher nicht minder gefährlich, und die Reisenden nicht minder hilfsbedürftig seien als früher."

Vom Jahre 1854 an wurden dann die Kosten aller Tauern=häuser in Folge eines Allerhöchsten Handschreibens dem Landesfonde zugewiesen, und er trägt sie seitdem anstandslos.

Aus der Verhandlung vom Jahre 1852 lernt man am Besten sowohl die Obliegenheiten der Besitzer der Tauernhäuser als die ihnen zugesicherten Gaben kennen.

Als Pflichten der Tauernwirthe treten uns darin entgegen: die Offen= und Herhaltung der Tauernwege, die Aufstellung der Schneestangen und Steinpyramiden, der sogenannten Steinman=deln oder Dauben, als Wegweiser, die Offenhaltung des Tauern=hauses für jeden Fremden, die Begleitung armer Reisenden, und die Verabreichung von Obdach und Kost an sie, das Aufsuchen, dann die Rettung, Salbung und Erquickung von Verirrten und Verunglückten, schließlich der Transport der Leichen der auf dem Tauern zu Grunde

Gegangenen zur nächsten Pfarre. Eine besondere Obliegenheit besteht
für das Tauernhaus im Süden des Velbertauern darin, daß es zwei
auf dem Wege zur Tauernhöhe gelegene Zufluchtshäuschen zu erhalten
und mit dem nöthigen Feuerungsmateriale zu versehen hat.

Es ist uns theilweise schon aus dem alten Mittersiller Urbar
bekannt, welcher Mittel sich die Tauernwirthe beim Aufsuchen und zur
Rettung der Tauernwanderer bedienen sollen, daß sie nämlich das
thun sollen, was ihre Vorfahrer gethan haben, welche Abends geschrieen
und ein Horn geblasen haben. Auch Glockengeläute hat als Rettungsmittel zu dienen und deshalb ist das neue Mallnitzer Tauernhaus mit
einer stattlichen Glocke versehen.

Eines der wichtigsten Rettungsmittel ist jedoch das Halten von
Tauernknechten, denen die Aufsicht über den Tauern und die Erfüllung
der Pflichten der Tauernwirthe gewöhnlich fast allein obliegt. Denn
sie kommen oft auf den Tauern und kennen alle die eigenthümlichen
Gefahren des Ueberganges und Vorzeichen herannahenden Unwetters,
die man eben nur durch längere Erfahrung kennen lernt und sie sind
deshalb für den Tauern die besten Begleiter und Retter in der Gefahr.

Auch die früheren und gegenwärtigen Bezüge der einzelnen
Tauernhäuser aus dem öffentlichen Vermögen sind, wie erwähnt wurde,
aus der Verhandlung vom Jahre 1852 genau zu entnehmen.

Beginnen wir wieder im Westen am Krimmlertauern, so finden
wir, daß der dortige Tauernwirth nach der Regulirung im Jahre 1849
jährlich 20 fl. 7⅔ kr. CM. bezog.

Am Velbertauern erhielten die zwei Wirthe zu Schößwendt
und Spital bis 1848 jeder einen Metzen Weizen, 3 Metzen Korn,
6 Metzen Gerste, 12¼ Metzen Hafer und über 2 Metzen Bohnen,
die Schwaiger von Reut und Rain dagegen, welche keine Herberge
haben, nur 2 Metzen Hafer.

Seit 1848 beziehen sie, wie alle Salzburger Tauernwirthe, das
Relutum, das nach dem Durchschnittspreise des Hauptmarktes zwischen
Martini und Weihnachten zu Mittersill bemessen wird.

Das Tauernhaus in Ferleiten erhielt früher, und zwar wie die
Häuser im Velberthale urbarmäßig, eine jährliche Gabe von 8 Metzen

Korn und 22 Metzen Hafer und erhält jetzt die Ablösung nach dem=
selben Marktpreise wie die Velberthaler Herbergen.

Der Wirth im Seidelwinkel erhielt seit 1651 jährlich 20 fl.
R. W., später noch 30 Metzen Hafer, welche ihm dann wieder ent=
zogen wurden, wogegen er ein Relutum von 25 fl. CM. zugesichert
bekam.

Wie wir bereits wissen, ist das Tauernhaus auf dem Mall=
nitzertauern erst in den Jahren 1834 und 1835 erbaut worden und
es leisteten dazu das Cameral=Aerar einen Betrag von 710 fl. 44 fr.,
das Dominium Gastein 150 fl , die Gerichtsgemeinde Gastein Ar=
beitsschichten im Werthe von 367 fl. 16 fr., die kärnthnerischen Ge=
meinden ebenso Arbeitsschichten im Werthe von 317 fl. 20 fr.; wäh=
rend der Abgang mit 98 fl. 46 fr. durch freiwillige Beiträge gedeckt
wurde. Das Cameral=Aerar übernahm zugleich die Aufsichtskosten und
zahlte daher dem Pächter, freilich in einem umgekehrten Verhältnisse,
daß hier der Pächter bezahlt wird und nicht wie gewöhnlich beim
Pachtvertrage zahlt, einen jährlichen Betrag von 60 fl. CM., erklärte
dafür aber auch das Haus als sein Eigenthum. Seit 1854 trägt auch
diese Erhaltungskosten der Landesfond.

Es erübrigt uns noch des Tiroler Tauernhauses unterhalb des
Velbertauern zu erwähnen. Der Wirth desselben bekam früher jähr=
lich 2 fl. 30 fr., dann Getreide und Bohnen, und bekommt seit dem
Jahre 1849 eine Subvention von zusammen 99 fl. 39 ½ fr. Der
Vertrag ist auf dem Hause sichergestellt und unter die Bedingungen
desselben gehört die schon kurz berührte Pflicht, die zwei Zufluchts=
häuser, wovon das eine am Göttlichen Stein etwa 2 ½ Stunden,
das andere etwa 3 ½ Stunden vom Tauernhause und ¼ Stunde
vom höchsten Uebergangspuukte entfernt ist, zu erhalten und mit dem
nöthigen Feuerungsmateriale zu versehen, damit sich die Reisenden
jederzeit ein wärmendes Feuer machen können.

Rechnet man diese Spenden zusammen, so ergab sich für die
Tauernhäuser in Salzburg im Jahre 1857 eine Summe von 368 fl.
15 fr. CM. und ergibt sich für alle Tauernhäuser, jenes in Kärnthen

und Tirol inbegriffen, ein Erforderniß von 500 bis 600 fl. Oester. W. im Jahre.

Diese Ziffer erscheint wahrlich als gering gegenüber den Aufgaben, die den Tauernwirthen gesetzt sind, und kaum wären dieselben in der Lage dafür ihre Obliegenheiten zu erfüllen, wenn sie darin nicht theilweise durch günstige Nebenumstände unterstützt werden würden.

So wirft das Tavernenrecht, welches die Tauernhäuser steuerfrei ausüben, hie und da nicht unbeträchtlich ab.

Hauptsächlich ist dies beim Tauernhause Ferleiten der Fall.

Nicht blos die Badegäste des kaum zwei Stunden entfernten Fuscherbades wandern fleißig dahin, auch eine nicht geringe Zahl von Fremden besucht es, um das reizende Ferleitenthal mit dem glänzenden Fernerkranze und den prachtvollen Thalschluß im Käferthale zu bewundern, oder sie betreten es auf dem Hin- oder Rückwege über den Fuscher-Heiligenblutertauern oder über die Pfandlscharte nach oder von Heiligenblut und dann dient es noch dazu gewöhnlich als Nachtlager.

Zeitweilig können die Tauernknechte zu Wirthschaftsarbeiten verwendet werden, und auch dies ist ein Vortheil für die Tauernwirthe; oder diese beziehen einen Theil des Führerlohnes, welchen vermögliche Reisende den Tauernknechten für die Begleitung über den Tauern oder auf noch größeren Bergfahrten zahlen.

An anderen Orten, wie beim Raurifer Tauernhause, leistet nebstdem die Gemeinde dem Tauernwirthe eine jährliche Geldzahlung oder er hat in der Nähe eine Alpe oder treibt im Tauernhause selbst die Alpenwirthschaft und ist dadurch in die Lage gesetzt, das Tauernhaus auch anderweitig zu verwerthen. Vor Allem aber fällt die Thatsache gewichtig in die Wagschale, daß das bare Geld in den Tauern ziemlich rar und daher das dem Städter unbedeutend scheinende Geldrelutum dem Tauernwirthe immerhin eine erwünschte Zubuße ist.

Es wäre weit gefehlt, wollte man annehmen, die Sorge für die Touristen habe bisher bei der Entscheidung der Frage über die Fortbelassung der Bezüge der Tauernwirthe den Ausschlag gegeben oder werde es in der Folge thun.

In der Wanderzeit der Touristen im Sommer und Vorherbste hausen selten gefährliche Stürme auf den Tauern, obgleich auch schon in dieser Jahreszeit auf ihnen ein oder das andere Opfer einem Schneesturme gefallen ist. Auch ist die Zahl der Touristen, welche einen Tauern übersteigen, nur gering.

Allein die Tauern sind wichtige Verbindungswege zwischen den dies- und jenseits von ihnen gelegenen Provinzen. Schon der Viehtrieb über sie, besonders über den Krimmler-, Velber- und Heiligenblutertauern ist bedeutend.

Sie werden jedoch besonders stark von den Händlern und der ärmsten Klasse Menschen betreten, welche arbeitsuchend aus den Ländern im Süden der Hohen Tauern nach Pinzgau oder dem nichtösterreichischen Deutschland und von da wieder zurück in die Heimat wandern.

So übersteigen nach amtlichen Erhebungen jährlich 500 bis 600 Menschen, größtentheils der arbeitenden Klasse angehörig, den Velbertauern, und zwar Viele davon zur gefährlichsten Zeit, im Frühjahre und Herbst, ja bisweilen wagen es kühne Händler aus Kals, Tefferecken u. s. w. sogar im Jänner und Februar sich den Weg über den Tauern zu brechen.

Selbst militärische Rücksichten kommen den Tauern zu Gute und sowie die Brigade des k. k. Generals Dietrich im Jahre 1797 3297 Mann stark auf dem Rückzuge aus dem Möllthale den Heiligenbluter-Raurisertauern passirte, ebenso zogen im Jahre 1809 die Züge der Tiroler Landesvertheidiger über den Krimmlertauern nach Pinzgau.

Die Gefahren der Tauern aber muß man mindestens zum Theile aus eigener Erfahrung kennen, um sie gehörig zu würdigen.

Wenn der verfinsterte Himmel plötzlich in einem Schneegestöber mit Wirbelwind sich entleert und der Nebel mit einem Male ringsum so dicht einfällt, daß der Blick auf wenig Schritte Entfernung nichts mehr zu unterscheiden vermag, wenn die Eisnadeln mit schneidender Kälte in alle Poren der Haut dringen und die in jeder Falte mit ihnen bedeckte Kleidung den Körper nicht mehr vor Erstarrung bewahren kann, dann überkommt den Wanderer, der zudem vielleicht noch bei jedem Tritte bis zum halben Leibe in den Schnee einbricht, bald ein Gefühl der Entkräftung und wird er nicht durch einen starken Gefährten ermuthigt und unterstützt, so gibt er sich nur zu leicht dem fast unwiderstehlichen Drange auszuruhen hin und entschlummert, um nicht wieder zu erwachen. Dazu die ringsum donnernden Lawinen, der oft so hoch liegende Schnee, daß er weit über die schlanken Schnee= stangen hinausreicht und die nahen Abgründe, die er doch nur hohl bedeckt, vollends unkenntlich macht, — und wir haben die Schrecken des Tauern nicht geschildert, sondern nur angedeutet.

Die Tauern, besonders der verhältnißmäßig niedrige aber tückische Velbertauern, fordern denn auch fast alljährlich ihre Opfer, und die Zahl derselben wäre gewiß eine noch ungleich größere, wenn nicht so mancher Wanderer eben durch die Tauernwirthe und ihre Knechte vom Tode durch Erfrieren gerettet werden würde.

Es sind dieselben Gefahren, welche die großen Stiftungen und Hospize in der Schweiz auf dem Gotthart, großen Bernhard und Sim= plon hervorgerufen haben. Nur herrscht der nämliche Unterschied auch bei dieser Institution zwischen der Schweiz und Oesterreich, der bei allen andern Reiseeinrichtungen sich bemerkbar macht, der Unterschied zwischen Comfort und Urzustand.

Dort als Erretter und Pfleger der Reisenden gebildete Mönche, welche sich mit dem Fremblinge, sei seine Heimath was immer für eine, in seiner Muttersprache unterhalten und ihm als gute Gesell= schafter den Aufenthalt im Hospiz auf's Angenehmste verfließen machen; hier Pinzgauer Bauern, welche nur e i n e Sprache und selbst diese in einem dem Fremden möglichst unverständlichen Dialekte sprechen, und deren feine Umgangsformen man nur selten preisen hört; — dort zur Rettung abgerichtete Hunde, welche, mögen immerhin bei ihrer Schil= derung, wornach auch sie hochgebildet und liebenswürdig wären, arge Uebertreibungen mit unterlaufen, dennoch unstreitig auf einer weit höheren Stufe thierischer Ausbildung stehen als die Köter, die auf der Schwelle der Tauernhäuser den Touristen die Zähne entgegenfletschen und mit den Beinkleidern derselben bisweilen schon in die unerfreulich= sten Berührungen gekommen sind.

Allein so verschieden auch die Schale sein mag, der Kern, hier die Aufgabe, welche beide, die Schweizer Hospize und die Tauernhäuser, zu vollführen haben, ist derselbe.

Ihrethalben werden sicher die Vertretungen der Länder, in welchen sich Tauernhäuser befinden, diesen auch fortan die bisherigen geringen Bezüge zukommen lassen, um mit kleinen Opfern hochwichtige Zwecke zu erreichen, und ihrethalben werden sie in außerordentlichen, ohnehin seltenen, Fällen auch bedeutenderen Leistungen nicht aus dem Wege gehen.

So hat in neuester Zeit der Kärnthnerische Landtag in dieser Richtung sich schon bereit gezeigt, die Kosten des beantragten Umbaues des Mallnitzer Tauernhauses zur Hälfte aus dem Kärnthner Landesfonde bestreiten zu wollen, wenn der Salzburger Landtag die zweite Hälfte auf den Salzburger Landesfond zu übernehmen geneigt ist.

Es ist nicht zu zweifeln, daß die Landesvertretung von Salzburg, der eigentlichen Heimat der Tauernhäuser, hinter jener Kärnthens nicht zurückbleiben, und daß in ähnlichen Fällen Tirol ebenso handeln wird, wie Salzburg und Kärnthen.

Opfer im Dienste der Humanität zu bringen, ist ja ein unbestrittener Charakterzug der Bewohner der deutschen Alpenländer, und es gibt doch wahrlich keine größere Mission der Humanität als jene, welche durch die Tauernhäuser zuoberst erfüllt werden soll, und die in nichts Geringerem besteht, als in der Rettung von Menschenleben.

Berichtigungen und Zusätze.

Seite 7 Zeile 11 von unten lies Lodenjoppe statt Lederjoppe.
„ 8 „ 11 „ oben „ Glockerin „ Glocknerin.

Dieser kaum bemerkbare Druckfehler wird hier verbessert, damit es nicht den Anschein gewinnt, als theile der Verfasser Schaubach's Meinung, daß der Berg gleichsam als die Frau des Glockners die Glocknerin heißt. Sein richtiger Name ist die Glockerin und stammt dies Wort von glucken, glocken d. i. hohl klingen oder tönen, von den häufig von ihm abstürzenden und im Absturze tönenden Eistrümmern.

„ 13 Zeile 5 von unten lies seine statt seiner.
„ 41 „ 8 „ „ „ welchen „ welche.
„ 45 „ 10 „ oben „ Lienz „ Linz.
„ 57 „ 9 „ unten „ Lawinensturze „ Lawinsturze.
„ 80 „ 13 „ oben sind nach Sonnenwendjoch die Worte einzuschalten: oder das Gufelsjoch.
„ 90 „ 14 „ unten lies Bade statt Bad.
„ 94 nach der 13. Zeile von oben folgt der Zusatz:

Auch von einer von Herrn Dr. Bezißte und Dr. Kotschy aus Wien im Jahre 1860 (?) vollführten Ersteigung des Wiesbachhorns hat Verfasser wiederholt gehört, nähere Daten darüber sind ihm aber nicht zugekommen.

„ 95 Zeile 4 von unten lies Schartenthale statt Schartenthal.
„ 102 „ 17 „ oben „ Gletscher weg „ Gletscherweg.
„ 125 „ 6 „ „ „ der „ die.
„ 129 „ 3 „ unten hat das Wort nicht wegzubleiben.
„ 147 „ 10 „ oben lies hinaufzieht statt hinzieht.
„ 224 „ 2 „ unten „ Wir „ Mir.
„ 270 „ 6 „ „ „ Schr ünde „ Schlünde.
„ 313 kömmt am Schlusse folgender Zusatz:

Während des Druckes ist der Verfasser in die Kenntniß gekommen, daß auch in den letzten Jahren, wenn gleich nur selten, Ersteigungen des Benedigers von der Nordseite theils versucht, theils wirklich ausgeführt worden sind, das zweite z. B. im Jahre 1862 von zwei Baiern. Unter den Ersteigungen von Süden, welche 1863 gemacht wurden, ist die am 14. September stattgefundene wegen der Person des Ersteigers die bemerkenswertheste. An diesem Tage hat Se. kaiserliche Hoheit der Herr Erzherzog Rainer die Spitzen des großen und kleinen Venedigers erklommen, nachdem er wenige Wochen früher auch im Obersulzbachthale bis zur letzten Alpenhütte vorgedrungen, jedoch durch ein unerwartetes Hinderniß von der weitern Ersteigung abgehalten worden war.

Seite 324 Zeile 14 von oben lies Kitzsteinhorn statt Kitzstein.

  „ 360   „ 6 „ „ „ hervorhebt   „ hervorheben.

  „ 380   „ 11 „ unten „ nordwestlichen „ nordwestlichem.

  „ 410   „ 4 „ oben ist als Anmerkung beizufügen:

    Der neueste Unglücksfall auf den Tauern dient als Beweis davon, daß die Tauern auch im Sommer oder Frühherbste bei eintretendem Unwetter gefährlich werden können. Man fand nämlich am 2. September 1863 fast am Fuße des Mallnitzertauern gegen das Naßfeld zu den Leichnam eines Münchner Studenten, des aus Mecklenburg gebürtigen Karl Schmidt. Der Abgang jeder bedeutenderen äußeren Verletzung, der Ort wo, und die fast ruhende Stellung, in welcher der Todte, neben dem noch ein Stück Weißbrot lag, angetroffen wurde, setzen es außer Zweifel, daß Schmidt im Unwetter sich verirrt hatte und dann rein in Folge von Erschöpfung, als ein wahres Opfer des Tauern, umgekommen ist.

Der Verfasser glaubt eine Pflicht zu erfüllen, wenn er zum Schlusse jene Künstler namhaft macht, die zur Illustrirung dieses Buches — mit welchem Erfolge bleibe der Beurtheilung des Lesers vorbehalten — mitgewirkt haben.

Von den Originalaufnahmen, welchen die Ansichten in Farbendruck entnommen wurden, stammen drei: der Pasterzengletscher, der Mooserboden und der Venediger, vom Professor Herrn Thomas Ender, jene von Heiligenblut von Herrn Anton Hansch, das Thal von Ferleiten und das Wiesbachhorn aber von Herrn Ignaz Dorn.

Die Ausführung in Farbendruck und der Druck selbst sind Leistungen, erstere des Landschafters Herrn Konrad Gräfe, letzterer der lithographischen Anstalt von Reiffenstein und Rösch.

Die Zeichnung des Umschlages, eine Abbildung der hohen Dock im Fuscherthale, hat Herr Ignaz Dorn nach seiner eigenen Aufnahme nach der Natur geliefert und Waldheim's xylographische Anstalt in Holz geschnitten.

Die dem Buche beigegebene Karte des Großglockners endlich, deren Original, wie schon im Vorworte bemerkt worden, von Herrn Franz Keil gezeichnet wurde, ist ein Werk von F. Köke's lithographischer Anstalt.